2020年注册会计师行业重点问题研究报告

注册会计师行业研究报告编写组　编

中国财经出版传媒集团
中国财政经济出版社

图书在版编目（CIP）数据

2020年注册会计师行业重点问题研究报告/注册会计师行业研究报告编写组编. ——北京：中国财政经济出版社，2021.5
ISBN 978－7－5223－0531－8

Ⅰ.①2… Ⅱ.①注… Ⅲ.①注册会计师业－研究报告－中国－2020 Ⅳ.①F233.2

中国版本图书馆 CIP 数据核字（2021）第 081726 号

责任编辑：庞丽佳　　　　　责任校对：徐艳丽
封面设计：卜建辰　　　　　责任印制：党　辉

中国财政经济出版社 出版

URL：http://www.cfeph.cn
E-mail：cfeph@cfeph.cn
（版权所有　翻印必究）

社址：北京市海淀区阜成路甲28号　邮政编码：100142
营销中心电话：010－88191522
天猫网店：中国财政经济出版社旗舰店
网址：https://zgczjjcbs.tmall.com
北京时捷印刷有限公司印装　各地新华书店经销
成品尺寸：175mm×250mm　16开　31.5印张　540 000字
2021年5月第1版　2021年5月北京第1次印刷
定价：95.00元
ISBN 978－7－5223－0531－8
（图书出现印装问题，本社负责调换，电话：010－88190548）
本社质量投诉电话：010－88190744
打击盗版举报热线：010－88191661　　QQ：2242791300

编 委 会

主　编：

程丽华　财政部副部长

副主编：

李先忠　财政部会计司司长

郜进兴　财政部监督评价局局长

舒惠好　中国注册会计师协会秘书长

编　委：

孙　志　财政部会计司副司长

王　东　财政部会计司副司长

杨国俊　财政部会计司注册会计师处处长

徐　华　致同会计师事务所管理委员会主席

付建超　德勤华永会计师事务所首席合伙人

吴卫军　德勤中国副主席

梁国基　安永中国风险管理主管合伙人

李　洪　大信会计师事务所管理合伙人

编写协调人：

邱　颖

编写组成员：

魏晓惠、薛杰、邱颖、赵彦、隋爽、冯颖慧、常志安、程舒、向嵘、孙立峰、叶陈刚、杨鹏翔、王艳艳、刘丰收、穆晨旭、张娟、韩天佩、吴永民、崔国强、王虹、苏慧娴、华翔闽、何先琴、徐振、刘虓、张静、丛晓红、李福春、邱连强、万思宁、薛惠、蒋伶倩、金科、刘湘艳、白璐、覃严、宋君、范勋、朱佳梅、王微伟、刁文杰、滕伟杰、刘东东、赵晶、钱芳利、刘立宇、任铮、郭蓉、乔冠芳、许峰、韩秀秀、黄碧华、曹琳、陈波、吴溪、王俊、朱梅

持续提升审计质量　开创行业发展新局面
（序）

党中央、国务院领导高度重视会计审计工作。习近平总书记多次作出重要指示，要求注册会计师行业服务国家建设，增强自律性、公正性和专业化水平。2020年10月14日，习近平总书记在庆祝深圳改革开放40周年大会上提出，要对标国际一流水平，大力发展金融、研发、设计、会计、法律、会展等现代服务业，提升服务业发展能级和竞争力。财政部作为注册会计师行业主管部门，认真贯彻落实习近平总书记重要指示精神和党中央、国务院决策部署，加强注册会计师行业监管、深化"放管服"改革、优化执业环境、推进会计服务市场开放，取得显著成效。注册会计师行业总体规模持续增长，执业质量得到重视和加强，行业发展呈现向好态势。

当前，世界正经历百年未有之大变局，我国经济已经由高速增长阶段转向高质量发展阶段，新一轮科技革命和产业变革深入发展，新经济、新模式迅猛发展，多层次资本市场建设持续推进。这些都对注册会计师专业能力、职业标准、执业网络建设等提出新要求。行业上下要深刻认识国际国内环境变化给行业发展带来的新机遇新挑战，准确把握行业所处的历史方位和肩负的使命任务。

一是新阶段、新形势给注册会计师行业履职担当带来新挑战。我国多层次资本市场体系不断发展健全，但是资本市场逐利性强，财务造假动机强烈，虚增利润、欺诈发行、资金占用等违法违规行为屡禁不止，注册会计师行业被赋予更多使命，承担更高期望。与这些新使命、新期望相比，行业还存在不小的差距。2020年，资本市场审计服务备案制改革实施，一些规模较小、未承接过证券业务的会计师事务所进入资本市场。部分会计师事务所风险意识不强、质量控制不严，难以有效应对逐步加大的资本市场审计风险。监管部门需要进一步创新手段，加强事中事后监管。

二是新经济、新业态给注册会计师行业执业能力带来新挑战。新兴行业和新业务模式层出不穷。以互联网为代表的新经济中，大量出现无实物和传统单据支持的新业务模式，挑战传统审计模式。注册会计师需更多地应用数字化工具，审计方法创新势在必行。传统的纸质函证由人工操作，存在与企业串通风险、回函时间过长等诸多问题，推进函证数字化已成为迫切需求。行业信息化建设存在两极分化现象，部分大所的信息化走在行业前沿，但行业整体信息化程度特别是中小所滞后，难以跟上客户信息化的步伐和满足客户的信息化服务要求。

三是新格局、新方向给注册会计师行业高质量发展带来新挑战。大中小会计师事务所的市场定位和服务专长尚有重叠，大中小会计师事务所错位竞争、有序发展的格局尚未形成。审计收费不断压低，有的已经明显低于审计成本，对审计质量和行业发展产生严重负面影响。"有照无证"、注册会计师挂名执业、网络售卖审计报告、超出执业能力争揽业务等乱象的存在，扰乱正常执业秩序，破坏行业生存发展的土壤。部分会计师事务所一体化程度有待进一步提升，收入分配、合伙人晋升等更多地同业务承接挂钩，执业质量因素考虑不足，独立性和执业质量难以保证。

面对新形势、新挑战，行业必须适应"阵痛"、准确识变、科学应变、主动求变，要牢牢把握审计质量主线，坚持诚信建设底线，筑牢遵纪守法红线，问题导向，苦练内功，持续提升注册会计师执业能力和道德水平，打造中国会计师事务所品牌，全面提升行业公信力，为维护市场经济秩序、促进经济高质量发展提供有力保障。

为做好下一阶段重点工作，深入研究注册会计师行业的发展现状和国际趋势，为宏观政策制定提供指导和借鉴，成为一项重要而迫切的任务。有鉴于此，财政部组织力量对注册会计师行业重大问题进行了研究。编写组通过文献翻译、档案查证、现场访谈、问卷调查、统计分析等多种方式，汇总了大量审计相关基础数据和监管信息，对相关案例进行了深入剖析，提出了意见建议。本书旨在通过对注册会计师行业发展面临的重大问题进行研究，进一步明确行业管理工作的努力方向。我相信，本书的原创性、前沿性和建设性，能为提升审计质量、加强会计审计监管、培育优质会计师事务所提供参考，引导注册会计师行业的同仁和关心支持注册会计师行业的朋友进一步研究行业重大问题，提出宝贵政策建议。希望通过本书的出版发行，进一步推动优化会计审计制度供给，促进注册会计师行业提升审计质量，推进会计审计工作高质量发展。

是为序，并与各界会计同仁共勉。

财政部副部长
2021 年 3 月

目录

Contents

第一部分 行业概览篇

2020 年注册会计师行业总体格局 ··· 3
会计师事务所一体化管理的现状、影响因素及优化建议 ··· 30
信息技术发展现状及对注册会计师行业的影响 ··· 53
注册会计师行业与"一带一路"建设 ··· 74
信息系统审计及咨询业务的现状和趋势 ··· 102

第二部分 资本市场篇

资本市场审计质量提升：国内外经验、启示、建议 ··· 135
新修订的《证券法》实施后注册会计师从事证券服务业务的发展与监管 ······ 166
资本市场金融审计的现状和趋势 ··· 191
近年境内外资本市场主要审计失败案例及影响 ··· 219
2019 年度上市公司审计报告分析 ··· 255
会计师事务所从事 H 股企业审计实践 ··· 286

第三部分 执业环境篇

会计准则变化及对注册会计师行业的影响 ··· 311
审计准则变化及对注册会计师行业的影响 ··· 349
职业道德守则变化及对注册会计师行业的影响 ··· 371

函证电子化研究 …………………………………………………………… 394

第四部分 国际动态篇

国外联合审计制度的现状和趋势 …………………………………………… 423
英国注册会计师行业发展现状研究 ………………………………………… 445
美国注册会计师行业发展现状研究 ………………………………………… 468

阅读须知 ……………………………………………………………………… 494

第一部分

行业概览篇

第一部分

行业现状

2020年注册会计师行业总体格局

> **导读** ● ● ●
>
> ◎ 经过40年的发展壮大，注册会计师行业已经成长为社会主义市场经济监督体系的重要中坚力量，成为会计信息的鉴证者，资本市场的"看门人"，企业发展的推动者，国家建设的贡献者，会计审计准则的实践者，执业规范完善的建议者。
>
> ◎ 新修订的《证券法》的发布实施加大了会计师事务所及注册会计师等中介机构和人员未勤勉尽责的责任追究，资本市场的审计质量问题日益引起各方的高度关注。
>
> ◎ 2019年度合伙制事务所的数量已经超过了有限责任公司事务所的数量，说明宏观政策的引导作用已经显现，随着从事证券服务业务机构备案制的推行，合伙制事务所数量将进一步增长。但特殊普通合伙制事务所增长较为缓慢，对于这一组织形式的认知和配套政策还有待深入。
>
> ◎ 审计业务仍然是注册会计师行业的主要收入来源，市场集中度的水平略有放缓，人均创收水平上升。

一、功能视角下的注册会计师行业

（一）会计信息的鉴证者，资本市场的"看门人"

会计信息是对经济活动的计量和反映，真实、准确、完整、及时的会计信息是市场主体进行正确决策的基础。注册会计师作为会计信息的鉴证者，是现代高端服务业的重要组成部分，是独立的经济鉴证类中介服务行业的重要力量，更是资本市场的"看门人"。为上市公司提供客观、公正的鉴证服务是注册会计师行业的基本功能。我国高度重视资本市场的发展，强调发展资本市场是中国改革的方向，确定了打造一个规范、透明、开放、有活力、有韧性的资本市场的总目标。注册会计师运用专业知识，指导、帮助企业准确执行企业会计准则，督促企业完成必要的账务处理和调整，并通过发表审计意见、出具审计报告，揭示资本市场上市公司的经营风险和财务风险。会计师事务所在资本市场中发挥着会计信息"看门人"作用，其执业质量直接关系到企业会计信息质量的可信度，也必将关系到资本市场的稳定发展。有经验、有资质的会计师事务所在防范上市公司信息披露风险，促进上市公司提升会计信息质量，保护社会公众经济利益，保障资本市场有效健康运转方面发挥了基础性保障作用。

（二）企业发展的推动者，国家建设的贡献者

会计师事务所经过40年的发展壮大，其业务领域已经由传统的财务报表审计和相关专业服务逐步扩展到管理会计、战略发展、公司治理、并购重组等咨询服务和重整重组、投资顾问等等，通过提供各种高附加值的专业服务，或者提供管理建议书等方式，帮助企业完善内控体系、财务系统，实现财务由事后管控转型投资决策前端，从而达到提高企业管理水平和企业会计信息质量的目的，推动企业健康发展。

注册会计师行业的发展历程，始终与改革开放和经济发展共生互动、相伴而行，会计师事务所在规模、人才和技术储备等方面都有了长足的发展，已经成长为财会监督队伍中的一支重要力量，可以利用自身的人才优势、技术研究优势和丰富的专业实务经验优势，在财会监督领域大有可为。注册会计师行业为维护资本市场秩序和社会公众利益、服务国有企业改革和政府职能转变、提升会计信息质量和经济运行效率等作出了重要贡献，在社会主义市场经济体系建设和改革开放事业中发挥了重要作用。同时，响应国家"一带一路"倡议，为中国企业开展海外融资、并购重组提供专业支持，跟随中国企业走出去，并为中国企业走出去保驾护航。

（三）会计审计准则的实践者，执业规范完善的建议者

高质量的审计工作，离不开高质量的会计准则、审计准则体系。会计准则

和审计准则是注册会计师执业的两把重要衡量尺度,注册会计师对于会计审计准则的运用和把握直接影响到执业质量。因此,注册会计师成为会计审计准则的重要实践者,并在执业过程中起到了向客户宣传、培训会计审计准则的作用。同时,会计师事务所在长期的实务工作中,积累了大量的第一手资料及较强的专业研究力量,可以发挥专业优势,积极参与到会计审计准则体系的修订与完善中来,通过承接政府部门和行业协会的有关课题研究工作,担任专门委员、咨询专家、顾问助理、参加培训班和研讨会等形式,提出相关政策建议,推动会计审计准则体系及其相关执业规范的完善。

二、2019～2020 年行业外部环境和内部环境新变化及其影响

(一) 2019～2020 年行业外部环境发生的新变化及其影响

1. 经济环境不佳,经济增长速度趋缓乃至负增长。

2020 年初突如其来的新冠病毒疫情给国内以及国际经济、生活、工作等各方面带来了较大的冲击和影响,对注册会计师行业的影响将是深远和巨大的。从 20 世纪 90 年代开始,国家每年设定年度 GDP 增长目标的做法一直沿袭下来,发挥了经济发展"指挥棒"的重要作用。受到突发疫情以及国内外经济环境的影响,2020 年全国两会,政府报告中首次不设定 GDP 增长目标。

经济不景气,企业经营效益和利润下滑,舞弊动机凸显,注册会计师审计风险增加。企业经济活动活力下降,经营困难,对专业服务的需求趋少,专业服务付费动力下降,注册会计师业务数量和审计收费受到较大影响,加上刚性的员工工资成本,势必会给会计师事务所的运营管理和财务运转带来不利影响和巨大压力。疫情防控所需的各种旅行限制和隔离措施,为注册会计师审计工作带来困扰,行业远程审计能力不足,科技创新能力暴露出较大差距。

2. 资本市场的"严监管"与注册制改革,为注册会计师行业带来新的挑战。

长期以来,社会公众对注册会计师审计工作的高期望,与注册会计师审计工作的局限性和审计结果的有限的合理保证之间,存在着较大的期望差。尤其

是在资本市场上,这一差距更加明显。随着资本市场注册制改革的不断推进,注册会计师等中介机构的审核把关责任进一步加大。新修订的《证券法》的发布实施,加大了会计师事务所及注册会计师等中介机构和人员未勤勉尽责的责任追究,减少事前审批、加大事后监督处罚,同时引入证券违法集体诉讼连带赔偿责任,大幅提高了证券服务中介机构的违法成本,会计师事务所面临的审计风险和法律风险大幅提升。资本市场的审计质量问题日益引起各方的高度关注,有关监管部门和行业协会正在陆续推出的备案制度、一体化评估、综合评价等制度,严监管政策趋势进一步体现。

3. 跨境监管合作的困境为中概股审计带来较大变数。

2020年6月,美国财政部在其官网发布总统金融市场工作组《关于保护美国投资者防范中国公司重大风险的报告》,针对包括中国在内的美国公众公司会计监督委员会(PCAOB)无法实施检查的辖区,建议对来自这些辖区的公司提高上市门槛,加强信息披露要求,强化投资风险提示,并要求已在美上市公司最迟于2022年1月1日前满足PCAOB开展检查的相关要求。长期以来,中美监管部门之间虽然一直在沟通和协商,但在事务所检查方式、监管权限等方面存在一定的分歧,尤其是在对外提供事务所的审计工作底稿方面。这些分歧对于中概股审计、中国事务所在美国PCAOB的审计注册资格等产生了较大影响,而且从长期来看也会影响到中国企业的境外融资。

4. 信息技术发展对行业的影响。

科技创新日新月异,新技术、新方法、新手段层出不穷。大数据、云计算、人工智能、区块链、自动化流程机器人等前沿技术,为企业会计核算、会计处理、会计数据存储等带来新变化,注册会计师行业的审计技术和审计方法也需要随之作出创新和调整。同时,注册会计师行业要积极探索信息技术对于行业发展的驱动作用,以便实现对传统业务所提供产品和服务的创新以及事务所运营效率的优化和提升。近年来,"四大"及部分国内大型事务所投入试点或使用的无人机盘点、财务机器人、函证中心、交付中心等,则是顺应信息技术发展所作的有益尝试。

(二) 2019~2020年行业内部环境发生的新变化及其影响

1. 会计审计准则与国际准则的动态趋同,不断带来新的变化。

近年来,企业会计准则与国际财务报告准则持续保持趋同,关于收入、金融工具、租赁等影响广泛的新企业会计准则陆续发布实施。2019年以来财政部陆续发布的若干修订后的企业会计准则、解释、应用指南及其他会计规定，带来新的确认、计量和披露要求，既有利于改进企业财务报告信息的有用性，也对企业财务报告相关内部控制及业务流程等多方面带来新的挑战，并相应影响到注册会计师的审计计划、审计实施和出具报告的整个过程。近年来审计准则的修订，除了体现与国际审计准则的趋同之外，总体趋势是引导注册会计师提升审计质量以应对舞弊方式不断翻新的财务造假，提高审计报告的信息含量和审计工作的透明度，以回应市场的关切，并完善会计师事务所整体层面的质控管理和独立性管理。会计准则的原则导向和风险导向审计理念的落实，以及会计审计准则的不断变化，需要注册会计师行业充分理解这些会计审计准则的变化对于审计工作的影响，以便应对会计审计准则变化带来的审计新挑战。

2. 从事证券服务业务的会计师事务所（以下简称"证券事务所"）从许可制改为备案制，将对注册会计师行业布局带来新的冲击。

新修订的《证券法》在会计师事务所从事证券服务业务监管方面，由原来的许可制改为"报国务院证券监督管理机构和国务院有关主管部门备案"，即"双备案"制。机构许可制度的改革，将对行业机构的总体布局带来一定的冲击，原来一些不具备证券期货业务资格的中等事务所甚至小型事务所，也会尝试从资本市场"分一杯羹"，并将对合伙文化和合作理念相对薄弱的会计师事务所的团队稳定带来严重影响。这将进一步考验行业主管部门和相关监管部门的监管能力和管理智慧，以保证注册会计师行业和资本市场的稳定与健康发展。

3. 电子函证中心的试点和使用将对审计质量和审计成本产生重大影响。

函证程序是注册会计师审计工作中执行的重要审计程序之一。随着信息技术的进步和发展，采用信息技术手段实施函证程序在安全性和可靠性方面已逐步成熟。在银行方面，目前以中国工商银行为代表率先试点的工行函证电子化平台，解决的是在工商银行开户的被审计单位相关信息的查询。以"四大"和国内大中型事务所为代表的事务所，率先自主开发了各自的函证中心平台，主要实现的是事务所内部函证处理的流程电子化。函证电子化通过技术手段解决了函证信息传输过程中的低效率、高成本、易篡改、易截留的弊端，相应减少了相关的社会成本，不仅提升了注册会计师的工作效率，更重要的是能够解决目前函证中存在的被拦截、篡改、截留或其他可能的舞弊风险，减少了审计失败的发生。当然，函证电子化不仅涉及与信息技术的结合，更需要函证电子化中涉及的各方的共同认知和共同参与,探索建立集约化的电子函证中心,真正实现广泛的信息共享。2020 年 8 月,财政部和银保监会联合发文规范银行函证,银行函证实务中的突出问题和新兴问题有望得到进一步解决。

三、打造分工、合作、有序的监管环境

我国注册会计师行业经历了 40 年的发展壮大,通过逐步摸索和不断实践,已经确立了法律规范、政府监督、行业自律"三位一体"的注册会计师行业管理模式,形成了分工、合作、有序的监管环境。

(一) 以《注册会计师法》为主体的注册会计师行业法律规范体系

截至目前,我国注册会计师行业已初步形成以《中华人民共和国注册会计师法》(以下简称《注册会计师法》)为主体,《会计法》《证券法》《合伙企业法》《公司法》《审计法》等法律,以及财政部、证监会、国资委等相关部门制定的法规相结合的法律规范体系。《注册会计师法》规范的内容涵盖了注册会计师考试、注册、业务范围和工作规则、会计师事务所、注册会计师协会、法律责任等,是规范注册会计师执业行为,保障社会主义市场经济有序运转的重要法律,是注册会计师行业的根本大法。目前,主管部门正在积极推动修订《注册会计师法》,进一步明确注册会计师的法律责任,并将实践中一些切实可行的做法上升到法律层面。

《会计法》规定了企业对财务信息质量的主体责任。新修订的《证券法》从资本市场角度对于证券服务机构的执业行为、法律责任作了明确规范,同时将原来的资格批准制度修改为国务院证券监管部门和行业主管部门的"双备案制"。《合伙企业法》规范了合伙企业的设立、运转、管理、法律责任等内容,尤其是明确了适用于中介服务机构的特殊普通合伙制,为注册会计师行业推进特普合伙转制提供了法律依据。《公司法》为有限责任公司制会计师事务所的规范运行提供了依据,所规范的公司年度审计制度则成为注册会计师行业的主要业务之一。

(二) 以财政部门为行业主管部门的政府监督体系

1. 财政部门。

根据《注册会计师法》的规定,国务院财政部门和省、自治区、直辖市

人民政府财政部门，依法对注册会计师、会计师事务所和注册会计师协会进行监督、指导，从而确立了财政部门作为注册会计师行业主管部门的法定地位。包括审批设立会计师事务所，注册会计师注册的审批备案，批准发布注册会计师审计准则，制定注册会计师考试政策，监督检查注册会计师和会计师事务所的执业情况并对违反法律法规行为进行行政处罚。财政部门中的会计管理部门、监督检查部门、各地监管局分工负责对注册会计师行业的行政管理和行政监督检查职责。

2. 证券监督管理机构。

根据《证券法》的规定：中国证券监督管理委员会有权对从事证券业务的事务所实施检查，并对其违法违规行为作出处罚。新修订的《证券法》取消了以前中国证监会会同财政部对从事证券期货相关业务的会计师事务所的执业资格进行许可的规定，改为从事证券业务的事务所需要向中国证监会和财政部同时备案。中国证监会及其各地的证监局，在资本市场监管和从事证券业务的会计师事务所监管方面，发挥着重要作用。随着证券监督管理机构对从事证券业务的事务所的监督检查和处罚力度的不断加大，行业内对事务所执业责任鉴定标准、责任认定机关、处罚前是否与财政部门沟通等关乎行业责任承担的制度设计和机制建设越来越关注。

此外，会计师事务所作为市场运营主体，还要接受税务和工商等部门的检查和监督。

（三）以注册会计师协会为主体的行业自律管理体系

中国注册会计师协会是根据《注册会计师法》成立的注册会计师的全国性、行业性社会团体，是非营利性社会组织。省、自治区、直辖市注册会计师协会是注册会计师的地方组织。业务主管单位是财政部，接受财政部的业务指导和监督管理。

根据《注册会计师法》的规定，注册会计师协会承担着注册会计师注册、组织实施注册会计师考试、拟订注册会计师执业准则规则、组织开展注册会计师年度任职资格检查和事务所执业质量检查等职能。中国注册会计师协会负责直接对从事证券业务的会计师事务所进行执业质量检查，各地方注册会计师协会负责对本地区的其他会计师事务所进行执业质量检查。

2020年4月，财政部发布了《关于印发〈加强注册会计师行业联合监管若干措施〉的通知》（以下简称《通知》），财政部监督评价局与中国注册会计师协会将开展联合监管,实现了注册会计师行业行政监管和行业自律的有机融合、协同推进,在减少重复监管、整合监管资源方面迈出了一大步。《通知》中提到的统一检查计划、统一组织实施、统一规范程序、统一处理处罚、统一发布公告等原则,在一定程度上可以解决以往事务所同时接待多个检查部门,不同部门进驻时间不一、检查标准不一、处罚标准不一等问题,缓解事务所面临的多重监管压力。

四、机构情况分析

(一)各类组织形式的事务所分布情况

截至2020年8月底,全国共有会计师事务所8 411家(不含分所),其中普通合伙所4 402家,占全国事务所总量(不含分所,下同)的52.33%,有限责任公司所3 946家,占全国事务所总量的46.92%,特殊普通合伙所63家,占全国事务所总量的0.75%。截至2020年8月底,全国共有分所1 187家。

自2014~2020年,事务所总量从7 316家增加到8 411家,增幅15%(部分事务所存在吸收合并情况)。其中,普通合伙所从3 141家增加到4 402家,增幅40%;特殊普通合伙所从50家增加到63家,增幅26%;有限责任公司所从4 125家减少到3 946家,减幅4%(部分事务所转制为普通合伙所或特殊普通合伙所)。会计师事务所数量信息对比详见表1和图1。

表1　　　　会计师事务所数量信息(2014~2020年)　　　　单位:家

机构性质	2014年	2015年	2016年	2017年	2018年	2019年	2020年
普通合伙所	3 141	3 195	3 314	3 422	3 817	4 080	4 402
特殊普通合伙所	50	50	51	62	53	63	63
有限责任公司所	4 125	4 040	4 013	3 950	3 976	3 836	3 946
合计	7 316	7 285	7 378	7 434	7 846	7 979	8 411

资料来源:财政部"十二五"时期中国会计服务市场发展报告及财政部信息报备数据。2020年数据截止日为2020年8月31日。

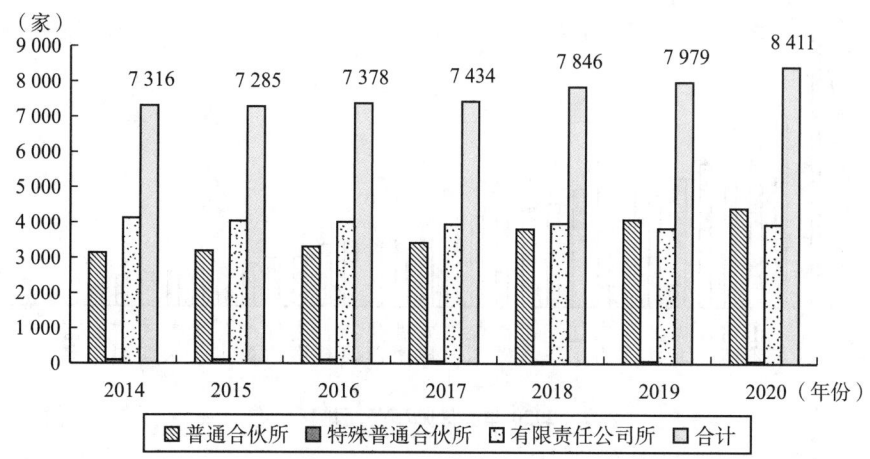

图 1　会计师事务所数量信息（2014~2020 年）

资料来源：财政部"十二五"时期中国会计服务市场发展报告及财政部信息报备数据。

根据《注册会计师法》的规定，事务所的组织形式包括合伙制和有限责任公司制。从财政部报备数据来看，合伙制（含普通合伙和特殊普通合伙）形式的事务所正在逐步增加，有限责任公司制事务所正在逐步减少。这与财政部大力推行合伙制转制有很大关系。2010 年，财政部和工商总局发布《关于推动大中型会计师事务所采用特殊普通合伙组织形式的暂行规定》，要求大型会计师事务所应当于 2010 年 12 月 31 日前转制为特殊普通合伙组织形式；鼓励中型会计师事务所于 2011 年 12 月 31 日前转制为特殊普通合伙组织形式。配合《会计师事务所执业许可和监督管理办法》（财政部令第 89 号）的修订，2018 年，财政部和国家市场监督管理总局发布《关于推动有限责任会计师事务所转制为合伙制会计师事务所的暂行规定》，推动现有的有限责任会计师事务所向合伙制转变。与 2018 年度相比，2019 年度合伙制事务所的数量已经超过了有限责任事务所的数量，说明政策的引导作用已经显现。但特殊普通合伙制事务所增长较为缓慢，对于这一组织形式的认知还有待深入，配套政策有待完善。

（二）事务所地区分布情况

截至 2020 年 8 月，8 411 家事务所在各省、自治区和直辖市的分布情况如图 2 所示：

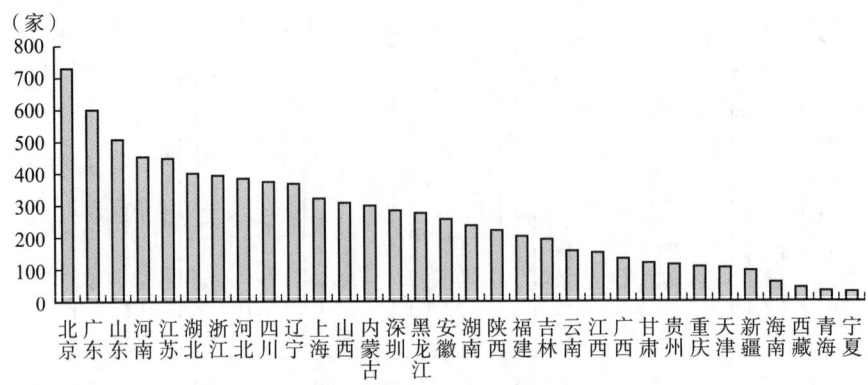

图 2　2020 年会计师事务所地区分布

资料来源：财政部信息报备数据。

从事务所的地区分布来看，事务所数量最多的是广东省（含深圳市），其次是北京市和山东省。作为重要的专业服务中介机构，经济发展程度是影响事务所地域分布的重要因素，事务所主要集中分布在经济相对发达的中东部地区，而西部地区事务所数量较少。由此可见，各地区事务所数量与所在地区的经济发展水平、人力资源、政治资源、教育资源等因素密切相关。

（三）证券事务所情况

1992 年 9 月，财政部和国家经济体制改革委员会发布《注册会计师执行股份制试点企业有关业务的暂行规定》。根据该文件，财政部第一次审查批准了 13 家会计师事务所、103 名注册会计师具有执行证券业务资格。1993 年 3 月，财政部、证监会印发了《关于从事证券相关业务会计师事务所、注册会计师资格确认的规定》，根据规定，财政部会同证监会审查批准了可以从事证券业务的会计师事务所 45 家、注册会计师 375 名。1996 年 2 月，财政部、证监会联合发布《会计师事务所、注册会计师从事证券相关业务许可证暂行办法》。

2005 年修订的《证券法》开始对会计师事务所从事证券业务的资格有了法律规定。会计师事务所从事证券服务业务，必须经国务院证券监督管理机构和有关主管部门批准。会计师事务所从事证券服务业务的审批管理办法，由国务院证券监督管理机构和有关主管部门制定。2020 年 3 月 1 日起实施新修订的《证券法》，会计师事务所从事证券期货业务由许可制改为备案制，实行向证监会和财政部"双备案"，证券期货业务资格正式宣告取消。会计师事务所的证券期货业务资格前后延续了 28 年，最多的时候曾经达到 106 家，自 2013

年以来逐步稳定在 40 家。证券事务所地区分布情况详见图 3。

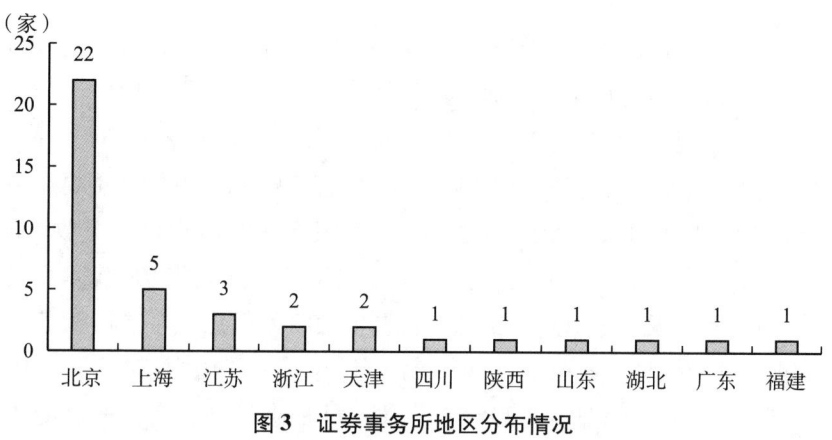

图 3　证券事务所地区分布情况

其中，值得一提的是，2010 年 12 月，财政部、证监会与中国香港有关部门就落实内地与香港在对方上市的公司可选择以本地会计准则编制财务报表并由本地会计师事务所按照本地审计准则进行审计的事宜达成共识，共 12 家（其中 2 家后期合并，演变为目前的 11 家）内地大型会计师事务所获准从事 H 股企业审计业务（以下简称"H 股事务所"）。这些事务所均为证券事务所。

截至 2020 年 4 月，全国共有从事证券服务业务的会计师事务所 40 家，合伙人 3 850 人，注册会计师 30 353 人，2019 年度总收入 516.05 亿元，占全行业总收入的 60%，较 2018 年度增长 12.4%。其中，2019 年度审计业务收入 376.26 亿元，占证券事务所总收入的 72.91%，非审计业务收入 139.79 亿元，占证券事务所总收入的 27.09%。40 家证券事务所职业保险累计赔偿限额和职业风险基金之和达 111.43 亿元。H 股事务所与其他证券事务所情况对比详见表 2。

表 2　　　　　　H 股事务所与其他证券事务所情况对比

项目	分所数量	合伙人人数	2019 年度总收入（亿元）	2019 年度审计业务收入（万元）	上市公司客户户数	上市公司年报审计收费（万元）	新三板客户数	新三板年报审计收费（万元）
11 家 H 股事务所	262	1 939	345.36	2 970 958.45	2 563	555 441.64	3 619	71 273.8
29 家其他证券事务所	508	1 911	170.69	1 389 877.44	1 463	220 996.54	6 009	99 202.8
全部证券事务所	770	3 850	516.05	4 360 835.89	4 026	776 438.18	9 628	170 476.6

资料来源：财政部信息报备数据。

（四）全国前百家会计师事务所情况

中国注册会计师协会自 2003 年建立会计师事务所前百家信息发布制度以来，已经 16 次发布前百家会计师事务所信息（其中，2017 年度由于排名办法酝酿重大调整，没有发布以 2016 年度业务收入为基础的排名），对于提高注册会计师行业透明度，增进公众对注册会计师行业的了解，发挥了重要作用。

2019 年 6 月 10 日，中国注册会计师协会发布《2018 年度业务收入前 100 家会计师事务所信息》。这是注册会计师行业 2003 年建立前 100 家信息发布制度以来，第 16 次发布前 100 家信息，也是前 100 家信息发布制度改革后第二次发布前 100 家信息。截至 2020 年 9 月，上述文件是中国注册会计师协会发布的最新的前 100 家信息。2020 年初，中国注册会计师协会再次启动《会计师事务所综合评价和排名办法》的修订工作，从征求意见稿来看，事务所综合评价指标涉及事务所收入规模、内部治理、资源、质量控制四个方面，共 9 个指标，标志着排名规则从单纯的按照业务收入排名再次向综合评价指标回归。事务所综合评价排名工作又将进入一个新的阶段。

五、人员分析

（一）注册会计师行业人才基本情况

截至 2020 年 4 月，全国共有注册会计师 110 452 人，合伙人（股东）35 020 人。其中，H 股事务所拥有注册会计师 16 281 人，占行业总数的比重是 14.74%。非 H 股事务所拥有注册会计师总数 94 171 人，占行业总数的比重是 85.26%。"四大"中国成员所拥有注册会计师 5 340 人，占行业总数的比重是 4.83%。近 6 年全国会计师事务所注册会计师人数变动情况详见表 3。

表 3　　　　近 6 年全国会计师事务所注册会计师人数变动情况　　　　单位：人

年度	H 股事务所注师总数	非 H 股事务所注师总数	合计
2015	13 836	84 393	98 229
2016	14 294	86 360	100 654
2017	14 728	88 725	103 453
2018	14 999	89 560	104 559

续表

年度	H股事务所注师总数	非H股事务所注师总数	合计
2019	15 186	89 573	104 759
2020	16 281	94 171	110 452

资料来源：财政部"十二五"时期中国会计服务市场发展报告及财政部信息报备数据。

2015~2020年，全国注册会计师人数增加了12 223人，增长了12.44%；H股事务所的注册会计师占比从2015年的14.09%逐步增长到2019年的14.74%。

1. 注册会计师人才学历情况。

截至2020年4月，全国注册会计师中，大专及以下学历的注册会计师共47 539人，占注册会计师总数的43.04%。本科及以上学历的注册会计师共62 913人，占注册会计师总数的56.96%。其中，本科学历的共54 856人，占比49.67%；硕士学历的共7 883人，占比7.14%；博士学历的共174人，占比0.16%。注册会计师学历结构详见图4。

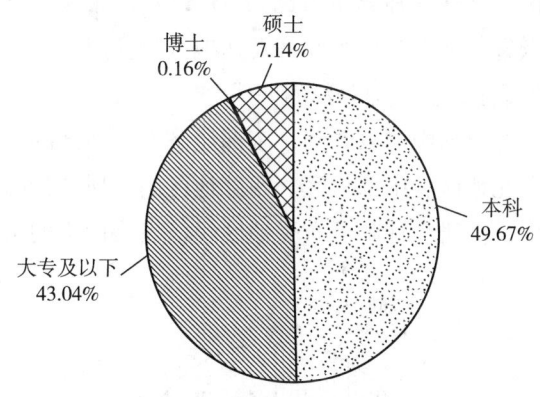

图4　注册会计师学历结构

资料来源：财政部信息报备数据。

2. 注册会计师年龄结构。

截至2020年4月，全国注册会计师中41~50岁的注册会计师共36 683人，占注册会计师总数的33.21%；其次为51~60岁的注册会计师共24 380人，占比22.07%；31~40岁的注册会计师人数居第3位，共23 967人，占比21.7%；61~70岁以上的人数居第4位，共11 117人，占比10.07%；30岁以下的人数最少，共 4 488 人，占比 4.06%。注册会计师年龄分布详见图 5。

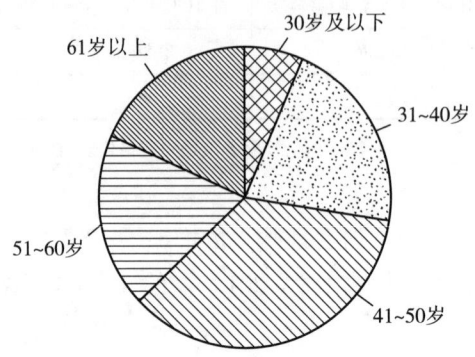

图 5　注册会计师年龄分布

资料来源：财政部信息报备数据。

3. 注册会计师人数地区分布。

2020 年，中国大陆地区相关省、自治区、直辖市的注册会计师分布情况同上一年度基本一致。北京市、上海市、湖北省、浙江省等地区的注册会计师分布占比较上一年度呈现不同程度的上升。

东部地区省份注册会计师分布占比为 63.84%，涨幅明显。其中，仅北京市、上海市、广东省、深圳市四个经济发达地区的注册会计师分布占比就达到了 40.18%，占全国注册会计师总数的四成。

从图 6 和图 7 的数据中可以看到，东部经济发达地区的注册会计师分布占比逐年上升，而东北地区、中部地区、西部地区的注册会计师分布占比则均呈现不同程度的下降，注册会计师分布受地区经济发展因素的影响较为明显。

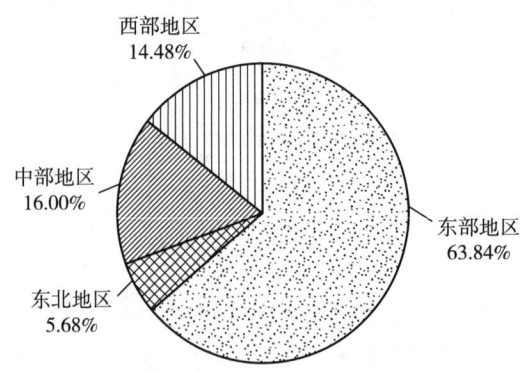

图 6　2020 年各地区注册会计师分布情况

资料来源：财政部信息报备数据。

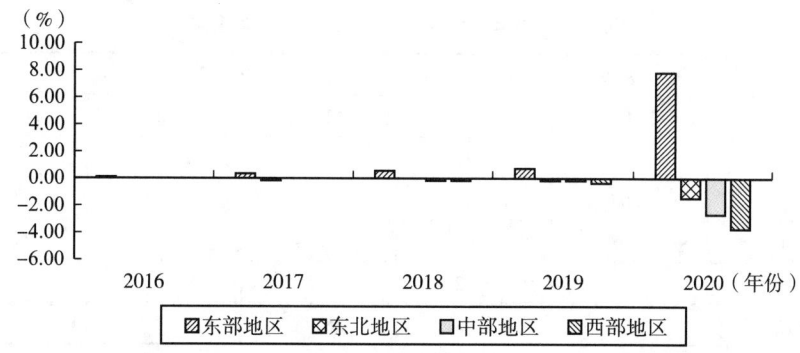

图 7　2016~2020 年各地区注册会计师分布占比较上一年度变化情况

资料来源：财政部"十二五"时期中国会计服务市场发展报告及财政部信息报备数据。
数据口径：
东部地区：河北省、北京市、天津市、山东省、江苏省、上海市、浙江省、福建省、广东省、海南省、台湾省、香港特别行政区、澳门特别行政区。
中部地区：山西省、河南省、安徽省、湖北省、江西省、湖南省。
东北地区：黑龙江省、吉林省、辽宁省。
西部地区：重庆市、四川省、陕西省、云南省、贵州省、广西壮族自治区、甘肃省、青海省、宁夏回族自治区、西藏自治区、新疆维吾尔自治区、内蒙古自治区。

（二）合伙人情况

合伙人（股东）是注册会计师行业的核心人才队伍，也是行业发展的"火车头"，合伙人人才队伍直接决定了行业的发展质量。截至 2020 年 4 月，全国会计师事务所共有合伙人（股东）35 020 名。

H 股事务所拥有合伙人 1 924 人，占行业总数的 5.74%，平均每家 H 股事务所拥有合伙人 174 人。其他 29 家证券事务所拥有合伙人 1 806 人，占行业总数的比重为 5.39%，平均每家拥有合伙人 62 人。非证券事务所拥有合伙人 31 290 人，占行业总数的比重为 88.87%，非证券事务所平均每家拥有合伙人（股东）3 人。证券事务所平均每家的合伙人人数远远大于非证券事务所。

1. 合伙人年龄结构。

按照年龄结构划分，全国合伙人（股东）平均年龄为 54 岁，41~50 岁的合伙人（股东）最多，占合伙人（股东）总数的 40.89%；其次为 51~60 岁的合伙人（股东），占 28.08%；61~70 岁的合伙人（股东）人数居第 3 位，占 15.79%；70 岁以上的人数占 9.18%；30 岁及以下的人数最少，占 0.02%。合伙人年龄结构详见表 4。

表4　　　　　2015~2020年会计师事务所合伙人年龄结构　　　　单位：%

年度	30岁及以下	31~40岁	41~50岁	51~60岁	61岁以上
2015	0.06	7.83	42.71	23.35	26.05
2016	0.07	6.49	42.83	24.31	26.29
2017	0.03	5.53	42.68	25.38	26.38
2018	0.02	5.00	41.14	27.83	26.01
2019	0.03	5.12	39.89	29.17	25.79
2020	0.02	4.87	38.72	30.59	25.80

资料来源：财政部"十二五"时期中国会计服务市场发展报告及财政部信息报备数据。

2. 合伙人学历结构。

按照学历结构划分，截至2020年4月，全国合伙人（股东）队伍中，大专及以下学历的合伙人（股东）占合伙人（股东）总数的59.98%。本科及以上学历的合伙人（股东），占合伙人（股东）总数的40.02%。其中，本科学历占36.70%；硕士学历的共有1 073人，占3.20%；博士学历的39人，占0.12%。合伙人（股东）学历结构详见图8。

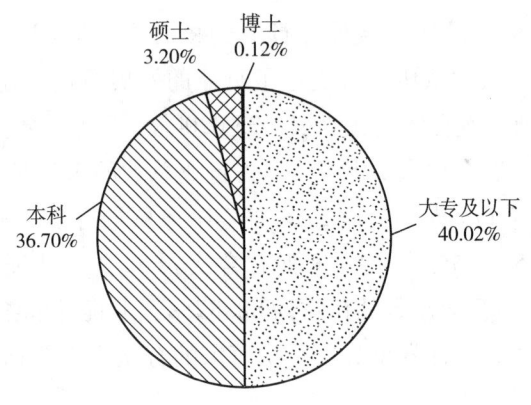

图8　合伙人（股东）学历结构分析

资料来源：财政部信息报备数据。

（三）注册会计师行业高端人才建设

服务经济社会发展，更好地发挥注册会计师的职能作用，关键靠注册会计师人才，尤其是高端人才。自2005年以来，财政部开启会计领军人才的选拔和培养，已经累计在全国范围内选拔了464名注册会计师类会计领军（后备）

人才。其中综合类132人、主任会计师类52人、金融审计方向类117人、管理会计咨询方向类70人、信息化方向类93人，其中完成培养任务并经考核毕业234人，另有230名在培训中。

从领军人才在事务所的分布看，464名领军人才分布在81家事务所中。11家H股事务所拥有领军人才257人，占行业总数的比重为55.39%，平均每家H股事务所拥有领军人才23人。其他29家证券事务所拥有领军人才148人，占行业总数的比重为31.9%，平均每家拥有领军人才6人。非证券事务所（前100家）拥有领军人才59人，占行业总数的比重为12.72%，非证券事务所平均每家拥有领军人才1人。证券事务所平均每家的领军人才人数远远大于非证券事务所。

近年来，高端会计人才培养工作取得了积极成效，培养了一大批高素质、复合型、国际化、管理型会计人才。据不完全统计，目前在事务所工作的高端人才担任合伙人（股东）392人、担任管委会委员（董事）及以上职务30人、担任首席合伙人（主任会计师）18人；担任社会职务，包括各级人大代表和政协委员21人、发审委员18人（32人次）、财政部专家咨询委员17人、中国注册会计师协会理事或委员40人。实施高端人才项目以来（2005～2019年），累计撰写发表专题文章420余篇，形成行业研究专著60余部，承担国家级、省部级以及行业协会委托的专项行业研究课题60余部，220余人担任政府部门或行业协会咨询专家、高校校外导师。

（四）行业人才素质现状与现代经济发展需求差距

随着物联网、云计算、大数据、人工智能、机器深度学习、区块链等新的科学技术全面渗透到各个行业领域，行业的发展也迈入了跨界融合、加速创新、全行业业务模式融合发展的全新阶段。在日新月异的技术变革的引领下，新的商业模式层出不穷，注册会计师行业也面临着前所未有的机遇和挑战。移动互联网时代的大数据分析、可视化技术、人工智能及机器人流程自动化，在财务专业服务的应用上有着巨大的发展空间，也对未来注册会计师行业的盈利模式、组织文化、从业人员结构和胜任能力等诸多方面都提出了新的挑战。注册会计师行业需要开始思考，如何以创新的方式更加契合数字经济时代发展的需求。

目前，注册会计师行业人才队伍存在总体年龄偏大、年龄结构失衡、人才后备力量不足、核心骨干人才流失等问题，严重影响了行业的持续健康发展。当前行业从业人员中的核心主体客观存在知识结构相对老化，对于数字化经济和新型业态认知不足,缺乏对信息化管理手段、新型审计技术的理解与掌握等诸多方面的问题,上述情况的存在,既是近年来造成审计失败等困境的因素,也对未来行业健康有序发展造成了客观阻碍。

为此,行业一方面需要切实改善注册会计师的执业环境,保障注册会计师的合法权益来留住从业人员。另一方面,也要与时俱进地思考培训思路和培训体系改革,通过有效的培训机制和手段,促进注册会计师整体胜任能力的升级。此外,要进一步吸引和保留行业中青年骨干,还需要进一步完善相关收入分配制度,进一步加大制度向核心骨干和从业人员的倾斜力度。

六、客户分布与业务收入分析

(一)总体情况

2019年度我国注册会计师行业总收入为864.91亿元(不含统一经营的其他专业机构业务收入),较上年增长10.1%,增速比2018年略有放缓。其中审计业务仍然是注册会计师行业主要收入来源,2019年审计业务收入为681.57亿元(不含统一经营的其他专业机构业务收入),比2018年增长了9.1%,占总收入的78.8%,占比略降了0.75个百分点。非审计业务收入183.34亿元,比2018年增长了14.2%,占总收入的比例连续两年增长,达到21.2%。注册会计师行业收入情况对比详见图9。

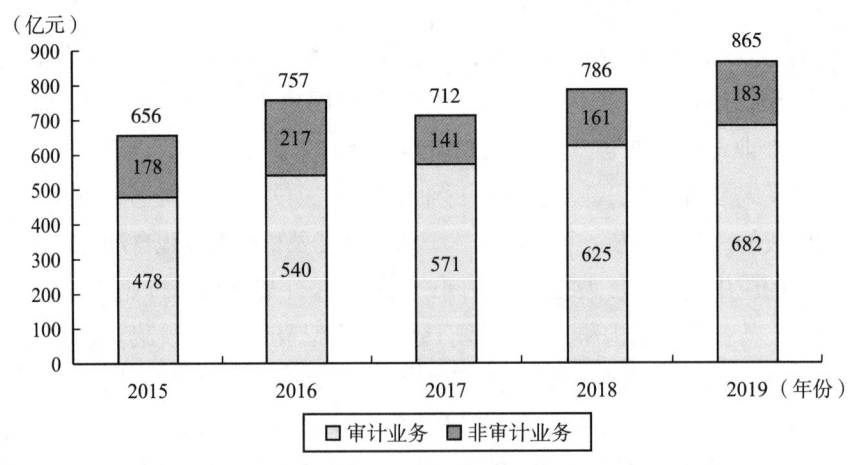

图9 2015~2019年注册会计师行业收入情况

资料来源:财政部"十二五"时期中国会计服务市场发展报告及财政部信息报备数据。

1. 收入规模分布。

2019年度,我国注册会计师行业格局较前两年的"哑铃型"结构有了一些变化,11家H股事务所依然占据近四成市场,但市场份额有小幅度下降,增长速度也有所减缓;相对地,前100家事务所中其余89家事务所业务收入增长速度较快,其市场份额略有提升,从而使得前100家事务所的整体份额维持在一个较为稳定的水平。

前100家会计师事务所2019年总收入为561.87亿元,占全行业的65.0%,这一比例与过去两年基本相同。其中,11家H股事务所总收入达到345.36亿元,占据全行业的39.9%,这一比例比2017年降低了2.4个百分点。而除11家H股事务所以外的89家事务所虽然收入占整体比例不高,2019年达到25.1%,但其收入同比增速较高,2018年和2019年分别增长了17.2%和14.5%,均高于行业整体增速。其余事务所2019年收入共计303.04亿元,占整体的35.0%,增速与行业整体增速基本持平。注册会计师行业收入结构对比详见图10。

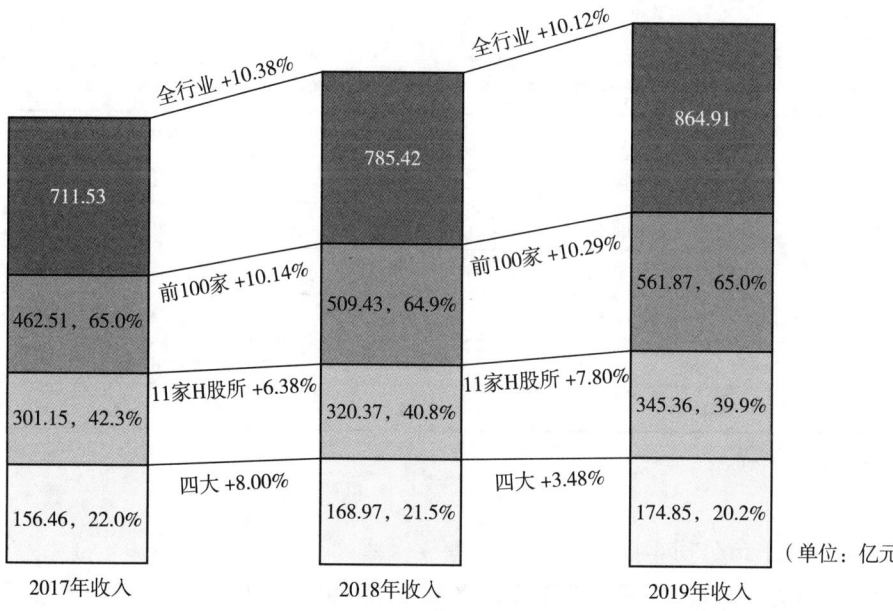

图10　2017~2019年注册会计师行业收入结构

资料来源:财政部"十二五"时期中国会计服务市场发展报告及财政部信息报备数据。

2. 人均创收水平。

2019年度,我国注册会计师行业总收入中,合伙人人均创收256.23万元，比 2018 年提高了 9.3%；注册会计师人均创收 82.56 万元，比 2018 年提高了 9.9%。合伙人人均创收是注册会计师人均创收的 3 倍左右，这一比例与 2018 年基本相同。

在前 100 家会计师事务所中，人均创收水平远远高于行业整体。2019 年前 100 家事务所中合伙人人均创收 1 266.9 万元，是行业整体的 5 倍，注册会计师人均创收 159.23 万元，是行业整体的 2 倍。

（二）证券业务收入

全国 40 家证券事务所 2019 年收入总额为 516.06 亿元，较上年度增长 12.4%，占行业总收入的 59.7%。其中，从事证券服务业务收入共 154.8 亿元，占全部收入的 29.8%，而在证券服务业务中，上市公司审计收入约占 50%，共 77.64 亿元。

截至 2020 年 7 月 9 日，共有 11 857 家上市公司已经披露了 2019 年年报，年报审计费用合计共 76.26 亿元。2019 年上市公司年报审计费用情况详见表 5。

表 5　　　　　　2019 年上市公司年报审计费用统计

板块		公司数量	年报审计费用合计（万元）
A 股	主板	1 955	421 452
	创业板	797	77 846
	科创板	92	8 271
	中小企业板	944	123 958
新三板		8 069	131 061
合计		11 857	762 588

资料来源：Wind。

1. A 股上市公司年报审计业务。

截至 2020 年 7 月，证券事务所服务的 A 股上市公司中已披露 2019 年年报的数量为 3 788 家，年报审计业务收费共计 63.2 亿元，比 2018 年增长了 5.5%，平均每家上市公司为年报审计付费 166.7 万元，较上年增长了 0.8%。自 2015 年起，A 股上市公司平均每家年审费用持续上升，其中 2018 年增幅最大，达到 6.5%。A 股上市公司年报审计费用对比详见图 11。

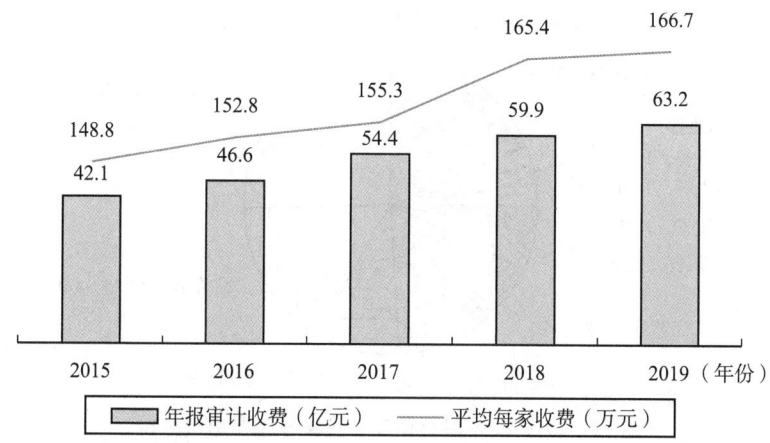

图 11　2015～2019 年 A 股上市公司年报审计费用统计

资料来源：2015～2018 年资料来源为证监会年度证券审计市场分析报告，2019 年资料来源为 Wind。

从地域分布来看，地域集中度较高，北京、广东和江浙沪地区共 2 159 家上市公司，2019 年年报审计费用达 42.98 亿元，占总数的 68.1%。广东省上市公司数量最多，共 622 家，占总数的 16.4%，其次是浙江省 461 家和江苏省 429 家，分别占比 12.2% 和 11.3%。从审计收费来看，北京市所有上市公司的年审费用以 16.08 亿元居于首位，占总收入的 26%，广东省次之，为 10.25 亿元，占比 16%，浙江省第 3，共计 5.92 亿元，占比 9%。A 股公司及年报审计收费地域分布详见图 12。

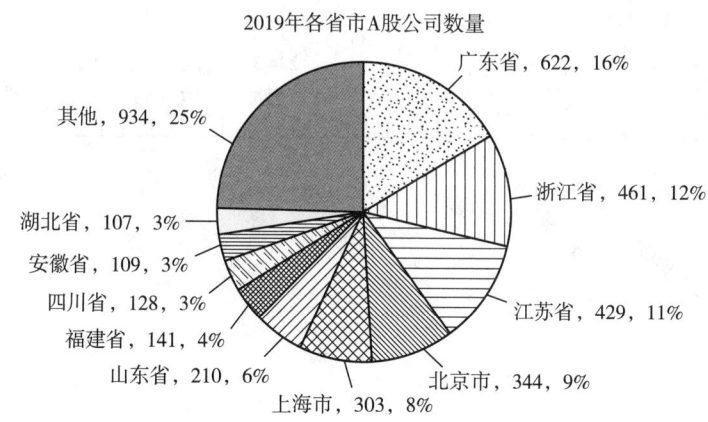

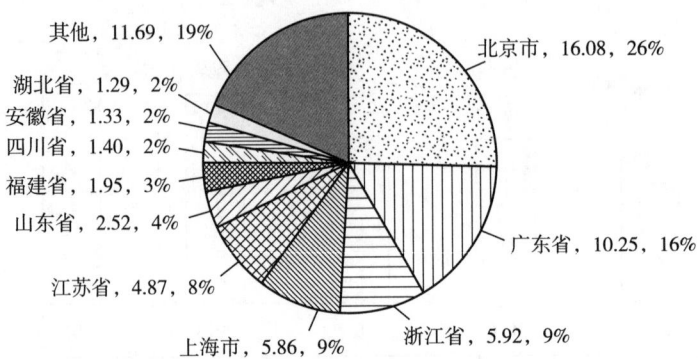

图 12　2019 年 A 股公司及年报审计收费地域分布

资料来源：Wind。

从行业分布来看，制造业审计费用最高，总计 27.77 亿元，金融业上市公司数量虽然只有 111 家，但平均每家审计费用是制造业的近 10 倍，审计费用共计 12.13 亿元。其他行业年报审计收费分布较为分散，其中采矿业和建筑业平均每家审计费用略高，均超过 300 万元。A 股公司各行业年报审计收费情况详见图 13。

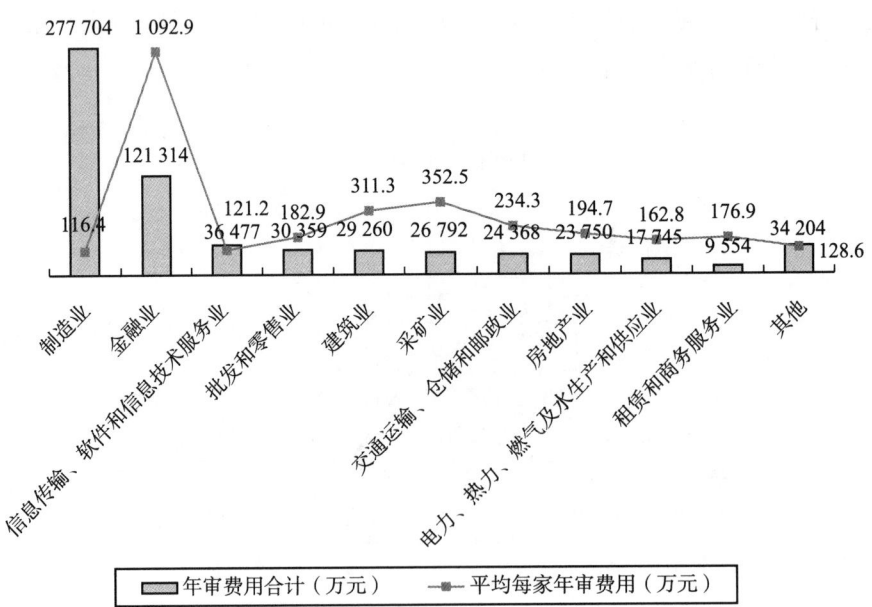

图 13　2019 年 A 股公司各行业年报审计收费统计

资料来源：Wind。

A股上市公司审计机构的集中度也较高,其中"四大"中国成员所取得审计业务公司数量共281家,虽然只占总数量的7.4%,但合计约22.73亿元的收入占据了总收入的36%;而11家H股事务所合计审计了2 291家公司,收入达到47.13亿元,占据全部A股公司年审费用的74.6%。A股上市公司年报审计收费情况详见表6。

表6　2019年A股上市公司年报审计收费统计(按事务所类型)

事务所分类	客户数量	客户数量占比(%)	年报审计收费(亿元)	年报审计收费占比(%)
"四大"中国成员所	281	7.4	22.73	36
11家H股事务所	2 291	60.5	47.13	74.6
其他证券事务所	1 497	39.5	16.02	25.4

资料来源:Wind。

2. 金融行业上市公司年报审计业务。

2019年A股上市公司中,金融行业年报审计费用合计12.05亿元,其中银行业占70.7%,合计8.52亿元,比2018年增长0.3%;其次是保险业,5家保险公司的审计收费占金融业的21.6%,达到2.60亿元,比2018年增长了7.4%;证券业及其他金融行业占比不足8%。A股上市公司金融行业年报审计收费对比详见图14。

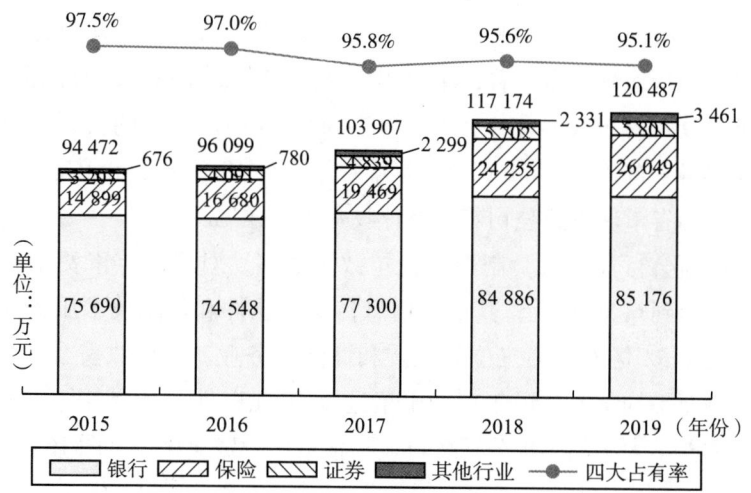

图14　2015~2019年A股上市公司金融行业年报审计收费统计

资料来源:Wind。

金融行业审计市场高度集中,"四大"中国成员所的市场占有率一直居高不下,虽然近五年略有降低,但始终处于垄断地位。2019年"四大"中国成员所年审收费共计11.46亿元,比2018年的11.10亿元增长了2.3%,"四大"中国成员所收费占整个行业的95.1%,较2018年降低了0.5个百分点。从表7的细分行业也可看出,银行业和保险业几乎完全由"四大"中国成员所垄断。

表7　　　　　2015～2019年A股上市公司金融行业年审
市场"四大"中国成员所占有率　　　　　　单位:%

"四大"中国成员所市场占有率	银行	保险	证券	其他行业	行业合计
2015年	100	100	46.3	0.0	97.5
2016年	99.1	100	66.5	0.0	97.0
2017年	99.5	100	59.1	11.7	95.8
2018年	99.3	100	59.9	5.1	95.6
2019年	99.4	100	66.8	2.3	95.1

资料来源:Wind。

3. 新三板上市公司年报审计业务。

截至2020年7月,新三板上市公司中已披露2019年年报的数量为8 069家,年报审计费用共计13.11亿元,平均每家年审费用为16.24万元。

年审费用从地域分布来看,主要集中在广东省、北京市以及江浙沪地区,合计占了总收入的58%,集中度略低于A股。其中广东省的公司年审数量和费用合计都居于首位,1 171家公司年审费用合计19 268万元,其次是北京市和江苏省。各省市新三板公司年报审计收费比例详见图15。

按照证监会行业分类,制造业公司数量最多,对应的年审费用占比接近50%,合计达到6.36亿元;其次是信息传输、软件和信息技术服务业,年审费用合计约2.32亿元;第三位为租赁和商务服务业,年审收费合计6 622万元。除金融业平均每家公司年审费用超过28万元以外,其余各行业平均每家审计费用相差不大。新三板公司各行业年报审计收费对比详见图16。

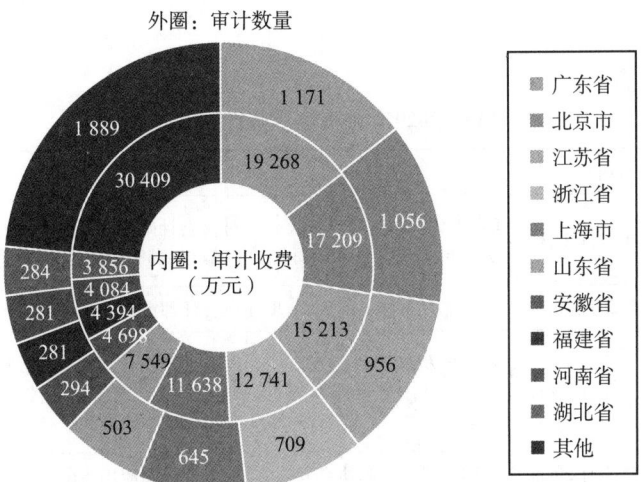

图15　2019年各省市新三板公司年报审计收费比例

资料来源：Wind。

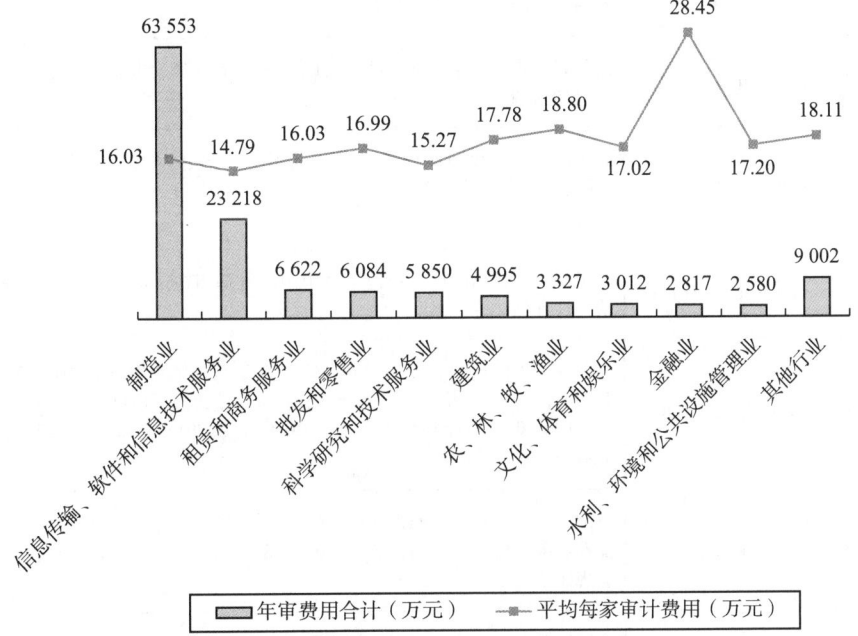

图16　2019年新三板公司各行业年报审计收费统计

资料来源：Wind。

附录：

2019～2020年注册会计师行业大事记

序号	时间	事件
1	2019年1月2日	财政部发布第97号部长令，对《会计师事务所执业许可和监督管理办法》再次进行修订，简化了申请材料和有关程序
2	2019年2月20日	财政部发布修订后的18项注册会计师审计准则
3	2019年3月15日	财政部发布第99号部长令，对《注册会计师注册办法》进行修改，简化了申请注册者需要提供的申请材料，完善了相关监管和法律责任条款
4	2019年3月29日	中国注册会计师协会发布24项审计准则应用指南
5	2019年5月22日	财政部监督评价局与香港财务汇报局签署审计监管合作备忘录，内地与香港将按照互相依赖的原则，加强审计监管合作
6	2019年7月3日	财政部、中国证监会、香港证监会签署三方合作备忘录，进一步细化和完善了两地监管合作机制
7	2019年7月5日	康得新公司收到中国证监会《行政处罚及市场禁入事先告知书》（审计机构为瑞华）
8	2019年8月16日	康美药业公司收到中国证监会《行政处罚及市场禁入事先告知书》（审计机构为正中珠江）（2020年5月13日上市公司收到正式的《行政处罚决定书》）
9	2019年11月6日	欧盟委员会作出决议，通过了对中国主管部门在法定审计监管领域的适当性评估
10	2019年11月20日	财政部、中国证监会发出通知，责令众华会计师事务所自2019年10月28日起暂停承接新的证券业务，并进行整改。整改结束后，经过核查，同意众华会计师事务所自2020年2月29日起恢复承接新的证券业务
11	2019年12月28日	全国人大常委会审议通过修订后的《证券法》，取消了会计师事务所的证券业务资格，改为向证监会和财政部"双备案"，同时进一步提高了违规违法成本
12	2020年1月8日	中国注册会计师协会发布修订后的5项审计准则问题解答，同时就修订后的注册会计师和非执业会员职业道德守则征求意见
13	2020年1月21日	中国注册会计师协会就三项会计师事务所质量管理相关准则公开征求意见
14	2020年3月1日	修订后的《证券法》正式实施

续表

序号	时间	事件
15	2020年4月22日	财政部办公厅发布关于印发《加强注册会计师行业联合监管若干措施》的通知,就财政部监督评价局、中国注册会计师协会加强注册会计师行业联合监管工作提出明确要求
16	2020年7月21日	财政部、中国证监会联合发布《会计师事务所从事证券服务业务备案管理办法》,自2020年8月24日起施行
17	2020年7月24日	中国证监会、工业和信息化部、司法部、财政部联合发布《证券服务机构从事证券服务业务备案管理规定》,自2020年8月24日起施行
18	2020年8月28日	财政部、中国银保监会联合发布《关于进一步规范银行函证及回函工作的通知》(财会〔2020〕12号),自2021年1月1日起施行

会计师事务所一体化管理的现状、影响因素及优化建议

> **导读** ● ● ●
>
> ◎ 数据显示，我国会计师事务所总体规模扩大，行业集中度提高，地域分布不均衡。当前会计师事务所规模化发展已取得一定成效，但随着不断合并、设立分所，导致分所数量不断增加，治理问题凸显，总分所一体化管理需向纵深发展。
>
> ◎ 会计师事务所一体化管理受到内外部环境影响，外部环境因素包括国内外审计专业标准及监管政策，内部环境因素主要为会计师事务所规模化发展的动因、方式和内部治理水平。
>
> ◎ 会计师事务所一体化管理是实现其做强做大的关键。会计师事务所应加快解决阻碍事务所一体化管理的核心问题，充分利用信息化建设推进一体化管理落地，并在一体化管理实施过程中借助外力突破瓶颈。

一、会计师事务所一体化管理的现状分析

（一）会计师事务所总分所发展情况

1. 设有分所的总所发展情况。

（1）规模增加且集中度提高。

财政部会计行业管理系统数据显示，截至2020年6月20日，全国有162家会计师事务所，并设有分所1 188家①，平均每家设立分所的数量为7.33

---

① 此为当日的时点数据。如无特别说明，为避免重复，本文中涉及事务所情况的数据都源自财政部会计行业管理系统报备数据，相关图表后将不再单独标示"资料来源"。

家。从 2016~2019 年 4 个年度的报备数据分析（见表 1 Panel A），总所数量从 7 378 家增长至 7 979 家，增幅 8.14%，设有分所的总所家数从 167 家减至 156 家，降幅 6.58%。设有分所的总所数量占同期全国会计师事务所数量的比重从 2.26% 下降至 1.96%，降幅 13.27%，其分所数量从 1 038 家增长至 1 161 家，增幅 11.85%，每家平均拥有的分所数量约从 6.22 家增加至 7.44 家，增幅 19.73%。总体而言，设有分所的总所整体组织规模不断扩大，同时在人员规模和业务收入规模方面不断增长（见表 1 Panel B）。

表 1　　　　　　　　　　设有分所的总所发展情况

Panel A 设有分所的总所的整体情况				
年份/年	全国总所数量	设有分所的总所数量	分所数量	设有分所的总所占比	平均分所数量
2016	7 378	167	1 038	2.26%	6.22
2017	7 434	168	1 089	2.26%	6.48
2018	7 739	159	1 123	2.05%	7.06
2019	7 979	156	1 161	1.96%	7.44

注：第一行列数与数据行不一致，实际表格为六列。

Panel B 设有分所的总所及其分所的发展情况						
项目	2019 年		2018 年		2017 年	
	总所	分所	总所	分所	总所	分所
数量（家）	156	1 161	159	1 123	168	1 089
注师人数	12 706	24 306	12 558	23 648	12 683	22 998
平均每家注师	81.45	20.94	78.98	21.06	75.49	21.12
业务收入（亿元）	238.54	318.05	213.29	285.44	204.47	254.34
平均收入	1.53	0.27	1.34	0.25	1.22	0.23

Panel C 2019 年设有分所的国际"四大"中国成员所与本土所对比				
项目（均值）	国际"四大"中国成员所	其他本土所	其他证券所	非证券所
分所数量（家）	17	7.19	19.50	3.37
业务收入（亿元）	43.71	2.51	9.48	0.35
注册会计师人数	1 198	212	712	57

表 1 Panel C 数据显示，2019 年国际"四大"平均设有分所数量约是其他

本土所的 2.36 倍;二者平均收入规模相差约 17.40 倍;在注册会计师人数方面,前者约是后者的 5.65 倍。此外,其他本土证券所分所数量是非证券所的 5.78 倍;二者平均收入规模相差约 26 倍;在注册会计师人数方面,前者约是后者的 12.49 倍。不难看出,注册会计师和业务资源向国际"四大"和其他本土证券所集中,头部效应显著。

(2) 地域分布较广且不均衡。

图 1 显示了 2019 年内地 31 个省级行政区中设有分所的总所地域分布情况。这些总所不均衡地分布在 25 个省级行政区,剩余 6 个地区①则没有会计师事务所分所的设立。结合 2019 年各地区 GDP 总量分析,设有分所的总所主要分布在我国的政治和文化中心北京,以及经济较为发达的江苏、山东、浙江、广东等东南沿海地区,另外在资源禀赋较好的广西、四川等西南地区也有较多分布,而在经济欠发达的中部、东北地区以及有待开发的西北地区分布较少或没有。

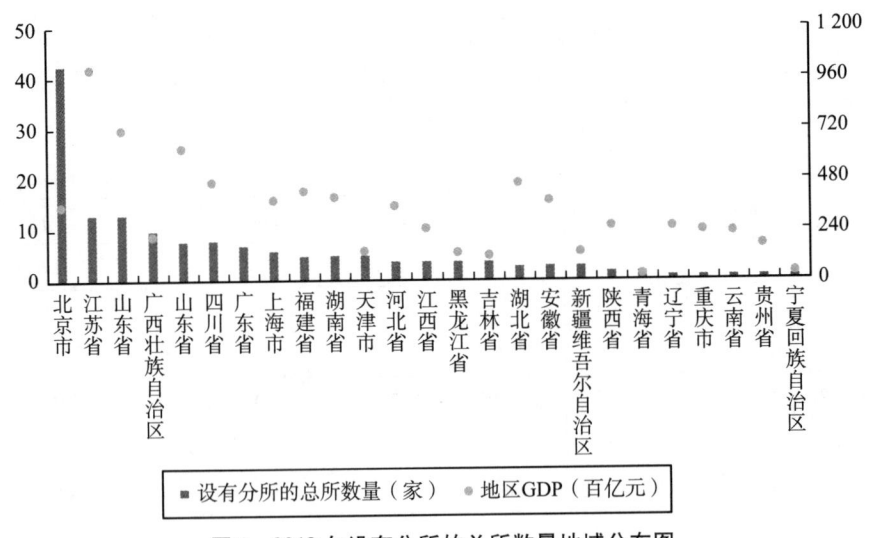

图 1　2019 年设有分所的总所数量地域分布图

资料来源:2019 年内地各省市 GDP 自国家统计局网站数据整理,http://www.stats.gov.cn。

另一方面,从上文分析中可知,证券所在分所数量、业务收入和注册会计师人数三个方面,规模远超非证券所。而表 2 显示,2019 年设有分所的证券

---

① 这 6 个没有设有分所的会计事务所的省级行政区分别是:河南省、山西省、海南省、甘肃省、内蒙古自治区和西藏自治区。

所总所集中在 11 个经济较发达的省级行政区中，其中北京超过半数，其次是上海。11 个地区中，也分布有非证券所，且这些地区合计分布的非证券所数量占全部数量比例约为 62.07%。非证券所中位于北京的总所数量排第一，占全部数量的 17.24%，排名第二的是山东，数量占比是 10.34%，分布在其余地区的数量占比都在 10% 以下。

表 2　　　　　2019 年证券所和非证券所的总所地域分布

省级地区	栏 A：证券所地区分布		栏 B：非证券所地区分布	
	总所数量	数量占比	总所数量	数量占比
北京	22①	55.00%	20	17.24%
上海	5②	12.50%	1	0.86%
江苏	3	7.50%	10	8.62%
浙江	2	5.00%	6	5.17%
天津	2	5.00%	3	2.59%
山东	1	2.50%	12	10.34%
广东	1	2.50%	6	5.17%
四川	1	2.50%	7	6.03%
湖北	1	2.50%	2	1.72%
福建	1	2.50%	4	3.45%
陕西	1	2.50%	1	0.86%
广西			10	8.62%
湖南			5	4.31%
江西			4	3.45%
黑龙江			4	3.45%
吉林			4	3.45%
河北			4	3.45%
新疆			3	2.59%
安徽			3	2.59%
青海			2	1.72%
辽宁			1	0.86%
重庆			1	0.86%

续表

省级地区	栏A：证券所地区分布		栏B：非证券所地区分布	
	总所数量	数量占比	总所数量	数量占比
云南			1	0.86%
贵州			1	0.86%
宁夏			1	0.86%

注：①总所在北京的国际"四大"中国成员所为：安永华明和毕马威华振。
②总所在上海的国际"四大"中国成员所为：德勤华永和普华永道中天。

2. 分所的发展情况。

（1）数量不断攀升且质量向好。

表3显示，截至2020年6月20日，分所数量比2016年增加14.45%。增幅最大的是国际"四大"，其次是其他本土证券所。其他本土证券所拥有的分所总量及平均每家拥有的分所数量略超国际"四大"，远超非证券所，且逐年递增，目前已接近1∶20。

表3　　　　2016~2020年分所数量变化情况

年份	指标类型	事务所分类			
		国际"四大"	其他证券所	非证券所	总计
2016	分所数量	56	594	388	1 038
2017	分所数量	61	626	402	1 089
2018	分所数量	65	664	394	1 123
2019	分所数量	68	702	391	1 161
2020	分所数量*	68	705	415	1 188
2020	分所数量占比	5.72%	59.34%	34.93%	100%
2020	平均分所数量	17.0	19.5	3.4	7.3
2020	分所数量增长率	21.43%	18.69%	6.96%	14.45%

注：2020年分所数量及其注册会计师人数为截至2020年6月20日财政部会计行业管理系统的时点数据，在计算相对应的增长率时是用该时点数据与2016年数据相比的增长幅度。

通过计算2019年分所数量和业务收入的环比增长率，分所数量增长3.38%，业务收入增长11.42%，注册会计师人数增长2.96%，其中国际"四大"分所注册会计师人数增长幅度最为显著,其他本土证券所次之(见图2)。会计师事务所设立分所的主要目的是扩大业务规模、吸引人才、积累资源和减少异地审计成本。从分所设立的效果来看,随着分所数量的增加,分所的业务收入和注册会计师人数也相应增加,且业务收入增长幅度要超过分所数量增长的幅度,分所的整体质量向好发展。

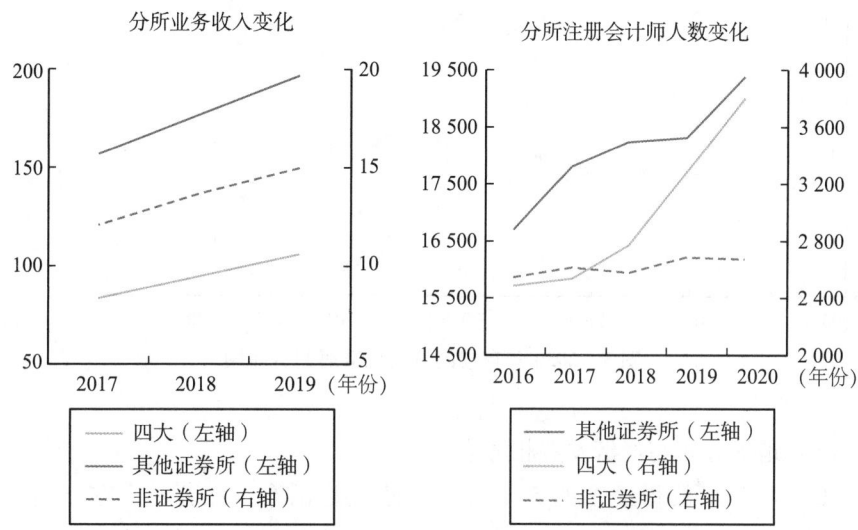

图2 2016~2020年分所业务收入及注册会计师人数变化情况

注:如无特别说明,本图中收入金额单位为亿元。且因2020年时点数据中无业务收入相关数据,收入变化趋势比较的是2017~2019年的数据。

(2)发展趋势紧跟政策引导。

根据财政部报备数据显示,当前分所中最早批准成立的一家是国际"四大"中的毕马威上海分所,批准时间为1998年。我国本土会计师事务所在2000年开始设立分所。当年3月,财政部先后发布了3个引导会计师事务所上规模的文件①。2007年中国注册会计师协会发布《关于推动会计师事务所做大做强的意见》。2009年国办发56号文全面支持事务所做大做强。2011年财政部的"十二五"规划纲要和2012年中注协支持事务所进一步做强做大若干政策措施,鼓励事务所强强合并。2016年财政部的"十三五"规划纲要提出进一步推动事务所做强做大。从图3显示的发展趋势可以看出,会计师事务所

---

① 2000年3月24日,财政部先后发布的3个文件是《会计师事务所扩大规模若干问题的指导意见》《会计师事务所合并审批管理暂行办法》《会计师事务所分所管理暂行办法》,目前均已失效。

分所的增长速度紧随注册会计师行业政策波动而变化。

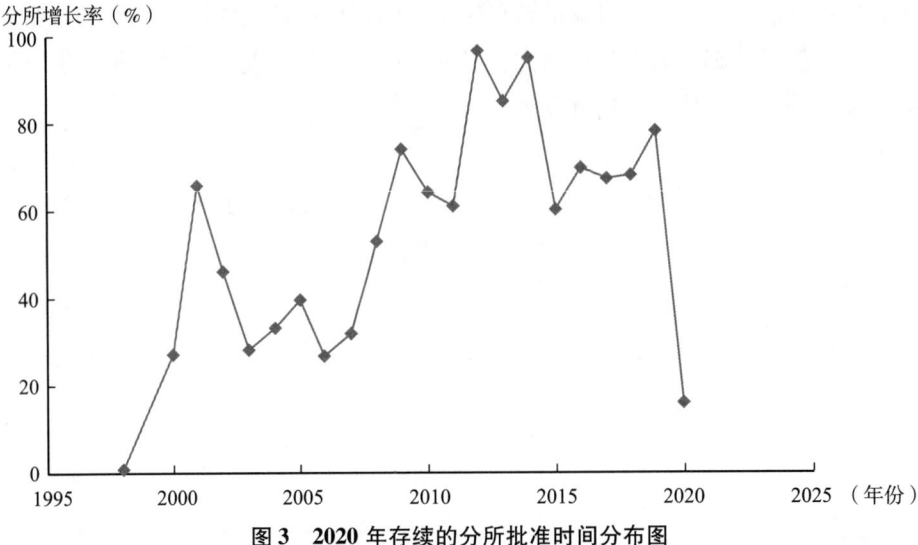

图3　2020年存续的分所批准时间分布图

（3）地区分布与经济发展相适应。

2019年分所数量最多的5个省级行政区是山东、江苏、广东（含深圳市）、四川和浙江。如果以GDP作为各地区经济的一个衡量标准，2019年全国各省GDP排名前六的依次为广东省（10.76万亿元）、江苏省（9.96万亿元）、山东省（7.10万亿元）、浙江省（6.23万亿元）、河南省（5.42万亿元）和四川省（4.66万亿元）。分所的地域分布特征与总所分布特征相似，与地区发展水平相适应。从5个地区分所设立时段分析（见图4），广东、江苏和浙江的分所主要是近10年来经批准设立，特别是浙江，90%以上的分所在这一期间设立，而山东、四川的分所超过半数是在更早期间设立，数据说明分所发展与各地区经济发展的各个阶段基本相一致。

（二）会计师事务所总分所管理状况

1. 总分所管理模式不同。

我国会计师事务所的总分所管理主要存在两种模式，集权模式和分权模式。其中集权模式强调总所对分所的统一管理，对分所的经营事务严格控制管理，要求分所绝对听命于总所；分权模式则相对比较松散，总所与分所之间多通过契约进行约束，分所在经营管理上拥有一定的自主权。

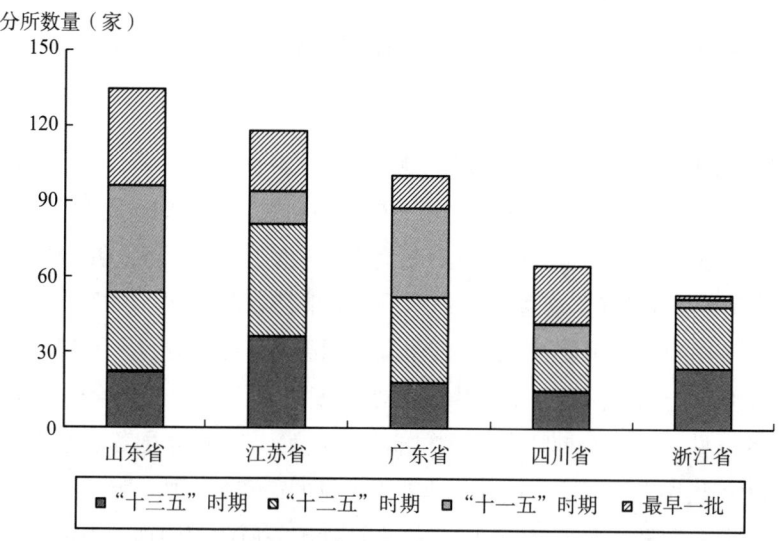

图 4 2020 年分所数量排名前五的地区及其分所设立时段分布

2. 总所对分所控制水平存在差异。

同一会计师事务所内部,总所对下设的不同分所的控制水平不尽相同。近年来,受政策影响和市场因素的推动,一些会计师事务所通过合并等方式迅速扩大规模,分所数量不断增加,而相应的管理手段未能及时转变,管理人才不足,个别分所缺乏来自总所的有效约束和监督。此外,由于分所的业务规模和人员专业胜任能力可能与总所相差较大,总所对分所投入的精力和资源有限。如果个别分所的执业质量存在严重问题,则极易引发事务所品牌和整体声誉受损。

3. 总分所一体化管理需向纵深发展。

会计师事务所的分所作为非独立的法人分支机构,统一以总所的名义对外承揽并执行业务,在一定意义上属于总所为开展业务而设置的代理人。分所对于自己争取的客户,其执业的收入大部分归分所享有,而潜在的声誉损失和法律责任却由整个事务所承担。分所出于自身业绩和利益分配的考虑并不总是与事务所整体利益的最大化目标一致。总所和分所之间存在代理冲突。同时,有些分所是为迎合政策需要而设立或通过外部吸收合并而来,总所和分所之间从一开始就存在诸多理念和管理差异,如果后续缺乏深度融合,容易出现形式上是一个法律整体,但实际上各行其是、各自为政的现象。为此,监管机构和行业自律组织将总分所管理视为事务所内部治理的重要组成部分,从政策制定和监管行为上引导总分所一体化管理向纵深发展。

(三) 会计师事务所总分所管理监管情况

1. 总分所一体化管理政策。

(1) 行业政策制定者高度重视。

关于我国会计师事务所总所对分所管理的相关政策，财政部最早在2000年就发布了《关于会计师事务所设立分所有关问题的通知》，随后在2005年又颁布《会计师事务所审批和监督暂行办法》（财政部令第24号）。2007年，为适应我国市场经济体制的加快发展，进一步推动注册会计师行业建设，实现会计师事务所做大做强、走向国际的目标，中注协制定发布了《关于推动会计师事务所做大做强的意见》和《会计师事务所内部治理指南》。2009年国务院办公厅转发财政部《关于加快发展我国会计师行业若干意见的通知》（国办56号文），提出会计师事务所在做强做大过程中，要重视会计师事务所内部治理。为进一步规范和加强会计师事务所分所管理，在综合分析、吸收借鉴以往政策规定和事务所内部管理工作的基础上，2010年财政部制定了《会计师事务所分所管理暂行办法》，要求事务所实现总所和分所在人事、财务、业务、技术标准和信息管理等方面的实质统一（简称"五统一"）。至此，会计师事务所总分所一体化管理相关的政策臻于成熟，之后每年颁布的相关政策规定也都延续了"五统一"的表述。

(2) 一体化管理政策的具体要求。

分所管理办法分别用五个章节对"五统一"进行具体规范。人员管理是会计师事务所管理的中心环节，它不仅包括对注册会计师的管理，也包括事务所其他从业人员。其具体管理要求包括制定和实施统一的人力资源管理制度、统一委派、监督和考核分所负责人等；实质性统一的核心在财务，财务统一是避免总分所"形似而神散"最紧要、最有效的措施，其要求包括制定统一的财务制度和分配政策、实行严格的财务预算管理等；业务管理主要涉及业务承接及项目执行，其要求包括制定统一的业务管理制度、在全所范围内合理配置业务人员等；而技术标准是业务执行的规范，其要求包括制定统一的执业标准和质量控制体系、加强对分所承办业务的质量监督等；信息管理是事务所利用现代信息技术实现总分所一体化管理的手段，事务所应紧跟信息技术发展形势，不断提高其在业务管理、财务管理和人力资源管理等方面的信息化水平。

2. 监管机构披露的总分所一体化管理问题。

(1) 中注协对证券所执业质量检查。

证券所分所数量较多且客户中有社会公众公司，监管机构对其内部治理十分重视。行业自律监管机构每年会对证券所的执业质量进行检查并通告检查和处理结果,检查结果中对证券所总分所一体化问题的描述不断变化,如中注协2013年至2018年检查结果通告中的表述分别为总分所一体化进程缓慢、管理不到位、一体化管理程度低等(见图5)。

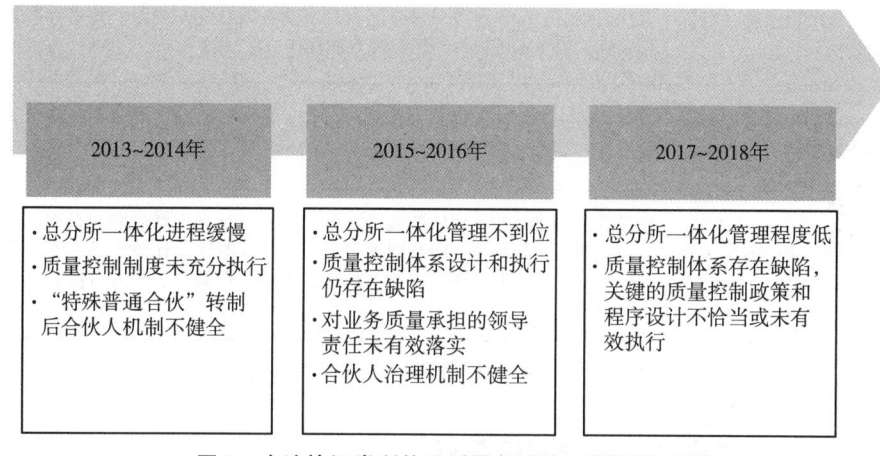

图5 中注协证券所执业质量年度检查发现的问题

资料来源:中注协网站上发布的《中国注册会计师协会会计师事务所执业质量检查通告》。

(2)财政部对证券所"两年两单"核查。

作为行业主管部门,财政部联合证监会对证券所的管理和执业情况进行持续监督。如2013年和2014年财政部、证监会在对证券所提交的年度报备资料进行系统分析的基础上,抽取相应的证券所进行专项实地检查,抽查结果发现有的证券所存在质量控制体系和一体化管理不足等问题,并对相关事务所主要负责人进行约谈,出具限期整改函,要求对照有关规定,进一步健全完善质量控制体系、加强一体化管理。此外,依据《财政部 证监会关于调整证券资格会计师事务所申请条件的通知》(财会〔2012〕2号)的规定,会计师事务所两年内在执业活动中受到两次以上行政处罚、刑事处罚的,暂停承接证券业务并限期整改,未按规定提交整改计划书或者逾期仍未达到条件的,财政部、证监会将撤回其证券资格,这就是证券所的"两年两单"政策。2019年众华会计师事务所(特殊普通合伙)受到了该政策处罚,其他受到过该处罚的证券所分别为2016年的利安达,2017年的瑞华和立信。从财政部、证监会在对受处罚证券所整改工作核查情况来看,都提到了各所一体化管理方面的问题,具体详见表4所示。

表 4　　财政部、证监会对证券所"两年两单"整改核查结果

证券所名称	一体化管理方面
众华会计师事务所（特殊普通合伙）	合伙人技术标准、人员管理、财务管理、信息化管理等方面存在一定缺陷
立信会计师事务所（特殊普通合伙）	合伙人收益分配、业务分级分类管理、业务人员统一委派、技术标准贯彻实施、信息系统设计与运行等方面存在一定缺陷
瑞华会计师事务所（特殊普通合伙）	合伙人收益分配和考核、专职质量控制人员统一管理、分所预算执行差异考核、分所印章管理等方面存在一定缺陷
利安达会计师事务所（特殊普通合伙）	新设立分所或新加入团队的管控不足，个别分所管理基础相对薄弱，在人员编制、岗位分离、印章管理、合伙人考核制度设计等方面存在一定缺陷；尚未在全所层面实现资金调度、人力资源管理、收益分配制度的统一等

资料来源：课题组根据财政部会计司网站发布的工作通知中整理。

（四）一体化自评报告调研分析

1. 自评报告总体情况分析。

由于会计师事务所拥有不同的组织文化和架构，各家事务所一体化管理的实施情况不尽相同。在一次针对证券所实施一体化管理的调研中，课题组收集到 20 家会计师事务所[①]关于"五统一"实施情况的自评报告。根据自评报告分析，绝大多数证券所自我评述在一体化管理方面尚有不足，只有 1 家在自评中认为一体化管理的所有方面比较完善。2 家事务所填报了近年监管机构包括财政部、中注协、证监会在检查一体化管理中发现的问题，其中均涉及人事和财务方面，如人员未统一管理、薪酬未统一标准、薪酬业绩评价不合理等，财务方面问题主要涉及分所收入未集中、利润分配有较大自主权等，此外还有业务执行方面，如质量控制复核制度不统一、信息系统未有效衔接等。7 家提出对一体化管理方面的建议时，均提及期待主管部门给予更多的指导和支持，如关于信息化建设方面，多加推进和支持；关于具体实施方面，组织一体化管理经验交流座谈会，作出更具体指导；关于实施效果方面，进行定期核查，明确监管态度等。

---

① 从前文中证券所的地区分布来看，北京市有 22 家证券所总所，本次调研向这 22 家总所和 1 家分所发放了调查问卷，我们回收到 20 家总所的自评报告。

(1) 人员一体化管理实施情况。

如表 5 所示，人员管理一体化主要询问事务所在四个方面的具体做法，其中对于第①项、第②项和第④项，调研发现所有事务所自评都能做到，对于分所中层以下员工，只有 20% 的事务所能做到总所统一管理。

表 5　　　　　证券所人员一体化管理实施情况

实施方面	主要内容	大体做法
人员管理	①是否制定并实施统一的人力资源管理制度	统一制定人力资源管理方面的相关制度，并结合分所管理制度和合伙人协议等，对全所人事统一管理
	②分所负责人是否由总所统一委派、监督和考核	分所负责人一般为事务所合伙人，由总部统一委派，对其考核与监督同合伙人管理制度相结合
	③分所中层以下一般员工的聘用等是否由总所统一管理；如分所自行管理，是否有授权，办理结构是否要求备案	参照总所统一颁布的人事相关制度，授权分所自行管理，办理结果或重要事项需报总所备案
	④总所是否对分所人员定期开展业务、职业道德等培训	每年制定培训计划，对全所不同级别员工进行定期或不定期培训

☞【相关链接】

人才是事务所最重要的资源。人力资源管理实践应当与事务所战略相匹配。有的事务所正在尝试运用 HPWS 构建会计师事务所人才系统模型，也称作高绩效工作系统，通过最大化员工知识、技能、应变能力和主动性，为事务所建设高素质的人才队伍提供了可借鉴的思路。该系统有助于提升事务所的持续竞争力，但必须以事务所内部高度一致为前提。包括团队建设，全面质量管理，组织结构的扁平化，以及创新的薪酬制度和全面的培训活动等重要方面。利用好信息化平台，最终建立人力资源共享中心，可能是一个未来发展方向。

(2) 财务一体化管理实施情况。

如表 6 所示，财务管理一体化主要询问事务所在五个方面的实施情况，调研发现事务所自评实施情况差异较大，其中在是否统一制定财务政策、分配制度和预算管理制度、由总所统一购买职业责任保险方面，90% 的事务所都能做到；75% 的事务所不会向分所收取管理费或总部经费，而只有 45% 的事务所能够对分所收入和费用统一核算，收益统一分配。

表 6 证券所财务一体化管理实施情况

实施方面	主要内容	大体做法
财务管理	①是否制定并执行统一的财务政策和分配制度	制定统一的财务核算、预算管理和合伙人考核分配制度
	②分所的收入、费用是否纳入总所统一核算；收益是否统一分配；是否使用统一的业务收费政策	分所收入及资金集中管理，实行"收支两条线"，费用依据预算执行，收益由全所统一分配，制定统一的业务收费标准，分所根据实际情况可调整，但不能有明显不合理情况
	③总所是否以管理费或总部经费的形式每年向分所收取部分费用	绝大多数都没有这种情况，极个别事务所目前还存在向分所收取管理费的情况
	④是否制定统一的财务预算管理制度，分所预算执行是如何考核的	制定有统一的财务预算管理制度，分所定期向总所报送预算执行情况分析，预算调整需经适当审批，每年对分所预算执行情况进行考核
	⑤购买职业责任保险或计提职业风险基金由总所统一还是分所单独进行	绝大多数由总所统一购买职业责任保险，极少数事务所是总分所单独进行

（3）业务一体化管理实施情况。

如表 7 所示，业务管理一体化主要询问事务所在四个方面的实施情况，其中对于第 1 项所有事务所自评都能做到，但是对于业务和人员统一委派方面执行差异较大，70%的事务所授权分所能自行承接风险较小的业务，并且 80%事务所是授权分所自行委派业务人员，只有 35%事务所是在全所范围统一委派业务。

表 7 证券所业务一体化管理实施情况

实施方面	主要内容	大体做法
业务管理	①是否制定并执行统一的业务管理制度，业务风险评估和分类分级管理要求是否一致	全所严格执行统一的业务管理制度，明确了从业务承接、风险分类、各类业务执行及报告出具等环节的统一规范要求，总分所的业务风险评估和分类分级管理要求完全一致
	②分所可自行承接哪些风险类型的业务，哪些需经授权审批	有些是由总所统一承接业务，有些是分所能承接风险最低的非证券类鉴证业务和非鉴证业务，有些是对分所进行分类管理，承接业务的授权按项目的风险类别统一审批
	③业务是否全所范围内统一委派，履行怎样的委派程序	大多数事务所业务委派遵循属地优先、兼顾公平的原则，并综合考虑业务性质、委托方要求、专业胜任能力及独立性等各方面因素进行委派，也有些事务所在全所范围内统一委派

续表

实施方面	主要内容	大体做法
业务管理	④业务人员的委派是否全所范围内委派	由分所承接的业务,在分所的胜任能力范围内的,优先安排分所的业务人员;超出分所胜任能力或高风险的项目,由总所在全所范围内委派业务人员

（4）技术标准一体化管理实施情况。

如表8所示,技术标准一体化主要询问事务所在五个方面的实施情况,最后第⑤项属于开放式问题,有65%的事务所自述了对分所监督和管理的其他方式,在其余四项中,第①项、第③项和第④项,所有事务所都自评能做到,对于统一委派分所质控负责人和项目负责人,事务所一般对于重大项目才会统一委派项目合伙人,只有45%的事务所自评能够统一委派质控和项目负责人。

表8　　　　证券所技术标准一体化管理实施情况

实施方面	主要内容	大体做法
技术标准	①是否制定并执行统一执业标准和质量控制制度、业务报告印章管理制度和授权制度	总分所制定并执行统一的执业标准和质量控制制度以及统一的业务报告印章管理和授权制度
	②分所质控负责人和项目负责人是否由总所统一委派,是否定期轮换复核人员	质量控制机构人员垂直管理,分所质控部门是总所得派出机构,人员由总所统一委派,并定期轮换质控负责人和复核人员
	③分所承办的证券类业务,总所需进行哪些实质性复核或管控后方可加盖公章,是否向分所定量提供空白盖章页由分所自行决定使用	要求总所质控复核人对项目全程关注,将风险防范控制前移,现场审计阶段与项目经理沟通重大关注事项,底稿送审复核阶段出具复核意见并记录与项目组历次沟通记录,在复核意见解决完毕后由总部质控负责人签批方可签章,不向分所提供空白的盖章页
	④总所是否定期对分所的执业质量和管理情况进行考核和评价,对检查后的整改情况是否验收	总所一般每年组织对执业质量进行检查,包含分所执业的项目和分所的管理等,检查结果会影响分所合伙人的考核和评价,然后在下次检查中对整改情况进行验收
	⑤总所对分所业务有哪些其他的监督、复核方式和手段	总所风控负责人对新承接的上市公司项目实地考察,进行风险评估;总所通过质控复核,按项目对分所业务人员进行胜任能力评价并考核等;年报期间委派总所质控人员到分所工作,复核各类报告和底稿

☞【相关链接】

随着信息技术的不断发展,特别是财务共享服务理念的发展和普及,对会计师事务所财务一体化管理提供了一些新的尝试。如已有会计师事务所建立财务共享服务中心,对全所范围内的财务核算等进行集中统一管理。这种共享服务就是将原先分散于各业务单位或分所的重复性高、易于标准化的事项进行流程再造与一体化,然后集中到共享服务中心统一进行处理,达到降低管理成本、减少资源浪费、改进服务质量、提升处理效率的作业管理模式。总所通过建立财务共享中心,有利于对分所的收入、费用进行集中管控,提升财务一体化管理的水平。

(5) 信息一体化管理实施情况。

如表9所示,信息管理一体化主要询问事务所信息化管理平台的实施情况,其中调研的事务所中只有1家尚未完成统一信息化管理平台的搭建,在已建立并使用统一的信息化管理平台的事务所中,有20%的事务所存在尚未在全部分所中推广使用。

表9　　　　证券所信息一体化管理实施情况

实施方面	主要内容	大体做法
信息管理	①是否建立并使用统一的信息化管理平台,涵盖哪些管理事项	大部分事务所都建有统一的信息化管理平台,涉及业务管理、财务核算、人力资源管理、协同办公、视频会议等,少部分尚在建设中
	②有无尚未使用信息化平台的分所	已建有信息化平台的大部分事务所在全所范围内使用信息化平台,极少数有尚未使用信息化平台的分所

☞【相关链接】

当前人工智能、区块链、云计算、大数据、物联网等信息技术迫使很多传统行业转型升级,独立审计这个古老的行业也不例外,同样面临着转型升级的问题。已有会计师事务所在创新作业模式和创新效率工具方面先行一步,如建设针对审计业务作业的函证中心、报告中心等,将审计业务中高频率、高重复性且具有共性的工作自前台向中台(即信息化业务共享中心)转移,让前台审计业务人员专注于高风险领域,更好的进行项目风险识别与应对,提升审计质量，为客户提供更有价值的服务。

2. 一体化管理可借鉴的经验。

自评中认为已实现一体化管理的这家事务所从总体层面和操作层面分别介绍了其独具特色的管理模式（见图6），总体层面包括管理理念、基础和架构，操作层面上主要包含人力资源、市场与客户、技术标准与风险控制、业务承接与实施、财务管理和统一的信息平台支持等。具体来说，总体层面首先从管理理念方面统一，积极完善治理结构，重视资源的优化配置和集中管理，打造强有力的后台支持系统，积极推进高度集中的集团化、一体化管理；其次从管理基础方面统一，实行总分所"一个利润池"制度，总所和分所的利润由全体合伙人共享，总分所的利益取向完全一致；最后从管理架构方面统一，实行扁平式、矩阵制管理架构，职能部门架构上总所各部门对分所相对应的职能岗位实行垂直领导，业务部门设置方面按专业分工，总所各业务部门对分所相应分工的业务部门进行指导和协作。具体操作层面基本对应于一体化管理的五个方面，通过统一制度、人员及信息系统等以实现总分所的一体化管理。

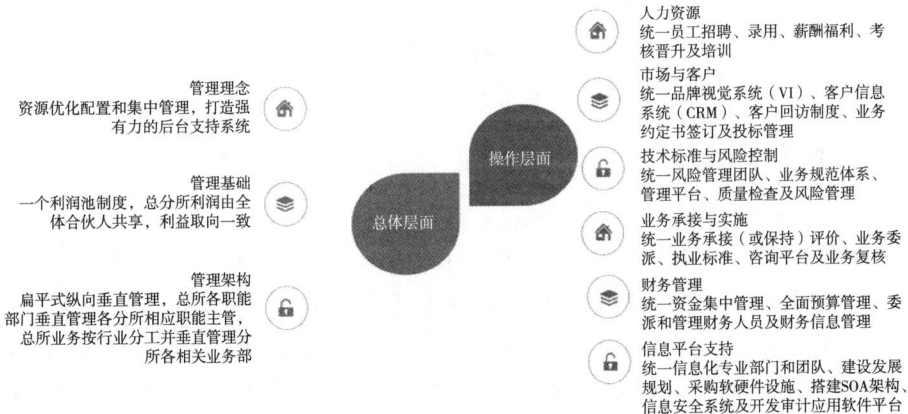

图6　一体化管理调研中某家证券所"五统一"实施示意图

资料来源：课题组根据北京地区一次证券所一体化调研自评汇报资料整理。

3. 一体化管理的难点和不足。

参与调研的会计师事务所中绝大多数制定了统一的人员管理制度、财务管理制度等，说明一体化管理的制度基础已基本建立。在技术标准和质量控制方面基本能够实现总分所统一管理。但管理实践中，还是存在一些难点和不足。如表10所示，主要包括合伙人管理、人力资源整合、财务管理等难点。

表 10　　　　　　　调研分析证券所一体化管理的难点和不足

实施方面	难点	不足
合伙人管理	考核时无法将客户与合伙人进行分离	事务所品牌尚未起主导作用时，合伙人与业务承接或保持联系紧密
人力资源整合	不同分所中同级别员工存在薪酬差异，统一委派业务难度大	分所地域分布范围广，所在地收入水平高低不一
财务管理	能够实施的管控手段有限	总分所业务规模和发展速度不均衡，分所间收入差距较大
业务管理	有时存在客户随合伙人团队跑的情况	业务拓展要靠执业团队，导致其与客户关系紧密
信息管理	分所管理特点各异，已存在的应用系统之间统一有难度，不成熟的业务软件未能在分所推广	自行开发审计业务软件周期长，应用不成熟

二、当前影响会计师事务所一体化管理的主要因素

（一）外部环境因素

1. 监管环境促进事务所健康发展。

（1）政策引导做强做大。

2000 年以前，我国仅极少数证券所开设了分所，之后开设分所的会计师事务所逐渐增多，2007 年后分所开设速度进一步加快。分所的开设与政府政策导向密切相关，2000 年和 2007 年是分所开设数量的两个跳跃增长点年份，这两年会计师事务所纷纷通过总所在外地建立分所、总所吸收合并外地会计师事务所并将其改造成分所、若干会计师事务所合并选择一家作为总所其余改造成分所等方式扩大规模。而一些会计师事务所在大量开设分所时忽视了分所的管理，总分所之间未能实现实质统一，扯皮内耗难以形成合力。

主管部门逐渐意识到总分所管理的重要性，政策上开始出现重视一体化管理的内容，标志性文件是 2009 年国办发 56 号文。该文鼓励执业质量优良、治理机制科学、发展势头良好的中型会计师事务所采用多种科学有效的形式进行强强联合，发展成为大型会计师事务所，在重视资源优化配置和集中管理、完善治理结构的情况下实现做强做大的目标。与之前的政策相比，主管部门已从

引导会计师事务所上规模到重质量的阶段，表述上出现的明显变化是从支持事务所做大做强逐渐过渡到支持事务所做强做大。随后财政部于 2010 年发布了分所管理办法，对会计师事务所总分所一体化管理进行具体引导和强化，进一步推动大型会计师事务所加强内部治理、重视品牌建设。

（2）新证券法实施的潜在影响。

2019 年新证券法颁布并于 2020 年 3 月 1 日起正式施行，其中取消证券服务机构的资格审批将对会计师事务所管理产生一定的影响。一方面，取消证券执业资格审批后，事务所为获取从业资格等通过合并取得大量分所、实现迅速扩张的情况有可能会得到缓解。另一方面，在资本市场首发业务实行注册制的背景下，会计师事务所等中介机构违法违规成本大幅提高，外在监管压力将迫使其在事务所层面而非仅仅在项目层面全面评估和应对风险，从而有利于事务所走向以品牌和质量为导向的全面风险管理新时代。

其他方面，比如当前证券所中有部分加盟、挂靠的团队，也可能会择机另起炉灶，自立门户，造成有些证券所可能会分化重组，拆分为若干中型会计师事务所；另外，还有一些原不具有证券资格的中小型会计师事务所进行合并整合，捆绑起来申请证券业务备案，其整合后的管理问题也将会突显。

2. 行业自律要求提升全面应对风险能力。

国际独立审计监管机构论坛（IFIAR）于 2018 年第一季度发布的《2017 年度审计检查报告》指出：在事务所整体层面的质量控制方面，"太多的会计师事务所持续存在很高比例的检查发现"，并且因此"需要更多的改进"。2019 年 2 月 8 日，国际审计与鉴证准则理事会（IAASB）发布了三项质量管理方面准则的修订文本并征求意见。为保持与国际准则趋同，财政部同期发布了我国会计师事务所质量控制准则修订版。在 IAASB 发布的修订质量管理相关准则征求意见稿中，《国际质量管理准则第 1 号——会计师事务所对执行财务报表审计和审阅、其他鉴证和相关服务业务实施的质量管理》，对强化事务所的领导责任和问责机制、改善事务所治理、强化质量管理体系的监控等方面做出重大改进。征求意见稿将原准则质量控制制度的六大要素修改为八个高度融合的组成部分，充分借鉴了 COSO 委员会发布的企业风险管理整合框架的八要素，对于事务所全面建立健全风险管理制度，适应日益复杂的环境有积极意义。

国际质量管理准则第 1 号认为质量管理体系是一个持续的、迭代过程。会计师事务所通过制定管理目标、识别和评估风险、设计和实施风险应对措施，不断纠正,从而完善内部治理。在事务所持续建立和完善质量管理体系,改善内部治理的过程中,必然会涉及分所质量管理体系的构建和完善,并与总所的质量管理体系组合并网,从而搭建会计师事务所整体的质量管理体系,实现提升审计质量,增强市场竞争力的目的。由于在审计市场中,出现任何一次重大审计失败,都可能导致事务所数十年甚至上百年来积累的审计质量美誉度毁于一旦,因此要求事务所整体的质量管理体系中不能有漏洞或缺失,任何一家分所的审计质量也都要在这个管理体系的监控之下,因此事务所提升审计质量的内在要求需要实现总分所一体化管理。

(二) 分所设立动因

1. 发展动因决定设立方式。

我国注册会计师行业起步较晚,会计师事务所发展前期规模小、品牌弱,无法有效面对国际知名会计师事务所的竞争,为迅速发展一批国内大型会计师事务所,不能仅仅依靠市场力量,而应同时借助非市场力量即适度的政府管制来促进会计师事务所完成做大做强的布局调整。由此看出,会计师事务所设立分所可能受市场的因素驱动,也可能是受政策影响。这也就决定了我国事务所分所设立的四种模式:由总所自行建立分所;吸收合并事务所后将其改造成分所;事务所之间合并后新设一个总所;整体吸收专业人员或组建事务所联盟等。不同模式下分所设立的相关具体方法见表11。

表11 会计师事务所分所设立模式

设立方式	具体做法
自行建立分所	总所出资租赁办公地点、购置办公设备、派遣管理人员及业务骨干人员等,并将该地区业务直接交由该分所执行
吸收合并	总所直接吸收整合外地事务所,不必再承担新建一个分所的出资费用
新设合并	实力相当的几个事务所之间联合,以新的事务所名称设立总所作为管理机构
组建事务所联盟等	多家事务所因某项或多项共同利益结成同盟,各会员所之间相互独立

2. 设立模式影响经营管理手段。

不同动因成立的分所,会导致其设立的具体途径和方式不同,而这种不同的设立模式最终会对后期分所的经营管理产生影响。如果将会计师事务所比作自然人而不是法人,通过自身繁衍的后代、领养或抱养的后代,其区别对待也就不足为奇。一般来说，自行设立的分所，总所不仅投入了资金，而且往往还带有一定的感情，希望能够促成分所的成长，这样就会形成与分所的紧密型约束关系。比如分所的重要经营事项必须由总所作出决定，分所的经营成果要由总所负责，经营风险直接归属于总所，对分所负责人的监督和考核也比较严格。因此，总所和分所实际上就是一个统一的经营实体，总所能够以积极主动的管理手段加强对分所的统一管理。而通过合并取得的分所，先天就存在一些障碍，如果后期再不重视整合规划，就会形成各分所独立性比较强，总所对分所的管理松散，无法对分所风险进行较好的控制，也就谈不上一体化管理。

（三）内部治理水平

1. 内部治理涉及对分所资源的协调。

治理的本质是对治理对象的协调过程，会计师事务所的内部治理是合伙人自主协调核心资源的过程，它既关系到事务所的日常运营，也影响和制约着事务所的发展。会计师事务所内部治理主要由事务所股权安排、内部质量控制、风险控制、利润分配制度、人力资源管理和事务所合伙文化这几方面组成。它是以维护公众利益为宗旨，建立风险管理严格、质量控制有效、公开透明、相互制衡的治理结构和治理机制。而这种内部治理的结构和机制也包括对分所及其人员的管理、分所执业风险的控制、分所项目授权的管理以及分所收益分配的管理等。

通过上文分析，分所自身的利益与事务所整体利益有时会出现冲突，分所更倾向于站在自身利益最大化的角度，特别是在向外提供资源时。比如，总所基于成本控制等因素，将客户从一个分所的团队委派给另一个分所的团队，如果事务所没有建立有效的客户管理制度和绩效分配制度，被转出业务的分所因此利润分配受到不利影响，分所合伙人及执业团队肯定不会心甘情愿的接受这种协调安排，事务所业务一体化管理势必会受到阻碍。

2. 利益分配与业绩考核需要切实可行的量化标准。

会计师事务所不仅是"资合"的组织，更重要的是"人合"的组织，事务所的内部治理也是通过管理团队的构建来实现。合伙人既是事务所的股东，又是事务所的管理者，对合伙人的管理是事务所内部治理的关键。而且分所的属地管理者是其负责人，他也属于事务所合伙人，因此总所对分所的管理，实际上更多的也是对分所合伙人的管理。

会计师事务所合伙人管理的难点在于合伙人利益的分配，由于对合伙人绩效认定存在差异，导致许多事务所内部出现诸多难以调和的矛盾。当前实务中，事务所对合伙人业绩的考核主要集中在三个方面：完成的业务收入、承担的管理责任和开发的新业务，合伙人利益分配与其考核业绩挂钩。按理说这种绩效分配制度能够体现"按劳分配"的结果，是与事务所"智合"特点相吻合。但由于对绩效的考核计量结果存在不一致看法，比如，有些绩效可能看起来比较直接，可以直接量化，比如收入指标、新客户数量等，但对于管理工作，因涉及的事项差异较大，管理活动又不是直观可见，可量化的标准就少，对这类绩效考核难免存在认知差异。再者，治理层的理念如果把客户和收入业绩看得比质量更重要，可能会忽视长期利益，因担心资源流失而迁就那些开拓能力强但专业胜任能力欠缺的合伙人，制度的执行就会大打折扣，总分所一体化管理可能仅停留在制度层面而不够深入。

三、优化会计师事务所一体化管理的建议

（一）深刻理解一体化管理的内涵

形式化的"一体化"管理百害而无一益，徒增管理成本，偏离一体化的本质和目标，总分所的一体化管理推进应注重实质。

首先，从优化治理结构和环境入手。建议事务所将适当分散的股权结构与相对集中的管理相结合，充分发挥治理作用。建立管理委员会（有限责任制下为董事会）和监督委员会的平行组织结构，改变过度依赖个别人的能力和道德品质的现状。促进"质量至上"的合伙文化和治理环境的形成。注重品牌建设，强化事务所的职业精神和责任承诺。建立按劳分配为主，按资分配为辅的利益分配原则等。

其次，平衡把握集中管理与分权管理的关系。从管理学角度，一体化管理为集权管理，集权管理对应的是分权管理。当前大型事务所分支机构遍布、人员数量多、业务规模大，如何处理好质量与效率的关系，需要深入研究。

最后，坚持治标与治本并重。一体化涉及方方面面，几乎就是事务所全部的管理工作。受制于历史的原因（合并做大做强），一次性变革所有的管理体制，难度和阻力较大，需要坚持项目层面的一体化管理与事务所层面的一体化管理并重。

（二）加快解决阻碍事务所一体化管理的核心问题

2018年10月，国际会计师联合会（IFAC）在对英国审计市场研究报告中建议，使用IAASB发布的《审计质量框架：创造审计质量环境的关键因素》作为评价审计质量的综合方法。该框架提出影响审计质量的五个主要因素：投入、过程、产出、财务报告供应链中的重要沟通、情境因素，并分别从项目层面、事务所层面、国家层面三个角度展开描述。对应于一体化管理方面，人力资源、风险控制和财务管理可以看作是事务所层面的投入、过程和产出；而业务承接和执行、项目质量复核、技术标准等更侧重于项目层面的管理。一体化的核心环节在于事务所层面，或者说治理层面，包括人员管理、质量控制和财务管理，而贯穿始终的是事务所利益分配机制。

一体化管理要求合伙人之间建立"一个利润池"制度，考虑到事务所的"人合"特点，建议以股份为基础的分配机制和以绩效为基础的分配机制相结合，并且以绩效为主，以体现多劳多得的原则。比如，有的事务所设置了岗位股、技术专业股、库藏股等等，用于激励各方面人才。有的事务所在强化股东的加入和退出机制、细化股东的权利与义务方面考虑得较为全面，加强了合伙人（股东）的归属感和主人翁意识。有的事务所在按资分配与绩效分配之间设置的比例比较合理，以综合贡献为基础的分配体制有效促进了一体化管理。

审计质量管控也需要通过利益分配机制来实现。以绩效为基础的利润分配制度一般同时考虑主观和客观两方面因素，主观因素包括工作态度、行为规范等，客观因素包括受托责任履行、专家贡献、业务拓展、审计质量等。其中审计质量所占权重不应少于其他任何一项考核因素。而审计质量因素的评价应考虑事前、事中和事后。全方位的客观评价有利于引导合伙人（股东）、业务骨干等重视自承接业务开始的全过程风险控制。审计质量方面的指标设置应当可量化、可追溯、公开而透明，并得到多数合伙人的认同和支持。绩效考核标准越具体就越具有可操作性。政策执行，在一段时间内应保持一贯性，不应因为个别团队的加入和离开而随意调整。

（三）利用信息化作为推进一体化的抓手

信息化管理和非信息化下的管理效果差别很大，建设高水平的信息化系统，是推动一体化的重要抓手。将控制程序执行落地，只有信息化才能有效做到这一点。此外，信息化本身也是一体化管理的重要方面。这要求事务所在深度融合互联网、云计算和大数据技术的基础上，建设智能审计作业系统和智能内部管理信息系统，完善基础设施，增强数据收集、存储和安全能力，并提升数据分析应用能力，实现信息技术和数据技术并重发展。内部智能管理信息系统要以"网络应用、协同应用、智能应用"为核心，从财务管理、人力资源管理、即时通讯、行政办公和知识共享等功能应用领域，实现整合统一，建成总分所和各部门的集中管理平台，实现远程办公、移动办公和即时办公，提升内部治理能力。智能审计作业系统要覆盖业务管理及审计作业管理的全流程控制体系，建立质量监控与风险预警功能，实现审计业务的事前、事中和事后质量控制，支持会计师实现远程作业、移动作业，将分所纳入即时监控，提高审计执业质量和效率。

（四）借助外力突破一体化管理的瓶颈

如何落实"风险共担、利益共享"这一核心理念，会计师事务所需要进行深层次改革。借助财政部、证监会等行业主管和业务监管部门的外力，有可能突破阻力，加快推进一体化。会计师事务所内部的核心资源是专业团队，而外部关键要素是客户，谁掌握了这些核心资源和关键要素，谁在事务所中就拥有更大的话语权和更多的利益，一体化管理要求整合分所的客户和人员，这无疑会牵动分所的核心利益，造成一定的阻力。这时候如果受到外部监管压力，有助于事务所内部凝聚团结，一致对外，从而突破整合的瓶颈。评估内容和标准中包含实质性一体化管理的情况，具体包括业务承接和分配、合伙人及员工考核及分配等，强调业务承接在员工职务晋升和利润分配中权重不大，更主要的是考虑质量因素，这就为事务所加强业务管理，改革收益分配考核等方面提供了政策保障。

信息技术发展现状及对注册会计师行业的影响

> **导读** • • •
>
> ◎ 目前信息化建设在国家发展中的战略性、基础性和先导性作用日益突出,已成为国家未来发展方向的重中之重。国务院印发《国家信息化发展战略纲要》以及《"十三五"国家信息化规划》文件,指导各地区、各部门信息化工作具体行动。对于注册会计师行业而言,利用信息技术推动业务发展具有战略性意义。
>
> ◎ 本文通过分析事务所信息化建设的现状,来探究事务所信息化建设的特点、方向和信息化工作的关注点。
>
> ◎ 围绕大数据、云计算、人工智能、区块链、自动化流程机器人等前沿技术领域,注册会计师行业在积极探索信息技术对于行业发展的驱动作用,以便实现对传统业务所提供的产品和服务的创新以及运营效率的优化。
>
> ◎ 信息化变革将开拓和细化审计视野、提供和革新的审计技术和方法,所带来的行业革命不仅是审计工作方式和方法论的变革,在不远的未来给注册会计师的角色带来脱胎换骨的变化,以及重塑和颠覆整个注册会计师行业的工作模式。

一、国家信息化战略发展下的财务与审计

(一)国家信息化战略发展及规划带动全行业信息化建设

《中国互联网发展报告(2019)》指出,截至2018年,中国数字经济规模

达 31.3 万亿元，占 GDP 比重达 34.8%，该行业预计在 2020 年将达到 6.4 万亿美元（约 45 万亿人民币），作为全球排名第二的数字经济体，数字经济已成为中国经济增长的新引擎。为此，中共中央办公厅、国务院办公厅于 2016 年 7 月印发了《国家信息化发展战略纲要》（具体内容见表 1 所示），并要求各地区各部门结合实际情况认真贯彻落实。

表 1　　　　　　　　　《国家信息化发展战略纲要》摘要

《国家信息化发展战略纲要》提出网络强国"三步走"的战略目标			
三个时期	到 2020 年	到 2025 年	到 2030 年
目标	核心技术领域达到国际先进水平，信息产业国际竞争力大幅提升，信息化成为驱动现代化建设的先导力量	建成国际领先的移动通信网络，根本改变核心技术受制于人的局面，实现技术先进、产业发达、应用领先、网络安全坚不可摧，涌现一大批具有强大国际竞争力的大型跨国网信企业	信息化全面支撑富强民主文明和谐的社会主义现代化国家建设，网络强国地位日益巩固，在引领全球信息化发展方面有更大作为
内容	增强发展能力，提升应用水平，优化发展环境，是国家信息化发展的三大战略任务，包括 14 项具体工作内容		
重要性	是规范和指导未来 10 年国家信息化发展的纲领性文件，是国家战略体系的重要组成部分，是信息化领域规划、政策制定的重要依据		

在国家信息化战略的指导下，国务院于 2016 年 12 月日印发了《"十三五"国家信息化规划》文件（具体内容见表 2 所示），该规划旨在贯彻落实"十三五"规划纲要和《国家信息化发展战略纲要》，是指导"十三五"期间各地区、各部门信息化工作的行动指南。在我国，当前信息化发展还存在一些突出短板，包括技术产业生态系统不完善和自主创新能力不强等特点，核心技术受制于人已成为最大软肋和隐患。如何进一步提高信息化和行业化融合发展水平，已成为我国"十三五"时期以及下一阶段各行业信息化建设重点考虑的问题。

表2　　　　　　　　《"十三五"国家信息化规划》摘要

	《"十三五"国家信息化规划》重点任务					
六大主攻方向	促进创新驱动	促进均衡协调	支撑绿色低碳	深化开放合作	推动共建共享	防范安全风险
十大任务十六项工程	构建现代信息技术和产业生态系统	核心技术超越工程；信息产业体系创新工程				
	建设泛在先进的信息基础设施系统	陆海空天一体化信息网络工程；乡村及偏远地区宽带提升工程				
	建设统一开放的大数据体系	国家大数据发展工程；国家互联网大数据平台建设工程				
	构筑融合创新的信息经济体系	制造业与互联网融合发展应用与推广工程；农业农村信息化工程；信息经济创新发展工程				
	支持善治高效的国家治理体系构建					
	形成惠普便捷的信息惠民体系	信息惠民工程				
	打造网信军民深度融合发展体系	网信军民深度融合工程				
	拓展网信企业全球化发展服务体系	信息化国际枢纽工程				
	完善网络空间治理体系	网络内容建设工程；网络文明建设工程				
	健全网络安全保障体系	网络安全监测预警和应急处置工程；网络安全保障能力建设工程				
十二项优先行动	新一代信息网络技术超前部署	北斗系统建设应用	应用基础设施建设	数据资源共享开放	互联网+政务服务	美丽中国信息化专项
	网络扶贫	新型智慧城市建设行动	网上丝绸之路建设	繁荣网络文化	在线教育普惠	在线教育普惠
六大政策措施	完善法律法规、健全法治环境	创新制度机制、优化市场环境	开拓投融资渠道、激发发展活力	加大财税支持、优化资源配置	着力队伍建设、强化人才支撑	优化基础环境、推动协同发展

（二）企业财务端的数字化转型

在国家信息化战略和"十三五"信息化规划的指导要求下，各个行业的信息基础设施正在加速形成并不断完善，为行业信息化应用的进一步发展打下了坚实基础。得益于计算能力、存储资源、网络带宽、算法演进、大数据积累等方面的快速发展，信息技术与行业业务逐渐融合，日益紧密的互通共融。金融财会行业作为现代经济的核心，是国民经济各行业中信息化应用最密集、应用水平最高的行业之一。金融财会领域的信息化水平已经成为国家现代化水平的重要标志之一。

在企业端，财务会计信息化的建设已经成为我国企业所高度重视的企业发展目标。作为企业整体发展的重要组成部分，财务信息化要求财务工作与信息及网络技术进行结合，将财务信息作为管理资源，利用现代信息技术对财务信息进行处理、加工、应用等一系列活动，整合业务流程，促进财务管理业务流程与信息流程的结合，进而为企业管理者以及财务管理信息使用者提供准确的信息和有价值的决策支撑。从2020年发布的十大影响企业财务人员的信息技术来看，前沿信息科技已经给企业的财务工作带来了极大的数字化便利，并将在未来逐渐开始替代多项传统的财务纸质流程。

表3　　　　　　　　影响企业财务人员的十大信息技术

1. 财务云	2. 电子发票	3. 会计大数据技术	4. 电子档案	5. RPA
6. 新一代ERP	7. 区块链技术	8. 移动支付	9. 数据挖掘	10. 在线审计

资料来源：上海国家会计学院：《2020年影响中国会计从业人员的十大信息技术评选报告》。

（三）财务共享服务模式

财务共享服务和财务共享中心的建设也是企业近年来积极推进的财务转型方向之一。共享服务将企业内部相对标准化的、重复性的财务职能和流程集中到本地或远程的操作中心，通过批量处理的规模效应来提升效率、降低企业运营成本，提高财务人员的业务专注度，从而实现资源优化和对业务的支持能力提升。在财务转型与集中管理的过程中，最常见被纳入财务共享服务中心或者外包的通常是与财务日常操作相关的流程，因为这些流程与管理决策相关度较低、交易量较高且操作流程相对容易标准化。

二、注册会计师行业信息化建设及数字化转型发展方向

（一）会计师事务所信息化发展现状

随着近些年整个社会全行业数字化转型的趋势，注册会计师行业也在逐步追赶信息化发展的脚步，尤其大型会计师事务所都在信息化方面不断加大投入，正在悄然为注册会计师行业带来革新性的工作方式转变。但总体而言，会计师事务所的信息化建设相对其他行业来说起步较晚，事务所信息化发展水平层次不齐。通过对全国 8 163 家会计师事务所的信息化建设基本情况进行调研分析，当前会计师事务所的信息化建设现状主要呈现以下特点：

1. 事务所信息化投入两极分化。

大型事务所对信息化建设较为重视，从资金与人员方面投入巨大，从 IT 人员配备到信息系统建设资金数额均较为突出。相比之下，国内中小事务所受困于收入规模和信息化人才限制，在 IT 信息化方面的投入严重不足。根据针对 2019 年度全国会计师事务所的调研统计，所有规模的事务所中，近 48.6% 的事务所未配备信息化人员，仅有 6.6% 的事务所配备了 5 人以上专职的信息化运维管理人员。

2. 事务所信息化建设差异化较大，信息系统之间互联互通程度低。

由于投入规模的差异，当前事务所信息化建设程度也参差不齐。相当一部分事务所信息系统的建设程度较低，其中近 39.5% 的事务所尚未使用任何信息系统。在所有已开展信息化系统建设的事务所中，系统整体信息化水平不高。部分事务所的基础信息系统及内部管理系统有一定的前期建设，其应用领域主要是审计作业系统、内部管理系统、项目或业务管理系统，分别占调研事务所的 53.8%、21.7%、15.3%。其中只有 6% 的事务所能够将现有系统集成于统一的平台且实现互联互通，有 9.1% 的事务所能够实现部分信息系统之间通过接口连接，其他系统则处于信息孤岛，无法实现数据共享和应用接口连接。

3. 审计作业系统有一定建设，但业务深入程度不足。

作为注册会计师的核心业务系统，审计作业相关系统或审计软件是部分事务所信息化建设最优先考虑的方面。从实现的功能看，排在前几位的依次是：数据采集、记录审计全部工作循环、进行报表间交叉稽核和底稿权限管理。少

数事务所审计作业系统还能够实现在线复核、风险管理、支持多地点同时办公线上底稿交互能力等功能。在信息系统使用中最大的困难和挑战，事务所普遍认为是现有业务系统功能单一、系统老旧，未能应用前沿信息技术。另外，在IT审计方面，对于应当实施IT审计的业务项目，仅有不到1.7%的事务所实现全覆盖，超过三分之二的事务所甚至不具备实施IT审计的能力。

（二）会计师事务所信息化建设的方向

一方面，从事务所的信息化建设现状来看，审计行业的信息化发展还具有较大的提升空间。另一方面，自然、经济、社会等外部环境的急速变化对审计工作的效率和质量又在不断提出新的要求。通过结合外部环境变化和事务所现阶段信息化建设的现状的特点来看，下一个阶段的事务所的信息化建设重点可以从以下三个大方面及十六项细化工作来开展，详见表4。

表4　　　　下一阶段会计师事务所信息化建设重点

加强事务所内部管理基础信息化建设	①建立开放、完善的基础信息系统以及基础架构层面的建设
	②而建立先进、兼容的系统架构技术标准和统一的数据标准
	③解决不同主体、不同时段建设的信息系统兼容性差、互联互通程度低的问题
	④构建具有前瞻性和满足移动互联、云计算和大数据应用环境下的系统架构技术标准
	⑤整合现有会计财务、人力资源、继续教育、通讯服务、资产管理、行政办公和知识共享等功能应用领域，建设集中管理平台
	⑥建立知识共享库，实现决策支持，提升内部治理能力
拓展及创新审计服务业务相关的信息系统	⑦融合人工智能、云计算和大数据分析等创新技术，实现会计师事务所审计作业系统和内部管理系统业务层面的进一步深化
	⑧加强智能审计作业平台或工具的建设，通过云服务的方建设覆盖作业管理、项目管理、独立性管理、后续管理和客户管理等领域
	⑨建立质量监控与风险预警功能，实现审计业务的事前、事中和事后质量控制，探索对审计客户的即时审计和持续审计模式，实现及时发现错误和舞弊的功能
	⑩实现远程办公、移动办公和即时办公
	⑪大型会计事务所可逐渐建设统一的私有云平台提供信息化服务中小型会计师事务所可以采用租赁云平台的方式实现智能审计作业

续表

增强数据的应用能力	⑫制定数据分析的技术标准，开发数据分析工具，未来推进实施全数据样本测试
	⑬提高对重大错报和舞弊风险的识别、评估和应对能力
	⑭提高注册会计师信息技术的意识和数据技术的应用能力，加快培养复合型数据分析人才
	⑮在审计数据关联性分析、风险识别、预警与预测、客户分析、行业管理服务和决策支持等领域
	⑯开展基于机器学习算法和大数据应用研究与实践，提升行业数据价值的挖掘分析及应用能力

（三）创新科技下的审计交付中心

会计师事务所信息化建设的另一个关注点即在于交付模式上的转变，作为审计转型的一部分，很多大型事务所已经建立专门的审计交付中心来集中处理批量化的、重复性的审计工作步骤，将项目组日常简单、重复而繁重的手工作业，逐渐集中到专门的交付中心来统一处理。同时，更重要的是，交付中心逐渐在运用大量数字化创新工具来实现审计批量工作的自动化，并以此提高审计交付质量与效率。审计交付中心与信息化手段配合，实施各种审计创新、审计质量以及合规性的相关新措施，通过持续设计、执行及改善审计相关标准化流程，提供越来越多维度的项目支持，给传统审计工作带来了效率和质量提升。

三、前沿科技赋能注册会计师行业

（一）大数据：挖掘风险与价值的发动机

大数据技术是新一代关于数据的技术与架构，它被设计用于在成本可承受的条件下，通过非常快速的采集、发现和分析，从大体量、多类别的数据中提取价值数据作为信息的载体，已经成为企业数字化及信息化的核心。大数据与传统的数据概念相比，具有4V特征，也被广泛地认可为作为大数据的基本内涵，具体内容如表5所示。

表 5　　　　　　　　　　大数据的 4V 特征

4V	大数据时代的特点
海量化（Volumes）	全球数据量以每 40 个月增长一倍的速度发展
多样化（Variety）	非结构化数据已占全世界数据总量的 90% 左右
快速化（Velocity）	快速处理与快速响应是大数据环境下必须满足的要求
价值化（Value）	对高价值信息进行挖掘，获得新的规律和洞察

由于当前整个世界以及中国地区数据量的井喷，中国政府也极为重视大数据产业的发展，国务院于 2015 年印发《促进大数据发展行动纲要》，提出了推动大数据发展和应用在未来 5~10 年的总目标。在 2020 年 4 月 9 日，国务院发布《关于构建更加完善的要素市场化配置体制机制的意见》，其中一大亮点是，数据首次被作为新型生产要素写入中央文件，数据在信息化建设中扮演的角色和产生的价值将越发突出，受到人工智能、大数据、云计算等数字经济领域多赛道从业者的关注。

1. 大数据技术对审计数据的意义。

作为以数据为核心的注册会计师行业，会计师事务所已经开始逐渐把大数据技术应用于审计工作中，对于大数据技术的应用，可以分为对海量数据的存储与整理，以及对数据价值的分析这两个层面进行。数据的存储管理作为企业对于数据的管理角度，海量数据的存取效率问题催生了对数据库架构新的探索，以分布式架构为核心思想的大数据存储架构应运而生，同时，企业在数据治理以及数据中台的构建，越来越多的成为财务业务领域所考虑的重点。而对数据的分析利用主要包括以下三个方面内容：（1）通过海量数据分析，实现对大量甚至全部数据样本的审计工作，而不仅仅是传统审计工作要求的部分抽样样本；（2）通过海量数据分析结合人工智能的技术，来搜索和洞悉数据及文本中的有价值信息，找出风险信号和挖掘数据真相，识别和过滤出审计工作所需要的关键信息；（3）结合外部数据的横向对比与分析，扩大数据的审查范围，通过审查企业数据与行业内其他相关数据的关联关系，筛查出有价值信息与指标。

2. 大数据给审计行业带来的深刻影响。

目前以大型事务所为代表的部分会计师事务所，都在积极推进基于大数据分析的工作方式转型，这种转型已经在现阶段的应用中为审计工作带来了诸多显著的效果。

（1）海量数据分析实现审计质量和效率的提高。

注册会计师不必采用以往的审计抽样调查，而是采用全面调查，这样可以避免抽样误差，从而提高审计质量。利用大数据审计，审计证据将更精准和全面，审计范围受限情况将大大减少。在大数据审计下，数据更加公开透明，不存在错误接受审计业务的做法，同样提高了审计质量。同时，在大数据审计下，不必按部就班实施每一个审计程序，大数据可以简化审计程序。如果我们评估企业的内部控制有效，则在实施实质性时，未来甚至可以运用大数据交易所提供的数据作为实质性程序审计。

例如注册会计师在做会计分录测试的时候，从千万条到千亿条的数据量，都可以在相应的大数据分析平台中，通过系统平台的筛选抽样来过滤出所关心的账目。再例如银行大额测试的场景下，通过大数据的批量处理能力，可以验证银行对账单上百万条的每笔交易与客户银行日记账对应的真实性和准确性，这种海量数据的批处理，极大提升了原有的审计流程效率。

（2）复杂的数据分析防范会计舞弊。

近些年，类似银广夏事件、安然事件等有关审计行业的负面案例频繁曝出。而最近一系列中概股遭做空事件频频发生，也皆因企业利用财务手段虚增收入或利润而暴雷，甚至波及所有海外上市的中资概念股的信誉。管理层为了提升自己的经营业绩而操纵舞弊是会计师事务所最难发现的，许多企业的管理层迫于经营业绩的压力或受自身利益的驱使联合治理层有目的、有针对性地违背国家法律和制度，违背真实性原则，通过提前确认收入、扩大销售核算范围虚增利润、利用财务报表合并技术虚增收入等手段，致使会计信息失真，达到其不可告人的目的。

当前财务舞弊与风险的数据分析工具在事务所的大数据分析应用探索中可以说是重中之重，目前信息化领先的事务所可以做到对多渠道数据尤其是财务相关数据的整合清理，将大数据分析结合机器学习模型实现对企业财务状况的深入分析，对企业的关键财务指标进行评分，并对舞弊情况进行预警，还可以结合历史情况和实时舆情分析准确定位风险，实现精确预警。

（3）多渠道的数据获取降低审计风险。

随着大数据以及大数据技术的发展与运用，越来越多的企业数据将会更加公开透明，例如通过大数据交易所或第三方平台的方式被社会公众所利用。企业将很难反映不真实的会计信息，从而降低企业通过财务报表披露进行虚假财务信息的可能性，同时降低了注册会计师实施审计的风险。

审计的资料来源渠道多样化，数据之间相互佐证，也为降低审计风险奠定基础。当前部分事务所已经前瞻性地将一些分析工具与外部一些权威的信用类或企业信息查询类网站或数据库进行对接，逐渐在实现在审计工作中企业数据的透明化，如天眼查、企信宝等数据源的接入，或结合外部企业数据库的中国企业股权信息进行潜在关联企业的分析，从而使被审计数据的质量有更好的保证并降低审计风险。

3. 大数据时代下的数据分析实践案例。

【案例1】

数据分析一直以来在审计方法中扮演极为重要的角色，会计师事务所一直以来高度重视数据分析对于审计工作的价值，在审计流程中的测试高度依赖于数据分析的结果，从而发现潜在的风险点。当前，大型会计师事务所都有各自的审计业务流程的方法论，这种方法论同时也是实现审计流程数字化的业务指导，覆盖审计业务风险分析关键节点，重新定义和指引必要审计执行步骤的一系列工作流程组合，这些工作流程组合将持续发布并应用到审计工作中，从而驱动审计标准化，提高一致性。在日常审计工作中，围绕审计业务的风险评估场景，数据分析工具几乎贯穿始终。Excel作为每个审计师日常所使用的最基础的工具，其本身就带有一些最基础的数据分析功能，也是审计日常做简单数据分析最直接的工具。另外，一些国际大型事务所主要是使用PowerBI与Tableau两款国际主流BI分析工具，可以直接计入各种主流数据库的数据源进行分析，并进行可视化展现。由于传统审计师对于BI工具的掌握程度不高，基于BI工具的数据分析，往往交由事务所分管DA（Data Analysis）部门来负责处理，审计师只关注分析结果。随着数字化工具的普及与事务所对于数据分析的要求日益提升，部分国际大型事务所已经开始要求注册会计师具备自行使用BI工具的能力。

大型事务所要求审计师能够自主使用PowerBI工具做某些审计场景的数据分析。同时，除BI工具之外，事务所还自主搭建了几十种数据分析平台或工具，应对多个审计工作所要求的基础分析场景包含会计分录测试、风险分析、固定资产分析、投资收益分析、应收/应付账款分析等，并逐步添加更多财务数据分析模块。开发设计多种分析工具为特定业务场景所用，如财务反舞弊风险预警平台、银行数据分析平台、保险行业数据分析、信用损失预估平台（ECL）、披露分析平台、集团下属分公司风险分析平台、银行信贷业务分析系统等多种数据分析工具或平台，涵盖审计方法及流程中的所有环节。

（二）云计算：催生审计服务信息技术基础架构转变

云计算是信息技术领域继个人计算机、互联网之后的第三次革新浪潮，云计算作为一种基于网络的、按需获取计算资源服务的新模式，短短数年时间，云计算给信息技术领域带来了巨大的变革，通过基础设施即服务（IaaS）、平台即服务（PaaS）和软件即服务（SaaS）的服务模式，正在助推企业的信息服务在形态、结构和组织方式的变革与创新。

2015年10月，国家工业和信息化部发布《云计算中和标准化体系建设指南》，其中提到云计算作为战略性新兴产业的重要组成部分。2017年3月，国家工业和信息化部发布《云计算发展三年行动计划（2017～2019年)》，引发了软件开发部署模式的创新，成为承载各类应用的关键基础设施，并为大数据、物联网、人工智能等新兴领域的发展提供基础支撑。

1. 云计算在审计行业的实践与影响。

将云计算技术应用到审计领域，最直接的好处是通过云服务，使得各种审计资源（参与审计的人员、数据、程序和相关的硬件设备）通过云来协同，从而为审计人员提供更富有效率，更科学的审计过程。在这个过程中，审计人员无需关注采用何种计算机程序，也无需关注数据的存储，共享和工作时效性问题，审计人员唯一需要关注的就是审计任务本身，大大降低审计人员简单劳动的强度，降低审计软件的技术壁垒和通用性。

当前大型会计师事务所都逐渐在通过云计算的方式，逐步整合内部众多竖井式的独立应用系统，通过在IT基础架构层面构建统一的云服务中心，并在之上提供各个审计业务场景的SaaS和PaaS服务。例如，在事务所建立统一数据管理平台、建立适合事务所信息化整体解决方案系统，为风险导向审计和事务所日常管理提供耦合度高、综合性强的数据分析服务，为注册会计师提供高效、统一的业务应用平台，充分调整优化整体的业务流程。当前审计作业涉及的主要信息化系统主要大致包括作业管理系统、项目管理系统、质量管理系统和客户管理系统四种功能类型，如表6所示。

表6　　　　　　　　主要的审计信息化系统类型

作业管理系统	数据的抽取采集、底稿作业、协同作业、报告编制等
项目管理系统	项目的立项、跟踪、编制、统计、责任划分、进度监督、考核等
质量管理系统	质量控制、复合审查、分所监管等
客户管理系统	客户统计、客户关系、营销管理等

基于这四种功能类型的云服务转型，会计师事务所信息化整体云架构将基于会计师事务所的业务模式和工作流，将网络技术、数据共享、协同技术运用到会计师事务所管理、审计作业、质量控制等全过程。会计师事务所的云平台整合过程可以分为三个方面来进行：第一层面为系统整合，主要包括云方式整合作业管理、项目管理、质量管理、客户管理、内部管理等应用系统；第二层为数据互通，指完善数据交换，通过数据在各类应用系统及内部其他各功能模块之间的共享和交换，保证审计数据的完整性统一；第三层面为外部对接，通过云服务与外部数据接口互通，对内让事务所能够获取行业内透明的信息资源，对外使监管机构能够更好的对事务所的行为活动进行统计和管理。

2. 云服务的安全性考虑。

在审计行业，网络与信息安全是事务所信息化建设中极为重视的环节，由于审计工作对客户内部数据和材料的审阅，涉及大量客户敏感信息以及隐私的数据，对数据信息的严格访问和使用既是对客户的负责，也是对事务所自身声誉的保障。在公有云服务的环境下，尤其是未来面向整个行业提供服务的云审计平台的建设中，数据安全一定是云平台首先要审慎考虑的技术因素。事务所需要具有相对完善的信息安全保证体系，所进行服务的系统需要具备技术风险管理框架来全面监督管理技术资产的合规开发及使用，需要覆盖事务所运营和管理的相关应用程序、以及客户服务中使用的软件系统。技术资产在初始选型、设计、开发、测试和部署的全生命周期中，事务所应通过风险控制部门的全程跟踪及评估来确保网络安全和数据安全。

3. 事务所信息化云端转型的实践案例。

（1）大型事务所的云服务整合。

【案例2】

大型会计师事务所通常在内部建立较为完善的IT信息化平台，覆盖多个审计业务流程以及日常办公数字化流程，包括覆盖全体审计项目组的项目管理与底稿工作系统，项目机遇跟踪平台，集成多个数据分析功能的审计鉴证分析平台、审计鉴证交付平台，以及数10种针对具体业务场景的工具或系统。

这种企业IT架构的典型特点是，由于历史原因，每一个应用根据需求被独立开发出来，每一个应用都有自己单独的服务器、存储、操作系统、中间件、数据库、网络等资源，随着业务需求的不断增加，独立零散的应用越来越多，使得事务所对应用的管理、维护、资源调配、扩容、升级等操作越发困难。作为国际性事务所，每个国家地区又都有自己本土化的系统应用，不论从全球还是每个国家的统一管理的角度来看，这种竖井式的应用架构都已经不符合信息化发展的需求。

于是，事务所逐渐通过公有云+私有云的方式进行整合。一方面，从基础架构角度，将IT资产逐步迁移到IaaS平台，对底层资源进行统一部署与协调。另一方面，针对前端支持各种业务的工具或平台，将逐渐统一部署到SaaS云层面来为业务人员提供服务，对于具有一类功能特点的业务工具，如数据分析类工具，事务所已建立统一的数据分析云平台，整合现有的数十种审计分析工具。同时，事务所IT资产上云也会享受到众多PaaS层面的信息化便利，如数据库或开发环境的敏捷部署等。这种云计算架构的整合一方面会给现有纷繁复杂的系统、平台、工具提供统一的接口与数据共享，另一方面为未来新的信息系统的建设和部署提供了高效便利的基础条件，打造了健康的信息化建设生态系统。

（2）服务于整个审计行业的云租赁模式。

📖【案例3】

目前在中国，除大型事务所以外，中小事务所受困于信息化投入和人才的制约，也在积极探索通过建立行业中统一的云服务中心为信息化程度较低事务所提供审计数字化服务的可行性。目前中小事务所往往面临信息化程度低甚至没有信息化服务、没有审计作业完全单机系统、没有远程协同项目管理能力、没有数据完全共享和安全保护。并且，受限于收入的规模，中小事务所很难进行大规模的信息化软硬件采购，雇佣专职人员进行信息系统开发与维护，通过云审计的方式打造一个适用于全行业中小型事务所的审计流程的生态系统是目前业内广泛讨论的方案，可以不断在SaaS和PaaS层面整合成熟的工具和服务，并且随着使用过程中事务所用户的普遍需求的收集，不断通过事务所孵化新的应用，成为对整个行业的审计效率与质量提升的信息化平台。

（三）人工智能：助推审计业务快速革新

在当今时代，人工智能技术已逐渐渗透到各行各业，根据德勤发布的《全球人工智能发展白皮书》预计，到2025年，世界人工智能市场规模将超过6万亿美元，2017年至2025年复合增长率达30%。2017年，人工智能首次写入中国政府工作报告，同年7月，国务院印发《新一代人工智能发展规划》，明确人工智能的发展在国家战略中的地位。并提出，到 2030 年人工智能核心产业规模将超过 1 万亿元，带动相关产业规模超过 10 万亿元，"智能红利"将有望解决我国人口红利的不足。

尽管以机器学习为代表的人工智能技术并非新生事物，但其在财务和会计领域的大规模应用尚处于初级阶段。人工智能技术如何解决具体的财务和会计问题，以及财会人员与智能系统的协作等方面都将面临一系列实际的挑战。

1. 人工智能在财会与审计中的探索。

人工智能在帮助审计人员获取、准备、查验和沟通信息，进行分析以及确定各种决策时，起到了明显的作用。为提供更好的咨询、制定更好的决策，会计师多年前已开始采用人工智能技术，并帮助审计人员解决三个广泛存在的问题：一是为制定决策提供更好、更易获取的数据；二是基于数据分析形成新的见解；三是留出时间关注更有价值的任务，如制定决策、解决问题、提供咨询、制定战略、建立关系以及发展领导力等。目前来说，机器学习在审计领域中的一些研究和实施项目主要如表 7 所示。

表 7　　　　　　机器学习在审计领域的探索和尝试

流程自动化	运用机器学习对会计分录进行编码，提高基于规则的方法的准确性，实现更高程度的流程自动化
财务风控反欺诈	通过欺诈活动的机器学习模型，进行欺诈交易检测；基于财务指标进行财务风险预测
财务预测预警	利用基于机器学习的模型预测收入，以及对其他指标的未来预测
非结构化数据分析	借助深度学习模型，改进对非结构化数据（如合同和电子邮件）的访问和分析
网页爬虫舆情	网络爬虫结合舆情分析，可以实现自动从互联网提取并总结针对某一事件或者某一公司的相关新闻、社交网络上的观点
文档语义分析	自然语言生成技术可以根据财务数据自动生成报告，节省撰写文稿的时间

2. 审计行业中典型的人工智能应用。

大型会计师事务所也开始逐渐在人工智能领域中积极探索适合本行业的应用场景，不断通过人工智能技术替代部分业务流以及进行数字化转型，主要从产品、流程和洞察三个层面进行技术的落地，详见表 8。

表8　　　　　运用人工智能技术进行数字化转型的三个层面

三个层面	应用场景	技术实现
产品	将人工智能技术嵌入产品或审计服务中，由此为终端客户带来很多好处	人工智能 + 平台工具
流程	人工智能技术简化日常审计相关工作流程和操作，实现自动化并提高生产力	人工智能 + RPA 自动化
洞察	人工智能用于辅助做出分析决策，为审计人员提供对数据和业务的针对性的建议和洞察	人工智能 + 数据分析

在实际的应用中，人工智能会计不是简单的会计人工的替代，而是可以替代会计中需要复杂判断的工作，将其智能化和自动化。现有的会计信息化系统可以做到电子账簿和财务报告的自动生成，但其痛点是由原始凭证向记账凭证的人工录入，量大、繁琐且重要。初级的人工智能可以做到将会计信息化系统前端拓展到原始凭证，依托电子商务和系统集成所形成的大量标准化的电子原始凭证，并将其自动地转换成记账凭证以接入会计信息系统，从而减少了大量的人工投入。但更为复杂的是，通过如"自然语言处理NLP""语音识别技术""机器学习"等关键的人工智能认知技术，识别那些非标准化的原始凭证如合同、文件、音频和视频等会计相关文件，将其转换成电子原始凭证并自动生成记账凭证，从而进入到会计信息化系统。这一新型的会计信息系统，预期可以在更大程度上替代传统会计人员阅读原始凭证、判断和编写会计分录等"看家本领"工作。由此可见，人工智能会计首先是人工智能技术深度介入会计系统的数据输入环节，由此改变会计信息系统的数据输入模式，并更大程度地解放"复杂劳动"会计工作中的。

（1）自然语言处理NLP领域。

目前，NLP自然语言处理技术已经成为审计行业及会计师事务所最为重视的人工智能技术方向，得益于其对于文字及文本的智能阅读能力，各家事务所和软件开发商都在积极探索智能文档审阅场景的相关应用，并已经开发投入使用。由于审计项目组通常在日常工作中需要处理大量的文档合同，需要耗费大量时间。文档审阅平台基于机器学习及自然语言处理技术，对电子文档信息进行自动提取及可视化处理，并针对关键信息进行分析，大大提升审计人员的工作效率，重塑文档审阅与分析流程。这种文档审阅平台在银行业务中的应用场景非常广泛，除了日常的合同管理之外，还能处理如通过租赁合同支持 IFRS16 租赁准则转换，处理信贷文档支持银行信贷审阅识别信贷风险，财务报表阅读识别财务风险等。智能文档审阅平台的机器学习内核可以使其在不断的训练及使用过程中，实现模型性能持续优化，信息提取及分类能力不断增强的特点。

（2）计算机视觉领域。

人工智能在图像识别领域的应用极为广泛，涵盖了我们日常生活的诸多场景，例如，人脸识别、视频监控、以图搜图、摄像头优化、拍照滤镜、OCR 字符识别等。其中，OCR 字符识别技术是人工智能领域在财会与审计行业应用最为广泛的图像识别技术。OCR 英文全称是 Optical Character Recognition，中文叫做光学字符识别。它是利用光学技术和计算机技术把图片中的文字读取出来，并转换成一种计算机能够接受，并可以进行编辑处理的格式。现在这技术已经比较成熟，在日常生活中已经有大量实际应用：例如，对于名片信息的扫描；身份证、银行卡等证件类的信息读取；汽车进入停车场、收费站的车牌字符识别等。由于 OCR 技术主要解决对文字字符类图像的结构化识别，财会领域的所有票据、文档、凭证等资料均将受益于 OCR 技术的发展。由于传统各类文档所留存的方式大多数以纸质、扫描、照相等方式为主，利用 OCR 技术可以将所有的影像文字格式转换为可编辑、可抽取的结构化文字内容，为下一步数字化业务工作创造了条件。

（3）机器人流程自动化（RPA）领域。

作为一项初级的人工智能技术，RPA 技术近年来在企业级应用市场获得了广泛的关注。由于该技术可用于替代人工处理大业务量、规则明确、重复度高的手工操作，会计师事务所也迅速对其做出反应，在实际的业务场景中，最初的审计机器人主要面向审计工作中重复性，原有审计流程及财务日常工作中的低效率、低准确性的人工工作将被全新的、简单并且具备高价值自动化流程所取代。以下在表 9 中所描述的一些典型业务场景已经得到普遍应用。

表9　　　　　　　　　审计机器人自动化信息处理场景

业务场景	RPA 实现
数据抓取及底稿生成	实现在审计项目中实现数据提取、数据转换、及底稿生成过程的自动化，并对数据加密处理，在提升效率的同时保证数据安全

续表

业务场景	RPA 实现
财务报表生成	实现财报生成与健康检查工作流的自动化。通过直接从标准底稿中取数并配置适用的会计政策，实现预生成报告（不含主表及附注），并完成一键执行报告健康检查、一键排版生成报告
企业关联风险查询	实现自动查询、检索来进行全量测试，根据供应商和代理商名称清单，机器人工具自动查询第三方资料库（如同花顺 iFinD 企业库）来获取关联公司关系图谱
基金审计自动导出报表	实现自动登录基金估值系统，模拟人工导报表操作流程，可在较短时间内，按照几十种不同基金类型导出上千张报表
大数据自动取样	解决一般数据分析工具无法处理超大体量数据的问题。通过提供抽样的数据源、抽样方法及规则，抽样范围及风险水平后，RPA 工具会自动计算样本量并将抽样测试结果自动生成

（四）区块链：构建可信的财务环境

区块链技术被认为是互联网发明以来最具颠覆性的技术创新，它依靠密码学和数学巧妙的分布式算法，在无法建立信任关系的互联网上，无须借助任何第三方中心的介入就可以使参与者达成共识，以极低的成本解决了信任与价值的可靠传递难题。得益于分布式架构、哈希验证、共识机制等技术或算法的引入，使得以区块链为底层技术的应用呈现出革新性的价值，并具有三个核心特点：去中心化、不可篡改、信任机制，即不再需要一个中心机构来负责管理节点工作，不再担心数据会被篡改或不一致，不再需要通过建立信任而进行各种业务。

1. 区块链为财会与审计所带来的变革。

对金融系统而言，特别是会计系统，正从物理世界向数字世界推进，区块链技术可能会在这一转变中发挥作用。从广义上讲，区块链代表的是一种"运动"，而不是一种技术，本质上是为了降低信息风险和提供会计数据方面的信任，能够对会计及审计工作产生革命性的影响。在区块链技术的场景下，会计数据可以通过以下方式存储和访问：首先，数据将成为无争议、不可修改和经过验证的数据，甚至是没有差错的数据。其次，数据逐渐形成去中心化的形态，拥有适当授权和许可的任何人都可以使用不同的系统和软件访问会计数据，从而提高报告和其他监管披露的效率。这就使得在会计领域既不能伪造数据也不能修改数据，伪造数据几乎不可能发生，因为一旦创建了记录，就无法修改，只能进行补充。随之而来的问题是，数据若没有错误，审计的工作是否将会发生革命性的变化。当然，区块链相关技术的实际落地还在不断的摸索中，目前在金融与财务领域中，一些初步的探索与应用还在进行中。

2. 审计行业的区块链探索实践。

在审计领域，审计师查看公共和私有企业的财务报表，并对其进行审计，以向用户保证这些报表公平地反映了公司的财务状况和经营成果。区块链代表了一种确定交易数据有效的独特方式，也提供了一种独特方式来存储和访问这些信息：一般而言，区块链技术指的是一个完全分布式系统，用于加密捕获和存储网络参与者之间交易的不可变、线性事件日志。在功能上类似于分布式账本，由参与网络内所有交易的各方一致保存、更新和验证。在这样一个网络中，区块链技术提高了透明度，并保证最终在整个系统范围内就整个交易历史的有效性达成共识。表10探讨了审计行业是如何应用区块链技术，主要以财务数据管理、跨币种支付管理和总账与交易对账三个场景为例。

表10　　　　　　　　区块链技术在审计场景的应用

区块链场景1：财务数据管理		
场景	说明	效果
新交易发生	公司可以存储、跟踪和共享新的融资结构、条款和定价，以加强其对融资市场状况的评估和基准测试	共享分类账允许公司跟踪金融机构贷方发出的所有条款清单详细信息，关联最终的结算条款；公司和可比公司可以共享历史定价优惠，以提高定价可见性并更准确地对市场进行基准测试
信贷违约	当前信用贷款条款、文件（贷款协议、融资确认等）和相关信息在单个交易层面上相互关联	所有财务数据、条款和相关文件都链接在交易或交易对手级别的分布式账本（私有链和联盟链）上；不可篡改的链接为内部和外部审阅者提供了审计跟踪提高财务数据的透明度和质量，使公司能够更有效地管理其全球业务的流动性风险
金融衍生品	ISDA（国际掉期和衍生品协议）主协议、CSA、贸易确认/终止和按市值计价可以在贸易层面上存储、跟踪和管理	智能合约模板允许公司存储和维护ISDA和CSA的草稿和协议；提出抵押品担保的需求和各种默认触发器可以被更有效地监管；减少交易对手之间潜在的贸易条款纠纷

续表

	区块链场景2：跨币种支付管理	
场景	说明	效果
发起支付	公司识别交易对手信息	公司根据接收者通过区块链网络上的唯一地址识别接收者信息
	执行 Know Your Customer 检查	Know Your Customer 信息被存储在区块链上的数字身份中
	支付的外汇汇率已确定	区块链支付渠道从预先选定的提供商那里找到网络上可用的最理想外汇汇率
	授权付款（多级签名）	可以为密钥分配不同的值，以便将批准、检查和余额构建到系统中
进行交易	交易信息交换，交易对手同意条款	支付渠道在交易银行之间共享数据（如发票号、条款）和发送方/接收方信息，以预先授权交易
	货币被兑换了	区块链将支付方货币兑换为比特币，然后将比特币兑换为接受方货币；支付渠道使用公私密钥加密技术保护交易；可以实时执行交易
通知和收据	双方确认付款并相应更新账户	收款人将收到交易转账的通知，并在其账户看到支付信息；交易和详细信息被不可篡改地记录到分布式账本中

	区块链场景3：总账与交易对账	
场景	说明	效果
总账对账	大型公司有各种工具和系统来监测财务活动和会计业务的产生。这些系统独立运行不同的会计分类账	由子公司提交总账分录的真实数据；立即确认跨财政部门和企业平台的交易；减少了独立和（潜在的）不准确的明细分类账系统的数量
交易管理	公司在财政部门和公司业务部门有不同的支付管理渠道，这对协调、报告、治理和控制方面提出了挑战	集中报告和交易监管；利用"智能合约"概念，在区块链分布式记账中保存交易条款和细节；减少了交易管理的故障点数量
简化接口	公司财务系统、企业系统和其他内部应用程序之间有多个接口，支持复杂的接口和基础设施是财政部门和IT部门所面临的挑战	通过跨平台建立通用分类账和共享数据库简化了接口结构；减少对多个确认（ack）/不确认（nack）文件消息、时间戳等的需要；减少了在支持不同交易时，应用中介软件应用的数量

【案例4】

目前,在注册会计师行业广泛被探讨的银行电子函证平台就是区块链应用的一个典型的可落地场景。由于传统银行函证方式存在的不足,例如函证控制环节众多,银行回复函证的流程较多,回函时间久、周期长,影响会计师事务所审计效率。此外,传统银行函证方式下难以杜绝被审计单位和银行串通的情况或被审计部门进行过多干预导致函证程序失效的情况,甚至出现询证函丢失等影响函证工作质量和效率的现象。从这些传统函证方式存在的局限和不足可以看出,传统的函证方式受外界各类影响因素较多,在审计程序和审计过程中对获取信息的真实性产生影响,进而影响到函证质量。而区块链技术的发展则很好地解决了这些不足和缺点,其去中心化的特点使得事务所不再依靠专门的中心系统来进行信息的确认并进行存储函证相关信息,只需要利用独立的不需要进行信任协调的共识机制就能完成直接沟通和协作,无须顾虑传统回函信息的来源渠道是否值得信赖以及渠道是否真实可靠。由于区块链中的数据一经录入系统不可人为篡改的特点,因此避免了人为篡改数据的现象,也就可以有效杜绝传统函证建设程序中信息被篡改的可能性。

另外,信息化较为领先的事务所也在做关于区块链技术的场景研究,一些有实用价值的审计业务场景通过区块链技术的引入,省去了不必要的中间环节,提高了审计效率,增强了审计的可追溯性,以下通过一些典型的区块链技术场景实践来进行说明。

四、未来的审计愿景

首先,在未来的技术发展趋势中,现有的技术领域将被进一步深耕,从技术本身的垂直深度到技术所覆盖行业的广度都将进一步提升。其次,随着创新研究的不断深入,新技术领域的出现与增强将使得人类信息化发展不断迈入之前不可想象的未知领域。再次,技术领域之间的深度耦合和交互,对于各个技术领域的应用与实践将起到推动作用,实现整体解决方案的进一步提升与优化。作为有远见的业务决策者,绝对不能坐等技术的降临,不论在审计领域引入何种创新技术,都需要全体从业人员的参与和介入。未来的审计不单单只是为了提升审计能力,新工具和解决方案的创新,同时也是为未来进一步开拓新的服务方式和机会。因此,审计的未来发展将经历如图1所示的几个阶段:

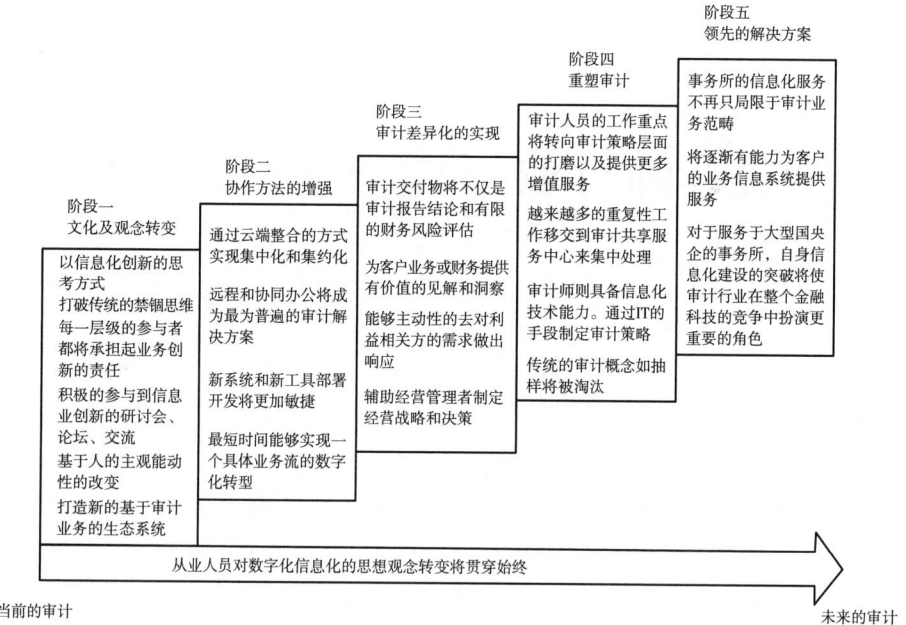

图1 信息科技下的未来审计行业发展

技术创新与业务需求将在未来始终紧密的耦合在一起，随着前沿科技的不断革新，在业务端将会更加敏捷的感知到新技术可能为现有工作所带来的提升，在现有工作的质量和效率被提升后，业务端又将对从业人员的工作方式和工作标准提出新的要求，新的要求又将给予信息技术更大的施展空间和新的要求，以此形成一个闭环的科技创新与审计业务相互共荣的生态系统。一方面增强审计概念本身所涉及的业务要求和标准，另一方面对整个金融及财政的健康稳定和整个行业的科技生态带来价值。为应对疫情带来的不便，一些创新信息化的应对措施已经在部分事务所中被很好的实践出来，使得审计繁忙季节的工作并没有在这个特殊时刻被影响，我们已经能预见到未来审计行业伴随前沿技术所带来的行业革新。所以，我们坚信，在未来审计行业的从业者、监管者以及所有利益相关者的努力下，在当今世界信息科技巨轮的推动下，审计行业必将迈入一个历史性的新时代。

注册会计师行业与"一带一路"建设

导读 • • •

◎ 2013年,习近平总书记提出了"一带一路"倡议,6年多来引起越来越多国家的热烈响应,共建"一带一路"正在成为我国参与全球开放合作、改善全球经济治理体系、促进全球共同发展繁荣的中国方案。

◎ 自"一带一路"倡议提出以来,沿线各国的商品、物资以及资本的流通愈加频繁,对中国企业产生了深远的影响,从而带动企业经济行为发生改变。在企业"走出去"的过程中面临着不少问题。比如,因为沿线国家所采用的会计准则各不相同,对于注册会计师的传统审计业务带来了新的机遇和挑战。

◎ 除了传统的审计业务之外,企业对于投资项目的风险防范、监管要求、当地法律法规等专业问题也提出了新的业务需求,从投前决策到投后管理、税务策划、法律咨询等,企业需要注册会计师能够提供整体的解决方案和多元化的专业服务。

◎ 本文将围绕"一带一路"倡议所带来的影响,分析注册会计师行业在新环境下面临的新契机、注册会计师在为"一带一路"参与方提供服务的过程中遇到的难点和挑战,以及如何把握时机,完善服务供给,创造经济动能。

一、"一带一路"倡议推动中国注册会计师行业发展

(一)"一带一路"倡议下全球经济建设成果及影响

2013年9月,习近平总书记在访问哈萨克斯坦期间提出了中国主张和中

国方案——"一带一路"倡议，主张以合作共赢为基础，推进"一带一路"国际合作。截至2020年1月底，中国已经与138个国家和30个国际组织签署了"一带一路"合作文件。作为当今世界规模最大的国际合作平台和最受欢迎的国际公共产品，"一带一路"倡议重要意义不仅在于促进世界各国间的产能合作、互联互通，更在于构建一个全球化、开放型、包容性的全球发展体系，为全球投融资体系、一带一路基础设施建设以及企业经济行为带来深远影响。

1. "一带一路"提升全球投融资体系活跃度。

世界银行发布的《"一带一路"经济学：交通走廊发展机遇与风险》分析显示，"一带一路"倡议发展至今，全球和"一带一路"经济体的贸易额增幅分别达到6.2%和9.7%，全球收入增加了2.9%。对于沿线低收入国家来说，外国直接投资增幅达7.6%。根据官方披露的最新数据，截至2018年底，中国国家开发银行在"一带一路"沿线国家的国际业务余额超过1 050亿美元，占该行国际业务总额的34%。截至2019年4月底，中国进出口银行已向"一带一路"项目提供了逾1万亿元人民币（合1 490亿美元）融资。亚洲基础设施投资银行和亚洲开发银行等多边开发银行也为相关项目提供了融资。

2. "一带一路"放大基础设施领域溢出效应。

过去几年，中国聚焦六廊六路、多国多港的主骨架，推动一批标志性项目，基础设施建设项目取得实质性的进展（见表1）。基础设施建设给沿线国家带来的好处也非常显著。世界银行在2019年4月份发布的《公共交通基础设施—量化模型与"一带一路"倡议评估》报告的数据表明，"一带一路"交通基础设施项目为沿线经济体带来了3.35%的GDP增长。这些项目具有非常明显的溢出效应，对非"一带一路"合作国家也将带来2.6亿元的GDP增长。

表1　　　　　　　　　　　"一带一路"标志性项目

领域	标志性项目
铁路	中老铁路、中泰铁路、雅万高铁、匈塞铁路等
港口	瓜达尔港、汉班托塔港、比雷埃夫斯港、哈利法港等
航空	空中丝绸之路建设加快，已与126个国家和地区签署了双边政府间航空运输协定
能源	加大能源资源通讯设施合作力度，中俄原油管道、中国-中亚天然气管道保持稳定运营，中缅油气管道全面贯通

资料来源：https://www.yidaiyilu.gov.cn/xwzx/gnxw/102792.htm。

3. "一带一路"加快企业"走出去"进程。

商务部数据显示,2019年全年我国对"一带一路"沿线国家非金融类直接投资150.4亿美元,占比进一步提高;完成对外承包工程营业额979.8亿美元,增长9.7%,占对外承包工程总额的56.7%,超过一半(见表2)。同时,沿线国家企业也积极来华投资,2019年在华新设企业5 591家,增长24.8%,直接投资84.2亿美元,增长30.6%。受新冠肺炎疫情影响,2020年中国外贸呈整体下降态势,但中国与"一带一路"沿线国家贸易持续逆势上扬。数据显示,2020年1~4月,中国货物贸易进出口总值9.07万亿元人民币,同比下降4.9%。同期,中国对"一带一路"沿线国家合计进出口2.76万亿元,增长0.9%,占外贸总值的30.4%,比重提升1.7个百分点。

表2 截至2019年五大"一带一路"投资项目

年份	投资方	金额(百万美元)	交易方	行业	子行业	国家
2017	万科等	9 060	Global Logistics Property	物流	物流	新加坡
2015	中国化工等	7 860	Pirelli	交通	轮胎	意大利
2014	五矿等	6 990	Glencore	金属	铜	秘鲁
2015	中广核	5 960	Edra	能源	电力	马来西亚
2018	中国能建	5 790	Mambilla	能源	水利	尼日利亚

资料来源:American Enterprise Institute;China Global Investment Tracker。

表3 截至2019年五大"一带一路"建筑合同

年份	投资方	金额(百万美元)	交易方	行业	子行业	国家
2018	中国铁建	6 680	/	交通	铁路	尼日利亚
2014	中国核建	6 500	/	能源	核电	巴基斯坦
2018	东方电气、上海电气	4 400	/	能源	煤	埃及
2015	中国能建	3 500	/	交通	公路	喀麦隆
2018	中国建筑	3 450	/	房地产	建筑	埃及

资料来源:American Enterprise Institute;China Global Investment Tracker。

（二）注册会计师行业服务"一带一路"建设的优势

"一带一路"倡议下，中国企业"走出去"的国际化进程是不可逆转的趋势，"走出去"企业需要值得信赖并了解中国企业文化的顾问与之并肩前行。作为一个高度国际化的行业，注册会计师行业凭借在海外投资运营、跨境交易等方面卓越的竞争力以及多年丰富的实践经验，助力"走出去"企业积极了解和融入不同地域的文化和商业环境，洞悉不同市场的机遇与挑战。同时，凭借国际化的视野、全球网络资源优势和一流的专家资源，向国内引进世界级产业、机构以及先进的理念、模式和科研技术，助力中国企业实现提升，努力对标世界一流企业。

1. 了解客户需求。

注册会计师行业贴近于客户，并长期服务于客户，对客户的信息具有较为全面的了解，天然具备提供专业咨询服务的优势。近年来，国内会计师事务所咨询业务迅速增长，事务所日益转型为全方位的专业服务机构。随着更多企业响应"一带一路"倡议"走出去"，国内企业对并购重组、信息化改造、风险管理等专业化服务的需求增加，会计师事务所凭借长期积累的对客户情况的了解以及日益提高的专业咨询服务能力，能更好地为客户量身定制提供各项解决方案，助力客户走得出、走得稳。

2. 调动全球资源。

大型会计师事务所通常具备完善的全球网络，在多个国家和地区开展业务，拥有众多办事处，在利用当地成员所资源为客户海外投资提供服务等方面具有得天独厚的优势，可以调动全球资源，由不同国家地区成员所人员组成工作小组，服务于某个跨国项目。更进一步，部分大型事务所对于中国企业的服务已经不在基于"项目"或者"业务线"进行，而是站在更高的层面通过"服务台"的方式，为中国企业在全球范围提供一站式服务。例如，某大所早在2003年就成立了全球中国服务部，致力于服务中国企业拓展全球市场。全球中国服务部立足中国，辐射海外，在全球六大洲多个国家和地区部署了通晓中文，了解中国以及海外当地商业文化的服务团队，为中资企业提供"一对一"服务，与中资企业直接对接，为客户在当地市场的投资监管动向、关税政策、产业政策等方面提供专业建议，确保在全球任何国家、任何地区都能享受到一致化的高品质服务。

3. 准则全面趋同。

会计是国际通用的商业语言，只有"语言"趋同，跨国并购、上市重组等经济活动才能更加顺畅。我国从 2005 年开始已经建成了与国际财务报告准则实质并且持续全面趋同的企业会计准则体系，推动审计准则实现了与国际审计准则的持续全面趋同。与此同时，中国财政部积极推进中国会计准则和审计准则与实施国际财务报告准则的国家和地区准则等效互认工作，目前我国内地已与香港地区实现会计、审计准则等效，与欧洲实现会计准则等效（见图1）。在企业进行"一带一路"跨国业务时，会计师事务所作为会计和审计准则执行的专业化机构，拥有丰富的准则实践经验和中外准则转换经验，在为"走出去"企业服务时具备专业技术优势。

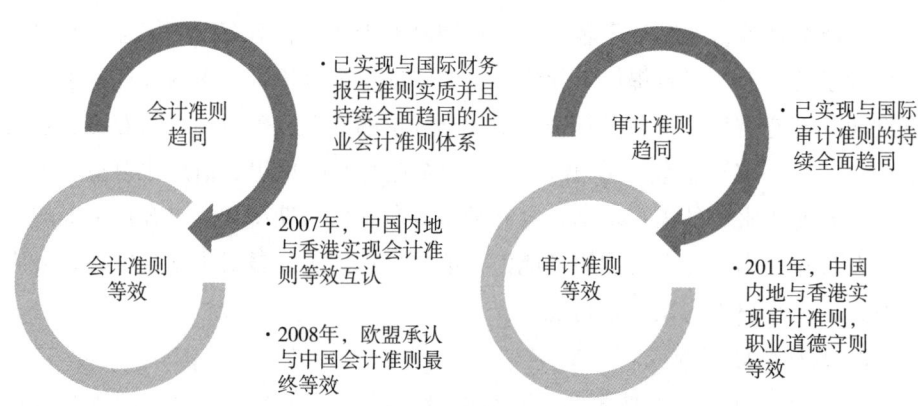

图1　中国会计及审计准则国际趋同与等效的进展情况

（三）"一带一路"建设为注册会计师行业提供了新的契机

"一带一路"倡议使得我国对外开放呈现出高水平引进来与大规模走出去同步发展的新局面，这一局面促使注册会计师行业作为高端服务业的代表，不断提升、加速服务内容的创新升级，走在企业的前面，以国际先进理念、标准和方法为企业提供服务，提升行业发展对国家新战略的适应性，助力企业的发展。另一方面，在"一带一路"倡议下，中国企业的国际化也将极大地推动国内会计师事务所的国际化发展。

1. 扩大服务范围和种类提升行业整体收入水平。

企业国际化为其财务核算、管理、决策带来了巨大的挑战。不同国家会计核算所使用的标准不统一，税制、税收环境存在巨大差异，监管要求各有不同，还有外汇管制、汇率风险、语言文化、法律环境等各方面的差异，这都是"走出去"企业需要解决的问题。企业需要不断地寻求专业建议和支持以应对这些问题，这为注册会计师的服务范围和服务种类扩大带来了新的契机。

我们对会计师事务所2019年度参与"一带一路"相关业务情况进行了调研，截至2020年7月中旬共收回有效问卷8 007份，其中292家会计师事务所已参与"一带一路"相关服务，占比4%（另有23%的会计师事务所有计划参与"一带一路"相关服务），提供的服务内容包括海外投融资审计、企业集团境外分支机构延伸审计、兼并收购过程中的尽职调查、管理咨询、税务、会计外包、中外准则转换、境外工程承包等相关鉴证和咨询等专业服务。调研显示93%的事务所"一带一路"相关业务收入占事务所总收入比例小于5%，3%的事务所收入占比为5%～10%，另有2%的事务所收入占比超过30%（见图2）。

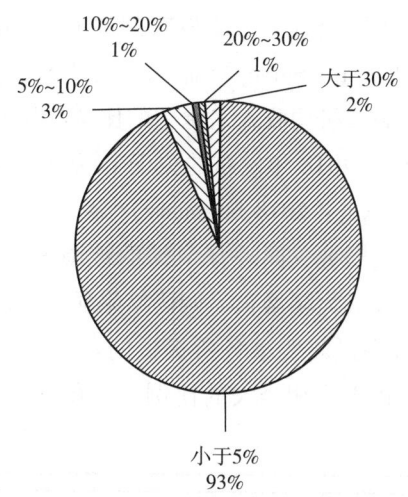

图2　已参与"一带一路"服务事务所2019年度国际业务收入占总收入比例

基于目前新冠疫情的影响以及随之而来的逆全球化趋势，约半数事务所还不确定未来"一带一路"业务收入相对于总收入占比趋势的走向，但是仍有38%的事务所认为未来"一带一路"业务收入相对于事务所总收入占比将会上升（见图3），提供跨国会计服务将成为我国会计师事务所新的业务增长点。目前我国会计师事务所在为"一带一路"项目提供的专业服务中，主要类型还是集中于传统的审计业务，会计师事务所也需要思考专业服务机构如何紧跟国际化、技术发展和商业模式优化等变革趋势，为企业提供更为广泛的支持。

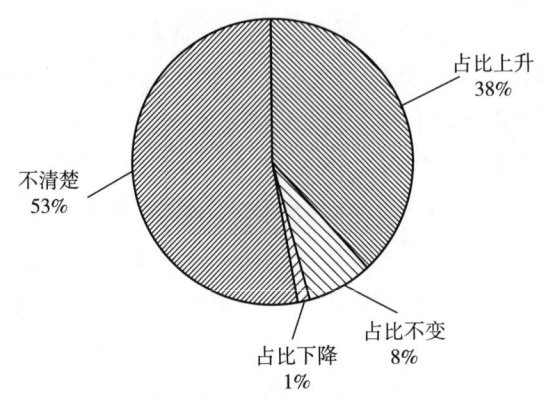

图3 已参与"一带一路"服务事务所预计未来"一带一路"相关服务收入对总收入占比的变化

从行业发展的国际经验来看,注册会计师的职业价值已经从单纯的为企业提供"鉴证"向提供"价值管理"转变,已经转变成为能够为企业提供整体解决方案的全能专家。国际会计师公告发布的 2019 年全球调查(International Accounting Bulletin 2019 World Survey)显示,近年来咨询服务出现强劲的增长,此类收入在各专业服务机构收入来源中的比重明显上升,并且近几年内将保持这样的局面。IFAC 于 2018 年发布的关于全球中小型会计师事务所调查报告(IFAC Global SMP Survey: 2018 Summary)显示,当年 86% 的中小型事务所提供了某种形式的咨询服务,同时有 51% 的被调查者认为,在未来 12 个月咨询服务收入将出现适度或大幅增长。调研结果显示,国内事务所在预计未来企业"一带一路"业务中最需要事务所提供的业务类型时,除了传统审计业务之外,各类咨询业务也占了相当大的比例(见图 4)。我国的会计师事务所

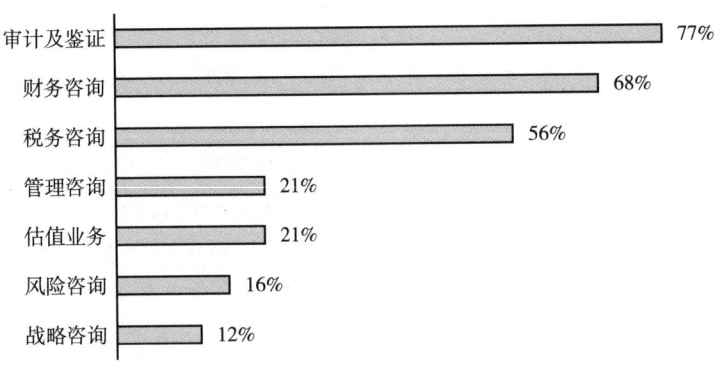

图4 预计未来企业"一带一路"业务最需要事务所提供的业务类型

应当抓住"一带一路"的机遇,拓展境外业务,并且顺应市场需求,大力扩展服务范围和服务种类,从而提升注册会计师行业的整体收入水平。

表4　　　　　企业间更广泛的合作机遇为注会行业带来新契机

领域	合作机遇
融资	跨国企业通过债务或股权融资、并购、"建设-运营-移交"合同、公私合营,甚至通过工程、采购和建设合作项目吸引投资
技术转让/授权	高科技领域、环保、节能技术、健康与安全等需要严格遵守当地合规标准的领域也蕴含着项目机遇。大多数国有企业与民营企业在技术方面仍处于落后地位,跨国企业可以充分利用这一点,为中国企业提供技术合作或收购的机会
优质产品	全球性跨国企业可以利用产品优势,提供最终产品的关键中间件或零部件,以满足全球供应链中其他参与者的需求
先进管理经验	有些跨国企业更加擅长管理基础设施、地产以及合资企业,并在跨国经营方面积累了丰富的经验
综合解决方案	企业之间可以在两个或多个领域展开合作

2. 提升事务所的竞争力推动国际化发展。

长期以来,我国本土的会计师事务所管理水平提升进程比较缓慢,人才培养成效较低,导致国际品牌的建设仍然处于起步阶段,在国际市场上竞争力不足,难以为国内外企业提供全方位、高质量的国际化会计服务。

在"一带一路"的倡议下,我国的大型会计师事务所应当借此机会积极学习和借鉴国际先进会计师事务所的管理经验,特别是吸收国际知名事务所在审计理念、质量控制、风险管理、人才培养和海外布局等方面的经验和做法,推动建立更加适应国际化要求的管理体制,提高事务所内部治理、国际市场建设的现代化水平,积极探索培养一批具备国际视野和实务经验的国际化人才,服务我国企业"走出去"的需要。

随着我国企业不断"走出去",我国会计师事务所也迎来了前所未有的"走出去"的机会。"一带一路"战略将带来产业发展新机遇,为会计师事务所的国际化发展,特别是为本土会计师事务所"走出去"提供了新契机。而且,"一带一路"沿线国家的会计基础设施建设尚处于参差不齐的阶段,更为我国会计师事务所"走出去"并帮助沿线国家和地区共建会计基础设施提供了机会。

目前,我国会计师事务所的国际竞争力明显持续提升,已有50余家事务所加入了国际网络,近70家事务所在境外设立分支机构或办事机构。在"一带一路"倡议下我国本土的优秀会计师事务所应当学习、借鉴国际先进的管理经验，既要扩大我国事务所在国际网络中的影响力，提高话语权又要逐步推进我国会计师事务所自身国际网络的建设，加速推进本土事务所的国际化进程。

二、"一带一路"倡议下注册会计师行业面临的挑战

在"一带一路"的新征程上，有新的发展机遇，也存在着不少新的挑战。调研结果显示，45%的事务所表示在开展"一带一路"业务时面临了很大挑战（见图5），挑战主要来自于对于沿线国家的了解以及国际化人才储备（见图6）。具体而言，对于审计业务，面临着会计准则差异协调的问题；对于企业的涉税业务，面临着需要熟悉中国、投资项目所在国以及相关第三方等多个税务管辖区的税务规定以及国际税收规则的问题；随着企业业务的不断创新和延伸，注册会计师面临着如何契合企业的需求，提供多样化、一站式的服务，甚至是创新业务的问题；最后这些问题都离不开国际化财会人才的培养。如何解决这些问题是注册会计师行业面临的新挑战。

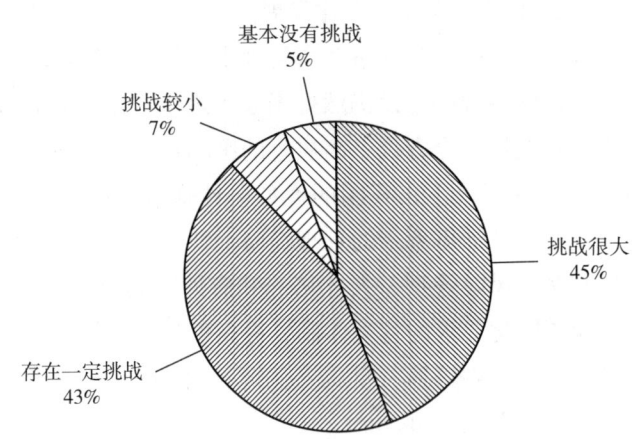

图5 事务所开展"一带一路"相关业务是否存在挑战

图6 已参与及有计划参与"一带一路"业务事务所面临的挑战

（一）沿线国家的会计准则存在显著差异

"一带一路"沿线国家和地区有着不同的民族、文化背景，政治体制和经济发展水平也各不相同，在会计信息方面更是存在着较大的差异，这些差异在会计准则、制度的制定和应用，会计信息系统的建设和发展水平，以及会计监管体系的完善程度等各个方面均有不同程度的体现。各国会计准则的差异是"走出去"企业面临的一项主要问题，也是注册会计师在提供专业服务过程中需要熟悉和掌握的信息。

根据我们的研究，各国会计准则的差异，需要从两个层面进行解读。首先，公众利益实体（上市公司及金融机构等），由于其涉及的利益相关的群体非常广泛，其财务报表信息的可靠性、可比性、透明度的要求会比较高，因此许多国家在公众利益实体层面对于财务报表编制所使用的会计准则都有较高的要求，在这个层面全球会计准则的统一性情况如何；其次，各个国家还存在着大量的非公众利益实体，按照当地的法律法规，这些实体在编制财务报表时，包括申报纳税时普遍采用什么样的会计准则，这一类会计准则我们通常定义为"当地会计准则"，而这些当地会计准则与国际准则之间差异情况如何。

1. 国际财务报告准则在公众利益实体中的应用。

根据国际财务报告准则基金会发布的截至 2018 年 4 月 25 日的调查结果，基于对全球 166 个司法管辖区进行的调查，发现在 166 个司法管辖区内有 144 个（占比 87%）要求所有或大多数国内公众利益实体采用国际财务报告准则编制财务报表。未要求国内公众利益实体采用国际准则编制财务报表的国家主要分布于亚洲、北非和北美洲。在亚洲虽然部分国家并未直接允许采用国际准则，但是其当地会计准则已经与国际准则实质趋同。比如中国，从 2005 年开始已经建成了与国际财务报告准则实质并且持续全面趋同的企业会计准则体系，类似的国家还有印度和印度尼西亚。而日本是允许符合条件的国内公众利益实体自愿采用国际财务报告准则编制财务报表。美国不允许国内上市公司，但允许外国上市公司使用国际财务报告准则。而非洲国家对于国际财务报告准则的运用相对处于比较低的水平。

值得一提的是，虽然有 144 个国家已经要求所有或大多数国内公众利益实体采用国际财务报告准则编制财务报表，但并不意味着他们所采用的会计准则就是完全一致的，其中还存在着不同的情况。比如所采用准则并的不是最新的，如委内瑞拉、马其顿和缅甸，他们分别使用的是 2008 年、2009 年和 2010 年版本的国际财务报告准则。此外，有些国家在采用国际财务报告准则时，会对其做出有限的修订，比如欧盟，在采用 IAS39 时切离了（carveout）了部分会计处理要求，扩大了推迟使用 IFRS9 的保险实体的范围；还有些国家在常采用国际财务报告准则时删除了部分准则中提供的会计政策选择权。

2. 当地准则与国际财务报告准则趋同情况。

我们研究了截至 2020 年 1 月已与中国签署了"一带一路"合作文件的 138 个国家和地区，当地会计准则与国际财务报告准则趋同的情况。整体而言，约半数国家和地区（68 个）的当地会计准则，无论是通过立法将 IFRS 直接设定为该国的国家会计准则，亦或是将 IFRS 不做修改地转换成当地会计准则，或者是对 IFRS 作出有限修订或延迟部分准则的生效日，总体上实现了与国际财务报告准则的趋同或大致趋同。约三分之一国家和地区（48 个）的当地会计准则与国际准则存在差异（包括正在按照计划实施准则趋同、有趋同意愿但未设定具体时间表、并无计划进行准则趋同）。最后，还有不到六分之一的国家和地区，主要是位于大洋洲的一些群岛国家以及北非、东非等欠发达地区的国家，未能获得相关当地会计准则的有效信息，具体见图 7 和图 8。

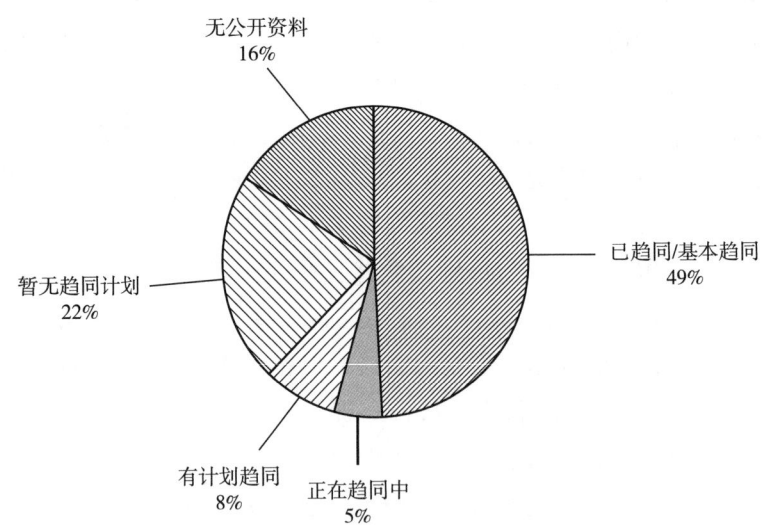

图 7 与中国签署了"一带一路"合作文件的 138 个国家/
地区会计准则趋同情况（截至 2020 年 1 月）

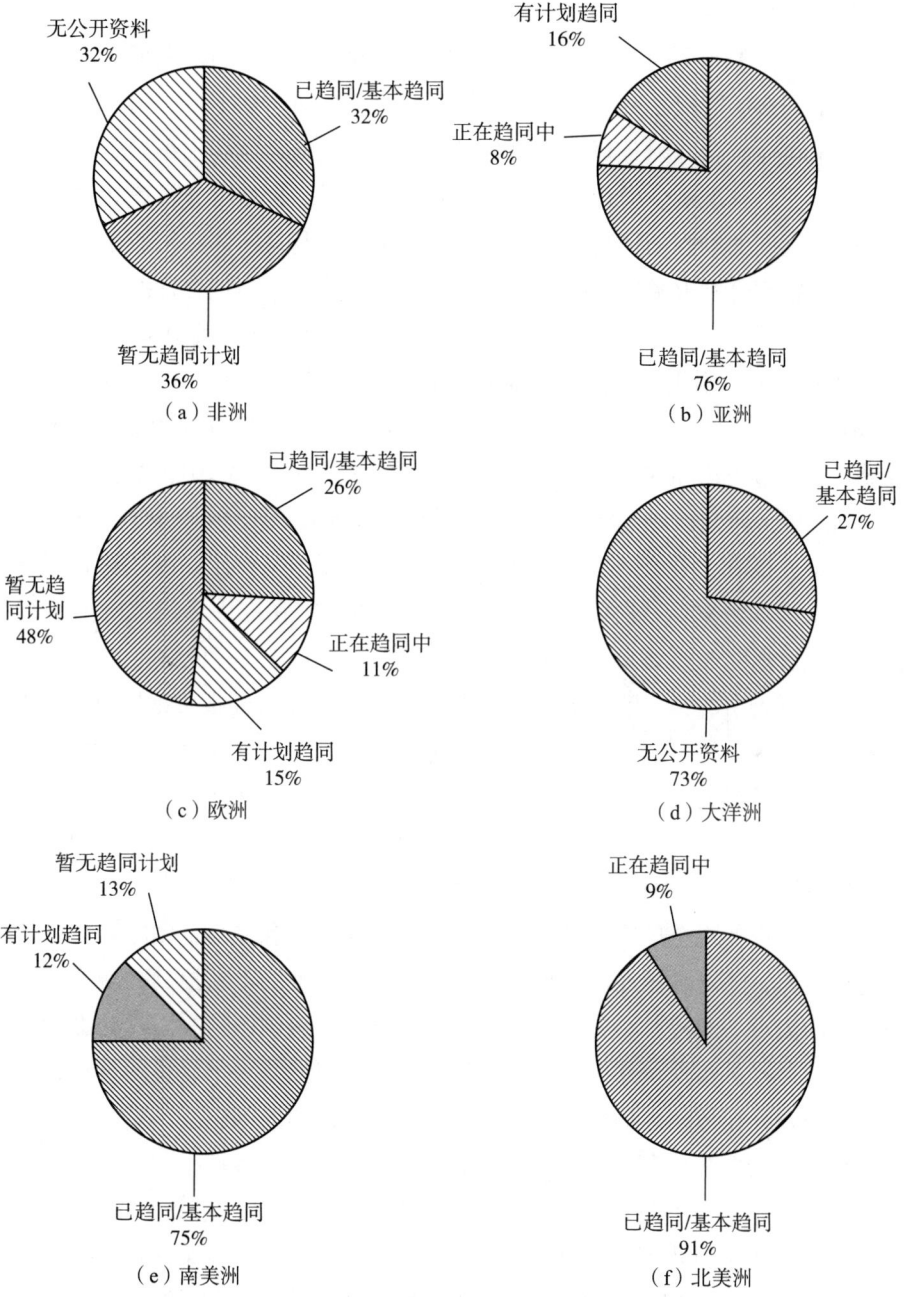

图8 与中国签署了"一带一路"合作文件的六大洲国家/
地区会计准则趋同情况（截至2020年1月）

3. 会计准则多层次、分类别的特点。

通过分析138个国家和地区的会计准则趋同情况，我们发现很多国家都存在会计准则多层次以及分类别实施的特点。上市公司与非上市公司、金融企业与非金融企业、合并财务报表与单独财务报表、大型企业和中小型企业，采用不同的企业会计准则、会计标准的情况。举例来说，合并财务报表和单独财务报表使用不同的准则的情况，有些国家在规定公众利益实体必须使用国际财务报告准则编制合并财务报表的同时，还规定了需要使用当地会计准则编制公司的单独财务报表。比如，中国企业投资比较多的非洲地区，其中17个法语系的中、西非国家，共同组成了"非洲企业商法协调组织（OHADA）"的区域性组织，制定了统一的会计准则，称为SYSCOHADA。于2017年更新后的OHADA系统要求上市公司和在公共资本市场寻求融资的公司，从2019年1月1日起采用国际财务报告准则编制合并财务报表，但同时必须使用SYSCOHADA编制其单独财务报表。类似的规定同样存在于部分欧盟国家，比如匈牙利和部分前苏联国家（如俄罗斯、白俄罗斯）。再如，欧盟国家在准则运用范围上也存在着差别，根据欧盟《国际会计准则》条例要求对在受监管证券市场进行证券交易的欧洲公司的合并财务报表采用欧盟采用的国际财务报告准则标准（EU-IFRS）。同时给予成员国选择权，可以选择"要求"或"允许"采用EUIFRS编制单独财务报表（法定报表），基于此规定，不少欧盟成员国选择规定在编制单独财务报表时"允许"使用EUIFRS而非强制使用。虽然在欧盟的大环境下，但各国财务报表的编制仍然存在着一定的复杂性。

虽然推进实现全球统一的高质量会计准则这一理念在当今国际社会已经得到普遍共识，随着各国经济发展水平以及全球化程度的不断提高，融入世界经济舞台的需求不断提升，各国也在不断地探索适合本国国情和需求的准则趋同道路，但是推进实现全球统一的高质量会计准则仍然是一个漫长的过程，各国会计准则差异在短期内仍然是会计师事务所必须面临的问题。

4. 代表性国家介绍。

根据我国商务部发布的《2019年我对"一带一路"沿线国家投资合作情况》，2019年，我国企业在"一带一路"沿线主要投向新加坡、越南、老挝、印度尼西亚、巴基斯坦等国家。这些主要投资目的国的准则实施现状如下：

（1）新加坡（见表5）。

表 5　　　　　　　　　　　新加坡准则实施现状

会计准则	
与 IFRS 是否趋同	已趋同
准则制定机构	新加坡会计准则委员会 Accounting Standards Council（ASC）
会计准则	①新加坡财务报告准则（国际）（SFRS（I）），SFRS（I）完全等同于 IFRS； ②新加坡财务报告准则（SFRS），除了未采用 IFRIC 2 并对 IFRS 过渡条款和生效日期作出若干修改以外，SFRS 与 IFRS 基本一致； ③新加坡小企业财务报告准则（SFRS for SEs），SFRS for SEs 与 IFRS for SMEs 基本一致
会计准则应用情况	①当地企业。在新加坡证券交易所（SGX）上市的企业，商业信托以及于 2018 年或之后在 SGX 申请上市的企业需要按照 SFRS（I）编制财务报表。此外，如果在新加坡注册的上市公司同时在另一家需要使用 IFRS 准则的证券交易所上市，也可以按照 IFRS 编制财务报表。其他当地企业可选择适用 SFRS 或者 SFRS（I）。符合小型实体定义并且不承担公众责任的实体可以选择按照 SFRS for SEs 编制其通用目的财务报表。 ②外资企业。所有在 SGX 上市的外资企业都需要适用 SFRS（I），其他外资企业可选择适用 SFRS 或者 SFRS（I）。允许在新加坡证券交易所上市的外国公司根据 SFRS（I），IFRS 或美国公认会计原则（US GAAP）编制财务报表
审计准则	
与 ISA 是否趋同	已趋同
准则制定机构	新加坡特许会计师协会 Institute of Singapore Chartered Accountants（ISCA）
审计准则	国际审计准则（ISA）被采纳为新加坡审计准则（SSA），并根据实际情况进行了适当调整，目前 SSA 与 2016 年 ISA 一致

资料来源：https://www.ifac.org/what-we-do/global-impact-map/country-profiles.
https://www.ifrs.org/use-around-the-world/use-of-ifrs-standards-by-jurisdiction/.

（2）越南（见表 6）。

表 6　　　　　　　　　　　越南准则实施现状

会计准则	
与 IFRS 是否趋同	有计划趋同
准则制定机构	财政部 Ministry of Finance（MoF）
会计准则	①越南会计准则（VAS），财政部在制定 VAS 时参考 IFRS，同时会考虑国家的具体情况保留部分差异，并未直接采用 IFRS； ②中小企业会计制度，该制度是 VAS 的简化版本。 财政部计划于 2023～2025 年分阶段全面采用 IFRS 准则

续表

会计准则	
会计准则应用情况	越南企业均需按照 VAS 编制法定财务报表。IFRS 财务报表可在越南企业向外国投资者报告的情形下编制,并且仅作为补充财务报表
审计准则	
与 ISA 是否趋同	暂无趋同计划
准则制定机构	财政部 Ministry of Finance（MoF）
审计准则	截至 2018 年 6 月,越南在对 ISAs（2009）稍作修改的基础上发布了 47 项审计则（VSA）。财政部没有计划采用最新的 ISA

资料来源：https：//www.ifac.org/what-we-do/global-impact-map/country-profiles.
https：//www.ifrs.org/use-around-the-world/use-of-ifrs-standards-by-jurisdiction/.

（3）老挝（见表7）。

表7　　　　　　　　　　　老挝准则实施现状

会计准则	
与 IFRS 是否趋同	有计划趋同
准则制定机构	财政部 Ministry of Finance（MoF）
会计准则	①要求公众利益实体全面采用最新的 IFRS 准则； ②老挝非公众利益实体财务报告准则（LFRS for Non – PIEs），系基于 IFRS for SMEs（2009）制定
会计准则应用情况	①当地企业。国内上市公司、银行、保险和其他金融公司（公众利益实体）需要按照 IFRS 编制财务报表,非公众利益实体按照 LFRS for Non – PIEs 编制财务报表。 ②外资企业。老挝外资上市公司需要按照 IFRS 编制财务报表,外资非上市公司可以按照本国会计准则编制财务报表
审计准则	
与 ISA 是否趋同	已趋同
准则制定机构	财政部 Ministry of Finance（MoF）
审计准则	老挝财政部要求所有强制性审计均按照 ISA 执行,强制性审计范围包括所有公共利益实体、外资企业、国有企业、对外贷款和赠款的项目以及总资产超过 620 万美元的有限责任公司

资料来源：https：//www.ifac.org/what-we-do/global-impact-map/country-profiles.
https：//www.ifrs.org/use-around-the-world/use-of-ifrs-standards-by-jurisdiction/.

（4）印度尼西亚（见表8）。

表8　　　　　　　　印度尼西亚准则实施现状

会计准则	
与 IFRS 是否趋同	已趋同
准则制定机构	印度尼西亚财务会计准则委员会 Indonesian Financial Accounting Standards Board （DSAK IAI）
会计准则	①印尼财务报告会计准则（SAKs），印尼持续推进 SAKs 与 IFRS 的趋同，2016年 SAKs 与 IFRS 准则的差距已经缩短至1年，实现了基本趋同。印度尼西亚声明将持续推进准则趋同，计划实现与 IFRS 准则的全面趋同。 ②非公众利益实体财务报告准则（SAK ETAP），SAK ETAP 是基于 IFRS for SMEs 制定的。 此外，印尼财务会计准则委员会计划制定微小企业会计准则作为以上两级准则的补充
会计准则应用情况	上市公司及公众利益实体需要按照 SAKs 编制财务报表。 非公众利益实体需要按照 SAK ETAP 编制财务报表
审计准则	
与 ISA 是否趋同	已趋同
准则制定机构	印度尼西亚注册会计师协会 Indonesian Institute of Certified Public Accountants （IAPI）
审计准则	ISAs（2010）被采纳为印度尼西亚公共会计师专业标准（SPAPs），自2013年1月1日起用于审计在印尼证券交易所上市的公司，次年起用于其他公司，并且有持续与 ISA 趋同的计划

资料来源：https://www.ifac.org/what-we-do/global-impact-map/country-profiles.
https://www.ifrs.org/use-around-the-world/use-of-ifrs-standards-by-jurisdiction/.

（5）巴基斯坦（见表9）。

表9　　　　　　　　巴基斯坦准则实施现状

会计准则	
与 IFRS 是否趋同	正在趋同中
准则制定机构	巴基斯坦证券交易委员会 The Securities and Exchange Commission of Pakistan （SECP）
会计准则	①采用了除 IFRS 1 和 14 以外所有生效的 IFRS 准则，此外 IFRS 9 的适用被推迟到2019年6月30日，但允许提前采用。由于巴基斯坦国家银行（SBP）针对金融工具会计的现行规定，银行尚未实施 IFRS 9，IFRS 7 和 IAS 40。巴基斯坦计划考虑未采用的两项 IFRS 准则，以弥补准则差异。 ②中小企业会计和财务报告准则（AFRS for SSE）

续表

会计准则	
会计准则应用情况	①当地企业。上市公司、公众利益实体和大型非上市公司需要按照巴基斯坦已适用的 IFRS 准则编制财务报表。中型非上市公司可以选择使用 IFRS for SMEs 或巴基斯坦已适用的 IFRS。小型非上市公司可以选择使用中小企业会计和财务报告准则（AFRS for SSE）、IFRS for SMEs 或巴基斯坦已适用的 IFRS 准则。 ②外资企业。外资企业需要按照巴基斯坦已适用的 IFRS 准则编制其法定财务报表。上市的外资企业可以选择按照 IASB 发布的 IFRS 准则编制其法定财务报表
审计准则	
与 ISA 是否趋同	已趋同
准则制定机构	巴基斯坦注册会计师协会 Institute of Chartered Accountants of Pakistan（ICAP）
审计准则	巴基斯坦采用 IAASB 发布的 ISAs（2016）进行法定审计

资料来源：https：//www.ifac.org/what-we-do/global-impact-map/country-profiles.
https：//www.ifrs.org/use-around-the-world/use-of-ifrs-standards-by-jurisdiction/.

（二）海外投资面临税务风险

"一带一路"倡议下，企业由于缺乏海外投资经验，在"走出去"的过程中可能会面临政治、法律、税务、技术等各方面的风险。其中，税务风险是影响企业能否顺利"走出去"并最终获取商业利益回报的不可忽视的重要方面。中国企业"走出去"，几乎每一步都会涉及税收问题。首先，不少中国企业在国际税收及其风险防范方面经验和能力不足；其次，"走出去"企业需要面对全新的税收征管环境，"一带一路"沿线国家很多仍处于发展中阶段，其税收法规和征管实务不尽完善；另外，中外税收制度和征管方式不对称，使得一些跨境税务事项实施和衔接困难。"走出去"企业需要考虑的涉税问题需要从三个方面进行梳理：其一，东道国的税务相关问题，如企业所得税税率、税收居民的定义、相关税收协定的规定、外汇管制等；其二，本国的税务相关问题，如中国税收居民的定义、境外所得税抵免的规定、受控外国企业的规定、转让定价的规定等；其三，中间控股公司所在国的税务相关问题，如税收协定网络及其相关条款的规定、反避税规定、外汇管制及法律体系等。可见从国内税、国际税到税务风险管理，范围非常广，并且需要结合各种因素进行通盘考虑，"一带一路"倡议的实施，在税收问题上也给行业带来诸多新挑战和新要求。

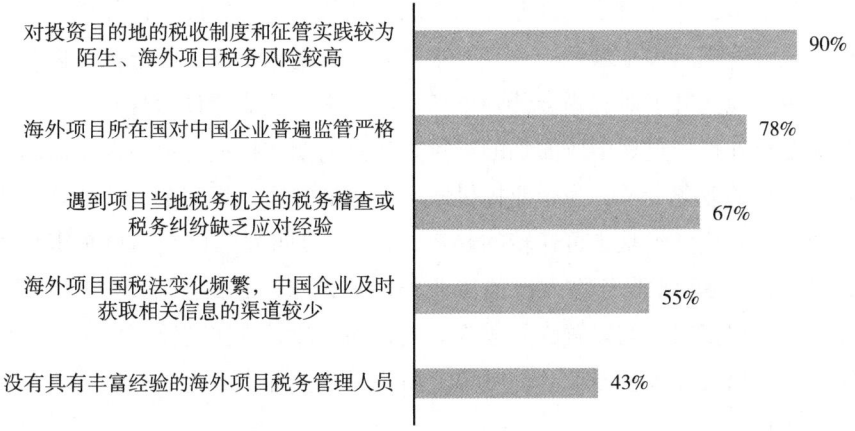

图9 参与"一带一路"项目过程中最大的税务方面的挑战（选三项）

资料来源：2016年德勤中国对54家国企中高层的调查问卷结果。

从以上2016年对54家国企中高层进行的问卷调查结果（见图9）我们不难得出，一方面"走出去"企业在涉税问题上需要政府机构的相关支持和服务，另一方面企业也存在寻求专业机构的帮助为其提供定制性的涉税服务的大量需求。面对复杂的国际税、税收征管实务、国际税收协定和规则、反避税问题，我们的事务所是否有能力、有底气、有经验为"走出去"企业提供相应的服务。我国本土会计师事务所的涉税业务需要借此良机苦练基本功，拓展国际化相关业务，服务"一带一路"倡议下全球布局的企业。事务所除了可以引进具有国际税收知识和业务经验的专业人员，也需要早做谋划，探索符合自身的国际化发展战略。本土事务所也需要注重创建和维护自主品牌，寻求合适的时机，布局境外执业网络，开发拓展国际业务，从而更好地为"走出去"企业服务。

服务"一带一路"涉税业务，对于大多数事务所而言，都面临人才储备不足、业务经验不足等短板。涉税专业服务行业在"一带一路"倡议下发展，只靠每家事务所单打独斗，恐将难以形成合力。整个行业在"一带一路"倡议下做大做强，需要形成"一带一路"涉税专业服务联合体。联合体成员互相帮助，在知识和经验上互通有无，在业务上取长补短，并形成业务服务标准，以达到合作共赢，帮助行业做大做强。

（三）企业业务需求多样化、创新化

在"一带一路"倡议深入推进实施的背景下，跨国资本流动频繁、对外

投资业务增多，企业对于会计业务的需求从传统的审计扩展到税务规划、成本管理、风险管理等多个领域，并且要求的解决方案也呈现出复杂化、创新化等特征，极大地提升了对我国会计师事务所的要求。注册会计师行业需要充分了解企业在对外投资过程中所面临的难点、痛点问题，挖掘客户的真正需求，充分发掘自身的业务专长，为企业提供解决问题的方案。事实上，从全球范围来看，业务多元化已经是不可逆转的趋势，比如，"四大"已经不再是审计事务所，"四大"的审计业务收入占整体业务的比例很多已经不足50%，"四大"现在提供的很多服务均以解决问题为导向，而不只是为实现监管合规。虽然这种转变主要出现在大型专业会计师事务所，但从全球来看中小型事务所也在悄然发生变化。

参与"一带一路"业务，注册会计师行业不应仅仅将自身业务局限于在事中或者事后提供审计，在企业整个投资的生命周期中，无论是投资前的调研和决策、投资中谈判和交易决策、投资后的管理优化，还是投资末期的退出事宜，注册会计师都是大有可为的。比如，问卷调查的结果显示，"风险"是被受访者选为海外投资面临的最主要挑战（见图10）。在"一带一路"背景下，由于对海外情况缺乏详细了解，风险管理的要求更是得到了全面的提升。"风险"主要出现在哪个阶段，专业服务机构在此过程中能够做什么？72%的受访者认为"投资前"是最具挑战性的阶段（见图11），其中超过八成受访者认为"缺乏迅速准确地了解目标地区的政治、经济、税收、社会等未来发展等真实情况，并提供综合分析的资源"是投资前的最大挑战（见图12）。企业在对外投资中的"风险管理"挑战，完全可以通过专业服务机构在投资前对投资项目进行充分全面的尽职调查而得以解决。尽职调查不仅仅局限于财务会计，可能涵盖宏观政治经济、企业商务、财务、法律、税务、人力资源、IT等多个方面，需要根据投资目的对投资标的有针对性地进行。如果事前就能了解和识别出可能发生的风险点，在投资期间的谈判和法律文件中进行规避，并做好风险应对预案，就能将风险减小到最低或防患于未然。拥有国际网络，在投资目的地有了解当地情况的专业团队的专业机构，对做好这样的尽职调查无疑是有优势的。此外，企业可能还需要专业服务机构，为其科学合理地评估潜在投资项目的可行性和潜在收益以及风险，选择合适的投资项目；帮助其规划项目的投资构架和运营模式，降低税务成本；帮助其规划海外分支机构/投资项目的管控模式，搭建合理的管理体系；帮助其分析制定项目融资选项，优化融资合同条款；帮助其进行投资并购后的整合，体现协同效应；帮助其搭建全球财资

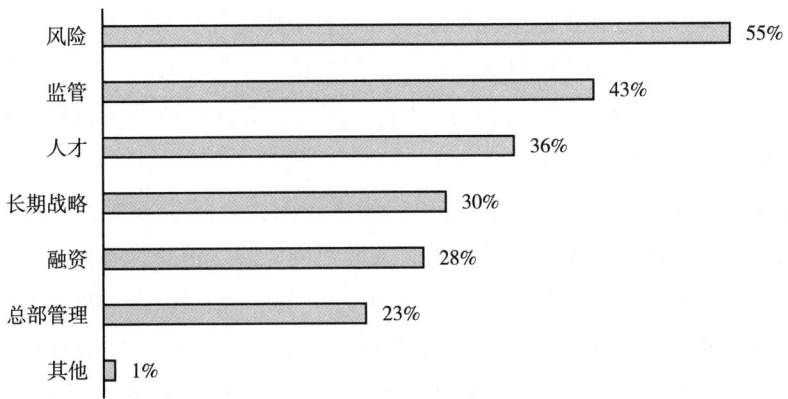

图 10　2017 年企业海外投资的主要挑战（选 3 项）

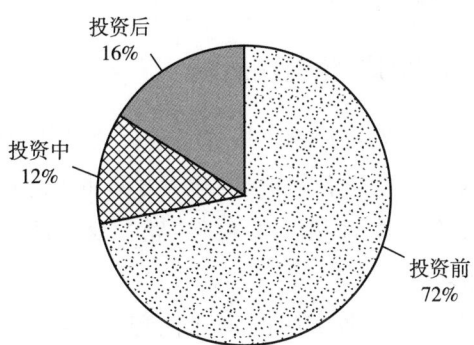

图 11　企业海外投资最具挑战性的阶段

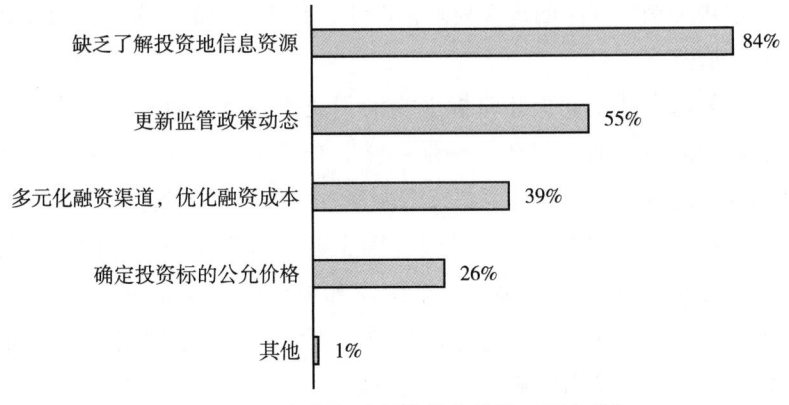

图 12　"投资前"阶段的最大挑战（可多选）

中心等各类业务。这些业务可能在国内事务所中还比较少见，甚至很多事务所从未意识到还可以为企业提供这些服务，但是此类非鉴证业务，或者我们把他简单地统称为"咨询服务"，现在已经成为国际上会计专业服务机构业务中最亮眼的也是不可或缺的一部分。

在我国企业"走出去"的过程中，如果我国会计师事务所无法满足跨国企业上述这些多样化需求，将会面临失去客户的风险。但是，整体而言，目前我国事务所的发展远远滞后于企业"走出去"的步伐，除了"四大"以及少数大型事务所之外，我国会计师事务所提供的服务仍然以传统的财务审计为主，业务同质化严重，且由于管理水平低下和利益分配的原因导致无法投入更多资源在业务外延上，这在很大程度上将无法满足拥有跨国业务的大中型企业对于多样化专业服务的强烈需求。

（四）国际化人才的培养迫在眉睫

在"一带一路"的发展进程中，培养具备优秀的语言能力、扎实的专业知识以及丰富的跨国业务实操经验的国际化人才是重中之重，是提升我国注册会计师行业国际形象的根本。同时，"一带一路"对会计专业人才的国际化程度也提出了更高要求。

第一，要求会计人才具备宽阔的国际视野和较强的综合能力，可以在"一带一路"复杂的环境下作出合理的专业判断。国际化会计专业人才不仅需要熟知我国准则和制度，还需要了解国外的会计准则和惯例，以及国外市场的相关法律法规和相关程序的运作规则，以便为其所服务的企业提供具备国际化视角的专业服务。

第二，要求会计专业人才掌握至少两门语言并且了解相关国家的人文风俗，具有较强的适应能力。在"一带一路"倡议环境下，会计专业人才需要面对不同国家的企业，因此需要熟练掌握至少两种语言才能在不需要外界帮助的情况下畅通地与"一带一路"沿线各国企业进行沟通交流。由于参与"一带一路"倡议的国家数量众多，各个国家和地区间的文化风俗都有所差异，作为一名会计专业人才需要具有良好的接受能力，给予不同国籍、不同地区、不同信仰的人们以尊重和理解，最终获得信任。

第三，要求会计专业人才与时俱进，拥有创新意识。创新是当今世界不可逆转的潮流，新时代的会计专业人才需要在处理国际事务中运用创新思维。创新能力和学习能力是影响会计专业人才能否在"一带一路"环境下给企业持续提供价值的重要因素。

高素质的国际化人才和专业能力过硬的执业人员是事务所提升国际化竞争力，进而实施国际化发展战略的立足之本。目前，我国注册会计师很大部分是本土成长，很少具备国际视野和国际从业经验，在与国外客户沟通的过程中，对当地的政治、经济、文化生态的了解有所欠缺，特别是处理问题的惯例往往成为我国注册会计师在国外执行业务过程中面临的最大障碍。与此同时，我国注册会计师人才队伍还面临着"一带一路"倡议下的各种风险，比如在不同政治和法律环境中开展业务遇到障碍、市场不断扩展导致审计风险增大等。这些风险集合在一起，对注册会计师人才队伍的国际化发展提出了新的挑战。

三、"一带一路"倡议下完善注册会计师行业服务供给

"一带一路"倡议下，经济金融、贸易往来、能源开发、基础设施建设等双边及多边合作对中国注册会计师行业提出了全新的需求。因此，政府、中国注册会计师行业协会以及会计师事务所都需要作出努力，多维度助力行业建设、专业人才培养，完善注册会计师行业服务供给，相关措施如图13所示。

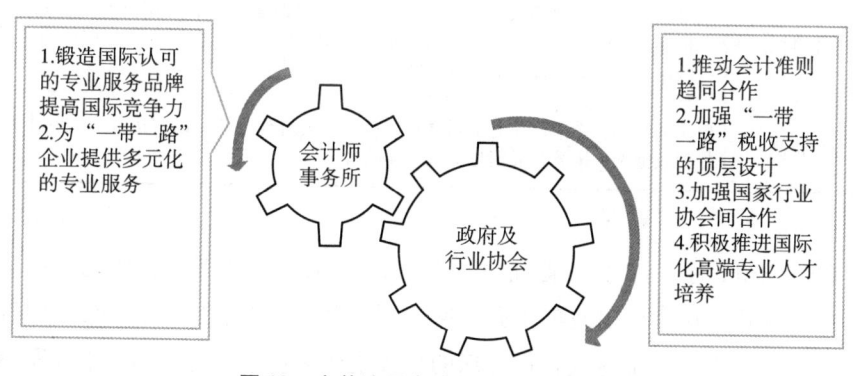

图13　完善注册会计师行业供给措施

（一）政府及行业协会层面

1. 推动会计准则趋同合作。

"一带一路"倡议的实施，在会计核算方面带来诸多新挑战和新要求。对于会计准则这项"软基础设施"存在的差异，近几年来，中国财政部多次通过国际对话机制深化政府间沟通和交流，在政策沟通方面发挥了其强大的职能

作用，积极推动会计准则方面的全球合作。在2019年4月第二届"一带一路"国际合作高峰论坛（以下简称"高峰论坛"）期间，我国财政部与俄罗斯、新西兰、巴基斯坦、沙特阿拉伯、蒙古、越南、老挝、尼泊尔和叙利亚等9个国家的会计准则制定机构联合发起了《"一带一路"国家关于加强会计准则合作的倡议》（以下简称《准则合作倡议》），呼吁"一带一路"沿线国家参与到会计准则合作中来。

作为首个"一带一路"国家就会计准则交流合作而发起的多边合作倡议性文件，《准则合作倡议》提出五点构想：第一，支持会计准则的国际趋同和制定高质量国际会计准则的目标；第二，建议加强对"一带一路"国家会计准则体系、会计准则制定、实施和监督的研究；第三，强调沟通、经验分享和信息交流对会计准则发展的重要性；第四，建议重点加强会计准则的有效实施，及时有效地解决实践中的会计问题；第五，呼吁建立"一带一路"国家间的会计准则合作机制，具体安排如表10所示。

表10　　　　　　　　　　会计准则合作机制安排

项目	安排
合作目标	通过加强会计准则领域的技术信息交流、会计政策宣传、合作研究、经验分享，助推会计准则体系建设，助力高质量国际统一的会计准则建设，为"一带一路"各国的贸易往来和资金融通营造良好的会计氛围
合作机制	以定期举办合作论坛作为准则合作倡议的主要合作方式，以双边或多边在准则合作倡议框架下按需开展信息交流为辅助合作方式

2019年11月7~8日，首届"一带一路"国家会计准则合作论坛在厦门召开。合作论坛由中国财政部主办，厦门国家会计学院、"一带一路"财经发展研究中心承办。参加此次合作论坛的代表主要来自中国财政部、柬埔寨国家会计委员会、蒙古注册会计师协会、尼泊尔会计准则理事会、新西兰外部报告委员会、巴基斯坦特许会计师公会、俄罗斯联邦财政部、沙特注册会计师协会等8个国家会计准则制定机构。论坛对于与会各国会计准则体系建设的经验和未来的计划进行了分享，探讨了面临的主要挑战，并对合作论坛工作机制进行了深入交流，构建起会计准则交流与合作平台，有助于为国际经贸往来和资本流动创造良好的会计环境，实现互利共赢。

准则合作倡议在会计准则建设和国际趋同领域搭建了交流合作平台，有利于通过符合"一带一路"特点的政策沟通,服务"一带一路"国家资金融通和贸易畅通。中国未来应努力与越来越多加入准则合作倡议的国家会计准则制定机构分享经验、交流信息,增进了解、寻求共识,为各方今后深化合作打下良好基础。与此同时,以实际行动支持全球统一的高质量会计准则,为国际财务报告准则在全球的广泛应用开展有益探索,通过完善制度建设促进"一带一路"高质量发展。

2. 加强"一带一路"税收支持的顶层设计。

在深入推进"一带一路"建设的进程中,建立税收合作征管机制,推动"一带一路"沿线各方的税收征管合作是各国政府的一项重要举措。首届"一带一路"税收征管合作论坛(以下简称"合作论坛")于2019年4月在中国乌镇举办。在此期间,中国、哈萨克斯坦、印度尼西亚等34个"一带一路"国家或地区的税务部门、22位观察员以及19位税收征管能力促进联盟成员,联合签订了首个"一带一路"税收征管合作谅解备忘录,宣布"一带一路"税收征管合作机制(以下简称"机制")正式建立。

在"共商共建共享"的丝路精神指引下,作为现行多边税收合作机制和国际税收体系的有益补充,该机制旨在促进"一带一路"合作方的贸易自由化、投资便利化以及经济增长,推动实现联合国2030可持续发展目标提出的包容性和可持续发展,构建和平繁荣的人类命运共同体。

此外,合作论坛参与方联合发布了《乌镇声明》(以下简称"声明")以及《乌镇行动计划(2019~2021)》(以下简称"行动计划")。声明强调"一带一路"税收征管合作作为"一带一路"国际合作的重要内容,对于促进贸易自由化、投资便利化,增强各国内生发展动力,促进经济增长具有重要意义。呼吁在坚持依法治税、提高税收确定性、加快税收争议解决、实现税收征管数字化、提升税收征管能力等领域采取务实行动,推动构建增长友好型税收环境。行动计划是落实声明的具体措施,以保证参与方能将合作机制落到实处,实现阶段性目标。

3. 加强国家行业协会间合作。

近年来,中国政府从顶层设计到行业倡议,从国际合作到地方规划,出台了一系列政策、方案、规划、意见,助力"一带一路"建设。目前,财政部已经与相关国家的财政部门签署了"一带一路"融资指导原则,与亚洲基础设施投资银行、金砖国家新开发银行和世界银行等多边开发银行签署了相关领域合作的谅解备忘录。商务部、财政部、外汇局、银保监会、证监会等部门先后出台的一系列文件，为会计师事务所涉足沿线国家拓展业务领域提供了政策支持。与东道国注册会计师协会间的沟通交流也为我国会计师事务所的业务开展提供了监管指导，有利于更好地为沿线国家提供专业服务，支持沿线各国的经济发展。因此，我国政府有关部门应坚持开拓沿线国家服务市场的扶持政策，并加强与东道国注册会计师行业协会的沟通交流与长期合作。为此，要积极推进以下事项：

第一，以"一带一路"现有经济合作成果为基础，深化沿线各国注册会计师行业协会的交流与合作，积极扩大准则趋同的共识和实践成果。第二，立足提高沿线各国经济竞争力的落脚点，加强沿线各国的行业协会的协调互动，完善沟通和协调机制，积极分享资源和经验，提升审计信息的可比性和质量，推进审计监管等效认同，促进区域资本市场的发展，维护金融秩序稳定，增进会计行业的共同繁荣。第三，行业协会要密切跟踪和交流国际准则的制定和修订进展，深入研究相关变化对沿线各国的经济发展和会计审计实务的影响，及时与国际准则的制定机构沟通，将"一带一路"沿线各国的主张和诉求积极反映到准则制定过程中，提高沿线国家的话语权。

4. 积极推进国际化高端专业人才培养。

自行业恢复重建以来，我国注册会计师行业就将加强国际合作、借鉴国际经验、利用国际资源发展我国注册会计师行业作为推进行业建设的一条基本原则。自2005年中国注册会计师协会将"国际化"作为行业发展的战略选择以来，通过开展注册会计师行业领军人才项目等培养了一批具有国际水平和国际执业资质的注册会计师高端人才队伍。"一带一路"的发展倡议对国际化创新人才的培养提出了更高要求。

为进一步推动中亚区域经济合作机制与"一带一路"倡议的对接和协调发展，在中国财政部的指导和支持下，由上海国家会计学院联合中亚区域经济合作学院、亚洲开发银行和特许公认会计师公会（ACCA）等机构共同举办的"中国-中亚会计精英交流项目"于2019年12月在上海国家会计学院举行，中国及中亚区域经济合作（CAREC）机制的全部11个成员国中近30名来自会计监管部门、准则制定部门以及会计理论及实务界的专家出席了研讨活动。

如图14所示，交流项目构建起跨国人才网络，通过交流研讨增进国家之间会计精英人才的认同和合作，有助于会计监管的完善、会计风险的规避、会计制度的联通或趋同，从而进一步控制跨境交易成本，进一步推进"一带一路"倡议的顺利实行。

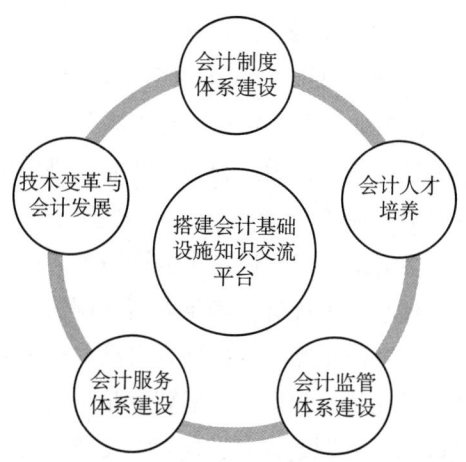

图 14 中国－中亚会计精英交流项目优势

（二）事务所层面

1. 锻造国际认可的专业服务品牌提高国际竞争力。

信誉、质量和专业水准是品牌的基石。让沿线国家认可来自中国的会计服务，打造会计师事务所的"中国服务"品牌，对提高其在沿线服务市场中的声誉，加速国际化发展进程具有重要作用。在开展"一带一路"业务的同时，会计师事务所可以输出经验，在为客户提供高质量解决方案的同时，在当地建立良好的品牌形象。

"一带一路"倡议的实施正加速企业"走出去"的步伐，会计师事务所要抓住机遇，在技术、管理等方面不断提升专业服务能力，更好地服务"走出去"企业。目前很多国内事务所还不具备提供境外服务的能力，这就从客观上要求事务所构建会计师事务所全球网络，努力开拓新的业务市场，成立统一风控标准下的成员所，更好地为企业"走出去"提供智力支持。目前中国事务所国际化的方式有两种，一种为"借船出海"模式，一些大型中国事务所通过加入国际会计网络，从而实现与网络中的其他国家会计师事务所之间的业务转介，共同为"走出去"的企业提供服务。另一种是有志于建立自己品牌的会计师事务所，他们选择先在少数国家和地区采取自建、兼并、联合等多种方式建立海外分支机构，把中国事务所品牌搬上国际舞台。由于事务所的情况各不相同，在选择国际化道路的时候，也不应照搬照抄，需要基于自身的发展需要，选择合适自己的发展模式。

2. 为"一带一路"企业提供多元化的专业服务。

在"一带一路"倡议推动下，沿线国家对注册会计师行业专业服务的需求大大增加，需要更多的专业服务人员提供跨国服务。但是由于目前我国本土会计师事务所业务范围较为单一，无法为国外企业提供多方面、全方位的有效服务。因此，我国注册会计师行业改革的当务之急就是要扩展更多的业务领域，根据企业的具体业务需求积极提供各类咨询服务，向更大、更新的市场进发。同时，提高自己的核心竞争优势，满足大型跨国公司业务需求。

在此过程中，我国事务所也需要选择适合自己的业务发展道路，不应盲目跟风。在事务所服务多元化的过程当中，需要立足于自身，明确自身的能力优势，基于事务所现状以及未来发展方向，规划多元化服务的道路。比如，事务所可以基于现有的优势业务项目，集中力量专攻一个领域，走专业化道路，成为细分领域的专家，从而建立竞争优势，扩展业务规模，走"少而精"的道路。例如，事务所在某一国家有相关经验，为中国企业的海外分支机构进行海外账的账务处理，则可以深耕于这一领域，基于对当地准则、政策法规的全面了解，建立市场优势，占领细分市场，获得业务扩展的良好机会。对于海外布局已有成效，业务线已经有所拓展的事务所，可以考虑逐步拓展咨询服务的业务种类，力争为客户提供一站式的服务，走"大而全"的道路。在服务于"一带一路"业务下，无论事务所选择走哪种道路，都不可避免地需要与项目所在地建立联系，在当地开展业务，因此事务所也需要审慎考虑如何"走出去"。

（三）事务所对参与"一带一路"建设的想法和建议

"一带一路"建设为促进全球经济发展做出了巨大贡献，通过本次调研，许多会计师事务所都表达了希望通过在境外收购优质资产、加入国际网络等方式积极参与"一带一路"建设的企业提供财务专业服务。同时，事务所也对参与"一带一路"建设提出了自己的想法和建议，具体如下：

第一，政府部门搭建信息平台和服务平台。通过及时更新平台信息和举办各类活动，使企业和中介机构能够及时了解"一带一路"沿线国家情况、相关政策等信息，提供投资地投资环境信息和风险提示，并为各方参与者提供商品和服务需求信息，开展项目推介，促进项目对接。

第二，建立专家咨询体制。设置国际业务专家咨询委员会，吸收事务所有经验的国际业务专家加入，讨论和制定相关国际业务服务的规则、规定及提示，研究目前国际业务发展的前沿动向等，加强对事务所"一带一路"业务的后台技术支持。同时开展更多有针对性的关于"一带一路"沿线国家监管环境、会计审计相关的专业培训，培养更多的国际人才。

第三，加强海外交流与合作。随着内资事务所国际网络的拓展，全球各地的成员所为中国企业提供服务的热情大大提升，希望中国各驻外使领馆能够吸收内资所的成员所作为商会成员，以便于他们积极参与华人在当地的各种活动。此外，建议政府机构或注册会计师协会组织国内会计师事务所与"一带一路"沿线国家会计师事务所交流与合作的相关活动。

第四，政策支持。建议政府部门多出台鼓励注册会计师行业国际合作的政策法规，在事务所对外投资时能给予更加宽松的政策。当地政府在会计师事务所吸收国际化人才方面给与支持，比如积分落户、购房和子女入学等方面给与更多的优惠政策，以便稳定国际人才队伍。

第五，优化行业环境。"一带一路"建设需要高质量的专业服务，而高质量服务代表着高成本付出，"价低者得"对于行业良性发展不利，望进一步优化注册会计师行业竞争环境，避免恶性竞争。

信息系统审计及咨询业务的现状和趋势

上篇：信息系统审计

导读

◎ 信息时代，社会依托信息技术的高速发展，各行业不断深入探索信息技术与行业技术的融合发展，尤其在企业经营信息化、财务数据信息化持续建设、优化过程中，经营数据的质量、信息系统的应用深度与规模对于企业财务会计报表而言是至关重要的，同时也是信息系统审计的难点。

◎ 伴随近年大数据技术的发展及应用趋势，可以预期未来审计项目中，审计策略将逐步演变为以大数据分析为中心，通过项目组执行工具部署、数据收集执行数据清洗、数据分析等手段，以基础硬件配备、运维为基础，对项目协调、沟通及合规等风控领域给予高度关注，从而有效形成进一步完善的审计策略。

◎ 信息系统审计业务把握国家相关法律法规的同时，对日益成为社会热点的"信息安全"问题给予充分关注，并针对不同领域风险应制定恰当的审计策略。

◎ 基于信息系统审计业务发展现状，国内会计师事务所、专业公司等机构应该加强信息系统审计领域的团队建设、人才培养，以便提升信息系统审计方面的执业质量和专业水平。

一、信息系统审计业务发展

（一）信息系统审计业务现状及发展趋势

进入21世纪，信息化对经济社会发展的影响更加深刻。广泛应用、高度渗透的信息技术正孕育着新的重大突破。信息资源日益成为重要生产要素、无形资产和社会财富。信息网络更加普及并日趋融合。信息化与经济全球化相互交织，推动着全球产业分工深化和经济结构调整，重塑全球经济竞争格局。互联网加剧了各种思想文化的相互激荡，成为信息传播和知识扩散的新载体。电子政务在提高行政效率、改善政府效能、扩大民主参与等方面的作用日益显著。

在这种外部环境下，信息安全的重要性与日俱增，逐渐深入扩展到国家政治、经济、民生等不同层面，涉及国家关键信息基础设施、商业系统乃至个人隐私等方面，成为各国面临的共同挑战。继欧盟颁布一般数据保护条例（GDPR）后，国内也出台了数据安全管理办法，以应对数据安全治理领域的挑战。

近年来，加强行业监管力度，提高企业内部控制水平已是全球重要趋势，其中信息系统审计所处的位置、角色越发重要，信息系统审计不仅为企业经营活动所在的信息技术环境提供内控风险控制，同时也要根据企业所处行业的不同执行更加具有针对性的信息系统审计程序，以便对经营活动产生的数据成果提供可靠性保障。

伴随国内经济在网络时代的高速发展，企业在深入应用信息技术的同时，一定程度上企业的内部管理并没有因经营业务的扩展、外部先进技术的引入而同步提高，同时也由于信息技术多样化在企业经营层面带来更多的信息安全管理空白及行业监管合规风险隐患。为了应对此类风险，部分监管部门、行业协会对业内公司、机构提出了信息系统合规要求，例如：银保监会对中等规模以上股份制银行提出信息科技全面风险的合规要求，证监会对企业IPO申报资料中明确要求高度依赖信息系统的企业要保荐机构及会计师对企业信息系统可靠性进行评价并对收入真实性进行核查。

针对目前国内市场的需求，各事务所、专业机构的信息系统审计团队承接的项目更多是在执行企业年度财务报表审计中确保信息系统可以被财务报表审计团队的控制程序依赖。其余的项目工作则集中在一级、二级资本市场中融资、并购环节的信息系统核查服务、对标国家监管部门、行业协会的信息技术合规审计服务。如：企业收入真实性核查服务、企业信息系统合规审计服务等。

1. 信息系统审计的实务工作。

中国注册会计师协会 2002 年颁布了《内部控制审核指导意见》，规范了注册会计师在计算机信息系统环境下执行会计报表审计业务，明确注册会计师在进行审计计划、评价内部控制与风险评估、审计程序等环节的工作要求。伴随信息技术的发展，中国注册会计师协会、中国证监会及其他相关监管机构不断发布、更新对于信息系统审计的相关要求及意见。

信息系统审计的目的是通过了解企业信息系统、系统所在基础环境，对企业与经营相关的信息系统在治理、开发、运维、网络环境等方面进行审查和评估，充分识别相关风险并提出评价意见、建议。

信息系统审计工作根据已识别的企业信息系统风险领域，主要执行的控制环境测试包括：信息技术一般性控制（ITGC）、信息技术应用控制（ITAC）以及计算机辅助审计技术（CAATs）（见表1）。

表1　　　　　　　　　信息系统审计主要控制环境测试

测试方法	主要内容
信息技术一般性控制（ITGC）	①信息技术治理层面测试。包括信息技术组织架构、发展战略、管控体系等；信息技术内控体系、流程、控制目标等；信息技术内控质量保证、内部审计、外包管理等。 ②信息技术业务活动层面测试。包括信息系统运维管理、变更管理等；信息系统逻辑访问、安全管理等；信息系统业务连续性、运维平台管理等
信息技术应用控制（ITAC）	根据对企业信息技术整体环境的了解，结合信息技术一般性控制测试内容，对企业内控体系中涉及信息系统的相关业务制定对应的应用控制测试方案。应用控制测试常见于如下方面：信息系统自动控制逻辑、参数等；信息系统业务报表；信息系统自动计算；信息系统自动访问控制
计算机辅助审计技术（CAATs）	计算机辅助审计技术是指利用计算机和相关软件，使审计测试工作实现自动化的技术。计算机辅助审计技术常见于如下方面：信息系统数据提取、核对；业务、财务数据一致性测试；经营数据分析、指标统计

2. 信息系统审计与财务报表审计的合作关系。

在当前信息化被大规模商业应用的环境下，被企业用于记录会计信息、编制财务报表的信息系统已经成为内部控制的重要组成部分。同时信息技术的深入应用给财务报表审计带来了诸多的变化与挑战。

在企业使用复杂信息系统的情况下，信息系统审计质量将直接影响财务报表审计工作。在评估重大错报风险（包括特别风险）时，需要引入信息系统审计专业人员参与审计工作并通过执行信息系统审计测试程序对信息系统是否能够准确、完整、真实地记录财务数据、业务数据及交易数据等方面作出判断,从而为财务报表准确性、真实性和完整性提供信息系统层面的合理保证。财务报表审计与信息系统审计的关系如图1所示:

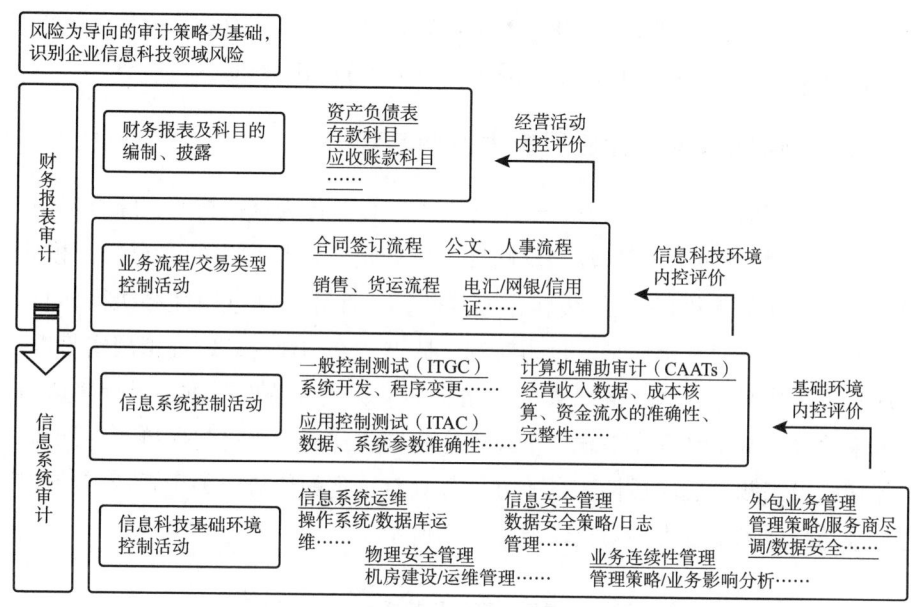

图1 信息系统审计与财务报表审计的关系

目前国内尚未对各事务所、专业机构承接项目中是否含信息系统审计及项目收费情况进行专门统计。国内证券金融、媒体、高科技、通讯等行业的上市公司在年度审计中均会考虑引入信息系统审计,作为评估企业信息系统数据可靠性的途径。

3. 高新技术产业发展对现有信息系统审计影响。

国务院于2015年发布《关于积极推进"互联网+"行动的指导意见》,国内各传统、新兴行业均考虑利用互联网相关技术与自身业务深度融合,打造新生态、新发展,加速提升产业链发展水平。在此背景下,企业在线上业务方面交易量占比逐渐扩大,与此同时企业接受着高度信息化、网络化带来的流量红利及技术风险。对于"互联网+"时代高新技术的特点,其对信息系统审计的影响涉及几个方面:(1)企业发展迅速,对应的信息化系统换代周期缩短,自研系统的代码迭代,外购水平产品的二次开发,复杂的基础架构以及运维处理方式极大提高了信息系统审计的固有风险水平;(2)企业线上交易量规模大、交易频率高等情况下,产生的数据量普遍较大。对于海量经营数据,使用传统的抽样技术、数据分析技术往往是杯水车薪,通过抽样、对比分析等方法又得不到可靠的完整性结论;(3)企业主营业务完全植入信息系统中,在完全依靠OA、ERP等信息系统处理的情况下(尤指互联网、传媒等行业),由于系统架构、系统间接口以及业务逻辑的设计、部署等因素,极易产生审计盲点,对于信息系统内部控制水平的评价带来了较高的难度。

(二) 信息系统审计应用技术发展趋势

就全球信息技术发展来看,未来将以人工智能作为算法核心,综合利用大数据、物联网(IT)、云计算、5G网络、区块链及虚拟现实的混合应用模式,物联网以硬件服务及5G网络传输作为基础,云计算以高可用优势执行即时处理,大数据将用户基础信息、行为模式等数据元素构建模式,虚拟现实将以增强现实可视化服务,区块链以去中心化、不可篡改等特性提供记录保障服务。而未来信息技术审计程序与现行审计程序相比,在项目承接与保持、计划与风险评估、控制测试、实质性测试等方面都具有一定的优势。关于现行审计程序与未来信息技术审计发展对比情况如表2所示。

表2　　　　现行审计程序与未来信息技术审计发展对比

工作领域	现行审计程序	未来审计程序
项目承接与保持、计划与风险评估	了解、评价企业股东、管理层的治理方式手段,对企业历年报告进行研读并了解相关法律合规事件	通过事务所、国家职能平台的"联盟链""私有链"或技术平台对企业执行综合评估,通过企业的公开数据披露、关联企业的经营信息及相关舆情信息继续项目风险评估
控制测试	获取企业治理相关制度、条例执行设计、有效性测试	通过企业信息化的电子数据执行同业对比、数据分析等手段全面执行有效性测试
实质性测试	使用传统纸质函证程序,通过现场方式执行盘点、监盘程序	通过使用具有"区块链"技术的函证平台确保电子函证的安全、真实、有效。通过使用5G通信、物联网、机器学习提高盘点程序效率及准确性
价值分析、大数据分析	价值分析、大数据分析目前尚未在审计项目中作为标准测试程序引入。更多出现在咨询项目中	价值分析、大数据分析程序将贯穿审计项目始终,尤其在计划与风险评估过程中,分析结果将为审计人员评估项目风险提供极大的参考价值,并通过采用大数据分析方式,可以覆盖风险领域的全量样本,进一步加强审计结论的准确性、可靠性

资料来源:致同会计师事务所内部研究报告。

未来深度应用信息技术的领域仍旧集中在电子商务、电子政务方面，这就要求信息系统审计策略尤其以信息系统完整性、安全性、保密性以及系统效率方面为主要关注点。

（三）信息系统审计是提升企业信息披露质量的重要措施

1. 信息系统审计已成为上市公司财报审计工作的重要组成部分。

近年来，监管部门采取从严监管措施，完善信息系统审计相关法规要求。2013年证监会启动首次公开发行（IPO）在审企业年度财务报告专项检查，期间对抽查的互联网企业首次执行信息系统核查，以进一步识别财报可靠性。2017年《关于网络游戏类公司首次公开发行股票并上市信息披露指引》非正式发布，标志着以互联网为主要经营途径的网络、游戏、电商、传媒等行业首次发行需要面对的监管门槛逐步升级。2020年6月10日，证监会在《企业首发若干问题解答》第53条中首次明确要求企业的保荐机构及申报会计师需要对符合要求的企业执行信息系统核查，并在《企业首发若干问题解答》中详细说明需要执行核查企业的性质、类型，重点关注业务经营形态、保荐机构和申报会计师的核查结果及注意事项。

2. 信息系统审计进一步提升企业信息透明度。

目前国内企业逐步应用并完善以信息化建设为基础的信息技术深化应用，其中又以信息化对内控评估、审计及稽查的有效支撑作为重要深化领域，结合当前的技术发展可以预期，以数据集成化、多元化、可视化为价值目标的大数据分析技术将会成为重要的治理手段。

信息系统审计将依托时代技术发展而不断完善，进一步促进并逐步真正实现审计的职责独立、客观公正，做到有效消除治理盲区，从而扩展视野、提高效率。信息系统审计进一步辅助增强资本市场服务实体经济的能力，促进企业信息披露质量提升。

二、大数据对信息系统审计业务的影响

（一）大数据在信息系统审计业务中的价值及作用

"互联网+"思维及大数据技术用于企业经营管理，传统审计方法很难满足对企业业务及信息系统的风控需求，尤其无力面对信息系统生成海量数据的

情况。因此,将风险识别、合规管控及信息系统进行融合,形成一套更为有效的信息系统审计模式成为业内共识。大数据技术对于国内各事务所、专业机构内部信息系统审计质量起到了一定的提升作用,可利用基于大数据的审计平台对项目审计策略、方案、底稿以及报告等成果文件进行自动化监督和考核,同时形成审计问题库、疑点库及知识库,从而实现实践与积累的良性循环。

1. 基于大数据技术的信息系统审计框架。

当前信息系统审计工作内容相对固定,其主要工作成果仍然是对企业的信息系统发表可靠性评价,对财务报表审计工作起支撑作用。预期大数据、云计算技术在审计中广泛应用,通过对数据的深入挖掘,并与内控规章制度及外部数据的关联,能够找出财务、业务和经营管理等方面存在的问题和发展趋势,并将其汇总归纳为宏观性和综合性较强的审计数据。具体审计框架如图2所示。

基于大数据技术的信息技术审计框架					
数据采集	数据清洗	数据存储	数据分析	模型匹配	问题发现
·内部数据 　·采购、销售 　·费用 　·人力资源 　·其他 ·外部数据 　·民政 　·工商 　·社保 　·税务 　·其他	·数据抽取 ·数据转换 ·数据集成 ·数据加载	·关系型数据库 ·非关系型数据库 ·分布式文件技术	·聚类分析 ·关联分析 ·多维分析 ·指标分析	·财务管理模型 ·内部控制模型 ·企业治理模型 ·其他专业领域模型	·识别问题 ·评估风险 ·寻求附加、补偿控制
数据处理			综合分析		成果总结

图2　基于大数据技术的信息系统审计框架

通过数据分析、模型匹配等分析手段及时将异常情况向合作团队输出,有助于发现审计盲点,必要时可依据重点问题领域调整审计策略,降低披露风险。同时,数据分析结果也可以帮助企业管理层、治理层完善内部控制、提高管理水平。

2. 数据处理及挖掘。

信息系统审计项目执行过程中,利用数据挖掘、机器学习等技术从海量的数据中发现隐含的知识和规律,根据测试目的分别对微观、宏观两个方向执行计算,以"聚类""关联规则"原则归纳识别样本中宏观表现,以"预测建模"

"异常检测"原则归纳分析样本中的微观异常。通过大数据分析技术可以对企业全量业务数据执行多维度的统计分析，有效、快速地识别样本量中的异常记录。

（二）大数据在信息系统审计业务中的应用案例

【案例1】 银行、通讯行业

随着移动化、智能化、竞争同质化的不断升级，银行、通讯行业持续加大信息科技领域的建设投入，不断提升数据、人工智能对银行整体运营能力的价值，同时这一情况也为传统审计带来了困扰，引入信息系统审计，运用大数据技术对银行、通讯行业的运营状况进行审查。

针对银行、通讯行业的经营收费情况，可以对如下指标进行统计分析：

（1）银行各类账户储蓄、贷款业务息费计算。
（2）银行各类中间业务、同业金融业务息费计算。
（3）通讯公司各类账户充值、消费计算。
（4）通讯公司各类账户通话、宽带、收视套餐的费用计算。
（5）通讯公司各类中间业务的营收计算。

【案例2】 电子商务行业

电子商务行业高度依赖网络流量带来的商品经销收入，在如今上线渠道繁多、物流复杂且难以追踪的情况下，验证业务发生真实性、统计业务发生规模成为传统审计的一个难点。

针对电子商务销售情况，可以对如下指标进行统计分析：

（1）消费APP用户日活、月活，APP下载量情况统计。
（2）销售APP用户付费转化率。
（3）销售APP用户平均单价。
（4）销售APP用户高频、重复下单排查。
（5）销售APP用户物流信息排查。
（6）销售APP用户支付渠道信息排查。

【案例3】 在线教育行业

在线教育企业的用户完全脱离实体课堂，在线上报名、选课后也可通过线上或者移动支付方式付款，此情况下对在线教育用户的收入确认是需要考虑的重点。

针对在线教育用户使用情况，可以对如下指标进行统计分析：

（1）在线教育用户日活、月活，在线时长及课程报名情况综合分析。

（2）在线教育用户付费转化率。

（3）在线教育用户平均单价。

（4）在线教育用户高频、重复下单排查。

（5）在线教育用户支付渠道信息排查。

【案例4】 互联网娱乐行业

互联网娱乐行业收入确认的数据基本来自于公司使用的业务管理系统对经营数据的统计，收入流程从用户充值，到兑换礼物、礼品、游戏币等虚拟资产消耗的过程。信息系统的准确记录，是收入确认的重要依据。同时，对于该行业信息披露的难点、重点，证监会也颁布了《关于网络游戏类公司IPO信息披露指引》作为券商、事务所重要的执业参考。

针对互联网娱乐行业的经营情况，可以对如下指标进行统计分析：

（1）平台、游戏、手机APP浏览量（使用IP地址、手机IMEI等手段识别）。

（2）平台、游戏、手机APP月注册账号数量、月活跃账号数量、月新增注册数量、月付费用户数量等指标。

（3）平台、游戏、手机APP月充值用户数量、月推广费用、百度指数、腾讯指数等指标。

（4）平台、游戏、手机APP月均每账号充值金额（ARPU）、月均每账户停留时间统计、用户月转化率等指标。

（5）CDN的月均流量和经营支出等指标。

【案例5】 制造行业

物联网、工业4.0概念提出后，制造行业中越来越多的企业努力将自身打造为"智"造企业。通过信息系统、通讯技术将企业物流、生产、营销、服务（维修）整合为端到端业务闭环，业务信息链的紧密联系、庞大的数据量、复杂的逻辑关系是信息系统审计工作重点关注的领域。

针对制造行业的经营情况，可以对如下指标进行统计分析：

（1）采购循环，原材料、商品的线上交易验证，基于地理位置、物流运输分析。

（2）销售循环，线上销售、收款验证，销售地域、物流运输分析。

(3) 成本费用，结合销售数据对各产品生产成本、销售费用、人员薪酬进行综合分析。

三、信息安全在信息系统审计业务中的考虑

（一）正确解读、精准把握信息安全相关法律要求

《网络安全法》作为网络空间安全管理的基本法律，对企业所在行业、经营环境，从网络信息内容管理制度、网络安全等级保护制度、关键信息基础设施安全保护制度、网络安全审查、个人信息和重要数据保护制度、数据出境安全评估、网络关键设备和网络安全专用产品安全管理制度、网络安全事件角度执行合规测试对企业网络安全方面作出客观评价（见表3）。

表3　　　　　　　　信息安全相关法律法规要求简述

信息安全领域	主要法律法规及要求
互联网信息内容管理制度	网信办颁布了《互联网信息内容管理行政执法程序规定》，并已经针对互联网新闻信息服务、互联网论坛社区服务、公众账户信息服务、群组信息服务、跟帖评论服务等制定了专门的管理规定或规范性文件，以期全方位多层次地保障互联网信息内容的安全和可控性
网络安全等级保护制度	信息安全标委会在原有的信息系统安全等级保护制度的基础之上，发布了包括《网络安全等级保护实施指南》《网络安全等级保护基本要求》等在内的多项标准文件的征求意见稿。考虑到现行的《信息安全等级保护管理办法》已不适用《网络安全法》的要求，新的《网络安全等级保护管理办法》也正在制定中
关键信息基础设施安全保护制度	《关键信息基础设施安全保护条例》《信息安全技术关键信息基础设施安全检查评估指南》等征求意见稿的公布，关键信息基础设施运营者的安全保护义务得以进一步明确。但是关键信息基础设施的范围需要在《关键信息基础设施识别指南》制定后予以进一步的明确
个人信息和重要数据保护制度	核心内容主要包括个人信息收集和使用过程中的安全规范以及个人信息和重要数据出境时的安全评估制度。其中，个人信息权作为一项民事权利，除网络安全法以外，在民法总则、侵权责任法和刑法中同样也建立了相应的保护机制，各行业的特别法律法规对某些特殊的个人信息也提出了特殊的法律要求
网络产品和服务的管理制度	以安全可控性为基本要求，网信办建立了全新的网络安全审查制度以及网络关键设备和网络安全专用产品目录管理制度。实践中，企业在进行网络产品和服务的合规管理时，同时还应当考虑密码产品管理制度和公安部的计算机信息系统安全专用产品管理制度

资料来源：致同会计师事务所内部研究报告。

网络安全专项审计项目中信息系统审计专家在执行专业技术测试的同时，要考虑企业所在行业的合规建设，尤其是金融、TMT 行业易出现法律合规的问题，同时信息系统审计专家向企业提出的问题也需要"有法可依，有迹可循"，引导企业逐步完善信息技术环境的内部控制建设。此外，还需要考虑互联网内容合规、网络支付信息安全、个人信息保护及业务连续性等方面的相关要求。

（二）关注国计民生重要行业的信息安全建设

网络信息安全事关国家安全、社会稳定，又是民生大事。对于医疗行业、金融行业、通讯行业、基础建设、公共交通、军工制造等行业信息安全又是重中之重。大数据时代，"数据洪流"在带来商业服务、经营活动、居民生活便利的同时，同样在商业数据、个人信息领域存在一定的隐患，诸如网络电信诈骗、WiFi 支付诈骗、仿冒商业证照等案件屡见不鲜。国际上某知名社交平台泄露 5 000 万用户个人信息，WannaCry 勒索病毒爆发等事件使人们不得不重视全球网络安全问题。

信息系统审计人员有必要在了解企业基本情况后，根据企业所在行业、信息存储方式、加密手段、业务连续性建设等角度适时提出等级保护测评的建议，对于已经执行测评的企业将等级保护周期性测评纳入对该企业的信息系统审计策略中进行周期检查。

（三）制定恰当审计策略，防范信息安全隐患

对于信息系统审计项目，在引入大数据分析、机器学习等高新技术的同时，国内各事务所、专业机构也要保障企业商业数据能够安全提取、安全存储、按需分配、按期销毁。对于军工保密单位灵活调整审计策略，避免涉及国家安全事件的发生。对于信息系统审计项目，在识别、发现企业具有安全隐患、合规风险时应及时向合作团队、企业及利益相关方提出建议并要求企业完善、整改，避免造成扩大影响。

（四）网络存储技术多样化在信息安全层面的考虑

在企业普遍应用云计算、搭建云主机以及构建"公有""私有""混合"等模式的云平台背景下，对数据存储的安全性、完整性是需要审计人员重点考虑的问题。

对于数据存储的完整性要考虑云平台构建及运维方式，如：小规模企业利用 NAS + VPN 实现极简模式下数据存储及分享，从内控角度讲，存在人为操作单一风险点；中大规模、金融互联网集团企业自建机房并构建自有存储，设置专业团队负责运维，对数据有效多方备份并定期验证有效性，从内控及业务连续性方面讲，相对完善可靠。

对于数据存储的安全性要考虑云平台服务商的资质、通讯信道、网络部署、数据载体、离线存储等方面。对于云平台服务商而言，不仅要求其具备电信运营资质、高级别服务支持水平，还要关注服务商是否较为全面地执行了行业合规测评，例如：等级保护测试、漏洞扫描测试、入侵检测等。另外，需要关注企业在离线备份环境中的操作，例如：数据下载的信道传输形式，冷备份涉及的存储载体保存、运输方式等环节。

四、加强信息系统审计团队建设及个人能力提升

（一）合理完善会计师事务所专业团队的组织架构及人员构成

相对于国际而言，国内的信息系统审计服务起步较晚。截至目前，提供专项服务的事务所仅局限于国际四大及国内排名靠前的事务所。相比于美国实行近 40 年的信息系统审计历史，国内则是自互联网经济跨越式发展后开始逐步按照国家监管部门的要求，在企业合规年检、年报内控审计事务引入信息系统审计，并将信息系统审计结论作为重要参考依据。另外，国内会计师事务所较少招聘信息系统审计师或者相关人才，导致在面对信息化程度非常高的行业，尤其是金融、互联网等行业的审计业务时，专业胜任能力略显不足。

在团队架构和建制上，未来更多会要求团队成员要有专业技术背景及能力，例如：大学期间的计算机相关专业背景，TMT 行业数据分析背景或同业背景等；在专业资格方面，未来更多会要求团队成员获取国际注册信息系统审计师（CISA）、国际注册内部审计师（CIA）等执业资格。

（二）加强信息系统审计人才的专业培养与阶梯补充

面对国内各事务所、专业机构以及金融、互联网企业对信息系统审计人员的切实需求，目前国内具有较多的培训平台，研究机构、院校通过专业合作、项目共建等方式与国外先进的事务所机构进行合作交流，并相继开设了

信息系统审计专业及相关学科教育。另一方面，信息系统审计业务可以尝试并引入跨界人才进行"综合性、复合型"培养，对于信息系统审计人员在财务能力、风险意识、法律知识方面得到综合、全面的发展，进而提升行业执业水平。关于会计师事务所建制规模、项目承接与交付对比如表 4 所示。

表 4　　会计师事务所建制规模、项目承接与交付对比

事务所规模	事务所业务量	资质、交付能力	承接项目类型
<100 人	<1 000 万元	CPA/无	集中于非上市公司项目
<500 人	<1 亿元	CPA/较弱	集中于中小板、创业板市场年报项目
>2 000 人（内资）	>10 亿元	CPA、CISA、CIA/分布不均	集中于国内上市实体公司年报项目、其他尽职调查项目、专项审计项目等
>2 000 人（外资）	>10 亿元	CPA、CISA、CIA/较强	集中于全球跨国上市公司年报项目、其他尽职调查项目、专项审计项目等

资料来源：致同会计师事务所内部研究报告。

（三）积极谋求与高校对口专业的合作

积极与国内具有相关专业的高校达成合作共识，通过开设课题、讨论会、实习机会等契机，加深在校生对信息系统审计的认识，提高在校生社会实践能力，同时为会计师事务所建立生源形成良好的促进循环。

（四）加强内部培训，吸收复合型人才

加大对新人入职的集中培训，在项目中锻炼新人，启用新人同时调动老员工对新人的"传、帮、带"作用，实现共同进步，进一步提高培养新人的效率。培训题材、设施结合当前"互联网＋""区块链＋"概念，引入沙盘建模，对模糊问题形象化，使知识立体化。培训结合实验，深入探索新的审计策略、测试方法，不断完善事务所自身审计方法论。

（五）鼓励并推动个人在信息系统审计领域的研究学习

对于信息系统审计领域，国内远没有达到人才保有量充裕、饱和的地步，市场对于其领域人才的需求是非常高的，会计师事务所在吸纳人才的同时，也要激励现有人员在本职领域内积极发展。例如：考取相关领域内执业资格、参加高校、政府部门的课题研究等。

下篇：信息系统咨询

导读 • • •

◎ 企业用户从过去简单地购买设备、集成系统的 IT 建设需求，向发挥信息技术对业务发展和服务改善的支撑作用方向转化，同时在 IT 投资预算方面也自顶向下有诸多考量，如在制定 IT 年度预算的时候会将 IT 整体规划设计、信息系统运行管理、运营服务和业务管理的需求纳入到 IT 建设内容，这一系列需求极大促进了 IT 咨询业务的发展。

◎ 通过详细解读中央网信办、公安部、工信部、国资委以及银保监会等行业监管机构下发的系列监管规范，从政策层面深入剖析 IT 咨询服务的市场发展潜力。

◎ 在讨论 IT 咨询产业链服务体系构成，IT 咨询服务上下游产品及服务的关系构成的同时，深入分析 IT 审计与 IT 咨询服务两者相辅相成的衍生关系，展望 IT 咨询服务的客户群体分布广度和可提供服务体系的深度。

◎ 结合 IT 咨询体系建设的四个维度，详细介绍 IT 咨询服务的人才梯队、内在能力建设、服务体系建设、质量保障体系建设方面的工作。

一、IT 咨询业务发展概述

（一）IT 咨询服务概述

IT 咨询[①]通常指"企业信息化咨询"，以先进的管理理念，应用先进的计算机网络技术去整合企业现有的生产、经营、设计、制造、管理，及时地为企业的"三层决策"系统（战术层、战略层、决策层）提供准确而有效的数据信息。从服务内容看，主要包含信息规划、信息技术管理咨询、信息系统工程

---

① 本报告所提及的 IT 咨询业务不属于传统的鉴证业务范畴，而是属于 IT 咨询业务范畴。同时本报告所提及的 IT 咨询服务特指境内会计师事务所提供的 IT 咨询服务或依托于境内会计师事务所发展的 IT 咨询服务专业机构。

监理、测试评估、信息技术培训等。而对 IT 咨询服务的发展大致分为以下几个阶段：

第一发展阶段可最早追溯于配合财务审计的 IT 审计服务，2004 年美国出台极其严厉的萨班斯法案（Sarbanes – Oxley Act，简称"SOX 法案"），为了满足该法案，企业相继开展了 SOX 合规审计，在 SOX 审计过程中，包括了 IT 相关的审计内容，伴随着审计工作进程的不断开展，企业随之衍生出了 IT 咨询服务的需求。在此情况下，各国参考了 SOX 和一些国际内控评价标准，纷纷建立了各国内部的企业内部控制准则。随着企业咨询服务需求的不断演变，对于信息化方面的需求也逐渐提升，IT 咨询服务慢慢形成独立的服务行业。

第二发展阶段是在 21 世纪初期，信息产业体制改革，国家积极推动政府上网工程、企业上网工程和电子商务。随着我国信息化快速发展而产生的需求，IT 咨询服务需求有了市场机遇，因此由原来的 IT 审计服务逐渐演化为一项专业性的 IT 咨询服务，但一般这些咨询服务市场大部分被具有国际服务背景的会计师事务所垄断，并为其带来丰厚利润。而我国境内会计师事务所不管是审计服务还是信息化发展进程都相对滞后，整个 IT 咨询服务及 IT 审计服务发展在此时还处于起步阶段。

第三发展阶段就是当前企业内在需求快速扩张的阶段。随着信息化的深入应用，业务系统繁复需求以及各行业信息化监管要求等，IT 咨询服务市场呈现欣欣向荣趋势。传统企业信息化转型及信息化管理模式的普及化发展使得企业 IT 咨询业务不断发展。而在大数据、云计算等技术的保障下，为 IT 咨询业务的发展提供了硬件保障，为行业的需求发展提供了可实现操作性。

在行业发展需求及企业信息化普及发展的背景下，企业纷纷通过引入计算机模式进行企业内部的管理和决策等提供智能化帮助，某种程度上有效地促进了企业生产和管理效率的提升。

（二）IT 咨询服务面临的发展机遇及挑战

随着数字化转型时代的来临，企业用户在数字化转型的进程中为 IT 咨询服务提供了新的发展机遇。这些企业用户从过去简单地购买设备、集成系统的 IT 建设需求，不断转向如何发挥信息技术对业务发展和服务改善的支撑作用，同时在 IT 投资预算方面也更多地侧重于整体规划设计、信息系统运行管理、运营服务和业务管理的需求。

全业务综合集成服务体系建设正成为新的企业竞争焦点。当前，信息系日益大型化、综合化、集成化，如何建立包含问题分析、战略规划、方案设计、关键软硬件产品开发与提供、项目实施、系统运维、业务外包、人才培训于一体的全业务综合集成服务体系，正成为IT咨询服务的焦点。面对企业的内在发展需求以及市场外在环境因素，IT咨询服务迎来发展机遇，得益于外部企业用户的需求，使得IT咨询服务产业链体系不断完善，产业服务规模不断扩大，提供的服务种类、服务内容随着信息化的快速发展也在不断丰富。

国内的会计师事务所IT咨询服务市场拓展相对缓慢，IT咨询服务业务开展过程面临一些挑战，这主要来源于市场竞争主体的多样化和其他主体所处地位与优势。从市场竞争主体来看，会计师事务所的IT咨询业务面临两大类竞争对手，一类是国际大型咨询服务机构如埃森哲、IBM等，另一类则是IT产品供应商。国际大型咨询机构历史上长期服务于我国优质客户，形成了一定的垄断格局，虽然垄断格局壁垒在不断被打破，但是企业间对于其他IT咨询服务机构的服务能力和专业认可度还需经过一定的时间进程。另一方面，国内IT咨询服务市场尚未形成明确的细分领域，设备供应商、集成实施商基本会围绕其产品提供配套的IT咨询服务。IT产品供应商与客户通常存在较长的合作关系，对其系统架构、服务需求也了解较多，更具备落地实施自身产品的优势，在要求落地效果的项目竞争中有天然的优势。

IT咨询服务缺乏服务方法论，咨询服务方法论是需要长时间服务经验不断积累，不断探索出的切实可行的方法体系。据调研了解国内排名靠前的会计师事务所在某些领域的IT咨询服务已经取得较大突破，在信息科技风险合规、战略规划咨询、安全管理咨询等方面有了比较成熟的方法论和一系列案例。但是纵观IT咨询服务市场全局，目前IT咨询服务仍然处于一个初步发展阶段，仍然需要有一个较长的周期来制定IT咨询服务领域标准体系。

IT咨询服务人才培养方面发展也相对缓慢，主要因为IT咨询服务要求的专业服务能力较强，对于人员整体素质要求较高，培养专业化的人才也需要有一个较长的过程和周期，因此境内事务所在建立健全咨询服务方法标准体系和人才队伍培养方面还需要有一个时间过程。

二、IT咨询服务行业发展趋势分析

（一）国家政策扶持营造IT咨询良好的发展环境

当前，全球信息技术发展日新月异，云计算、物联网、移动应用、大数据、人工智能、区块链等新技术层出不穷，对政治、经济、文化等领域产生了深刻影响，推动社会发展从信息化时代迈向数字化时代。数字化浪潮下，推动传统业务数字化转型已成为各行业面临的重要课题。

党的十八大以来，党和国家高度重视网络安全和信息化工作，网络安全和信息化已上升到国家战略高度，并对企业数字化、信息化转型提出了具体要求。习近平总书记强调，没有网络安全就没有国家安全，没有信息化就没有国家现代化。信息化为中华民族带来了千载难逢的机遇，应敏锐抓住信息化发展的历史机遇，推动产业数字化，利用互联网新技术新应用对传统产业进行全方位、全角度、全链条的改造，提高全要素生产率，释放数字对经济发展的放大、叠加、倍增作用。

鉴于国家对于信息化工作的高度重视，IT咨询服务行业切合了国家及企业发展的需求，能够在市场竞争日益严峻、全球化经济日趋密切、信息化突发事件风险日益加剧的情况下，为企业提供定制化的信息化及信息安全解决方案，帮助企业应对市场竞争带来的变化，应对数字化时代的来临。

（二）数字化转型为IT咨询服务蓬勃发展提供了重要契机

一般企业要完成数字化转型，就必须完成三个目标的转型：一是IT转型，二是人员转型，三是安全转型。IT转型则是数字化转型的核心。在数字化的企业中，应用程序依赖"云"的敏捷、灵活来交付服务，以此满足终端用户的需求，而"云"构建于IT基础设施之上。因此，"混合云"需要现代化IT基础架构支撑。

新兴企业成立第一天就可以拥有海量的计算、存储等资源，它们能以令人叹为观止的效率投入行业竞争，为自己赢得成功。例如，某车辆租赁企业成立至今没有一辆属于自己的车，却改变了全球租车市场；某民宿短租公寓预定平台，它没有自己的房产，却也让全球酒店行业头疼不已。这方面的例子不胜枚举，它们的共同点在于：IT主导业务走向，IT就是业务。

面对企业数字化转型的需求，IT咨询服务同步调整了向客户提供解决方案的模式，IT咨询服务被摆在更加显著的位置。通过厂商中立的IT咨询服务，从企业的需求出发，帮助企业规划数字化转型的目标和步骤以及需要的解决方案，由此IT咨询服务进入了发展快车道。

（三）企业内在的发展诉求使IT咨询服务的重要性日益凸显

现在越来越多的企业信息化管理水平有极大提高，与此同时也提升了对信息化管理咨询的认识。同时 IT 咨询与传统咨询相互结合的趋势越来越明显，IT 技术手段可以大大提高传统咨询的效果。通过 IT 咨询的大数据分析、系统建模、工具测试等方式，能够更准确、更深入地帮助用户分析定位管理风险。

同时，IT 咨询服务范畴现在已经可以辐射企业多层次需求，比如可以从战略决策、市场精准营销、人员高效管理等方面服务于客户。能够从企业高层战略决策、市场营销定位方面给予数字化、多维化的辅助支撑。IT 咨询服务围绕企业的经营发展进行，通过信息化的系统来加强或者帮助企业更精准地管理。IT 咨询服务使得公司决策层了解不同信息技术与应用能给企业带来的价值，明确信息技术投资的轻重缓急；提高各种不同信息技术与应用间的共享性、集成性与统一性，降低总体拥有成本（TCO）；确定信息技术能力发展的方向与步骤，预测未来信息技术能力发展的资金与资源需求，有效防止盲目或重复的信息技术投资，降低整体信息化的投资风险。

三、IT 咨询服务业务发展分析

（一）IT 咨询产业链服务体系

IT 咨询服务产业链是伴随着 IT 产业链的发展而随之变化的。科学技术革命的速度逐渐加快，企业信息化需求日益增加，信息化程度将直接决定企业运营效率和发展速度。IT 咨询产业链逐渐成熟，形成了与实施商和企业客户三位一体的合作模式，相互促进、共同发展（见图3）。

IT 咨询服务通过获取企业客户需求，帮助企业完成前期规划，后期在实施落地阶段需要引入具体的实施商，实施商会依据 IT 咨询给到的解决方案，完成技术的落地实施，IT 咨询服务机构则可全程参与项目实施过程，以项目群管理、项目监理等模式，负责整个项目实施质量的管理。在项目实施结束后，IT 咨询服务可以开展项目后的评估工作，以检验项目实施成效。因此三者在整个信息化建设进程中相辅相成，贯穿于企业的需求提出阶段、需求解决阶段以及需求落地、后期运维等各阶段，最终帮助企业解决信息化方面的需求。

随着 IT 服务市场的日益成熟，各大企业在选择合作伙伴时更慎重、更理性。经过 IT 服务市场多年的实践和磨练，本土资深的 IT 咨询服务商的服务实力有了大幅的提升，比如在咨询顾问专家团队、咨询服务类别、咨询服务专业能力以及对客户需求的理解方面，都有了明显提升。

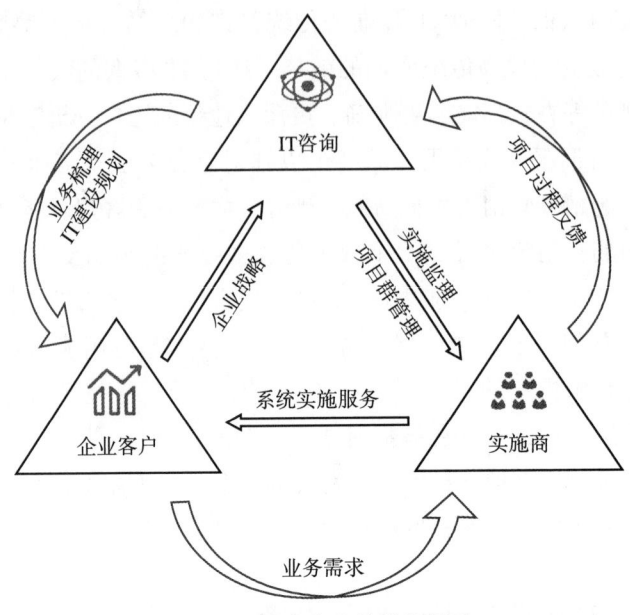

图 3　IT 咨询产业链服务体系

同时，作为专业性较强的 IT 咨询服务行业，也在逐渐向多元化服务方式转变，多元化服务模式正在成为一个方向，成为一种趋势。而普遍的做法当中，量身定制式的咨询服务，成为最受企业用户欢迎的选择，在服务的形式上，也越来越完善。结合企业的具体需要与不同规模，确定有效的方案，实现有效对接，定制式咨询服务，切实解决了企业信息化管理过程中的问题。

IT 咨询服务已经不仅仅局限于信息管理部门，服务对象可涵盖公司领导决策层、公司管理层以及系统实际用户等方面，IT 咨询服务体系则更加多元化，包含但不限于信息技术服务转型服务、IT 战略规划服务、数字化解决方案、IT 咨询服务、信息科技风险咨询服务等。每类服务会根据企业用户的实际需求，趋向于提供定制化的服务内容。

（二）IT 咨询服务处于服务产业链前端

IT 咨询服务类似于企业的"外脑"，在企业信息化建设的前期阶段需要先期介入，帮助企业在顶层决策、战略方向方面给予专业性意见。通过前端的顶层规划指引，企业在后续的建设阶段才能够找准信息化建设方向。我们从企业诉求、咨询目的等方面分析了 IT 咨询服务的必要性，如表 5 所示。

表 5	第三方 IT 咨询必要性
（1）企业信息化的健康发展迫切需要中立的、专业化的第三方咨询服务商，全程全面参与企业信息化项目的建设工作，为企业提供战略诊断、流程分析、流程优化、风险分析、可行性分析等服务，保护企业信息化投资，提高项目成功率
（2）第三方咨询服务不以推销某一信息化产品为目的，而是能够保证客观公正，为企业提供咨询服务，使得企业信息化能够健康发展，同时能够实现客户、咨询公司与 IT 技术公司的三方共赢
（3）第三方咨询专业化服务能够准确把握客户的需求，并形成切实可行的信息化咨询方案

随着信息化快速发展，企业会衍生出个性化的信息化业务需求，同时企业原有信息系统也面临重组、更新换代乃至于推翻重建等情况，企业自身无法应对这一系列的信息化变化，因此企业需要引入专业咨询服务机构，以专业化的咨询能力，重新帮助企业梳理业务需求，重新制定顶层的信息化规划方案，用以满足企业长期发展需求。

（三）IT 咨询服务范畴及服务对象的全面性

各会计师事务所咨询服务对象涉及各行各业，例如逐渐将业务办理从人工柜台过渡到智能机器的银行业、繁杂数据规模迅速增长的保险行业、生产经营活动信息化的能源行业、依赖于数字化通信的传媒行业等。IT 咨询服务围绕企业的愿景和战略，积极思考关键流程和管理要素，充分满足企业未来的业务和扩展需要，充分应用先进的互联网技术手段，帮助企业重构全新的商业模式，构建基于业务场景的 IT 系统落地实践，主要涉及企业管理模式设计、业务流程重组、信息化解决方案设计与管理软件系统选型应用等。

（四）IT 咨询服务的应用案例

【案例 1】金融行业——数据多维分析

当前，"大智移云"等新兴科技快速演进，人类社会正在从信息化走向数字化和智能化。随着云计算、大数据、人工智能和区块链等新兴技术在金融行业的深入应用，科技对于金融的作用被不断强化，创新性的金融解决方案层出不穷，金融科技发展进入新阶段。

数据多维分析能够帮助金融企业：

（1）提升决策效率。数据多维分析可以帮助金融机构实现以事实为中心的经营方法。可以帮助金融机构，以数据为基础，逐步从静态的现象分析和预测,过渡到针对场景提供动态化的决策建议,从而更精准地对市场变化作出反应。

(2) 强化数据资产管理能力。金融机构大量使用传统数据库,成本较高,而且对于非结构化数据的存储分析能力不足。通过数据底层平台建设,可以在部分场景替换传统数据库,并实现文字、图片和视频等更加多元化数据的存储分析,有效提升金融结构数据资产管理能力。

(3) 实现精准营销服务。在互联网金融模式的冲击下,整个金融业的运作模式面临重构,行业竞争日益激烈,基于数据的精细化运营需求和产品创新需求日益迫切。数据多维分析可以帮助金融机构更好地识别客户需求,打造良好的客户体验,提升综合竞争力。

(4) 增强风控管理能力。数据多维分析可以帮助金融机构将与客户有关的数据信息进行全量汇聚分析,识别可疑信息和违规操作,强化对于风险的预判和防控能力,在使用更少的风控人员的条件下,带来更加高效可靠的风控管理。

【案例2】 能源行业——IT战略规划服务

党和国家、政府持续发布报告提出要推动互联网、大数据、人工智能和实体经济深度融合,发布国家信息化战略纲要,并出台各类政策鼓励和引导工业互联网建设,都为信息化和工业化的进一步融合与发展提供了有利环境与政策支持。

IT战略规划服务以客户的业务驱动为信息化建设的出发点,以数据资产管理与基础设施架构为基础,以集团一体化应用系统为核心,充分发挥产业平台特色,以信息化治理体系和信息安全为保障,评估信息系统与业务的匹配程度、使用情况及使用效果,并综合考虑集团的管控要求、标准化以及成本效益等因素,设计满足集团近期发展需求的应用架构、数据架构、基础设施架构及信息化治理体系,契合集团融合改革发展、转型升级需要,适应"集团总部—平台公司—实体企业"三级管控体系,完成信息化融合,强化精细化管理,奠定数字创新基础。

【案例3】 零售行业——机器人流程自动化服务

随着信息技术的发展以及我国人口红利逐步消失,当前众多企业正在进行信息化转型的探索,从当前的系统化、电子化发展为自动化、智能化,其中机器人流程自动化正是转型过程中的一个重要手段。

机器人流程自动化服务是以机器人自动化技术为核心，结合编程语言、人工智能等多种领域前沿技术，助力客户实现各实际业务的自动化处理，节省日渐增长的人力成本，缩短流程运行时间并提升数据准确度，支撑企业内部更加迅速和准确的管控决策。在实现过程中，对实际业务流程进行梳理优化，结合合规性、安全性、准确性、快捷性等要点设计流程与开发测试，保障运行的稳定和正确，完全替代人工的操作。作为非侵入式的软件技术，机器人流程自动化不影响原有信息系统架构，为企业在财务核算、资金管理、计划调度、系统巡检等各个业务领域快速、低成本地实现自动化发挥核心作用。

【案例4】 零售行业——ERP实施项目监理

ERP作为企业信息化核心系统，某大型零售企业实施ERP对接多套外围系统的综合型项目，实施过程涵盖企业整体业务流、财务流、信息流，SAP模块包含采购管理、销售管理、财务会计、仓库管理、预算管理、数据仓库、人力资源管理等，外围系统涉及零售POS、GSP发票认证、物流管理等系统。

在ERP项目实施之前，首先由IT咨询对企业战略和信息化建设目标进行充分调研，规划和梳理内控制度、管控流程、风险控制体系和IT系统建设规划及实施路径。ERP项目实施过程中，IT咨询团队完成项目进度的监督和项目质量审核，定期向企业管理部门汇报项目进展及评估。ERP项目切换上线后，IT咨询团队负责实施后评估，对实施效果和规划吻合程度、对上线交付物完善度，进行全面专业的评估。

IT咨询服务为企业ERP信息化建设项目保驾护航，有效规避了项目风险，使得项目圆满上线，助力企业蓬勃发展。

【案例5】 交通运输行业——信息安全咨询服务

随着网络的普及，科学技术的不断发展，全球信息化的趋势已势不可挡。我国的交通运输行业也顺应潮流步入了信息化时代，我国在国家战略规划中明确提出"交通运输系统信息化发展内容拓展至公路交通、综合运输、民用航空、水路交通以及邮政服务等行业。

信息科技风险咨询服务可以为交通运输行业提供：

（1）建立信息安全管理机构。协助企业建立体系管理委员会和协调小组，明确职责，为整体体系建设提供支持。

（2）体系文件架构设计。根据诊断结果和标准要求形成管理体系文件清单。

（3）信息安全风险评估。对资产、威胁、风险事件可能性等进行评估，编写风险评估报告。

（4）确定信息安全策略和目标。根据企业具体情况和要求，制定策略和目标。

（5）安全培训。协助企业人员了解体系建设要求，提升各级领导和全员的安全意识，使内审员具备相应能力。

四、国家标准及规范

IT咨询服务最终着眼点在于服务的企业对象，不同行业的企业需要遵循行业的监管要求，因此在提供IT咨询服务过程中，我们首先要了解不同行业监管机构对于信息化咨询服务的监管要求，便于协助企业用户通过咨询取得成果，更好地满足监管需求。

在《信息技术服务分类与代码》（GB/T 29264-2010）以及《国民经济行业分类》（GBT 4754-2011）中对IT咨询服务分类、服务内容以及相关说明有较详细的阐述（见表6）。在此基础上，本报告分别对银保监行业的信息系统相关监管要求、国家对于信息安全方面的监管要求标准进行了举例说明，目的是从国家监管层面说明IT咨询服务正在标准化和合规化，使得IT咨询服务有法可依、有章可循。银保监的相关信息化监管案例如表7所示，而针对信息安全方面的管理规范举例如表8所示。

表6　　　　　　　　国家标准中对IT咨询服务的相关要求

标准	代码	类别名称	代码	类别名称	说明
GB/T 4754-2011	6520	信息系统集成服务	01	信息技术咨询服务	在信息资源开发利用、工程建设、人员培训、管理体系建设、技术支撑等方面向需求方提供的管理或技术咨询评估服务
			102	信息系统设计	基于需求方的信息化规划，根据其实际业务需求，对信息系统的架构、选型和实施策略进行设计，为信息系统的开发和建设提供设计方案的服务

续表

标准	代码	类别名称	代码	类别名称	说明
GB/T 29264-2012	6530	信息技术咨询服务	01	信息技术咨询服务	在信息资源开发利用、工程建设、人员培训、管理体系建设、技术支撑等方面向需求方提供的管理或技术咨询评估服务
			0101	信息化规划	提出行业、区域或领域的信息化远景、目标、战略和总体框架等，全面系统地指导信息化建设，以满足其可持续发展需要的咨询服务
			0103	信息技术管理咨询	协助需求方提升和优化信息化管理活动的咨询服务。包括：信息技术治理、信息技术服务管理、质量管理、信息安全管理、过程能力成熟度等咨询服务
			0104	信息系统工程监理	依据国家有关法律法规、技术标准和信息系统工程监理合同，独立第三方机构提供的监督管理信息系统工程型实施的服务。包括：通用布揽系统工程监理、电子设备机房系统工程监理、计算机网络系统工程监理、软件工程监理、信息化工程安全监理、信息技术服务工程监理
			0105	测试评估认证	具有相关资质的第三方测试评估认证机构提供的对软件、硬件、网络、质量管理、能力成熟度评估、信息技术服务管理及信息安全管理等是否满足规定要求而进行的测试、评估和认证服务
			0106	信息技术培训	为开发、应用信息技术提供的培训服务。包括：信息技术标准培训、信息技术应用培训、信息技术职业技能培训等服务。不包括：学历教育
			0199	其他信息技术咨询服务	凡属于01类而上述各种类未包含的服务内容可纳入此类中

表7　　银保监行业对于信息化领域的监管要求

信息化领域	相关监管要求
通用类指引	《商业银行信息科技监管评级定量和定性标准》
	《商业银行信息科技风险管理指引》
	《银行业金融机构信息科技风险评价审计要点》
	《银行业金融机构信息科技外包风险监管指引》
	《商业银行业务连续性监管指引》
	《商业银行数据中心监管指引》
	《重大突发事件报告制度》

续表

信息化领域	相关监管要求
通用类指引	《银行业金融机构信息系统风险管理指引》
	《商业银行操作风险管理指引》
	《银行业重要信息系统突发事件应急管理规范（试行）》
	《银行业金融机构信息系统安全保障问责方案》
	《银行业金融机构重要信息系统投产及变更管理办法》
	《关于重要信息系统运行管理及关键设备风险提示的通知》
	《中国人民银行关于进一步加强银行卡风险管理的通知》
	《银行业信息系统灾难恢复管理规范》
	《关于开展银行卡信息泄露风险专项排查工作的通知》
	《关于开展整治非法买卖银行卡信息专项行动的通知》
	《保险公司信息系统安全管理指引（试行）》
	《保险公司信息化工作管理指引（试行）》
	《保险业信息系统灾难恢复管理指引》

表8　　　　　　　国家信息安全技术标准及规范

信息化领域	相关标准
等级保护	《信息安全技术网络安全等级保护基本要求》（GB/T 22239–2019）
	《信息安全技术网络安全等级保护安全设计技术要求》（GB/T 25070–2019）
风险评估	《信息安全技术信息安全风险评估规范》（GB/T 20984–2007）
应急响应	《信息安全技术信息安全应急响应计划规范》（GB/T 24363–2009）
	《信息技术安全技术信息安全事件管理指南》（GB/Z 20985–2007）
	《信息安全技术信息安全事件分类分级指南》（GB/Z 20986–2007）
业务连续性/灾难恢复	《公共安全业务连续性管理体系要求》（GB/T 30146–2013）
	《信息安全技术信息系统灾难恢复规范》（GB/T 20988–2007）
	《信息安全技术灾难恢复服务要求》（GB/T 36957–2018）
	《信息安全技术灾难恢复服务能力评估准则》（GB/T 37046–2018）
风险管理	《信息技术安全技术信息安全治理》（GB/T 32923–2016）
信息安全管理体系	《信息技术安全技术信息安全管理体系要求》（GB/T 22080–2016）
应用系统安全	《信息安全技术电子邮件系统安全技术要求》（GB/T 37002–2018）
	《信息安全技术办公信息系统安全管理要求》（GB/T 37094–2018）

续表

信息化领域	相关标准
应用系统安全	《信息安全技术办公信息系统安全基本技术要求》（GB/T 37095-2018）
	《信息安全技术办公信息系统安全测试规范》（GB/T 37096-2018）
个人信息安全	《信息安全技术个人信息安全规范》（GB/T 35273-2017）
	《信息安全技术个人信息去标识化指南》（GB/T 37964-2019）
移动安全	《信息安全技术移动终端安全保护技术要求》（GB/T 35278-2017）
数据安全	《信息安全技术数据安全能力成熟度模型》（GB/T 37988-2019）
	《信息安全技术大数据安全管理指南》（GB/T 37973-2019）
	《信息安全技术大数据服务安全能力要求》（GB/T 35274-2017）
云计算安全	《信息安全技术云计算安全参考架构》（GB/T 35279-2017）
	《信息安全技术云计算服务安全能力评估方法》（GB/T 34942-2017）
	《信息安全技术云计算服务安全指南》（GB/T 31167-2014）
	《信息安全技术云计算服务安全能力要求》（GB/T 31168-2014）

五、IT 咨询服务中对国家政策法规的贯彻落实

（一）完善 IT 相关法律法规的解读及宣传工作机制

上文提出国家政府机关及各监管机构已针对 IT 行业制定发布了多项规章制度，例如在《信息安全等级保护管理办法》的基础上修订颁布的《信息安全技术网络安全等级保护基本要求》《信息安全技术网络安全等级保护测评要求》和《信息安全技术网络安全等级保护安全设计技术要求》，与保险业风险管控相关的《保险业信息系统灾难恢复管理指引》《保险公司信息化工作管理指引》《保险公司信息系统安全管理指引（试行）》和《保险机构信息化风险非现场监管报表及评价体系（意见修订稿）》等。为跟进了解 IT 行业为客户企业提供高质高效服务，事务所建设了完善的 IT 相关法律法规解读及宣传工作机制，IT 咨询各业务条线及时解读相关国家政策法规。

（二）评估违反法律法规事项对企业风险的影响因素

事务所应对所服务客户和自身负责，以真诚的服务态度和良好的服务品质建立起客户企业对事务所的认同和信赖，不因维护合作伙伴关系和贪图一时效

益而违反法律法规，损害事务所信誉，影响企业业务未来发展。事务所在协助企业满足监管要求的前提下，始终以企业业务发展为导向，通过对政策法规的解读分析，逐步分解细化到对企业信息系统的监管要求，确保监管要求与业务发展能良好结合，避免因照搬监管要求导致监管实践与实际业务脱节，避免企业违反相关 IT 法律法规。国内 IT 咨询行业刚刚起步，政策法规还不够完善，事务所需要进行自我规范，以国外和其他咨询服务供应商服务标准作为参考，制定企业内部违反法律法规事项的惩罚措施，真正落实到每一个项目上，为客户企业提供真诚有效的 IT 咨询服务。

（三）制定法律法规事项的针对性工作内容

在充分考虑企业未来面临的外部监管要求以及对 IT 的影响，事务所应利用自有丰富知识库，筛选合适的方法论、框架以及咨询工具，为合规咨询工作顺利有效地开展和推进提供支持，并针对不同内容的 IT 合规咨询工作内容，充分借鉴各相关领域的国际标准和领先实践（如安全领域的 ISO27001，IT 治理领域的 COBIT 等），引入先进的管理思想和设计理念，结合事务所丰富的监管解读及合规实施经验协助企业快速满足监管要求，并制定针对性工作内容。事务所针对不同企业使用不同 IT 咨询方法，为客户企业提供 IT 咨询服务时，建议清晰明确，简洁易懂，避免客户企业在执行方面因对 IT 行业法律法规知识的匮乏而受阻。

六、IT 咨询服务体系建设

（一）以 IT 咨询服务架构建设为核心

IT 咨询服务的核心在于建立完备的 IT 咨询服务架构，IT 咨询服务架构是推动企业的信息化发展策略和业务成功的重要力量。

IT 咨询服务架构，是涉及多个层面 IT 组件的系统工程，包括评估、策略制定与规划、体系架构详细设计、实施以及运维管理等相互衔接的几个阶段。第一，IT 策略规划根据企业的业务及应用需求，定义 IT 短期及长期需求，制定整体 IT 策略和发展路线图，以支持企业业务的持续发展。第二，IT 架构根据企业的近期及远期业务目标，剖析现有及未来应用的需求，结合现有 IT 架构和环境，以及已制定的 IT 策略，设计 IT 架构并定义对 IT 架构功能的需求和部署计划。第三，IT 优化设计面对日益复杂和竞争激烈的业务环境，IT 应用变得越来越分散，对其各个应用的管理也变得更为困难。IT 优化设计服务，将协助企业发现那些可以改进的方面，并进行进一步的优化设计和实施工作，从而显著提高 IT 基础设施的商业价值。IT 优化设计包括系统平台、应用程序和数据、网络架构、组织架构、管理流程、财务预算和对业务的支持等多方面内容。

IT 咨询服务架构的多个环节，包括高可用性管理战略目标、管理体系、基础架构、应用架构、质量管理、流程管理和安全体系等。能够协助客户围绕这些环节进行全面高可用系统设计，通过各个环节之间的相互集成管理，实现全面系统的高可用性。

（二）以 IT 咨询服务完备业务线建设为依托

IT 咨询服务的整体方案解决能力是扩展业务、增强客户粘性的重要方式，因此需要建设完备的业务线，提供体系化的产品服务。以现有服务产品为参照，结合其他咨询服务机构的服务内容，可以将 IT 咨询服务产品列示如表 9 所示。

表 9　　　　　　　　　　IT 咨询业务线及产品列示

IT 咨询业务	服务产品
企业信息化规划	IT 战略规划
	IT 组织及流程
	IT 的财务管理
	IT 投资管理和项目管理
	IT 架构规划
	IT 治理
	数字化转型规划
ERP 实施	ERP 战略
	业务需求分析与梳理
	ERP 系统选型
	ERP 实施
	测试服务
	PMO/项目群管理
	实施监理

续表

IT 咨询业务	服务产品
RPA	流程诊断及业务需求梳理
	RPA 实施
	RPA COE 卓越中心建设
网络安全	安全规划设计
	安全合规咨询
	安全事件与运维
	安全专项评估
	安全测试
	安全培训
信息科技风险咨询服务	信息系统风险评估
	信息科技全面风险管理咨询
	信息科技全面风险审计
数据分析	数据战略
	指标体系设计
	数据资产梳理与数据治理
	大数据平台/数据中台方案设计
	数据分析服务
	数据可视化服务

（三）以 IT 咨询服务人员梯队建设为基准

事务所提供 IT 咨询服务的前提是具备充足的专业技术服务人员，故 IT 咨询服务体系建设应以专业服务人员梯队建设为基准。事务所一般拥有高、中、低不同资历的 IT 咨询服务人员，高级别人员均有 10 年左右的 IT 咨询服务经验，能够独立承担相关咨询项目，并通过"传帮带"形式，带领团队的中、低级别人员，把控整体咨询服务质量。中层级别人员均有 5 年左右的服务经验，能够起到承上启下的作用，对上能够对项目经理负责，对下能够带领初入咨询行业的员工开展具体咨询服务工作。

为保障 IT 咨询服务顺利开展和服务技术不断提高，高度重视对于 IT 咨询服务人员梯队的建设。通过开展不同层次的培训课程提高人员梯队服务能力，积极引进、学习，结合国内行业特征培养属于我们自己的新一代 IT 咨询人才。

（四）以 IT 咨询服务质量体系建设为保障

IT 咨询服务行业发展迅速，一定要把关 IT 咨询服务质量。在承接咨询项目之前将综合考虑自身能力是否充足以及是否能够满足客户需求，避免为追求利益而盲目提供服务，以至于自身信誉受损，能力受到质疑，同时还制约和影响项目质量和客户企业成长。IT 技术在不断进步，IT 咨询服务也应顺应时代变化，以知识和经验应对风险与机遇。将对 IT 咨询服务人员的投入和成本进行规划，做到为客户企业提供服务的同时，还能有效保障部门内部运行，在无内忧外患的前提下为客户企业提供最佳质量的服务。建设 IT 咨询服务质量体系，可以从每年对所承接项目的完成程度和经济效益进行考评开始。信息化时代"唯快不破"，IT 咨询部门应积极跟进市场变动，对客户企业所在商业环境有一定了解，以此更好地提高服务质量。

第二部分

资本市场篇

第一部分

资本市场化

资本市场审计质量提升：
国内外经验、启示、建议

导读 • • •

◎ 就注册会计师财务报表审计的目标而言，审计质量可以理解为，注册会计师能够严格遵循审计准则和职业道德守则的要求，保持应有的职业谨慎和职业怀疑，勤勉尽责执业，以就被审计单位的财务报表是否不存在由于舞弊或错误导致的重大错报获取合理的保证，并就财务报表是否在所有重大方面按照适用的财务报告编制基础编制客观的发表审计意见。

◎ 本文通过梳理近年来中国证监会、财政部、中注协审计质量检查和行政及自律处罚案例，研究归纳影响审计质量的共性问题，发现审计质量既受审计对象信息重大错报风险及审计风险的影响，也与交易和事项及会计准则及其应用的复杂性有关；提升审计质量，不仅要求审计师是否遵循职业道德守则，勤勉尽责执业，还需要被审计单位切实履行其会计责任，并需要建立有效的外部监管体制、机制。

◎ 从审计对象角度，会计准则的原则导向与复杂化，公允价值会计及会计估计和判断的广泛应用，内部控制的有效性与独立董事和审计委员会等公司治理机制能否发挥监控作用等很大程度上决定了财务信息的质量，构成审计质量的固有风险。

◎ 从审计师的角度，以维护公众利益和新时代市场经济秩序为己任，不忘查错揭弊的行业初心，坚守职业道德的执业底线，秉承职业怀疑理念，勤勉尽责执业，才能发挥好市场经济"看门人"作用，维护经济社会长期健康发展。

> ◎ 从监管者角度，如何理清各监管机构的监管职责，有效整合监管资源，丰富监管手段，加大行政处罚力度，建立整合、高效，适应新时代要求的现代化监管体制、机制，都对提高会计信息质量和审计质量发挥着至关重要的作用。

一、近年来证监会、财政部及中注协监管发现的普遍性问题

监管机构对会计师事务所执业质量的监督检查，是提升会计师行业执业质量的重要制度安排。目前，对会计师事务所，尤其是证券资格会计师事务所（以下统称"会计师事务所"）的监管主要为以证监会和财政部为主的政府监管，以及中注协等行业协会的自律监管。通过梳理近年来证监会、财政部以及中注协对证券资格会计师事务所（2020年新《证券法》实施后，证券资格取消，下同）的监管处罚案例，我们发现和总结出导致审计质量问题一些普遍问题，得出解决审计质量问题的一些启示。归纳梳理监管发现的被审计单位财务信息披露质量的问题和会计师事务所执业过程中的审计质量问题，目的是追根溯源，查找审计质量问题的源头和根本，探寻破解审计质量问题的路径。

（一）证监会 2010～2019 年对会计师事务所行政处罚的情况分析

1. 基本情况。

2010～2019 年，证监会（不含各地监管局）在其官方网站上披露的对会计师事务所以及相关的注册会计师的行政处罚决定书共计 33 份，涉及相关会计师事务所 16 家。

分析这些行政处罚决定书发现：个别会计师事务所屡次被行政处罚，某一家会计师事务所被先后处罚 6 次，某两家会计师事务所分别被处罚 4 次；年报审计业务处罚数量占比最高；自 2016 年以来，行政处罚数量增加明显；针对同一被处罚案例，对会计师事务所的罚款明显高于对公司的罚款。

资本市场审计质量提升：国内外经验、启示、建议

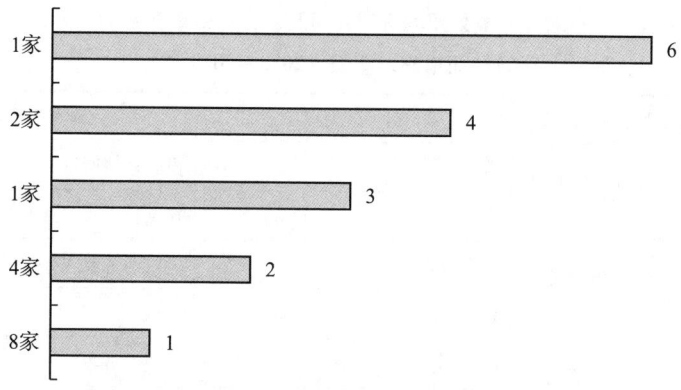

图1 会计师事务所被证监会行政处罚次数分析

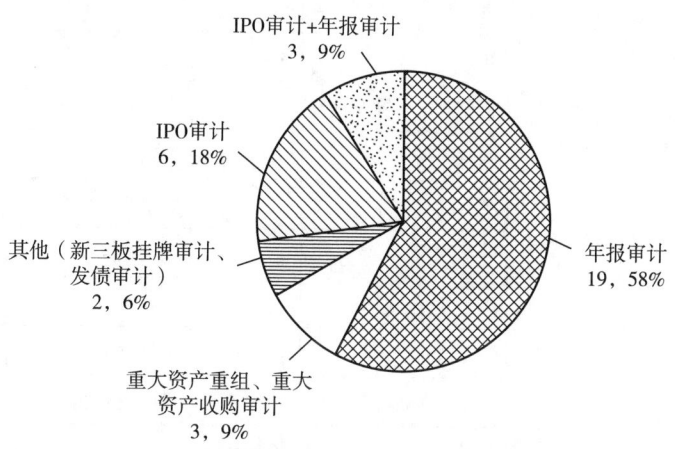

图2 被证监会行政处罚的审计业务类型分析

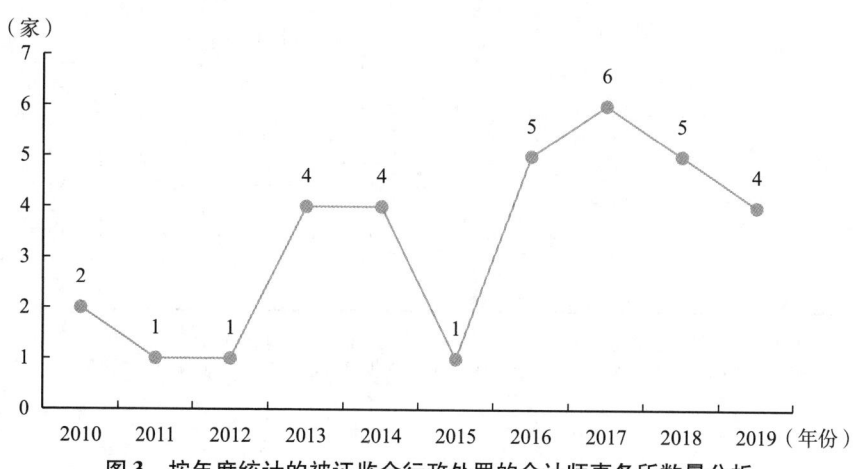

图3 按年度统计的被证监会行政处罚的会计师事务所数量分析

资料来源：中国证监会官网。

表1 针对同一被处罚案例对公司及对会计师事务所的行政处罚措施对比表（2018~2019年）

年度	涉及被处罚公司名称	对公司行政处罚措施		对会计师事务所处罚措施	
2018	金亚科技股份有限公司	警告	—	没收违法所得	90万元
		罚款	60万元	罚款	270万元
2018	哈尔滨电气集团佳木斯电机股份有限公司	责令改正、警告	—	没收业务收入	150万元
		罚款	60万元	罚款	450万元
2018	武汉国药科技股份有限公司	改正违法行为、警告	—	没收业务收入	95万元
		罚款	60万元	罚款	95万元
2018	成都华泽钴镍材料股份有限公司①	责令改正、警告	—	没收业务收入	130万元
		罚款	180万元	罚款	390万元
2018	广东广州日报传媒股份有限公司	责令改正、警告	—	没收业务收入	66万元
		罚款	60万元	罚款	198万元
2019	山东新绿食品股份有限公司	警告	—	责令改正	—
		罚款	60万元	没收业务收入	30万元
				罚款	60万元
2019	五洋建设集团股份有限公司	责令改正、警告	—	责令改正	—
		非法募集资金罚款②	4 080万元	没收业务收入	60万元
		罚款	60万元	罚款	180万元
2019	宁波圣莱达电器股份有限公司	责令改正、警告	—	责令改正	—
		罚款	60万元	没收业务收入	35万元
				罚款	105万元
2019	江苏雅百特科技股份有限公司	责令改正、警告	—	责令改正	—
		罚款	60万元	没收违法所得	54万元
				没收业务所得	12万元
				罚款	174万元

注：①成都华泽钴镍材料股份有限公司前后3次收到证监会的行政处罚通知书，共180万元罚款。
②五洋建设集团股份有限公司被罚款4 080万元系根据其非法所募资金金额3%的罚款。

2. 被处罚审计质量问题的归因分析。

如图4，在33份行政处罚决议书中，涉及的会计师事务所被处罚原因主要包括：对营业收入、营业成本及费用的审计程序执行不当，未获取充分、适当的审计证据；对往来函证和银行函证缺乏应有的控制；对内部控制风险未充分关注以及风险评估程序存在缺陷，以及未能发现关联方以及关联方交易，或者关联方及交易披露存在瑕疵等问题。可以看出，营业收入、函证以及风险评估、关联交易等审计缺陷问题是被处罚的重灾区。

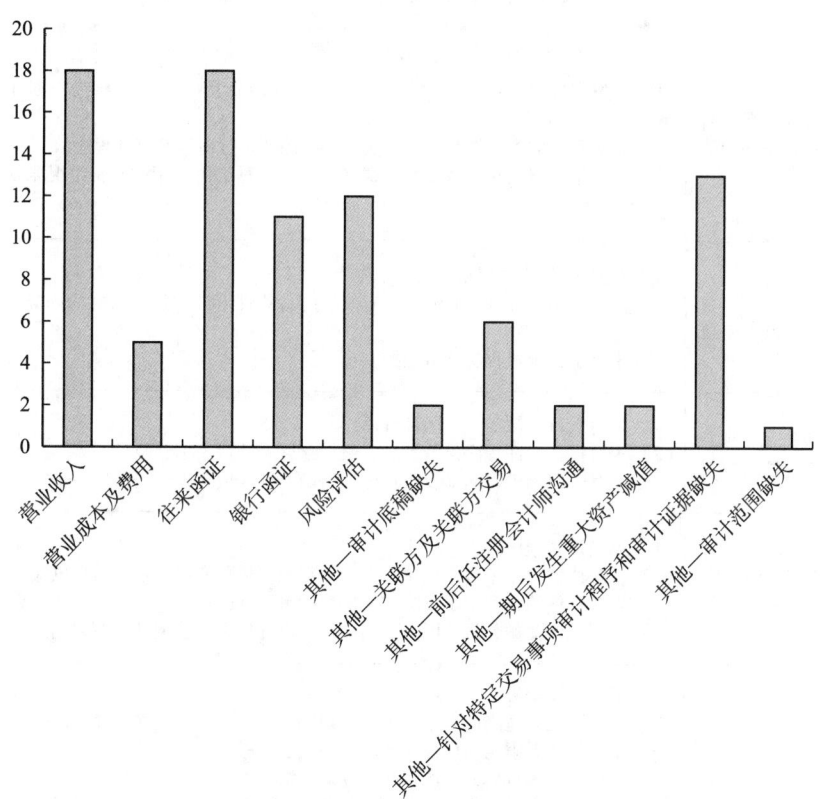

图4　被证监会行政处罚的审计质量问题原因分析

具体分析各类处罚原因涉及的风险点，从表2可以看出会计师事务所具体被处罚事由主要有以下各项：

表 2　　会计师事务所被证监会行政处罚具体事由分析

处罚原因涉及的风险点分类	会计师事务所具体被处罚事由
涉及营业收入确认及计量的审计程序核查问题	（1）未对收入确认审计过程中明显的舞弊迹象进行关注，未实施必要的审计程序。 （2）未关注收入、成本和毛利率重大波动情况，未实施相应的审计程序。 （3）未对收入审计过程中关注到的异常情况予以关注并追加必要的审计程序。 （4）收入确认审计程序存在缺陷。 （5）虚构客户走访，或客户走访流于形式。 （6）明知公司存在虚增收入且未进行重大差错更正的情况下，仍然出具无保留意见审计报告
涉及成本、费用计量的审计程序核查问题	（1）未发现虚增或者虚减主营业务成本，虚减费用等情况，导致当期净利润不实。 （2）未对营业成本结转数据的真实性、准确性执行适当的审计程序。 （3）未对销售费用执行截止性测试审计程序，对销售费用的异常情况未执行进一步追查程序
未对往来函证实施过程实施恰当控制	（1）对发函过程未实施恰当控制。 （2）对未回函函证未实施或者未有效实施替代性审计程序，未对回函异常情况予以关注。 （3）未对函证全过程实施恰当控制
未对银行函证实施过程实施恰当控制	（1）未对银行存款等执行函证程序。 （2）未对银行函证程序保持控制、银行存款审计程序不到位。 （3）未对未回函银行函证及银行函证回函差异事项实施恰当的进一步审计程序
内部控制和风险评估程序未执行到位	（1）风险评估程序缺失。 （2）风险评估程序未执行到位，未能识别和评估财务报表重大错报风险。 （3）未对评估的重大错报风险实施恰当的审计程序。 （4）识别、评估舞弊风险因素、内部控制设计和有效性测试存在缺陷
其他	（1）审计底稿缺失。 （2）未获取充分适当的审计证据，未识别关联方关系或关联方交易。 （3）未执行或者虚构前后任注册会计师沟通程序。 （4）资产负债表日后，资产存在大额减值情况。 （5）对特定的交易或事项存在专业判断错误、获取的审计证据不充分，审计程序执行未到位。 （6）审计范围缺失

从上述归纳汇总的证监会行政处罚的问题可以看出，审计质量问题的高发领域是与业绩真实性相关的收入成本费用等的确认问题，往往涉及被审计单位管理层的财务舞弊，反映出被审计单位严重的会计责任问题；而从往来函证、银行函证、风险评估等基本审计程序执行不到位看，注册会计师在职业道德、

职业谨慎、勤勉尽责执业方面还有不小的差距。

（二）财政部2013~2017年会计信息质量检查公告分析

1. 基本情况。

财政部及其下属的财政监管局（以下简称"监管局"）和各省、自治区、直辖市财政厅（局）每年针对高风险领域、引发社会高关注度的行业以及证券资格类会计师事务所开展企业与事务所双向联动式的年度会计信息监督检查，并定期发布会计信息质量检查公告。2013~2017年，财政部共对362家企业和108家证券资格会计师事务所进行了检查。

2013~2017年，财政部围绕国家财税体制改革和宏观经济管理需要共对以下12个行业进行了检查（见表3）。

表3　　财政部会计信息监督检查行业分析

序号	重点检查的行业	2013年	2014年	2015年	2016年	2017年
1	通信	√	√			
2	航空	√			√	
3	能源电力	√			√	
4	医药卫生		√		√	
5	粮食			√	√	
6	钢铁、煤炭				√	√
7	金融			√	√	
8	电子信息					
9	节能环保			√		
10	商品零售				√	
11	公共交通				√	
12	互联网					√
	合计	3	2	4	8	2

2. 检查发现的主要问题。

（1）执业质量和质量控制。

执业质量和质量控制是财政部执业质量检查的重中之重。从2013~2017年财政部执业质量检查公告结果看，占据前三位的问题分别为："审计程序不到位，未收集充分、适当的审计证据；未对审计程序的执行实施有效控制"，"审计底稿编制和归档存在瑕疵"以及"未保持职业谨慎和职业怀疑态度，职业判断错误"。如表4所示，这三项共计56次，占所有问题的69.1%。

表4　财政部会计信息监督检查执业质量和质量控制分析

年度	被检查的会计师事务所的数量	执业质量和质量控制方面的问题提及的次数					
		审计程序不到位，未收集充分、适当的审计证据；未对审计程序的执行实施有效控制	审计底稿编制和归档存在瑕疵	未保持职业谨慎和职业怀疑态度，职业判断错误	未充分关注报表列示和信息披露错误	项目质量控制复核不到位	发表错误审计意见
2013	1	1	1	1	1		
2014	2	2	1	2	1		
2015	5	5	5	2	3	1	
2016	8	8	3	5	1	5	1
2017	7	7	7	6	5	4	3
合计	23	23	17	16	11	10	4
比例（%）	100	28.4	21	19.7	13.6	12.3	4.9

资料来源：此处仅针对历年来由财政部组织的对相关会计师事务所进行检查并在官方网站进行通告的信息统计得出。

（2）事务所内部管理和财务管理。

财政部对所有被检查的事务所的内部管理和财务管理进行了检查，内部管理方面的问题主要集中在总分所一体化管理存在不足，例如，未对全所会计核算、资金使用、业务收支和收益分配、人员招聘和薪酬发放等方面进行统一管理；质量控制复核制度不统一，质量控制流于形式等；财务管理和会计核算方面则主要是会计基础工作薄弱和会计核算不规范，例如，少确认或者推迟确认主营业务收入、成本费用列支缺乏依据、薪酬费用化、现金管理薄弱以及分所报账资料不完整等。

（三）中注协2014～2018年执业质量检查分析

1. 基本情况。

中注协组织开展的执业质量检查系针对会计师事务所以及注册会计师遵循

会计师事务所质量控制准则、中国注册会计师执业准则、职业道德守则等情况的检查。中注协执业质量检查遵循风险导向的理念，对事务所的系统风险进行检查，包括对质量控制体系的检查和业务项目检查。

2014~2018年，中注协共检查了31家证券所，对366份审计报告进行了检查，各业务类型占比情况如图5所示。

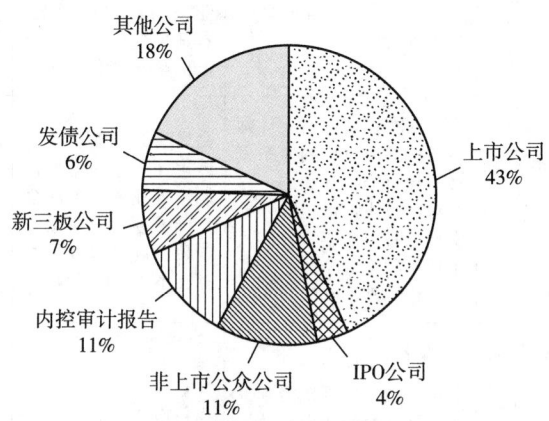

图5 中注协执业质量检查审计业务类型分布

2. 检查发现的主要问题。

2014~2018年，在质量控制体系方面，中注协主要针对审计质量的领导责任、合伙人机制、总分所一体化管理予以关注。2017年及以后主要将质量控制政策和程序设计或执行的整改作为检查重点；在审计项目检查方面，高风险的公众利益实体审计业务（包括高风险的上市公司、新三板公司和发债公司）和内部控制审计业务均是检查的重点。表5汇总了检查的重点及问题发现。

表5　　　　　　　　　中注协执业质量检查重点及问题汇总

年度	质量控制体系检查重点	质量控制体系检查问题	审计项目检查重点	审计项目检查问题
2014	业务质量承担的领导责任、合伙人机制、总分所一体化管理	部分事务所存在"特殊普通合伙"转制后合伙人机制不健全、质量控制制度未充分执行、总分所一体化进程缓慢等问题	关注高风险的公众利益实体的审计业务、境外审计业务和内部控制审计业务，重点检查风险评估、舞弊和集团审计等重点领域和重大事项	个别注册会计师在执行审计业务时，关键审计领域的审计程序实施不到位，获取的审计证据不够充分、适当

续表

年度	质量控制体系检查重点	质量控制体系检查问题	审计项目检查重点	审计项目检查问题
2015	业务质量领导责任、合伙人治理机制、总分所一体化管理	少数事务所的质量控制体系设计和执行存在缺陷，存在合伙人治理机制不健全、总分所一体化管理不到位等问题	高风险的公众利益实体审计业务、境外审计业务和内部控制审计业务；关注事务所业务项目收费情况，看其是否存在不正当低价竞争的情况	少数注册会计师执业质量存在问题，表现为遵守审计准则不到位、职业判断不到位、勤勉尽责不到位
2016	业务质量承担的领导责任、合伙人治理机制、总分所一体化管理	少数证券期货资格会计师事务所的质量控制体系设计和执行仍存在缺陷，存在对业务质量承担的领导责任未有效落实、合伙人治理机制不健全、总分所一体化管理不到位	高风险的公众利益实体审计业务和内部控制审计业务；关注会计师事务所专业服务收费情况，检查是否存在不正当低价竞争	少数注册会计师在个别业务项目审计中，未有效遵守职业道德守则和业务准则，存在重大执业质量缺陷
2017	重点关注风险导向执业质量检查方法实施一轮后，证券所在质量控制政策和程序设计或执行方面的整改或改进情况	关键的质量控制政策和程序设计不恰当或未有效执行，总分所一体化管理程度低	重点关注高风险上市公司、新三板公司和发债企业的审计业务	相关注册会计师未能勤勉尽责，没有严格执行审计准则的规定
2018	重点关注风险导向执业质量检查方法实施一轮后，证券所在质量控制政策和程序设计或执行方面问题的整改或改进情况	个别证券所质量控制体系存在缺陷，关键的质量控制政策和程序设计不恰当或未有效执行，如：业务承接和保持风险评估程序不到位，业务项目指导、监督、复核存在缺陷，人力资源管理基础工作薄弱，总分所一体化管理程度低，相关注册会计师未能严格执行审计准则的规定	重点关注高风险上市公司、新三板公司和发债企业的审计业务	相关注册会计师未能严格执行审计准则的规定

资料来源：2014~2018年中国注册会计师协会会计师事务所执业质量检查通告。

3. 处罚情况及归因。

2014~2018年，共有9家事务所在检查中被惩戒，其中4家会计师事务所分别被处以通报批评和训诫，28名注册会计师被处以通报批评或公开谴责。惩戒涉及的领域及惩戒次数见表6。

表6　　　　　　　中注协执业质量检查惩戒原因及方式分析

年度	被惩戒会计师事务所数量	对会计师事务所的惩戒方式	对注册会计师的惩戒数量和方式	违规惩戒原因提及的次数			
				审计程序的设计、执行不到位、审计程序缺失	未获取充分、适当的审计证据	对异常交易和事项未保持职业怀疑	其他
2014	1		通报批评2	1	1		1
2015	2		通报批评4	2	2		
2016	1		通报批评4	1	1		1
2017	3	通报批评2 训诫1	通报批评7 公开谴责4	2	2	2	1
2018	2	训诫1	通报批评4 公开谴责3	2	1		
合计	9 29%*	通报批评2 训诫2	通报批评21 公开谴责7	8	7	2	3

注：*指被惩戒会计师事务所占所有被检查的会计师事务所的比例。

（四）中注协2016～2020年4月约谈会计师事务所风险提示函分析

1. 基本情况。

中注协正式启动证券资格会计师事务所约谈机制始于2011年2月，开展事前事中约谈，将监管重心前移，体现了管理与服务并重，指导与惩戒并重的监管理念，是中注协改进和加强年报审计监管工作的一项有力举措。约谈所提示的问题针对性强、风险高，都是近年审计的难点和重点，对审计质量有直接影响。

2016～2020年4月，中注协以当面约谈、电话约谈以及书面约谈等不同形式，共对42家证券资格会计师事务所进行了约谈，出具了59份风险提示函。这些风险提示函可以分为"具有特别风险特征的上市公司风险提示函"、"涉及特殊行业的上市公司风险提示函"以及"与审计机构轮换相关的风险提示函"三类。

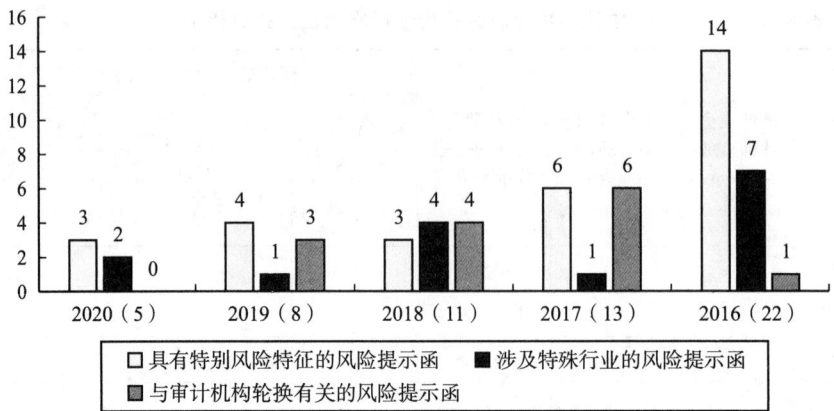

图6 中注协按年度列示的风险提示函数量及类别汇总分析

2016~2020年4月30日,共发出30份具有特别风险特征的上市公司风险提示函,占全部59份审计风险提示函的51%。这些特别审计风险涉及的上市公司类型如图7所示。其中"业绩显著异常""在某一特定领域存在特别风险""处于退市或者ST临界点"等三类上市公司占比最高,这三类上市公司共收到了21份风险提示函。

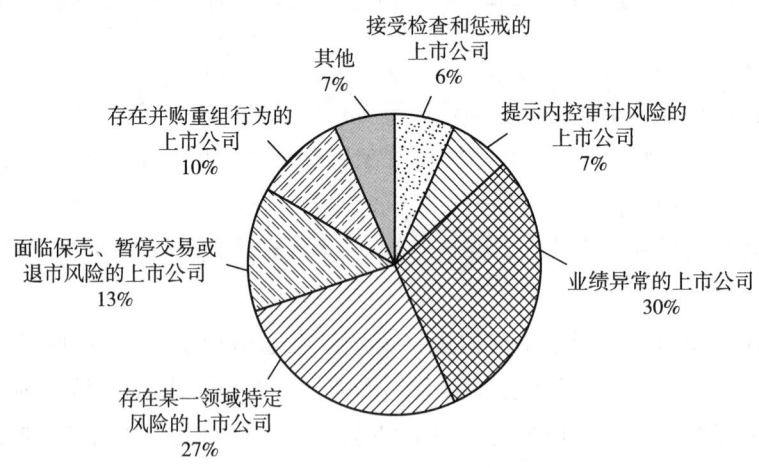

图7 具有特别风险特征的上市公司风险提示函分析

向特殊行业的上市公司共发出了15份风险提示函,这些特殊行业主要集中在金融类(包括银行、证券类)、农业类、金属煤炭有色金属等资源类以及房地产行业的上市公司,主要与近年来社会公众关注的热点行业息息相关,见图8。

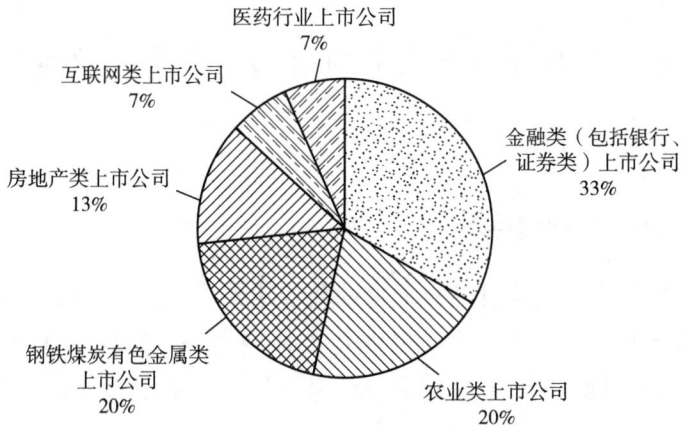

图 8　特殊行业类上市公司风险提示函分析

2. 风险提示点涉及的会计、审计问题。

59 份风险提示函中共涉及 204 个风险提示点,既包括管理层舞弊、商誉减值和内部控制等被审计单位的问题,也包括合理安排审计资源、利用专家以及质量控制复核等审计方面的问题。收入、成本和费用审计仍然是中注协最为关注的风险点,提示高达 23 次(见图 9)。同时"管理层频繁变更的上市公司""无控股股东及实际控制人的上市公司"等内部控制审计风险,以及管理层舞弊、持续经营能力、资产减值以及重要或者异常交易等也是中注协较为关注的领域。

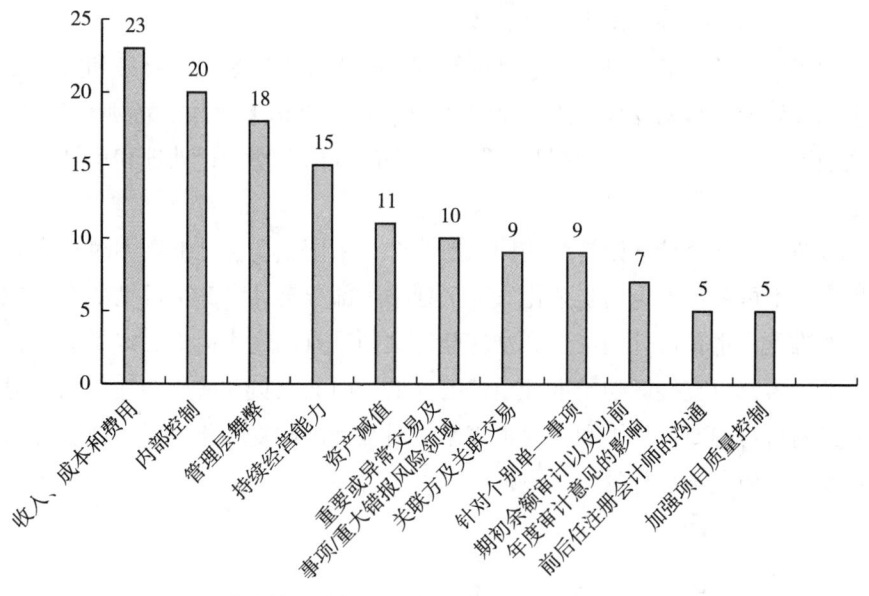

图 9　中注协风险提示函涉及的前十位风险提示点分析

二、会计信息质量和会计责任履行对审计质量的影响和挑战

(一) 会计准则复杂化

经济的蓬勃发展对会计信息质量的要求达到了前所未有的高度,随之而来的是会计准则的大变革。会计准则大变革试图增强会计信息的相关性和有用性,但会计准则日趋复杂化对会计信息质量的可靠性带来了巨大挑战,见图10。

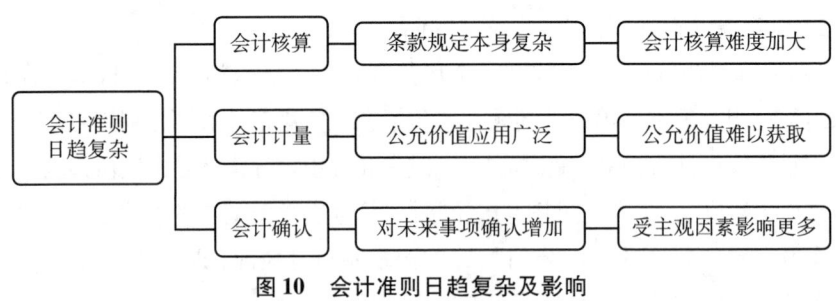

图 10　会计准则日趋复杂及影响

1. 会计准则复杂化趋势方兴未艾。

为实现财务报告的目标,会计准则制定机构都不遗余力地修订和完善会计准则,会计准则日趋复杂,给会计准则应用带来了诸多挑战。特别是近几年,新金融工具准则、新收入准则和新租赁准则的推出,使会计处理和审计的难度陡增。

按照与国际会计准则持续趋同的路线图,中国企业会计准则不时作出修订和更新,不可避免地走向复杂化。表7列举了部分会计实务中常见的会计准则应用的难点,也是审计的难点。这些会计准则难点的应用恰恰决定了会计信息质量的优劣,也直接影响了审计质量的高低。财务人员和注册会计师只有通过不断提高自身的专业水平和职业素养来应对会计准则复杂化,以保证会计信息质量和审计质量不会降低。

表 7　　　　　　　　　会计核算中的常见难点举例

会计准则	会计核算难点	实务示例
企业合并	在分步骤实施的并购重组中,对于是否一揽子交易的判断	拟上市公司为上市目的对集团架构进行重组,相关准则条款涉及复杂的专业判断
长期股权投资	部分处置股权导致丧失非全资子公司控制权时的投资收益计算	相关准则条款要求同时考虑已处置和剩余股权的收益
金融工具（2017）	金融负债与权益工具的区分	拟上市公司发行带赎回条款的优先股,相关准则条款涉及复杂的专业判断
收入（2017）	销售商品和提供劳务确认时点和计量原则变化	五步法的应用更具挑战性;具有融资性质的分期收款商品需按公允价值计入收入
租赁（2018）	承租人需要确认租赁资产和负债	附带租赁选择权或终止权的租赁合同需按准则要求评估权利对租赁负债的相关影响

2. 公允价值计量广泛应用的挑战空前。

2007 年至今，国际会计准则理事会一直在扩大公允价值计量的应用范围。公允价值计量在金融工具、长期股权投资、企业合并、投资性房地产、生物资产和股份支付等各类交易或事项中得到体现。

公允价值应用的难点在于其难以获取。公允价值准则强调市场参与者在计量日发生的交易价格，更加注重从市场的角度去看待价格而非交易双方，但有序且活跃的主要市场恰恰成为公允价值计量的瓶颈。在不存在活跃市场的情况下，如何确定公允价值成为会计核算的难点。

公允价值应用的另一特征体现在其易于操控。公允价值计量所要求的假设、模型的选择和参数的确定均带有大量的主观判断，给会计责任主体提供了操纵空间，容易成为盈余管理的手段，这对于会计信息质量是重大的考验。

审计业务中公允价值相关的审计，实质上是注册会计师在会计职业判断基础上进行的再判断，也是审计的难点所在，它对注册会计师的职业素养和专业技能提出了更高的要求。

3. 会计估计和判断普遍运用成为盈余管理的利器。

会计估计最广泛的应用在资产减值。从最初的应收款项、存货跌价准备等"四项资产减值"，到固定资产、无形资产等"八项资产减值"，再到资产组减值、总部资产减值和商誉减值等，适用资产减值会计的资产类项目越来越多。会计准则制定的决策相关论下，会计准则显著增加了对企业产生影响的涉及重大会计估计的未来事项的计量和确认。

如新金融工具准则中,将基于历史计提的坏账准备变更为基于未来计提的预期信用损失,预期信用损失不仅要求考虑历史损失率,还要求考虑前瞻性因素的影响。再如新租赁准则中,要求经营租赁的承租人,在会计报表中反映租赁资产和租赁负债,而租赁合同中常见的续租选择权和终止权则使得企业必须在租赁开始日就对未来权利行使的可能性进行估计。这些会计估计无疑使会计核算更复杂。会计估计和判断带有很大的主观性,审计师也难以认定或缺乏充分的依据,容易沦为企业进行盈余管理的手段。

【案例1】

2018年1月底,某知名男装品牌公告对其持有的一项股权投资于2017年计提了大额减值准备,减值金额达到上年归属上市股东净利润的约90%,该公司股价应声下跌。4月,该公司又公告了因公司对被投资单位具有了重大影响而对该投资的会计核算方法由可供出售金融资产变更为长期股权投资,并以权益法确认损益,使得公司当年第一季度净利润同比增幅超过688%,当天股价大幅上涨。但扣除该事项影响后,净利润同比减少约49%。这两项会计处理导致财务报表的剧烈波动,同时也引发了资本市场上股价的大幅波动。最终,该公司在收到监管函后撤销了对该会计核算的变更。

为了应对复杂交易事项或新会计准则的复杂运用,企业的会计处理往往需聘请各类专家协助其完成,以图11中公允价值应用为例。

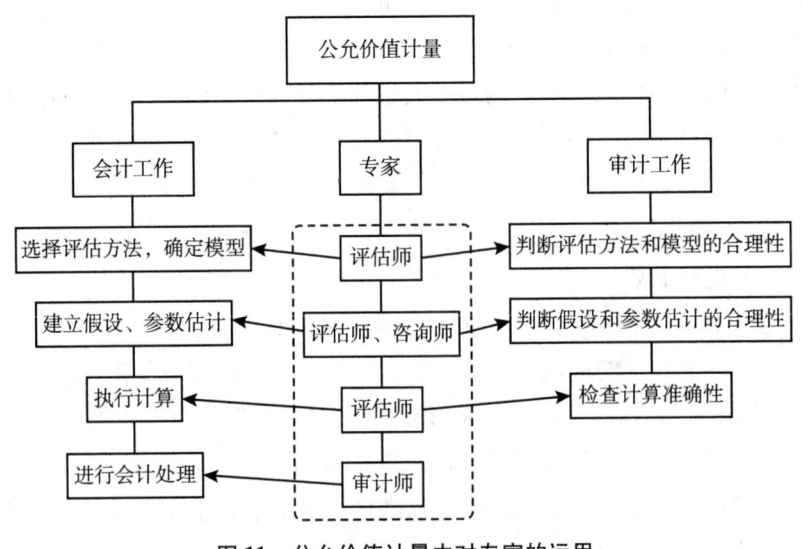

图11 公允价值计量中对专家的运用

4. 以原则为导向的会计准则应用难题。

为便于全球各经济体推行一致的会计准则,提高会计准则在不同经济发展阶段经济体的普适性,国际会计准则理事会采用原则导向制定相关准则,通过制定一套统一的概念框架作为具体准则制定遵循的基础。

中国会计准则在与国际会计准则持续趋同中亦采用原则导向的方法。原则导向的方法为相关业务处理应用统一的会计原则提供了基础,但也存在会计准则执行的弹性空间较大,利用会计估计、判断进行盈余管理等问题,一定程度上影响了财务信息的可靠性和可比性,间接影响审计质量。建议针对以原则为导向的部分会计准则执行空间过大,涉及的会计估计、判断指引不足等问题,发布更多解释性公告或通过发布案例方式为会计准则的应用提供实务指引。

(二)交易复杂性和对信息系统的高度依赖

1. 交易事项日趋复杂,需更多引入专家的工作。

互联网行业可谓是撑起了新兴行业的半壁江山,与传统行业的运行模式截然不同。这种无实物和传统单据支持的新业务模式,要求对审计方法不断创新,注册会计师行业更多地应用数据分析和行业专家的工作来适应以互联网为代表的新经济。

金融业也从来不缺创新,各种金融工具和衍生工具如雨后春笋般出现。对于复杂的创新金融工具或衍生金融工具的条款判断和公允价值的确定,无论是财务人员还是审计人员都需要更多地借力于估值专家和行业专家的专业知识。

在中国企业走出去的大背景下,中国企业跨境收购大规模增加,并购交易形式复杂多样。企业在进行相关处理时,通常需要与财务咨询专家、律师、税务专家和注册会计师通力合作才能保证会计信息质量,与此对应,该等交易的审计,对审计师的专业胜任能力提出了更高要求。

2. 经济实质和法律形式认定更加困难。

许多交易事项和经济关系在刻意构建的法律形式下隐藏其交易的本质,使得会计处理不当导致会计信息失真。例如,关联交易一直是上市公司粉饰财务报表时常用的手段。

【案例2】

某上市公司2016年年报显示,该公司合并报表收入人民币约216亿元,其中来自几十家关联方收入约117亿元,占比高达54.43%,关联销售同比上年增加了654%。关联方采购占比也超过30%。实际控制人打造的行业生态圈涵盖上市主体、非上市主体，也牵涉到控股、非控股及其他形式的关联方。这些关联方有些甚至同时是上市公司的供应商和客户。这样的财务报表不禁让人担心这些交易背后的经济实质。

该上市公司至少对这些关联方交易进行披露，而那些隐藏的关联方交易更是让人生畏。部分企业根据关联方认定条款，从法律形式上将实质上的关联方设计为非关联方，再利用这些非关联方进行隐形关联交易以达到盈余管理的目的。

3. 高度依赖信息系统对会计信息质量的影响和审计的挑战。

企业并购的盛行导致企业架构日趋复杂，财务报表的合并层级增多，内部交易下，合并流程愈加复杂，会计核算需要高度依赖信息系统。而信息系统的一般控制和应用控制的有效性直接决定财务信息的质量。

信息系统的内部控制中的诸多问题，如用户访问权限，或者财务数据可以通过应用程序以外的方式更改，以及系统变更时对包含相关自动控制或报告逻辑的应用系统或程序变更不当等对输出财务信息的可靠性产生重大影响。这些问题需要企业聘请信息技术专家予以改进，也存在管理层利用信息技术专家实施舞弊的风险。对于注册会计师审计而言，需要更多地引入信息技术专家协助执行测试工作。

（三）企业内部控制环境薄弱和监督失效

借鉴美国COSO的内部控制框架，我们制定了中国企业内部控制规范体系。这些规范为会计信息质量提供了制度保证，但实际执行中也存在诸多问题，特别是企业的控制环境薄弱，管理层凌驾于内部控制之上，给管理层操纵财务报表提供了机会和条件，严重影响财务报告可靠性的内控目标实现。上市公司内部控制和治理问题集中表现在以下几个方面。

1. 治理结构存在天然缺陷。

企业治理结构是内部控制环境中的基础，治理结构不完善就无法形成有效的内部控制执行、监督体系。股权过于集中是最显著的不足之一，控股股东"一股独大"的问题严重，存在控股股东操纵上市公司股东大会、董事会和监事会的现象，使得治理层形同虚设，会计信息可靠性难以得到有效保证。

董事长和总经理由一人担任的现象还大量存在。这种"关键人模式"使得控制权、执行权和监督权集于一身，此外经营管理层占据董事会的大多数席位，董事会缺乏应有的独立性，管理层可以实现对自我评价，极易造成管理层凌驾于控制之上，为他们进行财务舞弊提供机会。

【案例3】

A股历史上最大的财务造假案某药业公司在治理结构中就存在就上述两个问题,该药业的大股东也是其实际控制人直接持股比例超过34%,还通过前十大股东中的关联方股东持股,而其他非关联方股东持股比例均在5%以下,导致实际控制人控制公司。同时,董事长和总经理、副董事长和副总经理均由实际控制人夫妇二人担任,董事会和管理层之间没有起到互相独立、制约监督的作用。企业内部控制环境存在天然缺陷,成为滋生财务舞弊的温床。

【案例4】

某美国上市公司在2020年初被质疑捏造财务和运营数据,其初始作出的回应否认了所有指控。但4月却发生了逆转,该公司宣布董事会成立的特别调查委员会发现,从2019年第二季度到2019年第四季度,公司COO兼董事及其几个属下,涉嫌从事捏造交易的不当行为,虚假交易的总销售金额约为人民币22亿元,某些成本和费用也因虚假交易而大幅虚构。2020年5月,该公司收到书面通知,公司股票从纳斯达克交易所退市。

从曾经的资本市场宠儿到强制退市,究其根本原因还是公司内部控制的失效导致管理层凌驾于控制之上,财务报表被管理层随意操纵。舞弊行为已持续近一年的时间,作为治理层的董事会、监事会以及审计委员会均未及时发现。此案再次警示,企业内部控制特别是控制环境的有效对于财务信息真实性发挥着不可替代的作用。

2. 审计委员会及内部审计监督缺位。

近年财务造假事件的频发显示了审计委员会和内部审计机构的"失守"缺位。是什么让会计信息质量最后的内部守门人集体失声?

审计委员会的独立性是发挥其监督职能的基础,因此非执行董事和独立董事应成为其主要成员。中国上市公司虽普遍建立起审计委员会和独立董事制度,但审计委员会中却不乏执行董事,独立董事也难保其独立性,主要由于,独立董事往往由实际控制人提名,并不独立,特别是在"一股独大"的公司,大股东对独立董事人选有绝对话语权,独立董事很难保持其独立性,发挥其监督与制约作用。

设置内部审计部门的初衷是与审计委员会配合监督管理层,但这一监督力量在中国上市公司中作用有限。而美国内部审计部门在财务报告质量监督中却能发挥应有的监督作用，这与其职能定位分不开。中美内部审计差异如表 8 所示。

表 8　　　　　　　　　　　中美内部审计差异

差异点	中国	美国
地位	较低	较高
直接领导	管理层	审计委员会
独立性	较低	较高
人事任免	管理层	审计委员会
工作范围	合法合规的常规工作；内部控制审计工作	执行独立审计；对相对岗位人员进行评价及提出处理建议；与外部审计的紧密配合，严密监控企业财务信息质量，并定期与审计委员会沟通
人员数量	较少	众多，固定人员占1/3，剩余2/3来自各部门
人员素质	参差不齐，多数偏低	专业业务素质高，通常是高级管理人员的培训基地
监督职能	很弱	有效

3. 审计委员会在外部审计师的选聘中未起到主导作用。

审计质量除了受审计对象会计信息质量的影响外，外部审计师的选聘也是关键因素。上市公司在外部审计师的选聘过程中应由审计委员会对会计师事务所的资质能力以及以往的审计质量进行评价，最终提交董事会和股东大会批准聘用。而事实上中国上市公司普遍存在由管理层主导外部审计师的选聘，审计委员会往往是履行形式上的投票权，未真正履职，市场上鲜有审计委员会行使否决权的。

欧美发达国家的审计委员会在审计机构选聘中需要对外部审计师进行详细的年度评价，主要考察外部审计师的资质和表现，执业中的独立性、客观性和职业怀疑，以及与审计委员会和公司其他人员的沟通是否坦诚，并与公司关键管理人员进行讨论，对管理层强烈支持或反对外部审计师的态度都保持警觉并恰当跟进。对于外部审计师的选聘，更加关注品牌和市场声誉。上市公司大股东大部分是基金等机构投资者，股权相对分散，他们支持独立董事制约公司管理层，独立董事基本来自透明度高的职业经理人市场。

然而，中国独立董事"不独立"现象突出，其独立性提升尚需实现股权结构优化和成熟的独立董事职业经理人市场。在股权集中难以短期内改变的背景下，提高独立董事在审计委员会中的比例，通过制度安排强化独立董事和审计委员会在审计师选聘过程中的职能作用以及对其履职的问责是现实的政策选择。

三、审计责任履行面临的挑战、存在的问题和应对

（一）注册会计师在执业中面临的挑战

1. 社会公众和监管机构与注册会计师之间的审计期望差距加大。

近几年来，当资本市场曝光财务舞弊时，社会公众以及各类媒体都会在第一时间质问审计师在哪里？为什么审计师没能更早地发现这些财务舞弊？由此可以看出，社会公众对于审计师发现财务舞弊具有很高的期望，认为审计师提供的保证应该是一种"绝对保证"。实际上，根据审计准则，鉴于注册会计师审计的局限性，审计师出具的审计意见提供的是"合理保证"，绝非"绝对保证"。由于各方对于注册会计师审计意见保证程度理解的偏差，形成了社会公众和监管机构与审计师之间审计期望差异的鸿沟。

2. 以原则为基础的审计准则应用带来的挑战。

现行的国际审计准则和中国审计准则推行的风险导向的审计方法，并无简明直接的审计程序要求，都是以原则性要求为基础，即在审计准则中提出原则性要求，并通过应用指南、问题解答和适用于具体情况的审计指引为注册会计师提供有限的实务指引。以原则性为基础的审计准则的优点在于其适用性更强，注册会计师可以根据被审计单位的具体情况以及风险识别和评估的结果设计和执行有针对性的审计应对程序，同时也对注册会计师的专业胜任能力提出更高的要求，要求其能够基于审计准则的原则要求，切实实施风险导向的审计方法，制定更有针对性的应对策略，而非机械地执行审计准则。

3. 统一财务年度要求对事务所资源配置的挑战。

根据会计法的规定，"企业的会计年度自公历1月1日起至12月31日止"。基于此项要求，所有A股上市公司的财务报表截止日均为每年的12月31日，注册会计师则需要在次年4月30日前完成审计工作并出具审计报告，扣除企业的结账时间以及每年春节假期的影响，实际上留给注册会计师执行审计工作的时间非常有限，对于事务所资源配置和工作安排带来巨大挑战，并直接影响审计质量。

根据同花顺截至2020年5月25日数据，2017~2019年，执行A股上市公

司年度审计的事务所前五名承接的上市公司审计数量约占全部上市公司的 50%，如表 9 所示。每一家排名前三名的事务所需要在短短的 2 个多月的时间内完成超过 300 家上市公司的年度审计工作，这对会计师事务所的胜任能力、资源分配以及内部质量控制体系都带来了巨大挑战。

表 9　　执行 A 股上市公司 2017～2019 年度审计的事务所前五名

排名	2017 年度	2018 年度	2019 年度
1	576	563	552
2	391	397	452
3	337	312	304
4	219	235	295
5	219	232	203
合计	1 742	1 739	1 806
当年公告审计报告数量	3 473	3 580	3 693
占当年公告审计报告比例	50%	49%	49%

资料来源：截至 2020 年 5 月 25 日同花顺数据。

4. 低价恶性竞争带来的挑战。

上述挑战日渐增加的同时，审计收费在低价恶性竞争下却未能相应增长，导致会计师事务所为维持其日常经营不得不更多的接受业务委托，牺牲审计质量"以量取胜"。同时，在成本压力下从业人员无法获得与其付出相应的回报，导致注册会计师行业越来越难以吸引和保留住优秀的人才。

根据截至 2020 年 5 月 25 日同花顺的信息，2017～2019 年全部 A 股上市公司财务报表和内部控制审计收费分析如表 10 所示。

表 10　　2017～2019 年全部 A 股上市公司财务报表和内部控制审计收费情况　　单位：万元

项目	财务报表审计收费			内部控制审计收费		
	2017 年	2018 年	2019 年	2017 年	2018 年	2019 年
最高	21 500	23 200	22 900	1 400	2 670	2 783
最低	12	15	13	1	3	2
中位数	83	90	90	30	30	30

资料来源：截至 2020 年 5 月 25 日同花顺数据。

从上表可见，2017～2019年上市公司审计收费几乎没有增长，特别是内部控制审计最低收费只有1万～3万元，如此低廉的收费势必导致会计师事务所无法安排充分适当的资源来执行审计工作。

（二）影响审计质量的注册会计师行业的内在问题

1. 会计师事务所层面的主要问题。

（1）事务所内部对职业道德守则的重视度不够，未能建立诚信为本的高层基调以及事务所文化，对违反职业道德的行为没有相应的惩戒措施，导致对于职业道德守则的遵循不到位。

（2）在独立性遵循方面，事务所未能及建立有效的与独立性和利益冲突相关的追踪系统，且未能切实做到实质独立。

（3）事务所内部质量管理体系运行无效，总分所未能采用一致的质量管理体系，总所未能实质上监控分所的审计质量以及质量管理体系在分所的运行情况，对合伙人的绩效评价中更多的是关注财务指标而非质量指标等。

2. 审计业务执行层面的主要问题。

（1）对被审计单位的经营及其所处的经济环境的了解不够深入，对风险识别和评估不够精确，对于被审计单位财务信息中明显不合理的迹象未能给与足够的关注，从而未能有效地设计和实施审计程序。

（2）对于在执行审计程序的过程中识别的异常情况，或者相互矛盾的信息未能"一追到底"，审计会计估计时，未能充分质疑被审计单位管理层作出的判断以及采用的假设和模型的合理性，未能充分考虑可能存在矛盾的信息。

（3）项目合伙人未能充分参与审计项目，未能切实领导审计项目，对于审计业务实施的监督和指导不足够。

（4）审计项目组资源配置不足，未能适当的利用其他专家的工作，审计人员的专业胜任能力不足，对快速发展的经济业务、会计准则和审计准则的理解不到位等。

（三）注册会计师行业如何应对这些挑战和问题

1. 恪守职业道德，切实以维护公众利益为宗旨。

鉴于注册会计师的工作关乎公众利益，注册会计师行业是所有行业中制定专门的职业道德守则并强制要求所有从业人员遵循的行业。相比其他行业以维护客户利益为主,注册会计师的职业道德要求注册会计师应以维护公众利益为宗旨。

事务所应按照职业道德守则,根据自身规模、客户性质等建立遵循职业道德守则的政策和程序,并确保其执行不流于形式。这可能包括设定和清晰传递高层基调,对于任何违反职业道德的行为零容忍,建立内部对于违反道德行为的举报渠道以及对举报者的保护程序等。事务所应当建立并有效运行与独立性相关的政策与程序,以切实做到形式和实质上的独立。这些程序可能包括建立并维护注册会计师和关键合伙人实质性轮换的制度;建立并维护事务所"禁止投资清单"、定期对从业人员遵循个人独立性要求的情况进行检查,并对违规行为作出惩戒等。

2. 建立并有效运行强有力的统一的质量管理体系。

(1) 建立有利于质量管理的事务所治理架构。

会计师事务所应当明确事务所领导层对于质量的责任,例如首席合伙人对事务所整体质量负最终责任,并委派资深合伙人担任事务所质量职责,专职负责事务所与业务质量相关的事务,包括向会计师事务所人员传递质量至上的执业理念,培育以质量为导向的文化,并向负最终责任的合伙人报告。

(2) 建立以质量为核心的合伙人绩效评价机制。

会计师事务所应当建立总分所一体化的,以质量为导向的合伙人绩效评价机制。一方面,在对合伙人进行业绩评估时,应以事务所整体业务情况为基础,考虑每一个合伙人的具体表现,避免将合伙人个人业绩评估结果和报酬与具体客户或具体分所相关联;另一方面,在评价合伙人业绩时,应将质量目标作为最为重要的考核指标,并赋予其"一票否决"的权重。

(3) 严格客户甄选,从源头把控审计风险,防止"病从口入"。

在与客户建立业务关系和接受约定项目前,会计师事务所需要执行充分的风险评估程序,考虑潜在客户管理层的特征和诚信、组织和管理架构、业务性质、业务环境、财务成果、业务关系和关联方关系与交易,以及事务所以往积累的知识和经验等因素。在此基础上,结合拟承接业务的性质和委托目的,审慎考虑拟提供约定专业服务的团队成员的胜任能力、可使用资源的充分性,以及收费是否公允等,综合评价约定项目的可承接性。

(4) 建立并有效运行审计业务监控和整改机制。

根据相关准则要求制定业务监控计划,确保所有审计合伙人在规定的期限内至少应被检查一次,在此之外,事务所还可以实施基于风险导向的业务监控计划，例如对于高风险的约定项目执行额外检查，或者对于在前次检查结果未能达标的合伙人，在次年继续检查其执行的项目。除这些在审计完成之后的业务监控之外，事务所还可以基于约定项目的风险等级以及事务所资源的充足性等情况，考虑在审计业务执行过程中实施业务监控，即动态监控审计业务执行情况，这种在审计过程中进行的监控活动更有利于及时发现和纠正审计过程中可能存在的问题，对提升审计质量更加直接有效。

（5）坚持以合伙人为主导的审计交付模式。

作为审计项目组中最有经验的成员之一，项目合伙人的参与程度对于审计质量至关重要。合伙人主导的审计交付模式有助于在业务执行开始阶段设定正确的基调，在审计执行的过程中实时监督和督导项目进程，及时更新风险评估，应对突发风险，有效引导项目组的其他专业人员高质量完成审计业务，同时也可以非常有效地向其他项目组成员提供具有实际意义的现场指导。

（6）实时评估事务所资源，合理安排合伙人及员工的工作量。

高质量的审计离不开项目合伙人和项目组成员投入，以合伙人为主导的审计交付模式要求合伙人就具体项目投入更多的时间，同时，作为可持续发展的一部分，事务所也应当关注合伙人和员工的工作生活平衡问题，因此实时评估并合理安排合伙人和员工的工作量非常重要，这就要求合伙人在了解约定项目的基础上做好项目预算，确定合伙人需要投入的工时数量，并在事务所层面整体主导项目委派，以避免个别合伙人项目过多，从而导致无法投入足够的时间高质量完成审计业务。

3. 重视注册会计师的专业胜任能力，培养未来的审计师。

随着科技的发展与进步，社会经济环境的日新月异，新模式、新业态、新经济蓬勃发展以及越发强调公允价值和管理层判断的会计准则，事务所以及注册会计师都需要不断提升专业胜任能力，积极应对各种挑战。一方面，会计师事务所需要建立包含多种专精的专业服务队伍，充分利用专家工作协助审计工作，以满足现代审计的要求，实务中常见的需要利用专家工作的领域以及相关专家如图12所示。

另一方面，为适应现代审计的发展以及新技术的应用，会计师事务所有必要重新定义审计人才所需要的素质，这些素质包括以下几点，如表11所示。

图 12　涉及的主要专家及相关领域

表 11　审计人才定义示例

序号	素质
1	时刻秉持专业精神，恪守职业操守，了解法律法规，以诚信与专业精神贯穿审计服务全流程
2	聚焦审计报告使用人的关注事项，为审计客户提供有建设性的专业意见，并展示我们洞察和解决问题的能力
3	高效利用审计软件、审计模型及数据分析等方法开展高质量的审计服务
4	灵活应对市场与客户运营模式的变化，有效管理项目的进度及交付

四、外部执业环境存在的问题和挑战

（一）相关法律法规对会计违法违规行为的惩戒缺乏威慑力

财务信息质量高低的内在因素是会计责任的履行情况。近年来，国内上市公司财务造假事件频发。究其原因，利益驱动以及舞弊收益和舞弊成本不对等是重要因素。《会计法》的修订虽然强化了对会计违法违规的处罚力度，强化了单位负责人的责任，但相关惩戒措施和手段对违法违规行为的威慑力仍不够。

根据《会计法》的规定，对于较为严重的违法行为，如伪造、变造会计凭证、会计账簿，编制虚假财务会计报告不构成犯罪的，对单位最高罚款金额仅为 10 万元，对其直接负责的主管人员和其他直接责任人员最高罚款金额为 5 万元，与单位和个人通过这些违法行为可能获得的经济利益相比微乎其微，对存在违法行为的单位和个人没有足够震慑力。虽然《会计法》也规定了对相关责任人员的行政和刑事责任，但从实际执法看，真正承担刑事责任的情况并不多见。

2020 年《证券法》修订生效前，对相关责任人员除了证券市场禁入措施外，对公司违法行为的顶格罚款只有 60 万元，对实际控制人最高罚款 90 万元，违法成本较低。2020 年 3 月 1 日正式生效的新《证券法》已大幅提高了证券违法成本，根据新《证券法》，以发行人欺诈发行为例，尚未发行证券的，罚款金额从最高 60 万元提高到了最高 2 000 万元，已发行证券的罚款金额占非法募集资金的比例也从原来的最高 5% 提高到 1 倍，对直接负责的主管人员和其他直接责任人员的罚款金额从最高 30 万元提高到 1 000 万元。

除了提高罚款额度以外，新《证券法》更注重民事赔偿有机衔接。同时相关部门也在推动《刑法修正案（十一）》的修订，2020 年 6 月 28 日，《刑法修正案（十一）（草案）》已经提请全国人大常委会审议，该草案提高了欺诈发行股票、债券罪和违规披露、不披露重要信息罪的刑罚。我们期待新《证券法》和《刑法修正案》修订实施后，通过大幅提高财务造假的违法成本，从根源上遏制资本市场上的财务造假行为，提高资本市场财务信息披露质量。

美国对于上市公司财务造假行为处罚相当严厉，安然公司财务造假案，安然公司被罚款 5 亿美元，股票停止交易，公司宣告破产；安然公司有几十人被提起刑事指控，公司 CEO 判 24 年监禁并处罚款 4 500 万美元；财务欺诈的策划者费斯托被判 6 年监禁并处罚款 2 380 万美元；全球五大会计师事务所之一的安达信因涉及安然公司财务造假，被判处妨碍司法公正罪后最终宣告破产。

安然事件发生后，美国国会通过了《公众公司会计改革与投资者保护法案》（又称《萨班斯—奥克斯利法案》），大幅提高了公众公司财务造假的违法成本。该法案对公众公司财务造假的法律追究作出了明确规定，其中包括对公众公司财务造假责任人的法律问责（见表 12）。在法律责任的巨大威慑力下，美国资本市场的市场秩序出现了很大程度的好转，影响恶劣的重大财务舞弊案件已较少发生。美国资本市场对信息披露违法违规行为的法律责任可为我国资本市场法律法规的完善提供借鉴。

表12 《萨班斯—奥克斯利法案》关于财务造假责任人的法律责任

序号	责任
1	故意进行证券欺诈的犯罪最高可判处25年监禁，对犯有欺诈罪的个人和公司分别处以最高500万美元和2 500万美元罚款
2	故意破坏或捏造文件以阻止、妨碍或影响联邦调查的行为被视为严重犯罪，将处以罚款或判处20年监禁，或予以并罚
3	执行证券发行的会计师事务所的审计和复核工作底稿应至少保存5年，任何故意违反此项规定的行为，将予以罚款或判处20年监禁
4	公司首席执行官和财务总监必须对报送给美国证券交易委员会的财务报告的合法性和公允性进行宣誓，违反此项规定的将处以50万美元以下的罚款或判处5年监禁
5	起诉证券欺诈犯罪的诉讼时效由原来从违法行为发生起3年和被发现起1年分别延长为5年和2年
6	对检举公司财务欺诈的人员实施保护措施，补偿其特别损失和律师费；对举报者进行打击报复的，最高可判处10年监禁

（二）我国注册会计师行业执业环境存在的问题

1. 会计责任、审计责任划分不清。

由于审计手段有限、取证困难、串通舞弊、审计抽样等注册会计师审计具有的固有局限性，可能导致被审计单位精心设计的舞弊、串通舞弊等未能被发现，导致审计失败。

注册会计师承担的审计失败责任应限于未能按照审计执业准则和职业道德准则的规定勤勉尽责执业导致的审计失败。如果有充分证据表明注册会计师遵循了相关执业准则，保持了适当的执业怀疑和应有的职业谨慎，勤勉尽责的执行了审计工作，并无重大过失，即使没有发现财务舞弊也无需承担审计失职责任。否则，根据舞弊的结果推定审计师应承担责任，或者因为通过特定监管稽查手段，获取注册会计师无法获取的特定证据才能发现的舞弊就以"结果导向"和"后见之明"推定注册会计师应承担审计责任的"深口袋"责任认定理念对注册会计师行业既不公平，也不利于注册会计师行业的健康发展。

2. 监管手段亟待丰富。

我国注册会计师行业的监管手段还是以政府行政监管为主,但是缺乏市场化的监管手段量。在美国金融举报激励、独立机构调查等正成为政府监管之外的有益补充。美国资本市场研究表明金融举报在发现公司违法违规行为中的作用居于首位,而监管机构自己主动发现的作用居于末位,甚至低于审计师和媒体。下面以美国金融举报奖励机制为例,为丰富我国注册会计师行业监管手段提供借鉴。

2010年7月生效的《多德—弗兰克华尔街改革和消费者保护法》(以下简称《多德—弗兰克法》)规定,如果有一个或多个举报人提供源泉性信息,使得美国证交会能够成功执法,那么举报者可以得到罚款10%~30%的奖励。而在这之前的《内幕交易和证券欺诈行为法》规定只向举报者提供"不超过10%"的奖金。同时,《多德—弗兰克法》扩大了奖励范围,使得奖励范围超出诈骗政府的行为,"对私人投资者或金融市场的欺诈"也可以触发赏金奖励。自《多德—弗兰克法》实施以来,美国证交会收到的举报案件逐年增长(见图13)。

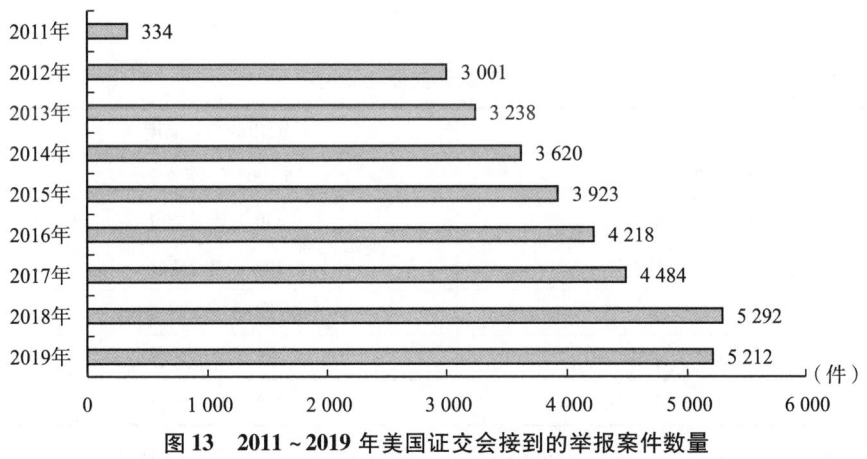

图13 2011~2019年美国证交会接到的举报案件数量

2019财年,美国证交会收到的最常见的举报者举报类型包括:公司披露和财务(21.2%)、欺诈发行(13.3%)、证券市场操纵(10.3%)等,见图14。

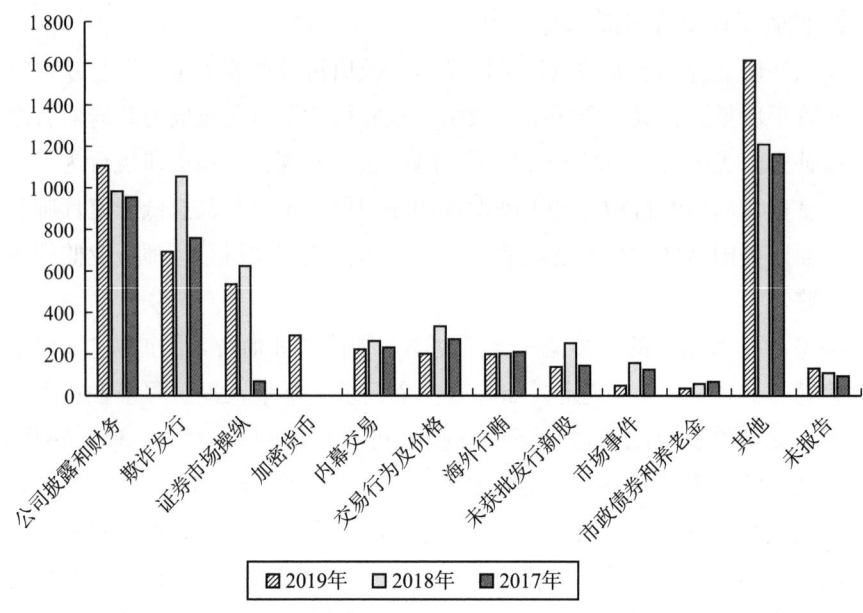

图 14 近年美国证交会接到的举报案件类型

从 2019 年最新的执行情况来看,美国证交会发出高额的奖励,见表 13。

表 13　　　　　　　　2019 年美国证交会奖励情况

日期	发出的奖励额度
2019 年 3 月 26 日	5 000 万美元奖励
2019 年 5 月 24 日	450 万美元奖励
2019 年 6 月 3 日	300 万美元奖励
2019 年 8 月 29 日	超过 180 万美元奖励
2019 年 7 月 23 日	50 万美元奖励
2019 年 9 月 20 日	3.8 万美元奖励

资料来源:https://www.sec.gov/whistleblower "2019 ANNUAL REPORT TO CONGRESS"。

事实证明,对举报者的奖励比监管调查能带来更有效的、更持续的效果,降低社会成本。美国奖励金融举报取得了巨大的成功,极大地打击了证券欺诈犯罪,提高了上市公司整体的内部治理水平。

我国在金融证券领域,证监会 2014 年 6 月颁布的《证券期货违法违规行为举报工作暂行规定》也确立了我国的金融举报及其奖励制度,对举报奖励和举报人保护规定如表 14 所示。

表 14 《证券期货违法违规行为举报工作暂行规定》关于举报奖励和举报人保护

举报奖励	举报人保护
第 14 条 举报奖励限于举报下列违法违规行为的实名举报： （1）内幕交易或利用未公开信息交易； （2）操纵证券、期货市场； （3）信息披露违法违规； （4）欺诈发行证券	第 21 条 打击报复举报人，或利用举报故意捏造事实、伪造证据、诬告陷害他人的，依法承担法律责任
第 15 条 举报事实清楚、线索明确，经调查属实，已依法作出行政处罚且罚没款金额在 10 万元以上的，按罚没款金额的 1% 对举报人进行奖励；已依法移送司法机关后作出生效的有罪判决的，酌情给予奖励。奖励金额不超过 10 万元。对于举报在全国有重大影响，或涉案数额巨大的案件线索，经调查属实的，奖励金额不受前款规定的限制，但最高不超过 30 万元	

我国对金融举报人的奖励仅限于对四种违法行为的实名举报，并且奖励金额同举报人有可能面对的报复相比严重偏低，抑制了潜在举报人的举报积极性。与美国相比，举报人奖励和反报复保护这些重要制度的欠缺，导致我国金融举报机制效率不高，影响了执行效果。

新修订的《证券法》实施后注册会计师从事证券服务业务的发展与监管

> **导读**
>
> ◎ 2020年3月1日,随着新修订的《证券法》的正式实施,会计师事务所从事证券服务由行政许可转变为备案管理,结束了实行28年的证券业务资格许可制度。
>
> ◎ 新修订的《证券法》的实施,既是一个历史的终结,也是新时代的起点,为注册会计师行业带来了新的机遇和挑战,提出了新的要求,证券服务的责任更加重大、竞争更加充分、监管更加严厉,证券服务的生态环境将发生深刻变化。
>
> ◎ 本文从注册会计师从事证券服务业务的历史演变着手,分析取消证券资格后行业将发生的变化。短中期内,取消证券资格可能会对行业产生一定的波动性影响,但中长期证券市场审计集中度和审计质量将进一步提高。取消证券资格也对监管部门提出了新挑战。
>
> ◎ 本文通过比较境内外资本市场审计监管,分析新修订的《证券法》下注册会计师从事证券服务业务监管的相关问题。
>
> ◎ 最后,对注册会计师如何适应新形势新要求提出了提高职业化水平的建议,以更好地服务资本市场。

一、注册会计师从事证券服务业务许可制度的演变

我国资本市场起步于1990年,上海证券交易所、深圳证券交易所的相继成立标志着全国性的资本市场形成。作为资本市场的"看门人",会计师事务

所及注册会计师从事证券服务业务资格监管先后经历了三个阶段。

（一）会计师事务所与注册会计师"双资格"许可阶段（1992年9月~2004年5月）

1992年9月，财政部和原国家体改委发布《注册会计师执行股份制试点企业有关业务的暂行规定》，正式确立了注册会计师从事证券服务业务的"双资格"制度，直至2004年5月不再要求注册会计师具有证券期货相关业务资格，历时超过12年。该期间最重要的规定之一，是财政部、证监会于1996年2月发布《会计师事务所、注册会计师从事证券相关业务许可证管理暂行办法》，要求注册会计师取得证券期货相关业务资格必须经考试合格。1997~2001年，财政部组织了5届注册会计师证券期货相关业务资格考试，该考试被会计审计行业公认为最难考试之一。截至2002年底，71家证券资格所通过年检的证券资格注册会计师共有1 892名（含非经考试批准的证券资格注册会计师），成为会计师事务所的骨干力量，多数后来成长为合伙人（股东）。证券服务业务"双资格"许可阶段相关规定如表1所示。

表1　　　　证券服务业务"双资格"许可阶段相关规定

时间	相关文件	发文部门	涉及证券资格的主要内容
1992年9月	注册会计师执行股份制试点企业有关业务的暂行规定	财政部、国家体改委〔92〕财办字第24号	对公开发行股票和股票上市的股份有限公司执行业务的会计师事务所，至少应具备8名具有3年以上会计查账验证工作经验的专职注册会计师。会计师事务所提出申请，财政部经审查符合要求，发给会计师事务所执行股份制企业业务的许可证，发给注册会计师执行股份制企业业务的许可证
1992年10月	关于申请办理注册会计师执行股份制试点企业社会募集公司业务许可证有关事项的通知	财政部财会〔1992〕34号	明确申请许可证的会计师事务所须报送的具体材料，由中国注册会计师协会核发许可证
1993年2月	关于从事证券业务的会计师事务所、注册会计师资格确认的规定	财政部、证监会〔93〕财办字第5号	专职从业人员不少于30人，至少有8名具有3年以上财务审计工作经验的专职注册会计师，从事证券业务的注册会计师必须具备必要的证券、金融、法律等有关知识。许可证由财政部和证监会联合核发

续表

时间	相关文件	发文部门	涉及证券资格的主要内容
1994年8月	"关于从事证券业务的会计师事务所、注册会计师资格确认的规定"的补充规定	财政部、证监会〔94〕财会协字第94号	规定会计师事务所从事证券业务的注册会计师一般应保持在8人至16人之间,且男不得超过60岁、女不得超过55岁
1996年4月	会计师事务所、注册会计师从事证券相关业务许可证管理暂行办法	财政部、证监会财会协字〔1996〕第11号	专职从业人员不少于60人,其中职龄以内业务人员应占60%以上,有8名以上(含8名)经考试取得证券相关业务资格成绩合格证书的注册会计师
1997年12月	关于注册会计师执行证券、期货相关业务实行许可证管理的暂行规定	财政部、证监会财会协字〔1997〕第52号	将证券服务资格更名为"证券、期货相关业务资格"
2000年6月	注册会计师执行证券期货相关业务许可证管理规定	财政部、证监会财协字〔2000〕56号	将会计师事务所至少有8名证券期货资格注册会计师提高到20名
2004年5月	国务院关于第三批取消和调整行政审批项目的决定	国务院国发〔2004〕16号	废止财协字〔2000〕56号

在"双资格"阶段,从1992年首批13家会计师事务所取得从事证券业务资格起[①],最多时达到106家(1998~2000年)。2000年前后,因蓝田股份、银广厦等审计失败案件,证券资格会计师事务所经过了一轮被撤销、合并浪潮,到2004年降至72家。

(二)会计师事务所"单资格"许可阶段(2006年1月~2020年2月)

2004年5月,国务院发布《国务院关于第三批取消和调整行政审批项目的决定》,决定废止《注册会计师执行证券期货相关业务许可证管理规定》,即取消了会计师事务所及注册会计师从事证券服务许可资格。2005年修订的

[①] 这13家会计师事务所是:中信、中洲、中华、吉林、浙江、江苏、北京、湖南、安徽、新疆、毕马威华振、安达信华强、安永华明。

《证券法》开始对会计师事务所从事证券业务的资格进行了法律层面的规定，其第一百六十九条规定："投资咨询机构、财务顾问机构、资信评级机构、资产评估机构、会计师事务所从事证券服务业务，必须经国务院证券监督管理机构和有关主管部门批准"，但并未对注册会计师规定许可资格，即从 2006 年 1 月 1 日起从事证券服务只需要会计师事务所具备相应资格。因此，2004 年 5 月~2005 年 12 月，从事证券服务业务存在法律法规的"真空"期，但实际执行仍实行许可管理。

2007 年 4 月，财政部、证监会出台《关于会计师事务所从事证券期货相关业务有关问题的通知》，根据当时修订后《证券法》的要求，对会计师事务所从事证券业务重新进行了规范，将注册会计师人数门槛提高到 80 人。2012 年 1 月，财政部、证监会发布《关于调整证券资格会计师事务所申请条件的通知》，进一步将注册会计师人数门槛提高到 200 人，且要求"组织形式为合伙制或特殊普通合伙制"，由此产生了第一批特殊普通合伙事务所。同时，还规定了"两年两单"的资格罚，即两年内在执业活动中受到两次以上行政处罚的，暂停承接新的证券业务。2018 年 3 月，修订后的《中国证券监督管理委员会行政许可实施程序规定》规定了"立案即停"的资格罚，即会计师事务所涉及行政许可事项被立案调查的，证监会不予受理和审查其出具的文件。2003~2020 年 2 月，具有证券期货相关业务资格的会计师事务所稳定在 40 家。证券资格会计师事务所数量变迁，以及截至 2019 年末证券资格会计师事务所相关情况分别如图 1 和表 2 所示。

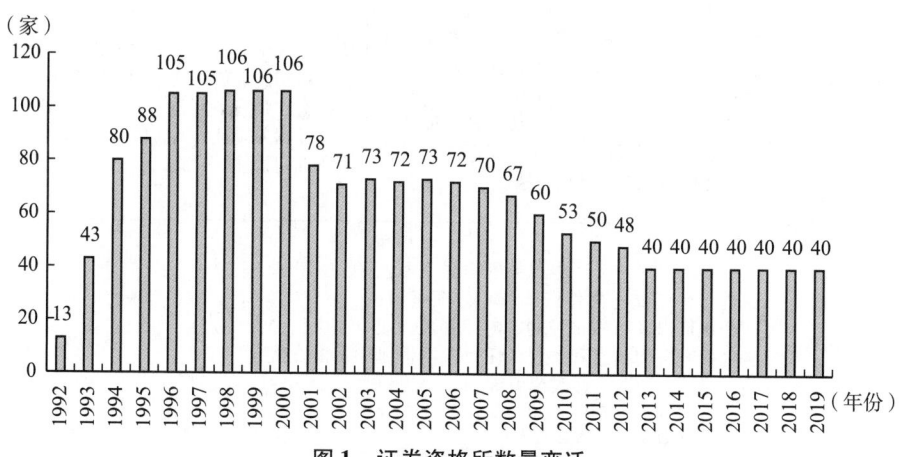

图 1　证券资格所数量变迁

资料来源：YCY 会计行业观察、《中国会计年鉴》。

表 2　　证券资格会计师事务所相关情况（2019 年）

项目	数量（家）	执业注册会计师数量（人）	全国高端人才注册会计师类数量（人）	业务收入（亿元）	上市公司审计数量（家）	国资委管理中央企业主审数量（家）	资产千亿元以上银行审计数量（家）
证券资格所	40	30 353	420	516	3 810	95	139
占全国事务所比例（%）	0.5	27.5	90	59.5	100	100	95.6

资料来源：财政会计行业管理系统及公开数据整理。

（三）"备案制"阶段（2020 年 3 月至今）

2020 年 3 月 1 日，修订后的《证券法》正式实施，会计师事务所从事证券服务由行政许可转变为备案管理，结束了实行 28 年的证券业务资格许可制度。取消许可后，会计师事务所从事证券服务的最大变化是责任加大，不论是行政责任，还是民事责任，因未勤尽责导致的违法后果较原规定大幅提高。新旧《证券法》关于会计师事务所从事证券服务业务规定变化如表 3 所示。

表 3　　新旧《证券法》关于会计师事务所从事证券服务业务规定变化

事项	《证券法》（2019 版）	《证券法》（2014 版）
从事证券服务业务前置条件	第一百六十条　第二款　从事证券投资咨询服务业务，应当经国务院证券监督管理机构核准；未经核准，不得为证券的交易及相关活动提供服务。从事其他证券服务业务，应当报国务院证券监督管理机构和国务院有关主管部门备案	第一百六十九条　投资咨询机构、财务顾问机构、资信评级机构、资产评估机构、会计师事务所从事证券服务业务，必须经国务院证券监督管理机构和有关主管部门批准
工作底稿保管责任	第一百六十二条　证券服务机构应当妥善保管与客户委托文件、核查和验证资料、工作底稿以及与质量控制、内部管理、业务经营有关的信息和资料，任何人不得泄露、隐匿、伪造、篡改或者毁损。上述信息和资料的保存期限不得少于十年，自业务委托结束之日起算	无相关规定

续表

事项	《证券法》（2019 版）	《证券法》（2014 版）
行政责任	第二百一十三条 第三款 证券服务机构违反本法第一百六十三条的规定，未勤勉尽责，所制作、出具的文件有虚假记载、误导性陈述或者重大遗漏的，责令改正，没收业务收入，并处以业务收入一倍以上十倍以下的罚款，没有业务收入或者业务收入不足五十万元的，处以五十万元以上五百万元以下的罚款；情节严重的，并处暂停或者禁止从事证券服务业务。对直接负责的主管人员和其他直接责任人员给予警告，并处以二十万元以上二百万元以下罚款	第二百二十三条 证券服务机构未勤勉尽责，所制作、出具的文件有虚假记载、误导性陈述或者重大遗漏的，责令改正，暂停或者撤销证券服务业务许可，并处以业务收入一倍以上五倍以下的罚款。对直接负责的主管人员和其他直接责任人员给予警告，撤销证券从业资格，并处以三万元以上十万元以下罚款
民事诉讼	第九十五条 投资者提起虚假陈述等证券民事赔偿诉讼时，诉讼标的是同一种类，且当事人一方人数众多的，可以依法推选代表人进行诉讼（即集体诉讼制度）	无相关规定

2020 年 7 月 21 日，财政部、证监会联合制定了《会计师事务所从事证券服务业务备案管理办法》，除按照财政部《会计师事务所执业许可和监督管理办法》规定，从事证券服务业务会计师事务所的组织形式应当采取普通合伙或特殊普通合伙形式外，未设置其他任何前置门槛，仅对备案材料和方式、核验和公告程序等进行了明确。

二、证券服务业务许可制度对行业发展的影响

国家对于某行业实行许可制度，主要有两个目的：一是该行业处于发展初期，竞争能力较弱，需要扶持；二是该行业具有公共性，如食品、医药、金融等行业，从事这些行业的企业具有公众利益实体性质，提供的产品或服务涉及众多消费者，实行许可制度是为了使这些企业提供高质量的产品或服务，以确保公众利益。

在特定时期对注册会计师从事证券服务业务实行许可制度，具有上述双重目的：一方面，支持处于初期的行业发展。虽然我国于 1980 年恢复重建了注册会计师制度，但较快发展却是伴随资本市场的形成和壮大。在行业发展初期实行许可制度，有利于聚集人才、集中资源、加快技术和管理创新，对我国注

册会计师行业的从无到有、从小到大发展起到了重要作用，证券资格所成为行业的"国家队"。另一方面，满足资本市场高质量财务信息披露的需要。由于注册会计师提供的产品（审计报告）具有社会属性，投资者高度依赖财务信息决策，市场需要高质量的审计，这是资本市场健康有序运行的基础。因此，在特定时期实行证券服务资格许可管理，符合我国的国情和行业发展的需要，发挥了重要的作用，主要体现在以下方面。

1. 培育了一批执业能力较强的大中型事务所。

近30年来，产生了具有核心竞争力、能够跨国经营并提供综合服务的10余家大型事务所，以及30余家能够为上市公司及大中型企事业单位提供高质量服务的中型事务所。2019年末，40家证券资格所全部入围全国会计师事务所排名前100位，其中前30位均为证券资格所，提升了行业整体服务国家建设的能力和水平。

2. 培养了一支高素质的注册会计师队伍。

近年来，优秀人才不断向证券资格事务所集中，培养了一批在行业内具有较高声望、能够胜任高端和国际化业务的领军人才，以及懂经营、善管理的行业专家。自2005年启动行业高端人才培养工程以来，90%的注册会计师类高端人才来自证券资格事务所。同时，证券资格所人均注册会计师收入远高于非证券资格所。

3. 引领行业执业标准建设。

证券资格事务所是高质量执业标准体系建设的重要参与者、实践者和推动者，也是审计创新的先行者。最新的会计、审计准则，往往最先在上市公司中执行，证券资格事务所广泛参与准则的制定和修订讨论，为高质量准则体系建设发挥了重要作用。以国际"四大"为代表的证券资格事务所，利用信息化工具开展的数字化审计，拓宽拓深服务范围，提升了注册会计师服务能力。

4. 创新行业管理体制机制。

证券资格所在提升行业治理水平、建立健全运作机制、推动管理创新等方面先行先试。比如，证券资格所率先转制为特普制事务所、创办民族品牌国际网络、探索研究一体化管理等，为行业发展积累了宝贵经验。

5. 促进资本市场发展。

注册会计师被称为"经济警察"，承担着资本市场"看门人"的重要角色，为股票和债券发行、并购重组提供鉴证服务。经注册会计师审计的财务信息是资本市场参与各方投资决策的重要依据，在引导资本要素的优化配置方面发挥着基础性的作用。特别是在资本市场发展初期,证券服务资格许可制度保证了审计机构执业质量和资本市场信息披露质量。事务所还帮助企业健全内部控制,规范会计核算,遏制财务造假。行业报备信息显示,在2001~2015年度上市公司财务报告审计中,通过注册会计师的审计,调整利润总额6 158亿元、资产总额41 453亿元、应交税金1 847亿元。调整事项既有核算不规范,也有涉嫌财务造假行为。2017~2019年度上市公司年报审计中,注册会计师出具的保留意见和无法表示意见等两类非标意见数量大幅增加,从53家增至129家,非标意见占比也持续增加,从1.51%增至3.45%。通过审计调整,上市公司披露的财务信息更加真实、准确,使投资者能够在真实财务信息基础上进行决策;通过出具非标意见,充分揭示上市公司的经营风险和财务风险,提示投资者关注投资风险。证券资格事务所在把好企业财务信息真实性关口、引导资本要素流向国家支持的行业和领域、避免资金错配和浪费等方面,发挥了重要作用。

但是,实行许可制度也存在不足,比如影响市场化水平、可能带来效率的牺牲和产品或服务质量的下降等。全国8 000余家会计师事务所中,仅有极少数能够从事证券服务业务,不利于市场化竞争,不利于优胜劣汰,也不利于压严压实审计中介机构责任。同时,资本市场经过近30年的发展,与审计市场的供需基本趋于成熟,上市公司等委托方选择事务所更加理性,从事证券服务的事务所更加注重品牌和声誉。在国务院"放管服"改革精神下,放开证券服务业务行政许可时机成熟,只要监管部门后续监管措施到位,出现"一放就乱"的可能性不大。

三、证券服务业务实行备案制度后行业发展变化趋势

(一)短中期行业格局的可能变化

1. 稳健发展代替规模发展。

长期以来,做大做强是行业发展的主旋律,尤其是全国性和区域性事务所的努力方向。新修订的《证券法》的实施,或许会给追求规模发展的行业竞争按下"暂停键"。新修订的《证券法》"刑行民"责任并举,大幅提高了审计失败的违法成本,特别是民事赔偿和暂停业务制度,使得不少事务所不愿、也不敢做大,因为一旦审计失败就可能遭致毁灭性打击。新修订的《证券法》实施之前的"两年两单"暂停、证监会138号文的"立案即停"制度,对从

事证券服务业务事务所产生了重大影响。

取消证券资格后的监管将更加严格。以我国目前的执业环境和行业发展水平来看,服务的证券客户越多,就越容易出现闪失,即便事务所非常谨慎。不管是暂停业务还是巨额赔偿,都会使多数事务所无法承受。因此,不少合伙人认为,虽然规模很重要,但现行制度安排并不利于追求规模发展。因为规模越大,风险就越大。为了防范可能的风险,有的考虑实行"备胎计划",事先找好合作伙伴,或另设机构,以稳健发展代替规模发展。

2. 部分原证券资格所可能分化。

2009年10月,国务院办公厅转发财政部《关于加快发展我国注册会计师行业的若干意见》(国办发〔2009〕56号)后,以及随后财政部、证监会出台的《会计师事务所从事H股企业审计业务试点工作方案》(财会便〔2009〕79号),鼓励支持事务所做大做强。一方面,已有的证券资格所希望快速做大规模;另一方面,非证券所则希望进入证券服务领域,因而掀起了行业内大规模合并浪潮,包括证券资格所之间、证券资格所与非证券所之间,以及执业团队的流动。截至2019年12月31日,40家证券资格所拥有分所超过800家,平均每家设立超过20家分所,不少是通过外延式合并设立。虽然1998年以后监管部门基本不再批准新的证券资格事务所,一些非证券资格所通过加入证券资格所间接获得了证券服务业务许可。但是,有的事务所合并后总分所一体化管理程度较低,分所或团队独立性较强,合并更多地源于共用证券资格平台。取消证券业务资格后,部分分所、执业团队存在离开单干的意愿,可能会影响部分事务所的稳定性。原证券资格会计师事务所分所数量发展趋势如图2所示。

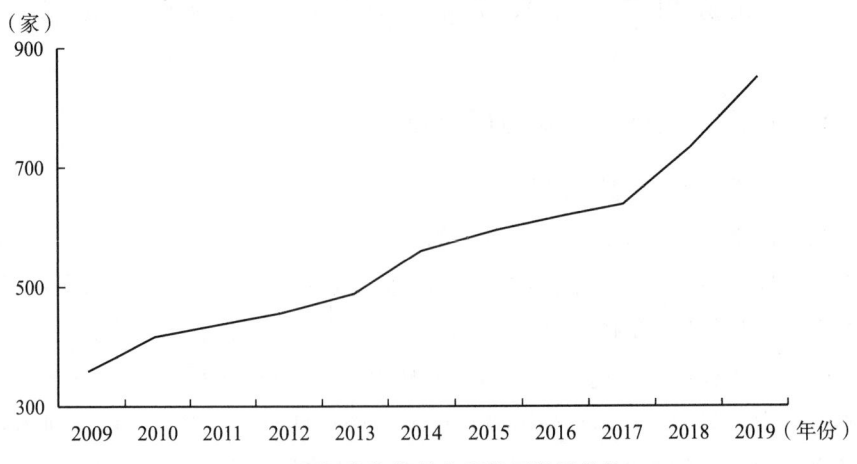

图2 原证券资格所分所数量发展趋势

3. 证券服务业务参与者增多。

迈克尔·波特关于竞争的"五力"模型认为，进入壁垒是影响行业竞争的重要因素。资格许可制度是注册会计师行业的进入壁垒，取消许可意味着消除壁垒。《会计师事务所执业许可和监督管理办法》关于事务所从事证券服务业务的"零门槛"规定，理论上使得证券业务市场这一"皇冠上的明珠"的竞争，将由原40家证券资格事务所，扩大到行业全部8 000余家事务所。从2020年3月1日至7月末，在备案办法尚未正式出台之前，已经有11家原非证券资格所参与承接证券业务审计，而该期间并非聘请审计机构的高峰期，反映出不少原非证券资格所较为强烈的参与证券服务业务的意愿。新修订的《证券法》实施后资本市场审计新进入者如表4所示。

表4　　新修订的《证券法》实施后资本市场审计新进入者

序号	公司名称	挂牌市场	股票代码	拟承接的原非证券资格所	注册会计师数	首次聘请公告日期	现状
1	*ST新亿	A股	600145	深圳堂堂会计师事务所	3	3月26日	股东大会尚未通过
2	神雾环保	A股	300156	北京蓝宇会计师事务所有限责任公司	7	4月13日	取消
3	超能国际	新三板	836686	深圳堂堂会计师事务所	3	5月12日	股东大会否决
4	ST乐美	新三板	871450	北京凯亚国嘉会计师事务所（普通合伙）	59	4月7日	取消
5	清北芯片	新三板	430099	北京永恩力合会计师事务所有限公司	3	4月8日	取消
6	健佰氏	新三板	834887	广州众天会计师事务所（普通合伙）	11	4月15日	取消
7	延边创业	新三板	834853	延边经纬会计事务有限责任公司	12	4月16日	取消
8	ST多浪	新三板	870081	新疆福锐会计师事务所（普通合伙）	5	5月1日	取消
9	恒裕灯饰	新三板	430474	惠州市丛安会计师事务所（普通合伙）	4	5月1日	取消

续表

序号	公司名称	挂牌市场	股票代码	拟承接的原非证券资格所	注册会计师数	首次聘请公告日期	现状
10	睿德天和	新三板	872091	北京永坤会计师事务所（普通合伙）	未披露	6月17日	股东大会尚未通过
11	金土生物	新三板	870174	唐山市新正会计师事务所（普通合伙）	11	7月2日	股东大会尚未通过
12	ST新亿	A股	600145	深圳堂堂会计师事务所（普通合伙）	3	8月4日	股东大会通过

资料来源：上市公司、新三板挂牌企业公告信息。

虽然参与者增多，市场竞争有所增强，但不太可能改变现有证券业务审计市场格局。经过近30年的发展，证券市场审计格局已较为稳定，以新进入者的实力，难以与原证券资格所竞争。正如国内大型所与"四大"所在银行等高端客户审计市场上的竞争一样，这些审计项目并没有门槛，但收费千万元以上的上市公司以及几乎所有的上市银行审计均被"四大"垄断。需要关注的是，影响格局稳定性的因素不少，若出现新一轮合并、分立，则行业可能出现新的局面。

4. 人员流动趋于活跃。

一方面，证券服务业务参与者的扩容、事务所之间人员流动可能加大。特别是具有证券服务经验的注册会计师和专业人员，由原证券资格所向新从事证券服务业务的事务所流动，以利于新加入者承接证券业务，并满足监管部门和市场对审计质量的要求与期望。另一方面，新修订的《证券法》提高了注册会计师违法违规责任，将影响签字注册会计师的心态。有的注册会计师可能因不愿意承担风险而离开行业，出现人才流失。如果注册会计师频繁受到行政监管措施、行政处罚，甚至刑事责任，将影响注册会计师行业对于优秀人才的吸引力。

5. 审计质量分化。

对于原规模较大、品牌信誉较好的证券资格事务所来说，新修订的《证券法》的实施将推动其进一步提高风险意识，强化内部治理体系，加强质量管理。这些事务所非常珍惜来之不易的发展局面，将会采取防御性策略，顺势而为，积极适应新的监管形势，更加审慎地选择承接优质证券业务，主动放弃高风险项目，严格管控执业质量。因此，将会出现一批质量控制体系健全、为证券市场提供高质量服务的事务所，总体上将会提高证券业务审计质量。对于新加入者，以及原内部管理较差的证券资格所，在处理业务发展与审计质量的关系上，往往重发展轻质量，抱着"出了问题大不了换个牌子"的想法。由于缺乏良好的信誉和品牌，承揽客户的能力较弱，他们只能承接风险较高的项目，从入口关就埋下了隐患。不仅如此，新加入者缺乏证券业务从业经验，内部控制不完善，风险管理能力较弱。在出具报告阶段，可能会为了留住客户而放弃原则。这些"新手"入市，可能导致审计质量下滑。但是，也有的新加入者会珍惜来之不易的机会，将承办证券业务视为职业生涯的重要事件，不计成本地加大投入以提高审计质量。

6. 审计收费降低。

新加入者为争取客户，可能会采取低价竞争策略，这也是其最大的"优势"。从原证券资格所分离出去的团队，为尽快站稳脚跟，也可能采取降低审计收费的"策略"。部分事务所为保住客户，可能不得不适当降低收费以应对竞争。因此，短期内行业审计收费可能呈现整体下降趋势。虽然低价未必低质，但将会影响审计市场的有序竞争。

7. 市场选择审计机构新变化。

证券资格取消之前，无论是市场还是行业内，都将事务所分为两大阵营：证券资格所与非证券资格所。证券资格所代表高水平高质量，除了《证券法》规定的证券业务必须只能由证券资格事务所审计外，其他相关法规也以此为参照，明确某些业务审计只能聘请证券资格事务所，如发改委、银行间交易商协会债券发行审计业务，以及部分金融机构审计业务等。新修订的《证券法》实施后，证券资格所成为历史，事务所结构如何划分？市场主体以何种标准选聘事务所？短中期内，可能仍将以从事证券业务的数量判断事务所的品质，"百强所"的排名更加重要。

（二）中长期行业格局的可能变化

证券服务业务风险大，监管严，要求高。规模较小的会计师事务所无论是在专业胜任能力还是风险承受程度上，都无法与大中型所竞争。从证券业务客户选择审计服务机构角度来说，一般会考虑与自身规模和品牌相匹配的事务所，以降低信息披露等监管风险。中央及地方大中型国有企业、金融保险机构，因其体量大、复杂程度高，对会计师事务所的规模和执业能力要求也很高,这使得拥有该类客户资源的分所或团队仍然希望依靠较大事务所平台。此外,监管部门对规模较小的事务所执业质量监管更严,也会倒逼其不愿轻易承接证券业务等风险较高的项目。

现行证券业务资格许可制度下,审计市场集中度已经较高。以2019年报3 820家上市公司审计为例,客户数量前10家事务所审计了2 629家,占比近七成,而在10年前,该比例为50%,集中度大幅提高了近20个百分点。IPO审计市场集中度更高,2017~2019年度前10家事务所承办了80%的IPO项目。因此,虽然短期内可能会有波动,但从中长期看,证券服务业务审计服务机构集中度会进一步提高,形成"强者恒强"的头部效应,小规模事务所参与证券业务的范围主要是市场中质地较差的客户。审计市场的集中,将产生一批大中型事务所,如出现中国版的"十大"事务所,服务于高端客户。较为稳定的行业格局一旦形成,将有利于提高审计质量,降低审计失败频率,更好发挥其服务市场的作用。但是,在人才、技术、管理等资源向大中型事务所聚集的情况下,如果不能形成有序分工、差异化的市场格局,大中型所仍然"大小通吃",大量小型事务所执业质量仍难以有效改善,就会影响行业整体服务能力。稳定行业格局的形成,需要一个较长的过程。

从境外审计市场看,市场竞争形成了层次较为分明的格局。例如,美国会计师事务所主要分为四类:"四大"国际性事务所、全国性事务所、区域性事务所和大型地方事务所、小型地方事务所。英国股票和债券市场中,"四大"事务所高度垄断,特别是富时100公司,全部为"四大"事务所审计客户。美国会计师事务所主要类型及相关数据、英国股票和债券及其他审计市场分布分别如表5和表6所示。

表5 美国会计师事务所的主要类型及相关数据

2020年按收入排序	会计师事务所	收入(百万美元)	合伙人	执业人员	美国业务部	会计与审计/税务/管理咨询与其他收入占比(%)
全球"四大"会计师事务所						
1	德勤	21 913.00	5 811	84 718	130	27/17/56
2	普华永道	17 400.00	3 749	—	91	36/27/37
3	安永	15 000.00	3 600	35 800	104	29/29/42
4	毕马威	9 970.00	2 279	28 331	102	30/29/41

续表

2020年按收入排序	会计师事务所	收入（百万美元）	合伙人	执业人员	美国业务部	会计与审计/税务/管理咨询与其他收入占比（%）
全国性会计师事务所						
5	RSM US	2 436.37	903	8 200	87	36/35/29
6	Grant Thornton	1 950.56	606	6 968	56	33/25/42
7	BDO USA	1 640.00	618	5 535	65	46/33/21
8	CLA	1 145.33	848	4 412	120	30/34/36
区域性会计师事务所						
9	Crowe	958.30	328	3 209	37	31/24/45
10	CBIZ & MHM	811.28	458	2 349	91	29/27/44
11	Moss Adams	767.92	360	2 263	28	39/41/20
12	Baker Tily	754.80	356	2 536	42	32/29/39
大型地方会计师事务所						
50	Aprio	110.18	74	408	7	29/55/16
75	MCM CPAs	61.34	50	258	6	36/41/23
小型地方会计师事务所（略）						

资料来源：《2020 TOP 100 FIRMS – Accounting's Regional Leaders》，来自 Accounting Today 的数据，https：//www.accountingtoday.com/resources。

表6　　英国股票和债券及其他审计市场分布

会计师事务所	年度	富时100公司（%）	富时250公司（%）	英国主要资本市场（%）	所有市场（%）
"四大"会计师事务所（包括英国之外的四大所）	2014	98	96.8	69.7	79.9
	2015	98	96.8	71.1	83.2
	2016	99	96.4	74.8	81
	2017	99	96.8	74.2	80
	2018	100	96	77.8	81.8

续表

会计师事务所	年度	富时100公司（%）	富时250公司（%）	英国主要资本市场（%）	所有市场（%）
排行第5~9名的会计师事务所	2014	2	3.2	21.4	14.5
	2015	2	3.2	21.5	11
	2016	1	3.6	18.4	13.3
	2017	1	3.2	16	12.6
	2018	0	4	15.3	12.7
其他会计师事务所	2014	0	0	8.9	5.6
	2015	0	0	7.4	5.8
	2016	0	0	6.8	5.7
	2017	0	0	9.8	7.4
	2018	0	0	6.9	5.5

资料来源：YCY 会计行业观察。

四、境外证券市场审计准入与监管

境外发达国家证券市场审计监管是"宽准入、严检查、重处罚"，重事中和事前监管，充分发挥市场作用，形成了健全的监管制度和较为良好的审计秩序。虽然有时也发生审计失败，但频率低于当前我国证券市场的审计失败频率。

（一）市场准入门槛较低

境外证券市场审计准入多实行登记制度，类似于我国《证券法》修订后的备案制。以美国为例，根据《萨班斯法案》106条款规定，任何为在美国公开发行证券的公司出具审计报告的会计师事务所，都应当视为公众会计师事务所，必须要在美国公众公司会计监督委员会（PCAOB）注册接受监管。PCAOB对注册的事务所没有人员数量、收入规模的要求，只要没有受过相关处罚，在提交相关材料后一般都可以注册。目前，共有92个国家或地区的865家非美国会计师事务所在PCAOB注册，其中涉及中国的事务所83家，包括香港29家、台湾16家。从注册登记的事务所规模看，既有大型事务所，也有中小型事务所。

澳大利亚对上市公司审计准入规定了较多的负面清单，但仍然属于登记性质。其《公司法经济改革草案》规定，注册会计师要从事上市公司审计业务，除符合一般审计业务资格要求外，还须具备以下条件：（1）具有大学本科以上学历或证券和投资管理委员指定机构提供的学习经历。无论何种学习经历，均要求曾经学习会计不少于 3 年，学习商业法律不少于 2 年。（2）在最近 5 年中，有 3 年以上从事审计业务的经历和 1 年以上从事审计复核工作的经历。（3）申请从事上市公司审计业务的注册会计师，需保证至少 3 年一次向证券和投资管理委员会提供个人执业情况报告，证明自己一直从事审计工作。如果注册会计师连续 5 年没有从事审计业务，证券和投资管理委员会有权取消其上市公司审计资格。（4）没有犯罪记录。（5）成为澳大利亚最大的 3 个会计职业团体（澳大利亚会计师公会、澳大利亚特许会计师协会、全国会计师协会）之一的会员。

其他发达证券市场主体，包括英国、德国、日本、新加坡、中国香港等资本市场审计，均未规定准入许可性质的门槛。

（二）执业活动检查严格

在美国，对会计师事务所的执业检查原由美国注册会计师协会（AICPA）实施。安然事件后，美国证券交易委员会（SEC）设立 PCAOB 制定上市公司审计和质量控制准则，并对会计师事务所审计质量进行监督。《萨班斯法案》第 105 节规定，PCAOB 有权调查、处罚和制裁违反该法案、相关证券法规以及专业准则的会计师事务所和个人。PCAOB 监管非常严格，要求审计客户超过 100 家的事务所每年都接受检查监督，而其他事务所至少每 3 年接受一次检查。如果一家注册会计师事务所并未出具审计报告，但其审计工作被其他事务所在出具审计报告时使用，PCAOB 在任何时间都可能对该事务所进行检查。PCAOB 的检查，是为了指出并且处理会计师事务所在进行审计工作时的缺点和不足，其会选择该事务所的部分审计项目，并对其审计工作进行评估。与此同时，评估会计师事务所审计质量控制政策及过程的规划及运行有效性。任何违规行为都可能会受到 PCAOB 的惩罚，并被报告到 SEC 和州会计师委员会。

正是因为严格的监督检查，不少在 PCAOB 注册登记的事务所并未从事实际业务，真正参与股票或证券发行的事务所 293 家，占比仅 3 成，多数则为挂名看客。在 PCAOB 登记注册的事务所，按照参与相关业务的情况划分为 6 类（一个事务所可能涉及 2 个类别），865 家非美国事务所提供证券服务情况如图 3 所示。

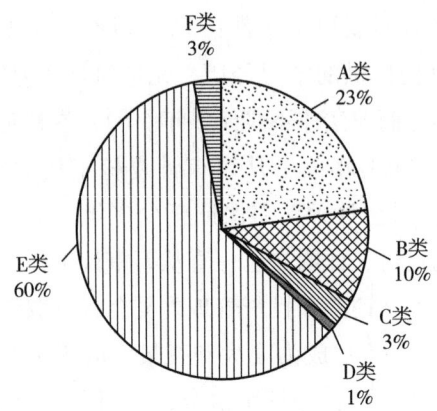

图 3　非美国事务所提供证券服务情况分类

在德国,《德国注册会计师法》第五章纪律监管第 61 条至第 71 条规定:为加强对上市公司年度审计的监督检查,注册会计师公会对拥有 25 家以上上市公司客户的会计师事务所必须每年对其进行业务检查,对上市公司客户在 25 家以下的会计师事务所每 3 年进行一次检查,对无上市公司客户的会计师事务所在 6 年内组织一次检查。注册会计师公会在对上市公司审计项目进行检查时,会计师事务所必须接受检查,且不得以保密为由拒绝提供资料。

在中国香港,自 2019 年 10 月 1 日起,由财务汇报局全面监管上市公司审计机构,类似于美国 PCAOB。财务汇报局获赋予直接行使查察、调查、认可上市实体海外核数师和纪律处分上市实体核数师的权力,亦获赋予权力监督香港会计师公会履行对上市实体核数师的注册、制定专业道德、审计及核证准则和制定专业进修规定的职能。根据《财务汇报局条例》,其有权指示调查员,就公众利益实体核数师或注册公众利益实体核数师的注册负责人进行公众利益实体项目的方式,或可能违反《财务汇报局条例》的条文或所作出的不当行为进行调查。查察重点在于公众利益实体核数师如何进行公众利益实体项目,及公众利益实体核数师的质素监控制度的有效性,以确定其是否已遵守适用的专业标准以及法律法规要求。所有公众利益实体核数师均有被查察的可能。查察的频密程度因核数师事务所规模而异,财务汇报局会对大型的核数师事务所每年进行查察,而其他核数师事务所则通常每 3 年进行一次查察。

（三）违规行为处罚重

境外监管部门对从事公众利益实体审计的会计师事务所及注册会计师进行处罚的特点，是以经济罚款处罚为主，禁业性（暂停或取消业务资格）处罚较少；重责任个人处罚，轻机构（会计师事务所）和其他合伙人连坐；刑民并用，处罚力度往往大于违法成本，尤其是重罚故意、欺诈性质的审计失败。

例如，PCAOB 对会计师事务所和个人进行处罚和制裁的形式包括：临时或永久吊销注册；临时或永久禁止个人在会计师事务所执业；临时或永久限制事务所或个人的执业活动、职能等；对于故意、明知故犯、不计后果的行为或者屡犯的过失行为，可对自然人处以 75 万美元以下的罚款，对单位处以 1 500 万美元以下的罚款；对于过失行为，自然人罚款不超过 10 万美元，单位不超过 200 万美元；谴责；强制要求参加附加的专业培训和教育；其他处罚形式。刑事责任方面，美国《证券法》《联邦邮政舞弊法》《联邦伪造报表法》等法律规定，"有意参与"虚假报表行为欺诈他人者均触犯刑律，在《萨班斯法案》（SOX）规定下，变更或销毁记录的人员可能要遭受罚金和 20 年以下的监禁，远高于我国的 5 年以下有期徒刑。

美国《职业行为守则》指南规则"501-玷辱信誉的行为"规定：会员不得作出任何玷辱职业信誉的行为。AICPA 章程提供的指南比《职业行为守则》规定更明确，若会员犯有以下 4 种罪行之一，就可以取消会员资格：被判处 1 年以上监禁的罪行；注册会计师作为个人所得税纳税义务人，有意漏报任何应依法申报的个人所得税；注册会计师为自己或客户编制虚假的或欺诈性的所得税申报表；蓄意帮助客户编制和陈述虚假的或欺诈性的所得税申报表。

又如，香港财务汇报局的纪律处分，重视对个人及负责人（包括项目合伙人、项目质素监控审视员、质素监控制度负责人）的处罚，其向公众利益实体核数师及注册负责人的纪律处分包括：（1）公开或非公开谴责；（2）指示他们进行补救行动；（3）施加罚款；（4）对该公众利益实体核数师的注册或认可施加条件；（5）撤销或暂时吊销该公众利益实体核数师的注册或认可；（6）禁止该执业单位在适当的期间内申请注册或认可为公众利益实体核数师；（7）将该注册负责人从注册负责人名单中永久地或在适当的期间内除名。境外资本市场审计失败罚款案例如表 7 所示。

表7　　　　　　　　　　境外资本市场审计失败罚款案例

时间	审计失败案	会计师事务所	罚款金额
2019年9月	2013~2016年多个项目中违反审计独立性等	PH	违法所得及其利息444.4万美元；民事罚款350万美元
2019年6月	2015~2017年多次违反诚实正直等	BW	民事罚款5 000万美元
2018年4月	DF证券（香港）挪用客户资产等	GW	事务所40万港元，两名执业会计师各30万港元；共同缴付纪律程序费用300万港元
2017年8月	MER高估资产	BW	违法所得及其利息523.4万美元；民事罚款100万美元
2016年10月	WI财务造假	AY	违法所得及其利息1 084.01万美元；民事罚款100万美元
2005年4月	XC财务造假	BW	违法所得及其利息1 247.5万美元；民事罚款1 000万美元
2001年6月	WM欺诈	AX	民事罚款700万美元

资料来源：美国证券交易委员会网站，https：//www.sec.gov/divisions/enforce/friactions.shtml；香港会计师公会网站，https：//www.hkicpa.org.hk/en/Standards-and-regulation/Compliance/Disciplinary/Disciplinary-Orders。

五、证券市场审计监管新挑战

相对于境外审计监管，我国证券市场审计监管是"严准入、轻处罚"，审计质量与市场期望尚存在较大差距。新修订的《证券法》取消事前审批，更加突出事中和事后监管，将进一步推动行业规范健康发展，有望改变现行监管状况，但仍面临诸多挑战。

（一）监管制度体系建设问题

证券服务审计业务监管涉及的法律包括《注册会计师法》《证券法》《公司法》《合伙企业法》《刑法》等，涉及的部门规章包括《会计师事务所执业许可和监督管理办法》（财政部令第89号）、《中国证券监督管理委员会行政许可实施程序规定》（证监会令138号）、《最高人民法院关于审理涉及会计师事务所在审计业务活动中民事侵权赔偿案件的若干规定》(法释〔2007〕12号)等,以及其他相关规范性文件。这些影响注册会计师执业活动的相关法律法规的健全性、合理性和协调性,仍有待完善。相关法律法规关于会计师事务所民事责任规定如表8所示。

表8 相关法律法规关于会计师事务所民事责任规定

法律法规	民事赔偿责任规定	责任主体
《注册会计师法》	会计师事务所违法本法规定,给委托人、其他利害关系人造成损失的,应当依法承担赔偿责任	会计师事务所
《公司法》	承担资产评估、验资或者验证的机构因其出具的评估结果、验资或者验证证明不实,给公司债权人造成损失的,除能够证明自己没有过错的外,在其评估或者证明不实的金额范围内承担赔偿责任	会计师事务所
《证券法》	证券服务机构为证券的发行、上市、交易等证券业务活动制作、出具审计报告及其他鉴证报告、资产评估报告、财务顾问报告、资信评级报告或者法律意见书等文件,应当勤勉尽责,对所依据的文件资料内容的真实性、准确性、完整性进行核查和验证。其制作、出具的文件有虚假记载、误导性陈述或者重大遗漏,给他人造成损失的,应当与委托人承担连带赔偿责任,但是能够证明自己没有过错的除外	会计师事务所
《合伙企业法》	一个合伙人或者数个合伙人在执业活动中因故意或者重大过失造成合伙企业债务的,应当承担无限责任或者无限连带责任,其他合伙人以其在合伙企业中的财产份额为限承担责任。合伙人在执业活动中非因故意或者重大过失造成的合伙企业债务以及合伙企业的其他债务,由全体合伙人承担无限连带责任	合伙人
《最高人民法院关于审理涉及会计师事务所在审计业务活动中民事侵权赔偿案件的若干规定》	会计师事务所在审计业务活动中因明知而出具不实报告并给利害关系人造成损失的,应当认定会计师事务所与被审计单位承担连带赔偿责任;因过失出具不实报告,并给利害关系人造成损失的,应当根据其过失大小确定其赔偿责任;因按规定执业但仍未发现不实报告的,不承担民事赔偿责任	会计师事务所

(二) 支持行业发展问题

各国证券市场发展的历史都证明,证券市场功能的有效发展,有赖于高质量的信息披露,注册会计师独立审计制度则是信息披露质量的重要保障机制。

注册会计师与监管机构的目标一致，都是维护市场的健康运行。新修订的《证券法》的实施，需要加强对注册会计师从事证券业务的监管，包括严厉查处违规者。但是，要认识到注册会计师受托审计、抽样审计和专业判断等的局限性，要将故意、明知故犯者区别开来，以引导提高专业水平与职业操守为先，淘汰落后者，努力保护整体质量较高的事务所，使之为证券市场发展作出更大贡献。不宜因出现审计失败，就将整个行业"一棍子打死"。证券监管部门曾提出的"三分监管，七分撑腰"，值得重新提倡。行业期望稳定的发展环境预期，希望监管部门慎用暂停执业的行政监管和处罚手段，更多地采用和解等经济处罚手段。

新修订的《证券法》的特点之一，是大幅提高了包括会计师事务所在内的市场主体的处罚力度。《证券法》第二百一十三条第三款规定："证券服务机构……未勤勉尽责，所制作、出具的文件有虚假记载、误导性陈述或者重大遗漏的，责令改正，没收业务收入，并处以业务收入一倍以上十倍以下的罚款，没有业务收入或者业务收入不足五十万元的，处以五十万元以上五百万元以下的罚款；情节严重的，并处暂停或者禁止从事证券服务业务。对直接负责的主管人员和其他直接责任人员给予警告，并处以二十万元以上二百万元以下的罚款。"新规将原处罚金额区间由 5 倍提高至 10 倍，如此大的弹性和自由裁量权，如何保证处罚的公平公正以及标准的一致性，是对监管部门的新挑战。

（三）监管协调问题

相较于境外公众利益实体审计的监管，我国的监管机构多，除了法定的财政部、证监会、中注协等机构外，其他机构也直接或间接参与监管，如审计署、国资委。新修订的《证券法》实施后，应调整优化监管制度，避免重复检查。美国公众利益实体审计执业原由 AICPA 检查，2002 年该职能移交至 PCAOB；香港上市公司核数师监管从 2019 年 10 月后，香港会计师公会不再行使检查权。根据国情确需要不同机构监管的，应建立完善协调机制。2020 年 4 月，财政部发布《加强注册会计师行业联合监管若干措施》的通知（财办监〔2020〕10 号），在执业质量检查、日常监管和跨境会计审计监管等方面，推动财政部监督评价局与中国注册会计师协会联合监管，这无疑是监管协调机制的有益探索。境内外公众利益实体审计监管机构如表 9 所示。

表 9　　　　　　　　境内外公众利益实体审计监管机构

国家或地区	会计师事务所监管机构
中国	中国证监会、财政部会计司、财政部监督评价局、中国注册会计师协会
美国	美国公众公司会计监督委员会（PCAOB）
英国	英国财务报告理事会（FRC）
中国香港	香港财务汇报局（FRC）
德国	德国审计师审查组织（AOB）、德国法定审计师公会（WPK）
日本	日本注册会计师和审计监管局（CPAAOB）
澳大利亚	澳大利亚证券与投资委员会（ASIC）、财务报告委员会（FRC）
新加坡	新加坡会计与企业监管局（ACRA）

（四）新加入者监管问题

取消证券资格后，监管机构面临最大的问题之一，无疑是对新加入者的监管，以确保新政策的平稳过渡。监管资源允许的情况下，宜实现"新手"监管的全覆盖。关注首次承办证券业务的事务所，包括设立情况、内部控制、执业能力、诚信记录，特别要了解注册会计师等执业人员的信息，如是否从其他原证券资格事务所转入，是否具有证券业务从业经验。既要严厉打击低价竞争、不顾质量、扰乱市场的新加入者，也要积极鼓励支持诚信守法、敬畏专业的新加入者。

（五）财务造假利益相关者监管问题

对于上市公司的财务造假，监管部门主要追究公司及其大股东和董监高，以及会计师事务所等中介机构的责任，但协助造假的相关利益者却一直未得到监管。事实上，不少财务造假案中，都会出现协助者的身影。例如，有的商业银行和上市公司串通，出具虚假银行询证函回函、虚假银行回单、虚假银行对账单，欺骗注册会计师；一些上市公司的供应商和销售客户也是造假的帮手，更有甚者，有的公用事业部门也与上市公司串通，出具虚假的供电费用、供气费用等，协助上市公司进行成本和销售造假。当前，注册会计师最大的审计风险之一，是来源于客户与相关利益者的串通舞弊。监管部门如何为注册会计师创造一个良好的执业环境，加大对造假帮手的监管，已经刻不容缓。

六、会计师事务所提升证券业务服务能力的举措

(一) 树立正确的职业价值观

注册会计师的职业价值观,最重要的是明确职业属性的问题。法律规定了企业必须要接受审计的情形,从这个意义上说,注册会计师审计是社会监督体系的制度安排,当注册会计师在审计报告上签字时,意味着在行使监督公权力。虽然会计师事务所与客户签订的业务约定书明确了双方的权利和义务,但交易不只是契约双方,注册会计师还要对潜在的不特定利益相关者负责,即提供的服务具有社会性。注册会计师行业具有的社会属性,决定了其职业价值观应当以人民为中心,充分发挥专业优势,服务证券市场和国家经济建设。执业时,要更多地想到审计报告的所有使用者,忠诚于公众利益,这也是注册会计师的初心和使命。没有正确的价值观作为引领,注册会计师将迷失方向。

(二) 始终坚守职业道德规范

独立性是注册会计师职业道德的核心,也是高质量审计的保障。《中国注册会计师职业道德守则》规定了影响独立性的情形,要求注册会计师不能因为自身利益而失去公正。注册会计师和客户是委托与被委托关系,存在直接的经济利益关系,这与注册会计师应当处于超然独立地位相矛盾,也是对注册会计师发挥鉴证职能的最大挑战。在注册会计师发生审计失败的案例中,独立性缺失是重要原因。在充满诱惑的证券市场审计领域,注册会计师必须坚守职业道德,守住内心崇高的道德准则,战胜自己的欲望,实现社会价值与商业价值的统一,真正充当"资本的眼睛"。具体执业中,要严格遵循鉴证与咨询分离、业务收费不与审计意见挂钩、做到实质性轮换、与客户保持适当距离等原则。

(三) 不断提高核心职业技能

当前,行业面临审计环境对注册会计师胜任能力要求提高、审计工具和审计方法跟不上客户变化、行业人才流失严重等3个方面的压力。要履行好注册会计师资本市场"看门人"的职责,有针对性地提高职业技能是关键。一是树立一个思维,即哲学思维。哲学强调透过现象看本质,关注事物的逻辑,要

有质疑精神,这在当前系统性舞弊较为突出的情况下非常重要。在具体审计实践中,要以职业怀疑态度关注交易的商业实质,从交易可解释、轨迹可观察、期后可验证方面审计异常交易。二是用好一个准则,即舞弊准则。资本市场的审计,就是舞弊与反舞弊的斗争,必须要用好相关准则,加大舞弊准则的研究和完善,提供更多的审计指引,提高注册会计师反舞弊能力。三是提高一个判断,即风险导向不能落地时的决策。面对企业系统性舞弊造假,注册会计师获取的"形式证据"往往很充分,虽然怀疑,但却无法进一步延伸穿透,导致风险导向审计不能最终落地。因此,在准确判断基础上,注册会计师要有勇气作出正确的决策,切忌心存侥幸。

(四)加快推进职业创新

数字化正深刻地改变着注册会计师职业的模式。行业必须加快职业创新,以适应数字经济发展,适应证券市场日益复杂的经济业务。具体而言,注册会计师行业要在下列几方面创新:

一是会计师事务所管理体制创新。要通过信息化手段创新管理体制机制,实现一体化、扁平化、机动化管理。

二是审计风险意识创新。深刻理解数字经济不同于传统经济的风险,把握风险导向新趋势。

三是审计工具与方法创新。审计作业平台、大数据挖掘和分析工具、审计智能机器人等已经越来越多地运用到审计实践,远程、联网、共享审计在加快推广。没有创新的审计工具和方法,注册会计师将被技术革命所淘汰。

四是审计理论创新。现行抽样审计已经难以适应海量数据,大数据全样本审计将改变审计方式和作业流程,审计证据由关注因果关系到识别相关关系。

五是业务创新。新技术为注册会计师创新业务发展提供了机遇,将成为事务所新的增长点。

六是人才结构创新。要引进计算机人员、数理统计人员,以实现人才结构的多元化,构建新的注册会计师胜任能力框架。

七是行业监管创新。如会计责任与审计责任的界限、数字化审计证据认定、报备系统互联互通等。

(五)营造良好职业环境

会计师事务所治理机制不够健全、内部管理薄弱、频繁流动重组、行业低价竞争、过度商业化等现象，制约了注册会计师行业更加有效地发挥服务证券市场的职能，甚至危及行业存在的价值和意义。因此，要净化行业职业环境，加强自律管理，树立良好的社会形象，吸引更多的优秀人才从事证券服务业务相关工作，营造风清气正的行业环境。

资本市场金融审计的现状和趋势

> **导读** ● ● ●
>
> ◎ 金融业是注册会计师行业的高端服务领域。目前，中国金融业总资产已达300万亿元，其中银行业规模居全球第一，而金融企业审计的总体行业规模也相当可观。
>
> ◎ 金融业发展过程中，注册会计师行业在维护金融稳定、防范金融风险、协助金融企业"走出去"、信息化建设以及会计准则制定等方面作出了重要贡献。
>
> ◎ 金融企业的审计业务一向是会计师事务所的兵家必争之地，而财政部于2020年初发布的《国有金融企业选聘会计师事务所的管理办法》引入了联合审计等要求，也进一步促进了行业的公平竞争。
>
> ◎ 金融企业审计的复杂性主要体现在金融企业突出的行业特点，例如，跨地区和跨业务经营、行业政策及相关法规频繁更迭、信息系统规模庞大且复杂，业务创新不断且受外部监管严格约束等。因此，注册会计师在执行审计过程中，需针对这些特点逐一采取有效的应对措施，突出表现在对舞弊风险的考虑、对监管风险的特殊考虑、对特定会计判断和估计的高度关注、信息系统测试及利用专家工作等方面。
>
> ◎ 金融企业审计还面临相关会计准则日趋复杂且原则性更强的局面，其中预期信用损失、合并财务报表准则、公允价值计量准则及新保险合同准则对金融企业影响尤为重要。
>
> ◎ 展望未来，科学技术的高速发展给各行各业带来了新的机遇和挑战，金融企业审计亦不例外。为了保持行业活力，金融企业审计须注重专业人才培养及信息技术建设。

一、金融企业审计概述

(一) 我国金融市场体系

我们日常提及的"金融企业"一般是遵循人民银行2009年编制的《金融企业编码规范》,其中包含了货币当局、监管当局、银行业存款类金融企业、银行业非存款类金融企业、证券业金融企业、保险业金融企业、交易及结算类金融企业、金融控股公司及其他总计九大类机构。总体而言,金融企业是指从事各类金融服务业,经营各类金融商品的企业。

目前,我国基本建立了证券期货市场、货币市场和银行间外汇市场,实现了多元化发展。中国人民银行行长易纲于2019年9月24日表示,中国共有4 500多家银行业金融企业,130多家证券公司,230家保险公司。金融业总资产300万亿元,其中银行业268万亿元,规模居全球第一。众多形式的金融企业共同撑起了庞大的资产规模,建成了与中国特色社会主义相适应的现代金融市场体系。

从监管角度看,自2003年银监会成立算起,中国"一行三会"的金融监管格局已走过15个春秋。2018年3月,国务院发布金融监管改革方案,合并银监会和保监会为银保监会,加上2017年新成立的国务院金融稳定发展委员会,"一委一行两会"的新监管格局就此形成,他们共同负责维护我国的金融体系和国民经济的稳定发展(见图1)。

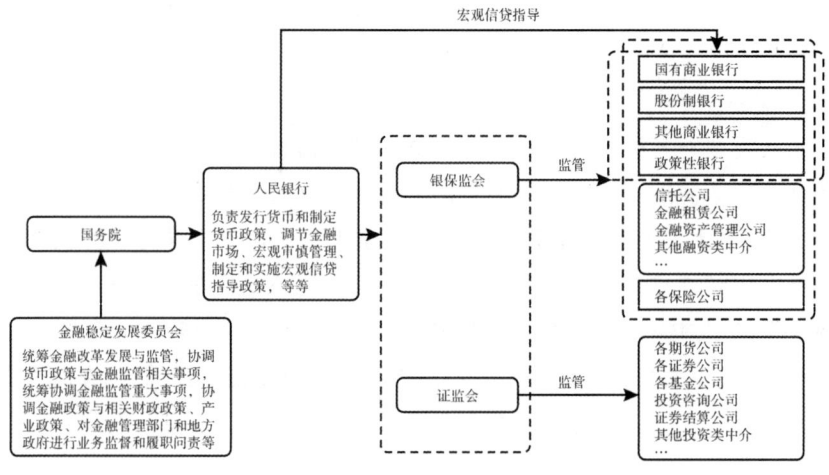

图1　中国金融业体系示意图

资料来源:课题组根据公开信息整理。

(二) 注册会计师行业对金融业发展的贡献

1. 支持准则制定、协助维护金融稳定、防范金融风险。

注册会计师通过实施财务报表审计工作来防范和化解会计舞弊和重大错报风险，有助于提高金融机构的财务信息质量，夯实金融市场的微观基础，为维护金融稳定、防范金融风险提供制度保障。同时，注册会计师在财务报表审计的过程中，通过对金融机构的控制环境、业务流程及内控措施的了解和测试，及时识别出金融机构在公司治理和内部控制方面的薄弱环节，并相应提出改进建议，协助金融机构建立健全科学和完善的风险防范机制。近年来，与金融业息息相关的多个会计准则都有重要发展，注册会计师积极参与这些准则的制定和修订过程，协助监管机构和金融机构发现会计准则应用的痛点和难点，并为金融企业有效实施会计准则提供专业指导。

2. 配合支持审慎监管和投资者保护。

金融行业风险集中且利益相关方众多，故监管当局通常从微观和宏观角度对金融行业实施审慎监管，例如，银保监会对银行业的资本充足率、流动性比率以及拨备覆盖率等关键指标规定了合格标准。注册会计师执行审计工作时，往往需要同时具备会计思维、审计思维和监管思维，评估金融机构在不违反会计准则要求的前提下对监管标准的执行情况，并就观察所得与监管机构积极沟通，以便监管机构切实掌握金融机构的风险状况，并及时采取有效措施。

3. 协助中国金融企业"走出去"，包括境外资本市场上市和业务"谋篇布局"。

我国金融企业逐步加快国际化经营步伐，积极设立境外分支机构、寻求境外资本市场上市及业务收购，在此过程中也不乏注册会计师的身影。注册会计师依托其发达的国际化网络，从会计、税务、内控、战略及交易咨询等多方面为金融企业的"走出去"战略提供专业性支持，有效协助金融企业快速进入当地市场并加强其对跨国业务的宏观管理能力。

4. 对金融企业信息化建设的贡献。

近年来，金融行业围绕国家金融改革发展相关战略，不断推动信息基础设施建设、"互联网+"及大数据发展。在此过程中，注册会计师队伍中的信息化专业人才凭借丰富的项目经验，为金融机构信息化建设提供各类协助，例如，可行性研究、项目落地以及项目的有效性检查等。当下，注册会计师也结合审计和咨询工作的客观需要，在大数据、区块链及网络安全等多个领域内不断加强自身建设和知识输出,并寻求与金融机构的合作机会。

(三) 金融企业审计市场格局

金融行业是总资产达数百万亿元的行业,与之相关的财务报表审计和其他鉴证业务也一贯是各家会计师事务所的兵家必争之地,常年来上市金融企业审计收费的头部位置一直由四大国有商业银行占据,金融企业审计的总体收费规模也相当可观。2019 年度,上市金融企业(含 A 股、H 股和美股)按行业大类汇总的审计收费如表 1 所示。

表 1　　　　　　　　　金融行业审计费情况

行业	2019 年度审计费[②](人民币万元)	占比(%)
银行业	104 490	57.6
证券业	10 190	5.6
保险业	34 584	19.1
其他[①]	32 156	17.7
合计	181 420	100.0

注:①其他金融业主要包括融资租赁、小额贷款公司、资管、期货、金融控股集团、信托、融资担保公司及互联网金融公司。
②收费包含财务报表审计相关服务及内部控制审计相关服务。
资料来源:课题组根据上市金融企业 2019 年年报整理。

另外,从不同上市市场中的金融企业审计收费情况(其中,多地上市的金融企业以其"主要上市地"作为统计口径)来看,A 股市场审计收费规模最大,港股和美股市场较小。目前,国内金融企业的上市地点主要集中在 A 股市场和 H 股市场(大部分金融企业的"主要上市地"为 A 股),少部分互联网金融企业选择在美国市场上市。从市场分布来看,以 A 股市场为主要上市地的金融企业规模最大、数量最多、审计收费也最高,港股上市数量次之。从三地上市金融类企业的总资产来看,A 股市场以总资产平均人民币 19 526 亿元遥遥领先,H 股市场和美股市场则分别为人民币 3 333 亿元及人民币 54 亿元。主要市场 2019 年度金融企业审计收费情况如图 2 所示。

除此之外,根据 Wind 数据库统计,2019 年度基金行业(主要是非上市的基金产品审计)的审计收费总额约人民币 3.68 亿元。若以提供金融企业审计服务的会计师事务所为统计口径,2019 年度收费最高的前四家会计师事务所的审计收费约占整体的 90% 以上。

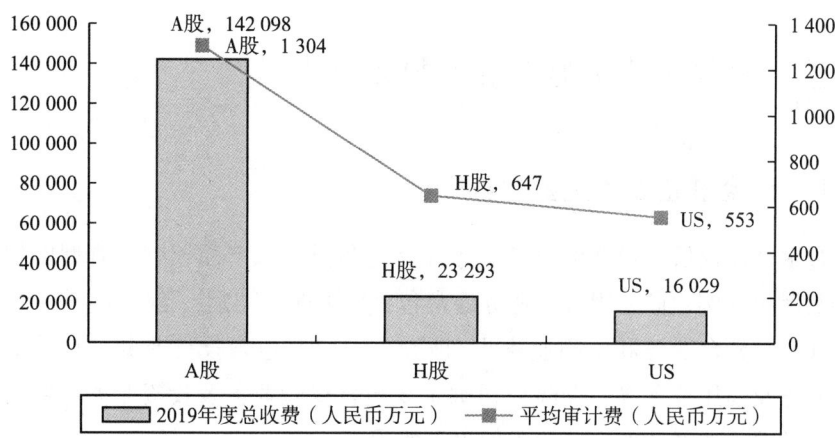

图 2　2019 年度分市场审计收费

注：多地上市的金融企业以其"主要上市地"作为统计口径。
资料来源：课题组根据公开信息整理。

值得注意的是，财政部于 2020 年初发布了《国有金融企业选聘会计师事务所管理办法》（简称《管理办法》，具体内容如表 2 所示），并自印发之日起施行，《财政部关于印发〈金融企业选聘会计师事务所管理办法〉的通知》（财金〔2016〕12 号）同时废止。《管理办法》旨在加强国有金融资产管理，规范国有企业选聘会计师事务所行为，提高金融企业审计质量，维护金融企业出资人和会计师事务所的合法权益，促进注册会计师行业的公平竞争。

表 2　《管理办法》将进一步促进金融企业审计的公平竞争

内容	目的
引入联合审计制度	《管理办法》为金融企业选聘会计师提供了更多可能性，同时也对被审计企业和参与联合审计的会计师事务所之间沟通和协调工作提出了很高的要求
会计师事务所应对金融企业业务复杂性的能力	随着市场环境的变化和金融科技的发展，会计师事务所将随被审计金融企业不断应对新环境、新业务和新模式的挑战，《管理办法》要求会计师事务所应当具备承担金融审计所必须的专业胜任能力，客观上有助于优胜劣汰
连续聘用的年限原则上不超过 5 年，最长不超过 8 年	《管理办法》限制连续聘用年限旨在降低会计师事务所的业务垄断性，提高会计师事务所对金融企业的审计独立性和履职恰当性，提升金融审计质量

资料来源：课题组整理。

二、金融企业主要业务类型及特点

(一) 金融企业的主要业务类型

金融企业提供各项金融服务业务并经营各类金融产品,以最典型的银行、证券及保险为例,商业银行的业务通常包含以下四个类别:信贷业务、资金业务、现金与柜台业务和中间业务[①],证券公司主要包含投行业务、自营业务、资管业务及信用业务等,保险公司则主要包含保险业务及投资业务。银行业、证券业及保险业经营的主要业务如表3所示。

表3　　　　　　　　　金融企业的主要业务

行业	业务大类	具体业务
银行业	信贷业务	按照业务申请人分为公司信贷业务和个人信贷业务,按财务核算方式分为表内核算的贷款和表外核算的银行承兑汇票、保函、信用证等业务
	资金业务	主要包括货币市场业务、债券市场交易业务、贵金属业务、外汇业务以及衍生金融工具业务等
	现金与柜台业务	柜台业务主要包括现金管理、存款业务等。现金管理通常包括金库管理、重要空白凭证管理等多个子业务循环
	中间业务	主要包括:支付结算类业务、银行卡业务、代理类中间业务、基金托管类业务和咨询顾问类业务等
证券业	投行业务	主要是指证券公司提供的资本中介服务,包括证券承销、证券交易、兼并收购、资金管理、项目融资、风险投资、信贷资产证券化等
	自营业务	指证券公司以自己的名义,以自有资金或者依法筹集的资金买卖各类有价证券以获取营利
	资管业务	指证券公司开展代理投资的业务,私募资产管理业务主要包括:单一资产管理及集合资产管理业务。公募业务则主要按照公募基金的分类标准
	信用业务	主要指证券公司开展的融资业务,并收取一定的利息赚取利差,主要包括两融业务、股票质押式回购及约定购回等

---

① 《商业银行审计指引》,中国注册会计师协会。

续表

行业	业务大类	具体业务
保险业	保险业务	专指与保险产品的承保、理赔相关的活动
	投资业务	保险公司在组织经济补偿过程中,将积聚的各种保险资金加以运用,使资金增值的活动

资料来源:《商业银行审计指引》,课题组整理。

(二) 金融企业的主要业务特点

1. 跨地区、跨业务经营。

随着互联网的高速发展,市场上陆续涌现了一批不依赖实体经营场所的线上银行,例如,网商银行、微众银行等,但传统金融企业仍然高度依赖线下网点的铺设以支持其业务发展,原因既有群众对于创新形式的接受程度不同,也有金融企业渗透细分市场及减少管理成本的需求。截至2019年末,大型商业银行在境内外设立的营业网点普遍超过上千家,四大国有银行的营业网点更是高达上万家之多。

除了辐射范围广的跨地区经营特点外,金融企业经营的另一特点是"混业经营"趋势,目前我国银行业混业经营已初见成效,牌照布局逐步拓展,金融控股公司模式初步成型,这也为金融企业从事多元化业务奠定了基础。金融控股集团的典型结构如图3所示。

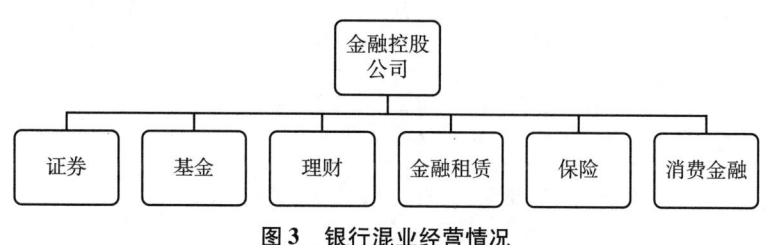

图3 银行混业经营情况

资料来源:课题组整理。

2. 政策、法规与业务知识快速更迭。

2019年度中央银行、银保监会、财政部发布了百余项金融相关监管政策,范围囊括了货币政策、风险化解、风险监管、资管新规配套、政府融资、类金融及债券/ABS/票据等多个方面的内容①,具体如表4所示。

表4　　　　　　　　　2019年度重大金融监管政策一览

政策大类	监管政策
货币政策	《中国人民银行决定调整普惠金融定向降准小微企业贷款考核标准》 《中国人民银行决定下调部分金融机构存款准备金率以置换中期借贷便利》 《中国人民银行公告〔2019〕第15号》① 《中国人民银行公告〔2019〕第16号》②
风险化解	《金融控股公司监督管理试行办法(征求意见稿)》 《关于加强金融服务民营企业的若干意见》 《关于进一步加强金融服务民营企业有关工作的通知》 《关于2019年进一步提升小微企业金融服务质效的通知》 《关于商业银行资本工具创新的指导意见(修订)》
风险监管	《商业银行金融资产风险分类暂行办法(征求意见稿)》 《商业银行净稳定资金比例信息披露方法》 《关于开展银行保险机构股权和关联交易专项整治工作的通知》 《关于开展"巩固整治乱象成果促进合规建设"工作的通知》
资管新规	《商业银行资产托管业务指引》 《标准化债权类资产认定规则》 《关于进一步规范商业银行结构性存款业务的通知》 《关于进一步明确规范金融企业资产管理产品投资创业投资基金和政府出资产业投资基金有关事项的通知》 《商业银行理财子公司净资本管理办法(试行)》
政府融资	《关于推进政府和社会资本合作规范发展的实施意见》 《关于做好地方政府专项债券发行及项目配套融资工作的通知》 《关于加强固定资产投资项目资本金管理的通知》
类金融	《关于印发融资担保公司监督管理补充规定的通知》 《关于加强商业保理企业监督管理的通知》
债券/资产证券化/票据	《关于保险资金投资银行资本补充债券有关事项的通知》 《资产证券化监管问答(三)》 《关于推动供应链金融服务实体经济的指导意见》 《全国法院民商事审判工作会议纪要》

注：①中国人民银行就改革完善贷款市场报价利率（LPR）形成机制的相关说明,2019年8月17日。
②中国人民银行就新发放商业性个人住房贷款利率有关事宜的相关说明,2019年8月25日。
资料来源：《2019年金融监管政策要点大盘点》,金融监管研究院。

---

① 《2019年金融监管政策要点大盘点》,2020年1月18日,金融监管研究院,孙海波等。

金融企业的日常经营与宏观经济及监管政策息息相关，新政策的出台甚至会改变金融企业经营模式、内部控制方式，进而影响注册会计师制定和实施审计策略。例如，随着资管新规逐步落地，银行和审计机构须就新规过渡影响、新产品的会计核算、净值化产品估值、产品审计等一系列后续实务问题开展研究。对银行来说，这有利于金融企业在过渡期内防范潜在风险并掌握新业务的主动权，而对金融企业审计机构而言，则是早期识别潜在审计风险及拟定相关审计应对措施的必要过程。

3. 计算机信息系统庞大且复杂[①]。

在金融业务创新、管理创新、机制创新的背景下，金融企业的信息系统日益庞大，很多业务的操作和管理都通过信息系统进行。以商业银行为例，在商业银行信息系统中，既有核心业务系统，也有相当数量的后台应用支持系统，同时按照监管要求，商业银行还建立起很多外联的业务系统，这些系统都包括复杂的信息系统底层架构。

从财务报表审计角度看，可以将商业银行的信息系统分为三类：一类是业务系统，生成、记录、处理和报告商业银行的各类交易，例如，贷款业务系统、资金管理系统、风险管理系统、信用卡系统、外部清算系统（如大小额支付系统以及SWIFT系统）；二是财务管理系统，进行交易的会计处理，并形成财务报表和相关分析报表；三是支撑商业银行其他产品、服务和管理的相关系统，如OA系统、固定资产管理系统、采购系统、银行业金融机构监管信息报表报送系统、反洗钱监控系统等。与之类似，其他金融企业也结合自身经营特点打造了各具特点的信息系统。

4. 产品创新速度快、程度高。

除了常规的经营业务外，近年来金融企业还涌现了大量的创新型产品和业务，其中具有代表性的产品包括：信用衍生品、联合信贷、资产证券化、无固定期限资本债券等。

（1）信用衍生品：主要指以信用作为基础资产的金融衍生品，国内市场上这类衍生品主要包括信用风险缓释合约、信用风险缓释凭证、信用联结票据及信用违约互换。目前，中资银行参与的信用衍生品标的债务中，贷款均为正常类贷款、债券信用评级均在AA级以上，这意味着此类债务出现违约的概率极低。国际上，交易标的债务则逐渐从贷款、债券等基础类资产向证券化产品

[①] 《商业银行审计指引》，中国注册会计师协会。

发展。

（2）联合信贷：2019年9月24日，国家金融与发展实验室发布《2019年中国消费金融发展报告》。该报告显示，传统信贷模式授信成本过高、征信缺失，限制了传统金融企业服务中低收入人群（"长尾人群"）。发达国家80%以上成年人可从银行获得消费金融服务，而在我国这一水平仅为40%。

科技公司通过高频的线上交易场景能够零距离触达"长尾人群"，并且可以利用大数据技术，生成与分析海量、多样、高速、易变的客户信息，进而用于信用画像，服务于那些缺乏征信记录、被排除在正规金融体系的覆盖范围之外的白名单客户。与之相比，银行凭借多年经营，已培养了居民的储蓄习惯，并以此作为资金来源投放贷款，依靠取长补短，科技公司和银行合作的联合信贷模式由此产生。①

（3）资产证券化：资产证券化是指以基础资产未来所产生的现金流为偿付支持，通过结构化设计进行信用增级，在此基础上发行资产支持证券的过程。截至2019年末，根据Wind资讯统计，国内的资产证券化市场（主要包括ABS和ABN两大主流市场）存量规模已经达到逾3.5万亿元人民币，共计2 520只产品仍在存续期内。银行作为参与资产证券化交易的一类原始权益人，出于对贷款规模和监管指标的考虑，其参与资产证券类业务的热情也持续高涨。截至2019年末，银行贷款抵押证券产品发行情况如表5所示。

表5　　2019年末银行贷款抵押证券（CLO）产品发行情况

发行总额（亿元）	分层结构			总计
	优先A	优先B	劣后C	
不良贷款	106.94	—	36.55	143.49
个人住房抵押贷款	4 401.69	4.47	585.33	4 991.49
企业贷款	715.13	57.38	119.06	891.56
消费性贷款	173.08	16.21	41.15	230.44
信用卡贷款	989.30	53.56	128.57	1 171.43
总计	6 386.14	131.61	910.66	7 428.41

资料来源：Wind资讯。

---

① 许可：《互联网联合信贷与银行业的未来》，载于《数字经济与社会》，2019年10月28日。

（4）无固定期限资本债券：往年商业银行补充资本主要依靠发行二级资本债券，为了拓宽银行资本的补充渠道，自2019年起，银行版永续债（即无固定期限资本债券）作为银行资本补充的新方法，迅速受到银行青睐，并成为各家银行进行资本补充的重要工具。自中国银行于2019年初成功发行400亿元的永续债，正式开启商业银行发行永续债大幕以来，其他银行迅速跟进。

据《证券日报》统计[①]，2019年全年共有高达15家银行共计发行了16只永续债（农行分两批各发行850亿元和350亿元），合计发行规模达为5 696亿元。其中，工农中建交这五大国有银行合计发行3 200亿元，占比逾半数。此外，7家股份行发行规模为2 350亿元，占比41%。另有3家地方银行发行146亿元永续债，占比2.5%。

5. 受外部监管严格约束。

金融企业的业务具有很强的专业性和外部效应，由此产生的风险受到金融监管法规的严格约束和政府有关部门的严格监管。作为金融中介机构，其风险的积累和爆发可能产生多米诺骨牌效应，在各金融企业间传递，并对整个金融体系构成冲击和震荡，导致金融危机。因此，风险管理不仅是金融企业为了适应自身发展需求的永恒主题，也是包括监管机构和社会公众在内众多利益相关方的长期要求。

金融企业须按要求编制各类监管报表并报送监管机构。以银行业为例，2003年11月4日，银监会召开"银行业金融机构监管信息系统建设"主席办公会和监管信息系统建设领导小组会议，会议决定启动"1104"工程（银行业金融机构监管信息系统），以此加强银行业监管。自系统建成后，银行业金融机构开始定期报送相关监管信息（俗称"1104报表"）。此后，为了推进银保监会的数据治理分析及风险识别监测能力，银保监会制定了《中国银保监会银行业金融机构监管数据标准化规范》（又称"EAST"，目前最新版本为2019版），EAST要求银行业金融机构以最细颗粒度报送相关信息模块的明细数据。

金融企业也会在年度报告中披露各项合规经营类指标，以银行业为例（见表6），主要有信用风险指标、流动型指标、效益型指标等。上述监管指标主要基于业务数据及底层财务数据，但口径可能与财务指标有所不同，因此部分监管指标无法直接与财务指标勾稽。

[①]《2019年共有15家商业银行发行了5 696亿元永续债》，证券日报，2020年1月7日。

表 6　　　　　　　　　银行业主要监管指标示例

监管指标分类	具体监管指标
信用风险指标	不良贷款余额、不良贷款率、拨备覆盖率、贷款拨备率
流动性指标	流动性比例、存贷比、人民币超额备付金率、流动性覆盖率
效益性指标	净利润、资产利润率、资本利润率、净息差、非利息收入占比、成本收入比
资本充足指标	核心一级资本充足率、一级资本充足率、资本充足率、杠杆率
市场风险指标	累计外汇敞口头寸比例

资料来源：《商业银行主要监管指标情况表》。

三、金融企业审计关注要点

虽然有审计准则作为工作准绳指导注册会计师开展金融企业审计工作，但由于金融行业的特殊性，在面对如此复杂多样的业务时注册会计师具体该如何开展自己的审计工作？其中，最典型和重要的考虑包括但不限于：对舞弊风险的考虑、对监管风险的特殊考虑、对特定会计判断和估计的高度关注、利用专家工作以及信息系统测试。

（一）舞弊风险考虑

舞弊风险是指被审计单位的管理层、治理层、员工或第三方使用欺骗手段获取不当或非法利益的故意行为，注册会计师尤其须关注导致财务报表发生重大错报的舞弊。金融企业普遍治理结构复杂，业务种类繁多，业务流程涉及部门庞杂，这也给注册会计师识别由舞弊导致的重大错报带来了相当大的难度。

金融企业一旦发生舞弊事件，往往会对社会公众和金融体系造成恶劣影响，如为掩盖不良贷款规模，某股份制银行下属分行的舞弊案件，直观反映了由于舞弊导致的错报影响金额之大、审计风险之高。

【案例1】 金融企业舞弊

某股份制银行某地区分行为掩盖不良贷款，通过千余个空壳企业进行承债式收购来腾挪不良贷款，违规操作资金规模近千亿元。

所谓承债式收购，是不良贷款腾挪的一种手段。例如，甲企业由于欠息在银行的贷款即将成为关注类，这时银行找来乙企业（如空壳企业）以一笔资金收购甲企业的这部分债务。与此同时，银行给乙企业新发放一笔贷款，乙企业再用这笔贷款的资金偿还此前甲企业欠银行的利息。通过上述一番腾挪，原本要逾期的贷款就变成了正常类贷款。

在案件暴露前，该分行长期"零不良"，并且在当地股份制银行经营中排名前列。因为业务表现突出，该分行也长期是行内的标杆。据媒体报道，该分行在业务高速发展的同时，员工无不良记录，无案件事故发生，保持了良好的资产质量并创造了前六年无欠息、无逾期、无垫款、无后三类不良贷款的佳绩。在上级行和监管部门近年的综合考评中，一直名列前茅。

正因为舞弊风险可能导致财务报表整体的重大错报，注册会计师在执行金融企业审计时会全程关注识别管理层的舞弊风险并采取针对性的应对措施。《商业银行审计指引》中也强调了注册会计师在审计中考虑舞弊时，需要采用风险导向审计的总体思路，识别和评估舞弊风险，包括但不限于：询问、考虑舞弊风险因素（实施舞弊的动机或压力、实施舞弊的机会及为舞弊行为寻找借口的能力）、实施分析程序、考虑其他信息并组织项目组讨论。

（二）多地点审计

正如之前提及的，传统金融企业仍然高度依赖线下网点的铺设，大型金融企业的营业范围也已拓展到全球各地，为了应对金融业跨地区经营的特点，注册会计师在执行金融企业审计时还须考虑多地点审计策略的设计和实施。

通常，注册会计师需要根据金融企业下属各分支机构、各经营实体的经营规模、业务特性、流程管理模式，按其重要性水平确定对不同成员单位的审计范围。在此过程中，注册会计师需要按照成本效益原则合理分派资源。目前，许多会计师事务所都已经在全国各地设立了分所，有的事务所还建立了庞大的国际成员所网络。借助大规模成员所的区位优势，有利于减少主管团队的工作负担，并结合当地监管、法律、经济及税务环境特点执行具有针对性的审计工作。

根据2018年度注册会计师协会发布的业务收入前百强会计师事务所信息来看，排名前五的会计师事务所都分别建立了一定规模的成员所网络，部分大型会计师事务所的国际网络分布已逾150个国家及地区。

（三）对监管风险的特殊考虑

对于从事金融业务的金融企业，以及控股证券公司、保险公司、融资租赁公司等多个金融业态的金融控股集团而言，在满足企业会计准则规范的同时，还需妥善处理不同监管机构的监管要求。对金融行业的严格监管使注册会计师在完成财务报表审计的同时,面临了监管机构提出的多元审计需求①。例如,要求注册会计师密切跟踪监管规定的变化情况,熟悉关键监管指标的计算公式,并需要运用职业判断对影响监管指标的因素加以判断;在整个审计过程中考虑监管机构的强制规范。

以银行业为例,典型的监管指标包括资本充足率、不良贷款率、拨备覆盖率等,注册会计师需密切跟踪这些指标的规则变化。又如,注册会计师在执行基金产品审计时,需要同时评估基金产品是否在重大方面符合企业会计准则以及证监会制定的相关信息披露办法,另外针对不同类型的基金资产,如限售股票、未上市股票、非上市股权投资等,还需要遵守相关的估值指引,使得经审计的财务报告符合行业规范以及使用者的需求。

(四) 对特定会计判断和估计的高度关注

根据现行会计准则的要求,金融业务的相关财务核算可能涉及大量的专业判断和估计,如图4所示。正如对金融企业业务特点的介绍,金融企业从未停止创新经营。同时,为了顺应日趋复杂的经济和业务环境,会计准则往往以原则为导向,要求管理层结合自身业务特点和实际情况作出必要的会计判断和会计估计。因此,注册会计师在对金融企业执行财务报表审计业务时,将高度关注这些领域。

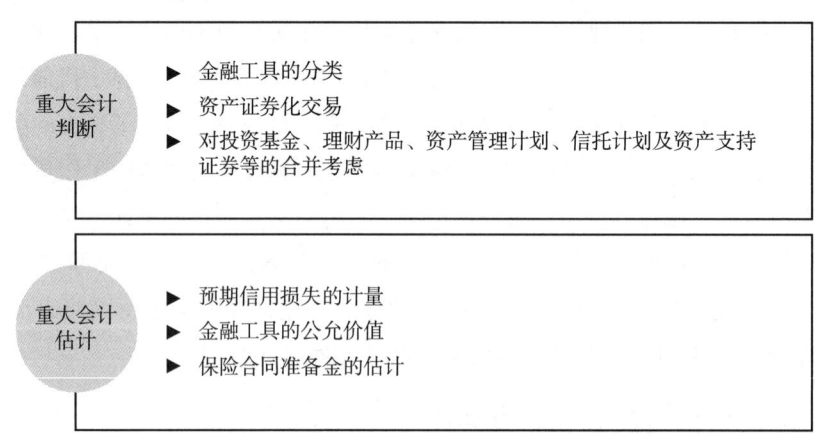

图4 金融企业常见的重大会计判断和估计示例

资料来源:课题组整理。

---

① 《商业银行审计指引》,中国注册会计师协会。

（五）信息系统测试

正如前文所述，在信息化环境下，金融企业运用信息系统记录会计信息，编制财务报告，并使之成为内部控制的有机组成部分，因此注册会计师在执行金融企业审计时会结合金融企业系统运营的特点采取专门应对。有关信息科技内部控制领域及审计应对如图 5 所示。

图 5　信息系统审计应对示意图

资料来源：课题组整理。

审计准则要求注册会计师了解与财务报告相关的信息系统，了解企业如何应对信息技术导致的风险，在测试业务层面控制中关注信息系统对内部控制及风险评估的影响，因此金融企业审计需要了解和评估信息系统，具体而言[①]：首先，金融企业审计须厘清信息系统与财务报表之间的关系，确定与财务报表具有相关性的信息系统依赖领域。其次，金融企业审计通过了解被审计单位，

---

① 普华永道中天会计师事务所（特殊普通合伙）编写组，《财务报表审计中对信息系统的考虑》，中国财政经济出版社 2018 年版。

识别和评估财务报告的重大错报风险,考虑系统的性质和复杂性,判断信息系统和审计的相关程度,并在识别和评估财务报告重大错报风险的基础上,进一步确定是否要对相关信息系统执行审计程序,对哪些信息系统执行审计程序,以及执行怎样的审计程序。最后,通过对被审计单位的信息技术导致的风险及应对措施的了解和评估,得出信息系统是否可以被依赖的初步判断,为审计策略选择和范围确定提供依据。以2019年度某上市大型股份制银行的关键审计事项为例(见案例2)。

【案例2】 关键审计事项之信息系统审计

关键审计事项描述	应对的审计程序
集团运行的IT系统相当庞大且复杂。 自动化会计程序和IT环境控制需要有效设计和运行,以保证财务报告的准确性。这些自动化会计程序和IT环境控制包括IT治理、程序开发和变更的相关控制、对程序和数据的访问以及IT运行等。 最为重要的系统控制包括系统计算、与重要会计科目相关的系统逻辑(包括利息计算)、业务管理系统与会计系统之间的接口等。 随着集团在线交易量的持续迅速增长以及新技术的不断发展和应用,集团在网络安全和数据保护方面所面临的挑战不断提升。 由于集团的财务会计和报告系统主要依赖于复杂的IT系统和系统控制流程,且这些IT系统和系统控制流程是受到在中国和全球范围内进行的、涉及规模巨大的客户群和大量的对公和零售银行业务交易的驱动,故将与财务报告相关的IT系统和控制识别为关键审计事项	利用IT专家的工作对与财务报告相关的IT系统和控制进行评价,其中包括以下程序: (1)了解和评价与财务数据处理所依赖的所有主要IT系统的持续完善相关的关键内部控制的设计和运行有效性。 (2)了解和评价重要账户相关的IT流程控制的设计和运行有效性,评价内容包括测试系统运算逻辑的准确性、测试数据传输的一致性,涉及对公贷款、金融资产服务、同业业务、票据、零售业务等以及主要的财务报告流程。 (3)了解和评价网络安全管理机制、关键信息基础设施运行安全、数据和客户信息管理、检测与应急管理等方面的信息安全关键控制的设计和执行有效性

资料来源:课题组根据公开信息整理。

(六)利用专家的工作

正因金融企业所处的环境情况复杂,创新业务层出不穷,财务核算时经常涉及重大的会计估计以及庞大和复杂的信息系统,因此注册会计师在执行金融企业审计时,基于对金融企业业务的专业理解,还会在必要时利用各类外部或内部专家的工作。

从目前上市金融企业审计报告来看,注册会计师往往在涉及重要会计估计的关键审计事项中依赖特定专家的工作,例如,测试信息系统时引入信息专家、测试预期信用损失模型时引入模型专家、对金融工具进行公允价值计量时引入估值专家、测试保险合同准备金时引入精算专家等。注册会计师在执行财务报表审计的过程中，就是否需要利用专家的工作进行以下评估：（1）专家的知识及以往对有关事项的经验；（2）对相关事项执行审计工作的注册会计师的经验；（3）从其他来源获取的替代审计证据的数量和质量；（4）财务报表相关认定、科目或披露对整份财务报表的重要程度；（5）判断和估计的复杂程度，是否涉及公允价值计量或其他审计事项；（6）对受影响科目开展的其他程序的性质、时间和程度。

四、会计准则发展变化对金融企业审计的影响

会计准则在近年发展日趋原则化及复杂化，部分会计准则的变化对金融机构及金融企业的审计师影响尤其重大，这体现在金融机构审计报告的关键审计事项集中在几个会计准则应用领域，例如，新金融工具准则、合并财务报表准则、公允价值计量准则、新保险合同准则等。我们对2019年末披露了关键审计事项的148份上市金融企业年报进行了统计，目前年度报告中披露的关键审计事项从1项至5项不等，平均每家金融企业约2.5项，具体如表7所示。

表7　　　　　　　　　关键审计事项分类统计

项目	关键审计事项总数	样本量	平均数
预期信用损失	122	148	82%
银行	51	51	100%
证券公司	42	43	98%
保险	3	10	30%
其他	27	44	61%
结构化主体的合并	94	148	64%
银行	45	51	88%
证券公司	36	43	84%
保险	1	10	10%
其他	12	44	27%
公允价值计量	69	148	47%
银行	21	51	41%
证券公司	26	43	60%
保险	5	10	50%

续表

项目	关键审计事项总数	样本量	平均数
其他	17	44	39%
保险责任准备金的计提	12	148	8%
银行	1	51	2%
证券公司	—	43	—
保险	10	10	100%
其他	1	44	2%
其他	65	148	44%

资料来源：课题组根据上市银行 2019 年年报整理。

另外，上述四个关键审计事项在银行、证券及保险行业具有较强的集中度，如图 6 所示。银行业和证券业的关键审计事项以预期信用损失及结构化主体合并为主导，对于拥有较多金融投资的机构还需兼顾公允价值计量的问题；保险业由于主营业务的特殊性，故审计师都将保险责任准备金作为关键审计事项，除此以外，部分保险公司还以长期股权投资及商誉减值等作为了关键审计事项；其他金融业中涉及的细分行业较多，因此关键审计事项多样性最高。除了前述几个会计准则以外，关键审计事项中部分企业还涉及对新收入准则的应用。

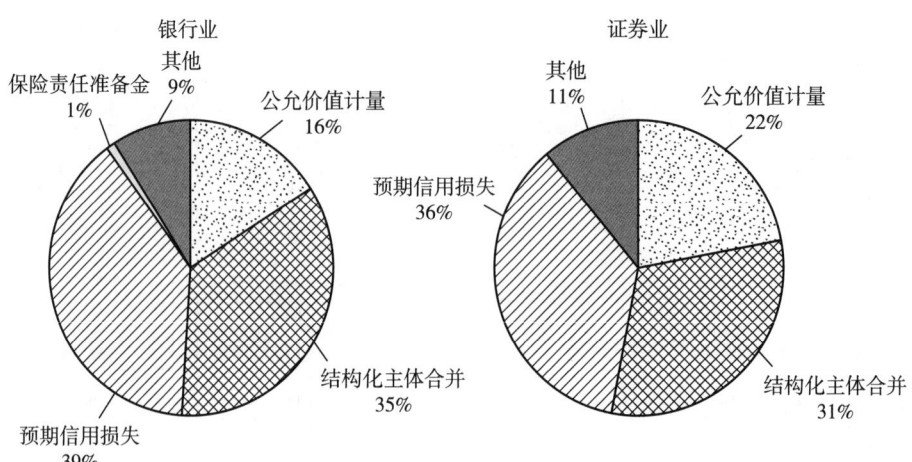

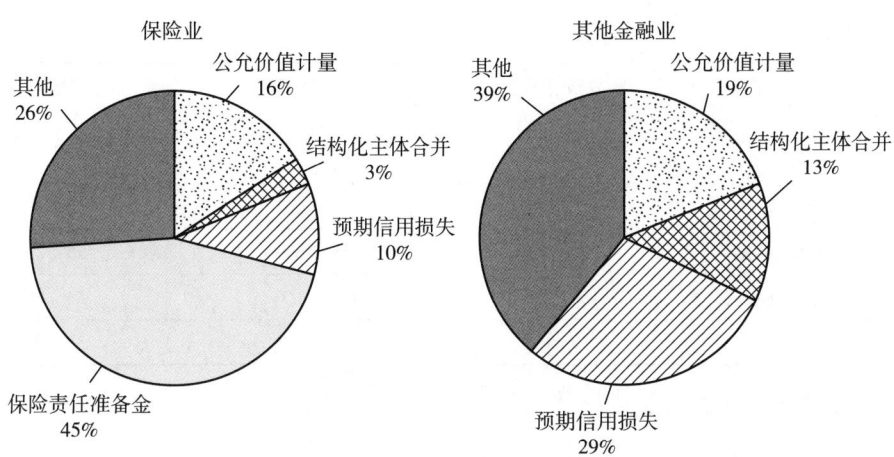

图 6　分行业关键审计事项占比

资料来源：课题组整理。

（一）预期信用损失

目前，除了暂缓执行新金融工具准则的保险公司外，国内 A 股上市金融企业已自 2019 年 1 月 1 日起全面实施新金融工具准则①。其中，大部分金融企业将预期信用损失的评估披露为重大会计估计，且被注册会计师纳入关键审计事项。

一方面，金融企业与一般企业相比持有更多的债务工具，在银行业尤其如此。从 313 个国内银行机构 2019 年年报中公布的贷款规模数据来看，仅"发放贷款及垫款"一项就占到总资产规模的 53%。因此，金融企业和监管机构都非常重视金融企业的信用风险管理，例如，巴塞尔协议Ⅲ着重讨论了有关银行业的信用风险计量原则。截至 2019 年末，商业银行发放贷款及垫款规模如表 8 所示。

表 8　2019 年末商业银行发放贷款及垫款规模统计

银行类型	发放贷款及垫款（亿元）	总资产（亿元）	占比（%）
农商行	67 014	136 063	49
城市商业银行	163 657	354 109	46

---

① 根据财政部《关于保险公司执行新金融工具相关会计准则有关过渡办法的通知》（财会〔2017〕20 号），对于符合条件的保险公司，允许暂缓至 2021 年 1 月 1 日起执行新金融工具相关会计准则。

续表

银行类型	发放贷款及垫款（亿元）	总资产（亿元）	占比（%）
村镇银行	86	141	61
外资银行	8 205	19 661	42
股份制商业银行	291 969	532 699	55
国有商业银行	664 220	1 233 160	54
总计	1 195 151	2 275 833	53

资料来源：Wind 咨讯，课题组整理。

另一方面，相关会计准则核算要求日趋复杂。与原准则相比，新金融工具准则的减值要求中首次引入对"前瞻性信息"的考虑，这使金融企业对减值准备的计量面临更多的专业判断和估计，并拥有了一定程度的"灵活度"。但对于注册会计师而言，如何评估管理层所作会计估计和判断的合理性存在较大难度。

那么，注册会计师应如何恰当地评估管理层运用的会计判断和估计，并识别可能存在的重大错报？以某上市大型股份制银行的关键审计事项为例（见案例3），注册会计师围绕预期信用损失计量的合理性，从多个角度执行了有针对性的审计程序。

📖【案例3】 关键审计事项之预期信用损失

关键审计事项描述	应对的审计程序
发放贷款和垫款及债权投资的损失准备余额、信用承诺的预计负债反映了管理层采用《企业会计准则第22号——金融工具确认和计量》预期信用损失模型，在报表日对预期信用损失作出的最佳估计。 银行通过评估发放贷款和垫款、债权投资和信用承诺的信用风险自初始确认后是否显著增加，运用三阶段减值模型计量预期信用损失。对于阶段一和阶段二的企业贷款和垫款、债权投资、个人贷款和垫款以及信用承诺，管理层运用包含违约概率、违约损失率、违约风险敞口和折现率等关键参数的风险参数模型法评估损失准备。对于阶段三的企业贷款和垫款以及债权投资，管理层通过预估未来与该笔贷款或投资相关的现金流，评估损失准备。 预期信用损失计量模型所包含的重大管理层判断和假设主要包括：	评价和测试了与发放贷款和垫款、债权投资和信用承诺的预期信用损失计量相关的内部控制设计及运行的有效性，主要包括： （1）预期信用损失计量模型治理，包括模型方法论的选择、审批及应用，以及模型持续监控和优化相关的内部控制。 （2）管理层重大判断和假设相关的内部控制，包括组合划分、模型选择、参数估计、信用风险显著增加、违约和已发生信用减值判断，以及前瞻性及管理层叠加调整的复核和审批。 （3）模型计量使用的关键数据的准确性和完整性相关的内部控制。 （4）阶段三企业贷款和垫款以及债权投资的未来现金流预测和现值计算相关的内部控制。 （5）模型计量相关的信息系统内部控制。

案例3（续）

关键审计事项描述	应对的审计程序
（1）将具有类似信用风险特征的业务划入同一个组合，选择恰当的计量模型，并确定计量相关的关键参数。 （2）信用风险显著增加、违约和已发生信用减值的判断标准。 （3）用于前瞻性计量的预测经济指标以及多经济情景及其权重影响的参数和假设。 （4）针对模型未覆盖的重大不确定因素的管理层叠加调整。 （5）阶段三企业贷款和垫款及债权投资的未来现金流预测。 银行就预期信用损失计量建立了相关的治理流程和控制机制。 银行的预期信用损失计量，使用了复杂的模型，运用了大量的参数和数据，并涉及重大管理层判断和假设。同时，由于发放贷款和垫款、债权投资和信用承诺的合同敞口，以及计提的损失准备金额重大，因此我们确定其为关键审计事项	执行的实质性程序，主要包括： 复核了预期信用损失模型计量方法论，对组合划分、模型选择、关键参数、重大判断和假设的合理性进行了评估。抽样验证了模型的运算，以测试计量模型恰当地反映了管理层编写的模型方法论。基于借款人的财务和非财务信息及其他外部证据和考虑因素，抽取样本评估了管理层就信用风险显著增加、违约和已发生信用减值贷款识别的恰当性。 对于前瞻性计量，复核了管理层经济指标选取、经济场景及权重的模型分析结果，对前瞻性及多经济情景模型中使用的参数和假设的合理性进行了评估，并对经济指标、经济场景及权重进行了敏感性测试。 此外，评估了管理层叠加调整中重大不确定因素选取、运用和计量的合理性，并检查了其数学计算的准确性。 抽样检查了模型计量所使用的关键数据，包括历史数据和计量数据，以评估其准确性和完整性。对关键数据在模型计量引擎和信息系统间传输的准确性和完整性进行抽样检查，以验证其准确性和完整性。 对于阶段三的企业贷款和垫款及债权投资，我们选取样本，检查了管理层基于借款人和担保人的财务信息、抵质押物的最新评估价值、其他已获得信息得出的预计未来现金流量及折现率而计算的损失准备

资料来源：课题组根据公开信息整理。

由上述案例可见，预期信用损失带来了更大的不确定性和更高的固有风险，因此要求注册会计师拥有更高的专业胜任能力及职业怀疑态度。其中，减值流程中涉及较多的信息系统流程和控制，且相关系统设置日趋复杂，因此，对于 IT 系统的控制测试需求相应增加。同时，减值模型的运用也要求引入专业的模型专家，协助注册会计师验证其方法论和参数。

（二）合并财务报表准则

自从《企业会计准则第 33 号——合并财务报表》准则修订发布以来，金融企业的"表外"业务在会计核算上受到财务报表使用者的高度重视。

目前，国内资产管理行业规模庞大，根据中国证券业协会发布的证券资管市场统计，截至 2019 年末券商资管产品近 1.7 万个，总资产净值逾 10.83 万亿元人民币。据银行业理财登记托管中心发布的《中国银行业理财市场报告（2019年上半年）》显示，截至2019年6月末，全国非保本理财产品共存续4.7万只，存续余额22.18万亿元。另据Wind的统计信息，截至2019年末，存续期内各类信托产品约4.18万只，规模约3.43万亿元人民币。

在我们统计的148家上市金融企业2019年度年报中，总计有94家的审计报告将结构化主体的合并问题作为关键审计事项。如果缩小范围，仅选择银行、信托、证券、期货作为统计对象，则107家中的85家金融企业将其作为关键审计事项，占比约79%。

对于该事项，注册会计师须高度关注金融企业作为资产管理人对结构化主体拥有的权力，通过服务报酬及享有其他权益所面临的可变回报及其相关性。值得注意的是，中注协于2020年第一季度就信托业务年报审计风险约谈会计师事务所，其中专门提示应关注相关结构化主体的合并问题：

"注册会计师应分析公司对结构化主体拥有的权力、从结构化主体获得的可变回报量级和可变动性，评估相关结构化主体纳入合并范围的合理性和完整性；当公司持有自身发行的信托计划时，还应重点关注相关结构化主体的设立目的、主导其相关活动的能力、直接或间接持有的权益及回报、可获取的管理业绩报酬等因素，关注相关结构化主体合并所涉及管理层重大判断和会计估计的合理性。"

——中国注册会计师协会

以2019年度某上市大型券商的关键审计事项为例，见案例4。

【案例4】 关键审计事项之合并结构化主体

关键审计事项描述	应对的审计程序
结构化主体通常是为实现具体而明确的目的设计并成立的，并在确定的范围内开展业务活动。集团可能通过发起设立、直接持有投资等方式在结构化主体中享有权益。这些结构化主体主要包括理财产品、投资基金、资产管理计划、信托计划或资产支持证券。	与评价结构化主体的合并相关的审计程序中包括以下程序： （1）通过询问管理层和检查与管理层对结构化主体是否合并作出的判断过程相关的文档，以评价集团就此设立的流程是否完备。 （2）就各主要产品类型中的结构化主体选取样本，对每个所选取的项目执行以下程序：

案例4（续）

关键审计事项描述	应对的审计程序
若集团通过投资合同等安排同时对该类结构化主体拥有权力、通过参与该结构化主体的相关活动而享有可变回报以及有能力运用集团对该类结构化主体的权力影响可变回报，则管理层认为集团能够控制该类结构化主体，并将此类结构化主体纳入合并财务报表范围。 在确定是否应合并结构化主体时，管理层需要考虑的因素并非完全可量化的，需要进行综合考虑。 由于在确定是否应将结构化主体纳入集团的合并范围时需要涉及重大的管理层判断，且合并结构化主体可能对财务报表产生重大影响，故将集团结构化主体合并范围的确定识别为关键审计事项	①检查相关合同和内部记录，以了解结构化主体的设立目的和集团对结构化主体的参与程度，并评价管理层关于集团对结构化主体是否拥有权力的判断。 ②检查结构化主体对风险和报酬的结构设计，包括对任何资本或回报的担保、佣金的支付以及收益的分配等，以评价管理层就集团因参与结构化主体的相关活动而拥有的对结构化主体的风险敞口及可变回报所作的判断。 ③检查管理层对结构化主体的分析，包括定性分析和集团对享有结构化主体的经济利益的比重及可变动性的计算，以评价管理层关于集团影响其来自结构化主体可变回报的能力所作的判断。 ④评价管理层就是否应合并结构化主体所作的判断。 (3) 评价财务报表中针对结构化主体的相关披露是否符合企业会计准则的要求

资料来源：课题组根据公开信息整理。

金融企业在实践过程中不断加深对该准则原则性要求的理解，并在合并结构化主体等判断性问题上达成了一些默契，但也正因如此，金融企业审计面临了权力设置条款日趋复杂，控制性安排日趋隐蔽等问题。注册会计师在关注合同条款安排的同时，还须深入了解结构化主体的设立目的、实际运作机制、各方对可变回报的承担是否与权力安排相符，等等，只有知其然，并知其所以然，方能做到风险可控。

（三）公允价值计量准则

作为从事金融业务的金融企业来说，由于涉及大量的金融产品交易，往往面临了更多的公允价值风险，这也无疑令公允价值计量准则越发重要。在我们统计的2019年148家上市金融企业年报中，将公允价值计量作为关键审计事项的共计69家，占比达到47%。以2019年度某上市大型股份制银行的关键审计事项为例（见案例5）。

📖【案例 5】关键审计事项之公允价值计量

关键审计事项描述	应对的审计程序
集团按照估值模型和市场数据来确定金融工具的公允价值,其中估值模型通常需要大量的参数输入。大部分参数来源于能够可靠获取的数据,尤其是公允价值属于第一层级和第二层级的金融工具,其估值模型采用的参数分别是市场报价和可观察参数。当可观察的参数无法可靠获取时,即公允价值属于第三层级的情形下,不可观察输入值的确定需要管理层进行估计,这当中会涉及管理层的重大判断。识别金融工具公允价值的估值作为关键审计事项,是因为以公允价值计量的金融工具的重要性且部分金融工具公允价值的评估较为复杂,在确定估值方法或估值模型以及估值模型所使用的输入值时涉及管理层的重大判断及估计	了解并测试了集团针对金融工具估值模型审批以及金融工具公允价值估值相关的关键内部控制的设计和运行有效性。 对集团所采用的估值技术、参数和假设进行了评估,包括对比当前市场上同业机构常用的估值技术,将所采用的可观察参数与可获得的外部市场数据进行核对,获取不同来源的估值结果进行比较分析。 选取样本,通过比较集团采用的公允价值与公开可获取的市场数据,评价公允价值属于第一层级的金融工具的估值。 在内部金融工具估值专家的协助下,选取样本对需要运用重大判断和估计以确定其公允价值的金融工具进行独立估值,并将估值结果与集团的估值结果进行比较

资料来源:课题组根据公开信息整理。

由上例可见,公允价值计量的层级越低意味着涉及的估计因素更多,在确定公允价值时管理层会更多采用无法观察到的输入值和复杂的估值方法,因此往往需要利用估值专家的工作。因此,金融企业审计人员需要根据审计准则要求执行相关审计程序,包括但不限于评价专家的专业胜任能力、确定专家的工作范围可以满足审计的需要、评价专家工作的适当性以及考虑专家使用的原始数据是否适合具体情况等。

(四) 新保险合同准则

对于保险公司而言,保险准备金计提无论在新旧保险合同准则下都是最重要的审计事项之一。自 IASB 推出《国际财务报告准则第 17 号——保险合同》("IFRS 17"或"新保险合同准则")以来,新保险合同准则的复杂程度和实施难度在保险行业中被热烈讨论,例如,数据清理、系统搭建、基础信息分析,等等。

近期,有保险公司在媒体上提及新保险合同准则落地面临的难度,新准则的复杂程度由此可见一斑[①]：会计和精算融为一体，保单计量变得越来越"统计化"，传统上根据经济交易金额"记账"的方式难以满足要求。同时，保费收入、赔付支出、合同服务边际、保险准备金等，都需要精算模型来确定，这使得业务系统与财务系统之间需要进行更为复杂的数据处理，会计核算需要走向保单等微观层面。

相较于旧准则，保险公司在新准则下的核算过程将更加前置，业务系统、精算系统和财务系统融合程度也更高。因此，保险审计团队应尽早着手准备，在关注保险企业对于新保险合同准则实施准备情况的同时，加强自身对新保险合同准则的吸收和理解。另外，由于单纯依赖自身能力已无法满足新准则下的审计要求，注册会计师还须借助精算专家以及信息系统专家的协助。

上述几个会计事项有一个明显的共性，即都涉及重大的会计估计和判断，例如实施预期信用损失法时对于前瞻性信息的估计、合并结构化主体时对于可变回报的估计、没有活跃交易市场的金融资产的公允价值估计、计提保险合同准备金时对损失率、投资回报率以及折现率的估计等。当审计这些会计估计时，注册会计师需要非常谨慎。

对此，国际审计与鉴证准则理事会（简称"IAASB"）也给与了高度重视。2018年10月，IAASB发布了修订后的《国际审计准则第540号——审计会计估计和相关披露》（简称"新ISA 540"）。新ISA 540适用于财务报表期间起始日为2019年12月15日或之后的审计业务。

五、金融企业审计对专业人才培养、信息科技方面的要求

（一）专业人才培养是保持金融企业审计活力的根本

金融企业审计的复杂性主要体现在金融企业的业务经营较一般行业特点突出，例如，跨地区跨业务经营情况普遍、行业政策及相关法规频繁更迭、信息系统规模庞大且复杂，业务创新不断且受外部监管严格约束等。

为了保证金融企业审计质量，目前许多会计师事务所已建设有专门的金融服务部门，甚至配以条线化的管理，汇聚审计、会计、金融、法律、信息技术等多方位的专业性人才，并发挥规模效应。

[①] 中国人寿保险（集团）公司财务部，《金融科技对保险业财会工作的影响及相关运用》，载于《金融会计》2020年第1期。

从长远来看，各家会计师事务所应就金融领域的专业人才培养形成长效机制。具体而言：（1）会计师事务所应依据自身金融业务发展的定位，重视金融业务人才的培养工作，储备、培养、引进相结合，包括从金融机构引进高端人才，为拓展金融业务奠定坚实的人才基础；（2）会计师事务所应积极推荐和支持业务骨干参与行业金融审计方向领军人才、行业金融审计方向青年才俊培养项目，并注重发挥其对事务所金融人才培养和金融业务团队建设的反哺和带动作用[1]；（3）会计师事务所还应当进一步培养审计人员的宏观意识，切实提高综合分析问题的能力[2]。

目前，财政部及中国注册会计师协会已陆续举办多个培养项目，例如，全国高端会计人才培养工程、国际化高端会计人才培养工程等。其中，金融方向、信息化方向和管理会计方向的高端会计人才培养项目与金融企业审计关系密切。

综上所述，专业化人才是胜任金融企业审计的核心，有效且可持续的人才培养机制则是保证人才供应的基础，会计师事务所应深入研究金融业发展对行业服务的多层次、高标准需求，打造匹配金融业快速发展变革需求的"专业之师"。

（二）科技决定未来

金融企业审计行业近年发展中的另一重要领域是加强信息技术在传统审计领域的应用，即数字化审计。数字化审计的提出其实是多方面因素的推动结果[3]：（1）交易数据量呈爆发式增长，据特许公认会计师公会（"ACCA"）的相关分析显示，全球超过90%的数据是自2016年度开始产生的，其中财务数据占比重大，注册会计师须借助信息技术对这些数据开展分析；（2）客户的业务模式转变，被审计客户的业务创新都会相应影响审计，创新有时就伴随着新技术的应用，这些技术变化不仅是大型金融企业会有，小型金融企业（如民营互联网银行）在初创阶段可能就会应用高新技术；（3）自动化转型，金融企业对人工和常规工作逐渐转向自动化处理，但在审计行业内并没有偏好向无人化作业发展，因为自动化并不一定能减少风险；（4）主动需求和审计的长远发展战略，对前沿技术的应用（包括人工智能、机器学习、大数据分析、

---

[1]《关于提升注册会计师行业服务金融业发展能力的若干意见》，中国注册会计师协会。
[2] 董舒：《新形势下金融审计领军人才的必备能力》，载于《中国会计报》。
[3] ACCA, *Think ahead*: *Audit and technology*.

文字识别技术，等等）使得审计工作更具专业性，使审计从被动反应向主动应对转换。

担任金融企业审计的会计师事务所在金融企业的技术进步及自身的主动变革两方面的双重作用下，为了长期维持行业竞争力，不能忽视在审计中引入信息科技的重要性。典型的数字化审计应用包括：（1）审计核心平台管理器可以使注册会计师更好得掌握审计进程、了解需要的资源并提升审计质量，使注册会计师在对跨地区、跨业务经营的金融集团执行多地点审计时，掌握集团审计结构和审计指引，发现组成部分团队遇到的问题等。（2）数据分析工具可以使注册会计师在业务和财务报表审计背景下更好的解读数据、比传统审计提供更多的细节、在节省成本的同时提供更高质量和高效率的审计。针对高风险事项，例如，信用业务、保险业务、金融投资业务，借助数据分析工具能够挖掘深层数据关系，为注册会计师展现金融企业的经营模式和业务习惯，在计划阶段即纳入数据分析结果并有针对性的开展后续工作。（3）自动化则可以对多种数据源实现同时导入、导出、上传，处理大量数据并进行简单处理。（4）人工智能则可以代替注册会计师完成部分简单化的重复性工作，例如：使用人工智能自动读取金融工具合同条款并初步筛选可能无法满足现金流量测试的合同、机器人自动从贷款数据生成审阅抽样结果、机器人自动批量生成统一格式的结构化主体报表等。数字化审计技术的主要应用如图7所示。

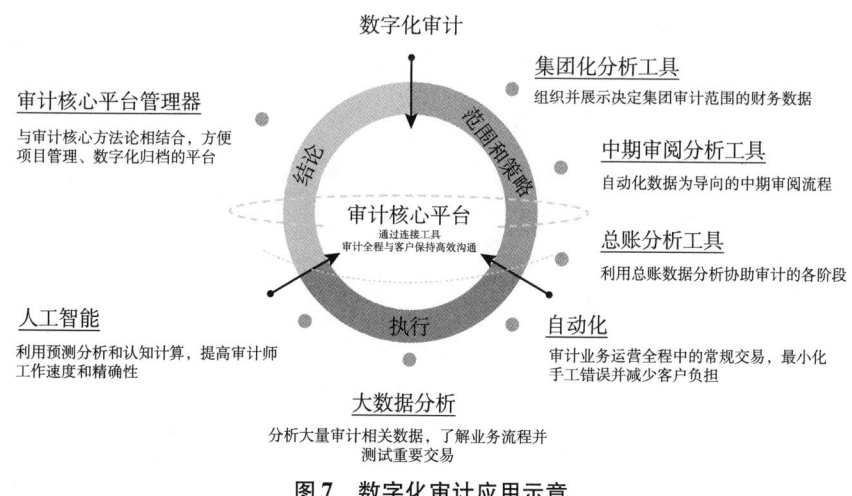

图7 数字化审计应用示意

资料来源：课题组整理。

其中，数据分析工具在金融企业审计领域如果应用得当可以有效提高审计质量，以往金融企业审计限于技术和人力限制，面对金融企业庞大的数据无法逐一开展实质性程序，因此需要基于统计学方法进行抽样验证，再根据抽样结果推算整体。而借助数据分析工具，不需要再依赖传统的"抽样—反推"的方法，可以直接识别出全体数据中的异常值，即在先进科技加持下立足于数据整体进行审计，大大提高了效率和效果，令审计事半功倍。

综上所述，虽然信息技术并未改变注册会计师制定审计目标、了解企业内部控制和评估风险等方面的原则，但将信息科技引入审计工作时，会将注册会计师带入一个全新领域。全方位的数字化审计策略可以令金融企业审计工作更高效、更高质、更便捷，同时也能为金融企业带来更多的附加价值。

近年境内外资本市场主要审计失败案例及影响

> **导读** • • •
>
> ◎ 审计失败涉及的审计类型已经由传统的年报审计、IPO 审计向发债业务审计、资产重组、收购业务审计方面发展,事务所的审计质量控制重点也要及时调整。
>
> ◎ 近两年美国与英国发生的审计失败情况显示,发现会计师事务所受处罚的原因主要有职业审慎不够、审计证据不充分、审计质量控制独立性、审计师独立性等方面。
>
> ◎ 客观地看待审计失败,既要从会计师事务所及审计师层面,也需要从企业治理层面以及审计执业生态环境方面全面分析。
>
> ◎ 审计失败增加了注册会计师行业风险,提出了新的挑战,促使外部监管趋严,法律制度不断健全,长效监管机制会逐步建立。长效监管机制的建立将会促进注册会计师行业持续健康发展。

一、近年来国内外资本市场审计失败现状

(一) 近年来我国资本市场审计失败情况

1. 2013~2020 年审计失败案例总体情况。

2013~2020 年 6 月,我国证监会及地方证监局对因审计失败对主审会计师事务所进行了处罚,经统计,共 38 起。从被审计单位、涉及会计师事务所、主要违法事项、事务所被处罚情况、注册会计师被处罚情况及发生年份等方面对这些案例进行总结,加以列示,如表 1 所示。

表1 2013~2020年6月我国审计失败情况统计

序号	被审计单位	涉及会计师事务所	主要违法事项	事务所被处罚情况	注册会计师被处罚情况	处罚年份
1	XD公司	DH	(1) 未对毛利率巨幅波动（3月份为-104.24%，11月份为90.44%）作出审计结论，也未对异常波动的原因进行分析； (2) 未对重要客户进行实地访谈	没收DH所业务收入90万元，并处以90万元的罚款	(1) 对王某给予警告，并处以10万元的罚款； (2) 对刘某给予警告，并处以5万元的罚款； (3) 认定王某、刘某为证券市场禁入者，7年内不得从事证券业务或者担任上市公司董事、监事、高级管理人员职务	2013
2	WS公司	ZL	(1) IPO审计阶段函证程序缺失； (2) IPO审计阶段未对评估的重大错报风险实施恰当的审计程序	撤销ZL所证券服务业务许可。没收入98万元，罚款196万元	对王某、黄某给予警告，分别处以10万元罚款	2013
3	TT公司	DX	大信所在TT公司IPO审计过程中取得的部分审计证据相互矛盾，大信所未予关注并追加必要的审计程序	没收DX所业务收入60万元，并处120万元罚款	(1) 对胡某给予警告，并处以10万元罚款； (2) 对吴某给予警告，并处以5万元罚款； (3) 认定胡某、吴某为市场禁入者，自宣布决定之日起，终身不得从事证券业务或担任上市公司董事、监事、高级管理人员职务	2013

续表

序号	被审计单位	涉及会计师事务所	主要违法事项	事务所被处罚情况	注册会计师被处罚情况	处罚年份
4	LD 公司	SP	(1) SP 的审计底稿中没有记录对 LD 公司前 5 大销售客户的审计程序；(2) 未勤勉尽责，未对部分银行账户进行函证、未真实完整编制工作底稿	没收 SP 业务收入 60 万元，并处以 60 万元的罚款	(1) 对姚某、廖某给予警告并分别处以 10 万元罚款；(2) 认定姚某、廖某为市场禁入者，自宣布决定之日起，终身证券业务或者担任上市公司董事、监事、高级管理人员职务	2013
5	GB 公司	SP	未对关联关系进行核查；没有给予必要的关注并实施充分必要的审计程序，导致其未发现关联关系	对 SP 给予警告	对桑某、徐某给予警告	2014
6	BS 公司	HH	(1) 审计范围没有包含资金结算中心；(2) 未见对资金结算中心开户存放资金余额向金融机构的询证函；(3) 对 BS 公司银行借款及未披露担保事项的审计问题；(4) 分公司虚构利润、将虚增的货币资金虚交 BS 公司的审计问题；(5) 对集团占用 BS 公司资金的审计问题；(6) 对 BS 公司贷款利息、贴现息挂账的审计问题	没收 HH 所违法所得 92.709 万元，并处以 92.709 万元罚款	(1) 对齐某处以 20 万元罚款；(2) 对李某、王某、艾某分别处以 10 万元罚款	2014
7	LW 公司	YT（集团）	对于 2007 年、2008 年 LW 将未到位的政府补助入账、虚增利润事项，会计师未履行相应审计程序	对 YT 所给予警告；没收 YT 所关于 LW 2008 年年报审计项目收入 132 万元，并处以 132 万元罚款	(1) 对秦某给予警告，并处以 4 万元罚款；(2) 对赵某给予警告，并处以 3 万元罚款；(3) 对张某给予警告	2014

续表

序号	被审计单位	涉及会计师事务所	主要违法事项	事务所被处罚情况	注册会计师被处罚情况	处罚年份
8	TF 公司	LD	（1）IPO 审计底稿审计计划类工作底稿缺失或有在计划中对评估出的重大错报风险作出恰当应对，没有设计进一步审计程序，对评估舞弊风险进行应对的审计计划应对；（2）IPO 审计时应收账函证过程未保持控制，对明显异常函证没有关注，替代程序未执行到有效执行；（3）IPO 审计时银行函证程序缺失或未保持控制，银行账户函证范围存在遗漏，函证未回函的银行账户和异常的银行函回函未予关注，对获取的明显异常的银行账单对账户未采取进一步审计程序；（4）对固定资产的审计程序未能有效执行；（5）IPO 审计过程中，未有效执行关联方识别和披露的审计程序；（6）自查时关联方核查程序未有效执行，对客户的走访流于形式，部分结论没有底稿支持	对 LD 没收业务收入 60 万元，并处以 120 万元罚款	（1）对黄某、温某给予警告，并分别处以 10 万元罚款；（2）对汪某给予警告，温某为证券市场禁入者，10 年内不得担任上市公司董事、监事或高级管理人员职务中从事证券业务或高级管理人员职务；（3）认定黄某、温某为证券市场禁入者，10 年内不得担任上市公司董事、监事或高级管理人员职务	2014
9	CC 公司	ZL	（1）未追加必要的审计程序，导致审计报告内容出现虚假记载；（2）对重大、异常资产交易未保持应有的职业怀疑，审计程序执行不到位，收集的审计证据不充分	责令 ZL 所改正违法行为	（1）对李某给予警告，并处以 3 万元罚款；（2）对熊某给予警告，并处以 3 万元罚款	2015

续表

序号	被审计单位	涉及会计师事务所	主要违法事项	事务所被处罚情况	注册会计师被处罚情况	处罚年份
10	HF公司	LD	(1) 识别、评估舞弊风险因素存在缺陷； (2) 了解、评价销售测试存在缺陷，有效性测试程序存在缺陷； (3) 执行收入循环审计程序存在缺陷	责令LD改正，没收业务收入95万元，并处以95万元罚款	(1) 对温某、王某给予警告，并分别处以10万元罚款； (2) 对温某采取5年证券市场禁入措施，鉴于温某已被我会采取证券市场禁入10年措施，追加实施5年证券市场禁入期满后，禁入期间内，不得从事证券业务或者担任上市公司董事、监事、高级管理人员职务； (3) 对王某采取5年证券市场禁入措施	2015
11	SH公司	SP	(1) 报送的上市申请文件中相关财务数据存在虚假记载； (2) 上市后披露的定期报告中相关财务数据存在虚假记载	鉴于SP所已于2015年12月28日注销，不予以行政处罚	对李某、刘某给予警告，并分别处以10万元罚款	2016
12	FL公司	LD	(1) 对JSL披露的《重大资产重组报告书（草案）》存在虚假记载； (2) LD对FL的风险评估、应收账款、营业收入的审计未能勤勉尽责，出具的审计报告存在虚假记载	没收LD会计师事务所业务收入205万元，并处以205万元罚款	对直接负责的主管人员王某、田某给予警告，并分别处以5万元罚款	2016

续表

序号	被审计单位	涉及会计师事务所	主要违法事项	事务所被处罚情况	注册会计师被处罚情况	处罚年份
13	DX公司	BX	(1) 对DX公司IPO期间财务报表审计时未勤勉尽责，出具的审计报告存在虚假记载； (2) BX所对DX 2013年财务报表审计时未勤勉尽责，出具的审计报告存在虚假记载； (3) 对DX 2014年财务报表审计时未勤勉尽责，出具的审计报告存在虚假记载	责令BX所改正违法行为，没收业务收入322.44万元，并处以967.32万元罚款	(1) 对王某、杨某、王某给予警告，并分别处以10万元罚款； (2) 对王某、杨某分别采取5年证券市场禁入措施，对王某生采取3年证券市场禁入，在禁入期间内，不得从事证券业务或者担任上市公司董事、监事、高级管理人员职务	2016
14	DZH公司	LX	(1) 未对销售与收款业务中已关注到的异常事项执行必要的审计程序； (2) 未对临近资产负债表日非标准价格销售情况执行有效的审计程序； (3) 未对抽样获取的异常电子银行回单实施进一步审计程序； (4) 对于DZH 2014年跨期计发2013年年终奖的情况，立信所未根据重要性按照权责发生制的原则予以调整； (5) 未对DZH全资子公司股权收购购买日的确定执行充分适当的审计程序	责令LX所改正违法行为，没收业务收入210万元，并处以70万元罚款	对姜某、葛某给予警告，并分别处以10万元罚款	2016

224

续表

序号	被审计单位	涉及会计师事务所	主要违法事项	事务所被处罚情况	注册会计师被处罚情况	处罚年份
15	JTX 公司	GH	(1) 未恰当识别和评估 JTX 2009～2012 年在收入确认方面的舞弊风险并实施相应的审证程序； (2) 未按准则规定实施询证函程序； (3) 未按准则规定实施实质性程序	责令 GH 所改正，没收 GH 所审计 JTX 2012 年度年报审计业务收入 70 万元，并处以 70 万元的罚款，由 GH 所法律主体的承继者 RH 会计师事务所（特殊普通合伙）承担	对支某、陈某给予警告，并分别处以 10 万元的罚款	2016
16	BSC 公司	LD	(1) 利安达在审计过程中应考虑重要事项对财务报表影响并作出审计调整； (2) 利安达应当恰当利用专家工作，在中天华出具的资产评估咨询报告不足以实现审计目的情况下，执行必要的审计程序，以获取充分、适当的审计证据； (3) 利安达未恰当执行上述审计程序，未发现 BSC 资产和业绩的重大错报，为 BSC 2012 年度财务报表出具了无保留意见的审计报告，发表了不恰当的审计意见	没收 LD 业务收入 35 万元，并处以 35 万元罚款	对迁某、雷某给予警告，并分别处以 5 万元的罚款	2016
17	HDY 公司	XZ	(1) XZ 为 HDY 公司 IPO（三年又一期）及 2014 年年报提供审计服务过程中违反法律制定的业务规则； (2) XZ 未勤勉尽责，对 HDY 公司 2013 年年报出具的审计报告存在虚假记载	责令 XZ 改正，没收业务收入 32 万元，没收违法所得 188 万元，并处以 220 万元罚款	对郭某、夏某给予警告，并分别处以 5 万元罚款	2017

续表

序号	被审计单位	涉及会计师事务所	主要违法事项	事务所被处罚情况	注册会计师被处罚情况	处罚年份
18	ZJH 公司	LD	LD 对 ZJH 公司 2013～2015 年度财务报表审计时，未勤勉尽责，出具的审计报告存在虚假记载。包括：对银行存款审计程序不到位；对函证审计程序不到位；收入的审计程序不到位；对供应商和客户的现场走访工作存在瑕疵和矛盾	没收 LD 业务收入 150 万元，并处以 750 万元罚款	对蒋某、李某给予警告，并分别处以 10 万元罚款	2017
19	BYT 公司	ZX	对 2012 年财务报表审计与 2013 年财报审计中未勤勉尽责，在风险评估程序与实质性程序存在缺陷	没收 ZX 所业务收入 150 万元，并处以 450 万元罚款	(1) 对裴某、张某给予警告，并分别处以 10 万元罚款；(2) 对李某给予警告，并处以 5 万元罚款	2017
20	KHA 公司	LX	(1) LX 所审计未发现 KHA 三年又一期财务报表错报总体情况；(2) LX 所发现 KHA 销售收入、应收账款造假的事实，未能发现 KHA 银行存款造假的事实；(3) LX 所未实施恰当的审计程序，未能发现 KHA 银行存款造假的事实；(4) 经核查，《与前任会计师的沟通记录》系补编，前后任注册会计师没有真正进行过沟通	没收 LX 所业务收入 45 万元，并处以 45 万元罚款	对王某、肖某给予警告，并分别处以 6 万元罚款	2017

续表

序号	被审计单位	涉及会计师事务所	主要违法事项	事务所被处罚情况	注册会计师被处罚情况	处罚年份
21	LZT 公司	RH	（1）RH 所对 LZT 公司 2012~2014 年营业收入相关的项目进行审计时未勤勉尽责； （2）RH 所对 LZT 公司 2012~2014 年与存货相关的项目进行审计时未勤勉尽责	责令 RH 所改正违法行为，没收业务收入 130 万元，并处以 260 万元罚款	（1）对侯某、肖某给予警告，并分别处以 10 万元罚款； （2）对侯某、肖某采取 5 年证券市场禁入措施，自宣布决定之日起，在禁入期间内，不得在任何机构中从事证券业务或者担任上市公司董事、监事、高级管理人员职务	2017
22	HTM 公司	ZH	（1）未对销售与收款业务中已关注到的异常事项执行必要的审计程序； （2）对 HTM 异常付款、应收账款及存货等执行货等审计程序时其他应付款、应收账款及存货等执行有效审计程序； （3）对 HTM 子公司股权转让期后事项审计程序执行不充分	责令改正违法行为，没收业务收入 45 万元，并处以 45 万元罚款	对杨某、刘某给予警告，并分别处以 3 万元罚款	2017
23	GCH 公司	LX	（1）未对其他业务收入执行控制测试程序； （2）对其他业务收入执行实质性程序时，应有的职业怀疑，未充分关注废料收入确认的异常情况	责令改正立信所改正违法行为，没收业务收入 75 万元，并处以 75 万元罚款	对高某、康某给予警告，并分别处以 3 万元罚款	2017
24	GQS 公司	RH	（1）未按行业准则规定对银行账户实施函证程序； （2）对利息收入执行审计程序时未能勤勉尽责	没收业务收入 95 万元，并处以 95 万元的罚款	对刘某、孙某给予警告，并分别处以 5 万元罚款	2017

续表

序号	被审计单位	涉及会计师事务所	主要违法事项	事务所被处罚情况	注册会计师被处罚情况	处罚年份
25	TSY公司	RH	(1) 未合理考虑已识别的期后事项对长期股权投资减值准备的影响，未对相应错误予以识别和采取适当措施； (2) 对于已识别的济南固得质量索赔款会计差错，未采取适当措施予以处理	责令改正，没收业务收入39万元，并处以78万元罚款	对秦某、温某给予警告，并分别处以5万元罚款	2017
26	JS公司	LX	(1) 未按要求执行货币资金的函证程序； (2) 销售与收款循环函证程序不当，未关注重大合同的异常情况； (3) 采购与付款函证程序不当； (4) 3.1亿元预付工程款的审计程序不当	没收业务收入90万元，并处以270万元的罚款	对邹某、程某给予警告，并分别处以10万元的罚款	2018
27	CHG公司	RH	(1) 未能实施有效程序对公司舞弊风险进行识别，未直接与公司治理层沟通关于治理层如何监督管理层对舞弊风险的识别和应对过程； (2) 未对应收账款余额在审计基准日前后激增又剧减的重大异常情况保持应有的职业怀疑； (3) 未对询证函回函情况的异常情况保持应有的关注； (4) 实施的审计程序不足以表取充分适当的审计证据	没收业务收入130万元，并处以390万元的罚款	对王某、刘某、张某给予警告，并分别处以10万元的罚款	2018

续表

序号	被审计单位	涉及会计师事务所	主要违法事项	事务所被处罚情况	注册会计师被处罚情况	处罚年份
28	GZR公司	ZT	(1) 在风险评估阶段，未保持应有的职业谨慎和职业怀疑，未识别出存在的舞弊风险； (2) 在了解被审计单位内部控制及控制测试审计程序中，对审批签名不全单据仍得出"控制有效并得到执行"的审计结论； (3) 执行的实质性程序存在缺陷； (4) 审计过程中存在的其他缺陷，如审计底稿存在部分缺失	没收业务收入66万元，并处以198万元罚款	对直接负责的主管人员朱某、李某给予警告，并分别处以5万元的罚款	2018
29	WHG有限公司	LX	(1) 关联方审计程序不到位； (2) 钢材贸易收入审计程序不到位； (3) 在2012年度审计时，风险评估程序遗漏相关信息； (4) 在2012年度、2013年度财务报表审计时，未勤勉尽责，出具了含有虚假内容的审计报告	没收业务收入95万元，并处以95万元罚款	对周某、陶某给予警告，并分别处以10万元的罚款	2018
30	HJM公司	DH	(1) 未执行对HJM营业成本结转数据的真实性、准确性的审计程序； (2) 未执行对HJM自行开发的成本核算信息系统进行测试的相关审计程序； (3) 对HJM"销售费用"审计时，审计程序执行不到位	没收业务收入150万元，并处以450万元的罚款	(1) 对张某给予警告，并处以10万元的罚款； (2) 对高某、谭某给予警告，并分别处以8万元的罚款	2018

续表

序号	被审计单位	涉及会计师事务所	主要违法事项	事务所被处罚情况	注册会计师被处罚情况	处罚年份
31	YBT公司	ZH	(1) 对MT项目的审计程序不到位； (2) 对YBT 2015年度AM的销售收入的审计程序不到位； (3) 对YBT国内材料销售收入的审计程序不到位； (4) 未审慎核查销售合同及发货单； (5) 控制测试程序无法达到控制测试目标	责令改正，没收业务收入54万元，没收违法所得12万元，并合计处以174万元罚款	对孙某、顾某给予警告，并分别处以8万元罚款	2019
32	SDL公司	ZH	(1) 未发现审计底稿中存在日期矛盾和倒置问题； (2) 未对影视版权的全部权利执行有效的审计程序； (3) 在审计财政补助营业外收入时未勤勉尽责	对ZH所责令改正，没收业务收入35万元，并处以105万元罚款	对孙某、戴某给予警告，并分别处以10万元罚款	2019
33	SXL公司	BX	(1) 银行存款审计程序不到位，导致未能发现虚增公司业绩和银行存款余额的事实； (2) 风险评估程序不到位，导致未能识别和评估财务报表重大错报风险	BX责令改正，没收业务收入30万元，并处以60万元罚款	对直接负责的签字注册会计师宣某、刘某给予警告，并分别处以5万元的罚款	2019
34	WLS公司	DX	(1) 未按照其制定的《审计业务项目分类管理暂行办法》(2013年)的规定将该项目从C类调整为风险程度更高的B类并追加相应的审计程序； (2) 审计时未获取充分、适当的审计证据，为WLS出具了标准无保留意见的审计报告，出具的审计报告存在虚假记载	责令改正，没收业务收入60万元，并处以180万元罚款	(1) 对钟某、孙某给予警告，并分别处以10万元罚款； (2) 对钟某、孙某分别采取5年证券市场禁入措施。5年内不得从事证券业务或者担任上市公司、非上市公众公司董事、监事、高级管理人员职务	2019

续表

序号	被审计单位	涉及会计师事务所	主要违法事项	事务所被处罚情况	注册会计师被处罚情况	处罚年份
35	ZDN公司	ZH	未对公司货币资金审计实施有效程序并获取充分、适当的审计证据加以验证，为公司出具了标准无保留意见的审计报告，发表了不恰当的审计结论	责令改正违法行为，没收审计业务收入140万元，并处以140万元罚款	对吴某给予警告，并处以8万元罚款；对吴某、蒋某给予警告，并分别处以5万元的罚款	2019
36	SXJ公司	ZQ	(1) 与存货相关的实质性分析程序执行不到位； (2) 对重质碱、石油焦的存货监盘程序存在不当	没收审计业务收入95万元，并处以95万元的罚款	对叶某、刘某给予警告，并分别处以5万元的罚款	2019
37	SZL公司	RH	(1) 未充分、适当执行风险评估程序； (2) 未充分、适当执行预付账款的审计程序； (3) 未对账外银行账户执行充分的审计程序； (4) 未关注审计证据之间存在明显异常； (5) 对2014年财务报表发表不恰当审计报告意见，并 (6) 2014年年报审计过程中未勤勉尽责	责令改正，没收零七股份2014年年报审计业务收入55万元，并处以55万元的罚款	无	2019
38	SXL公司	ZX	(1) 出具的2015年审计报告存在虚假记载； (2) 对银行存款实施的审计程序存在缺陷； (3) 对应收账款的审计程序执行不当； (4) 对存货的审计程序执行不当； (5) 对其他应收款审计程序执行不当	责令改正，没收审计业务收入25万元，并处以25万元罚款	对孙某和许某给予警告，并分别处以5万元的罚款	2020

资料来源：中国证监会网站，经整理。截至2020年6月30日。

2. 典型审计失败案例介绍。

针对近年来发生的审计失败案例，参考证监会会计部组织编写的《证券审计与评估行政处罚案例解析》（2019）及 2016~2019 年每年证监会发布的证监稽查 20 起典型案例中涉及的会计师事务所，并结合社会影响和对事务所影响情况，我们选择出以下几个典型案例加以介绍。

📖【案例 1】 RH 所年报审计过程中未勤勉尽责、出具存在虚假记载的审计报告，被"顶格"处罚

CHG 未按规定及时披露 2016 年 5 月至 2016 年 12 月期间控股股东冻结股份信息，未按规定披露关联方非经营性资金占用及相关的关联交易情况。为掩盖关联方长期占用资金的事实，2013 年至 2015 年上半年，CHG 累计发生向关联方提供资金的关联交易 8.9 亿元、30.4 亿元、14.9 亿元，关联方资金占用余额达 13.3 亿元。为掩盖关联方长期占用资金的事实，上市公司实际控制人先后通过虚构采购合同、虚构代付业务、凭空进行票据背书等违法手段，将 37.8 亿元无效票据入账充当还款。

在 2013 年、2014 年年报审计中，RH 所存在未能实施有效程序有效识别、未对应收票据余额在审计基准日前后激增又剧减的重大异常情况保持必要的职业怀疑，未能及时识别财务报告的重大错报风险，未对询证函回函的异常情况保持应有的关注。另外，还存在审计程序不足以获取充分适当的审计证据等问题。

基于上述事实，证监会对 CHG 给予警告，并处以 30 万元的罚款，给予涉及企业管理人员警告，罚款共计 133 万元。2018 年 8 月将相关人员涉嫌证券犯罪移送公安机关依法追究刑事责任。2019 年 7 月，CHG 从深交所退市。

针对此审计未勤勉尽责问题，证监会没收 RH 所业务收入 130 万元，并处以 390 万元的罚款；三名审计责任人分别被警告，并各处以 10 万元的罚款。

不过其退市并非最终结局，由其引发的股民索赔案一直在持续发酵。根据新浪财经报道，GX 证券 2019 年年报显示，公司自 2018 年 10 月 31 日起陆续收到相关案件材料，截至年报公布时，涉及公司的诉讼案件合计 2 177 件，涉案标的额合计 5.91 亿元。裁判文书网的一则民事判决书显示，判决 CHG 赔偿因虚假陈述给饶姓股民造成的损失 88.5 万元，GX 证券和 RH 所分别在 40% 和 60% 范围内承担连带赔偿责任。

【案例2】ZH会计师事务所被处罚，暂停承接新的证券业务

2015年，SDL公司通过虚构业务虚增营业外收入2 000万元，使公司扭亏为盈。一是虚构与YB公司的影视版权转让协议，借此确认违约金收入1 000万元，虚增2015年度净利润750万元；二是虚构政府对SDL公司的财政补助事项，借此确认财政补助收入1 000万元，虚增2015年度净利润750万元。SDL公司被要求责令改正，给予警告，并处以60万元罚款。对包括董事长在内的高管，给予警告并处以合计总额121万元的罚款。

ZH所未对其保持应有的职业怀疑，未勤勉尽责，且以用于确认违约协议调解书效力的民事裁定书和出于对政府公文的信赖等事由主张免责，依据不足。行政处罚并非由于ZH所未在审计阶段发现SDL公司违法违规行为，审计机构的勤勉尽责义务系过程性要求而非以结果论。ZH所作为专业审计机构，调查手段固然有限，但ZH所未对有关审计证据的明显异常保持应有的关注和职业怀疑，甚至未关注到转让协议书的日期差异及日期倒置等问题，未采取充分审计程序并获取充分审计证据确保不存在重大错报。

2019年5月，ZH所在为YBT公司（2017年被行政处罚）提供审计服务过程中，未审慎核查工程项目真实性被行政处罚。由于同一年度两次受到证监会的行政处罚，暂停承接新的证券业务。在整改、核查期间事务所首席合伙人、审计业务主管合伙人、质量控制主管合伙人和相关签字注册会计师不得离职、办理退伙或转所手续。

受处罚影响，ZH会计律师所在2018年上市公司审计客户约59家上市公司业务受影响。

【案例3】DX公司欺诈发行及信息披露违法违规被强制退市

DX公司欺诈发行及信息披露违法违规被强制退市，是我国资本市场欺诈发行强制退市第一案。DX公司为实现在创业板发行上市目的，报送包含虚假财务报告的发行申请材料，骗取发行核准；上市后继续披露虚假财务报告，构成欺诈发行、虚假陈述。证监会依法对DX及其17名现任或时任董监高及相关人员进行行政处罚，并对DX实际控制人、董事长及时任总会计师采取终身证券市场禁入措施。深圳证券交易所随即对DX启动重大违法强制退市程序。兴业证券主动出资5.5亿元设立投资者先行赔付专项基金。

此外，证监会依法向公安机关移送DX涉嫌犯罪案件，并对DX首发上市

保荐机构兴业证券、审计机构北京 XH 会计师事务所、法律服务机构北京市东易律师事务所依法查处。

XH 所对 DX 公司 IPO 期间财务报表审计时未勤勉尽责,出具的审计报告存在虚假记载。认定依据包括在将收入识别为重大错报风险的情况下,对与其相关的应收账款明细账中存在的大量大额异常红字冲销情况未予关注,未对应付账款、预付账款明细账中存在的大量大额异常红字冲销情况予以关注,在应收账款、预付账款询证函未回函的情况下,未实施替代程序,未获取充分适当的审计证据,未对银行账户的异常情况予以关注。另外,DX 公司 2013 年财务报表审计时存在在将收入识别为重大错报风险的情况下,对与其相关的应收账款明细账中存在的大量大额异常红字冲销情况未予关注,未对应付账款明细账中存在的大量大额异常红字冲销情况予以关注等问题,同样对 2014 年财务报表审计时未勤勉尽责,出具的审计报告存在虚假记载。

深交所公开谴责北京 XH 会计师事务所 3 名签字会计师。证监会责令 XH 所改正违法行为,没收业务收入 322.44 万元,并处以 967.32 万元罚款。对涉及审计人员 3 人给予警告,并分别处以 10 万元罚款。

本案中监管部门综合运用行政、民事和刑事手段,严惩 IPO 欺诈发行,对市场形成有力震慑,有利于净化市场环境。本案系"2015 证监法网"专项行动第五批部署查处的案件之一。

📖【案例 4】 LX 会计师事务所未勤勉尽责,被判承担连带赔偿责任

本案来源于稽查总队在查处"2015 证监法网专项行动"首批部署案件过程中发现的违法线索。

经查明,DZH 存在以下违法事实。2014 年 2 月 28 日,DZH 披露的 2013 年年度报告显示,DZH 当年实现营业收入 8.94 亿元,利润总额 4 292 万元。经查,DZH 通过承诺"可全额退款"的销售方式提前确认收入,以"打新股"等为名进行营销、延后确认年终奖少计当期成本费用等方式,共计虚增 2013 年度利润 1.2 亿元,占当年对外披露的合并利润总额的 281%。

LX 所在审计过程中存在如下违法事实:未对销售与收款业务中已关注到的异常事项执行必要的审计程序;未对临近资产负债表日非标准价格销售情况执行有效的审计程序;未对抽样获取的异常电子银行回单实施进一步审计程序;对于 DZH 2014 年跨期计发 2013 年年终奖的情况,LX 所未根据重要性按照权责发生制的原则予以调整;未对 DZH 全资子公司股权收购购买日的确定

执行充分适当的审计程序。

因此，证监会责令 LX 所改正违法行为，没收业务收入 70 万元，并处以 210 万元罚款。对 2 名审计师给予警告，并分别处以 10 万元罚款。

根据证券之星网站报道，上海市高级人民法院近日发布《上海 DZH 股份有限公司、LX 会计师事务所与曹某、吴某等证券虚假陈述责任纠纷二审民事判决书》，其判决结果为：驳回上诉，维持原判。意味着 LX 所参与造假承担连带赔偿责任。即在 DZH 虚假陈述索赔案上，LX 将与 DZH 成为共同债务人，一起承担连带赔偿责任。

（二）近年来境外资本市场审计失败情况

关于境外资本市场审计失败案例的研究，我们主要对美国和英国的监管机构 2019~2020 年披露的信息进行了整理。

表 2 列示的是 2019 年至 2020 年 5 月美国 PCAOB 公布的审计失败处罚情况，英国 FRC 发布 2019~2020 年审计失败情况在表 3 中进行列示。

二、客观看待审计失败

近年来，上市公司财务造假以及与之相关的审计失败案件频频发生，不仅给投资者带来了巨大的经济损失，也使公众对注册会计师"经济警察"的身份产生了质疑，注册会计师行业正遭受着前所未有的信誉危机，也让相关注册会计师们深陷审计失败的泥潭，并导致了资本市场的运行效率下降。

在世界范围内审计失败问题并非罕见，我们在前面内容中梳理了境内外审计失败的情况。审计失败问题的形成，原因是多方面的，需要客观分析，理性看待。

（一）我国审计失败的多维度分析

通过中国证监会网站，搜集到符合条件的案例共计 38 例。其中，证监会直接出具的行政处罚决定书有 29 份，各地证监局出具 9 份。通过不同的维度对这些案例进行了分类统计分析，具体如下。

表 2　美国 PCAOB 发布 2019～2020 年 5 月审计失败处罚统计

序号	被审计单位	会计师事务所	违规事项细节	会计师事务所受处罚情况	注册会计师受处罚情况	发布时间
1	UDF	WP	(1) 职业审慎、审计证据：三位合伙人未运用应有的职业审慎及获取足够适当的审计证据。(2) 关联方：Powell 和 Lawlis 未对 2013 年和 2014 年两年中 UDF III 和 UDF IV 之间可能发生的未公开关联方交易的证据作出适当回应。(3) 质量控制标准：事务所在审计失败期间和之后均未保持适当的质量控制体系（"QC 体系"）	(1) 处罚金 20 万美元。(2) 采取补救措施	以 Powell 为例：(1) 禁止执业，该指令发出的 2 年后可申请恢复。(2) 在上述禁令执行完后的 1 年中，限制其在任"审计"上的职责。(3) 完成 40 小时的继续职业教育。(4) 处罚金 2.5 万美元	2020 年
2	不涉及	BDO	事务所未在 4 项特别事件（涉及 2 起纪律处分程序）的 30 天内通过 "表格 3" 及时向 PCAOB 报告	(1) 予以谴责。(2) 处罚金 1 万美元。(3) 采取补救措施		2019 年
3	A 公司 B 公司 C 公司	PMB Helin Donovan	(1) 职业审慎、审计证据：在对 A 和 B 公司审计期间，Cardwell 没有运用应有的职业审慎、职业怀疑，也没有获得足够的审计证据。在对 C 公司的审计依据以下项目质量复核期间，McPhee 缺乏适当的审计证据。项目复核期间，McPhee 缺乏适当的审计证据。项目质量复核后，项目复核员对C公司的审计依据以同意批准发布审计报告。(2) 质量控制标准：事务所未能建立相关的政策和程序以合理保证向审计委派业务的人员在该种情况下具备所需技术培训和熟练程度以进行审计；项目团队依据 PCAOB 的规则和标准执行审计，审计标准。(4) 违反 Rule 3502	(1) 予以谴责。(2) 处罚金 2 万美元	以 Cardwell 为例：(1) 予以谴责。(2) 禁止执业，该指令发出 2 年后可申请会恢复。(3) 处罚金 1 万美元	2019 年

续表

序号	被审计单位	会计师事务所	违规事项细节	会计师事务所受处罚情况	注册会计师受处罚情况	发布时间
4	不涉及	PwC	事务所未在4项特别事件发生后的30天内及时通过"表格3"及时向PCAOB报告	(1) 予以谴责。 (2) 处罚金1万美元		2019年
5	DHG公司 A公司	BF Borgers	在对两家公司共3项审计中，Jensen未能遵守项目质量复核的标准，也未能运用应有的职业审慎，包括适当的职业怀疑	(1) 予以谴责。 (2) 暂停执业1年。 (3) 该指令发出的1年内完成10小时的继续职业教育		2019年
6	未披露	Castillo Miranday Compañía	(1) 审计文件：未能及时归档审计文件以及在归档截止日之后不恰当地更改审计文件。 (2) 配合检查人员：未配合PCAOB在2017年的检查工作，并未为检查人员提供了两项审计业务修改过的底稿。 (3) 质量控制标准：未建立和执行符合专业标准、程序以合理保证参与人员诚信执业并符合专业标准。事务所在意识到参与人员的违规行为后，没有及时采取必要的纠正措施，包括对其质量控制体系进行改进。 (4) 违反Rule 3502	(1) 予以谴责。 (2) 处罚金50万美元。 (3) 采取补救措施	以Michel为例： (1) 予以谴责。 (2) 禁止执业。 (3) 处罚金1万美元。 (4) 在申请恢复执业前完成40小时的继续职业教育	2019年

续表

序号	被审计单位	会计师事务所	违规事项细节	会计师事务所受处罚情况	注册会计师受处罚情况	发布时间
7	A 公司	Deloitte Anjin	(1) 审计文件：两位 CPA 及其他人员在审计报告发出后，继续准备、复核未完成的审计程序和工作底稿，并倒签了电子的工作底稿。以及在收到 PCAOB 的调查通知后，对已归档的纸质工作底稿添加对子公司内部控制的审计程序描述。(2) 配合检查人员：两位 CPA 及其他人员未向检查人员提供了上述修改的工作底稿，在与检查人员的多次沟通中也未坦白这些违规行为。(3) 质量控制标准：未设计和执行适当、充分的政策和程序以合理保证参与诚信执业符合专业标准和法规要求	(1) 予以谴责。(2) 处罚金 35 万美元。(3) 采取补救措施	(1) 予以谴责。(2) 禁止执业，复核申请会恢复。(3) 各处罚金 1 万美元	2019 年
8	7 家公司	Marcum Bernstein & Pinchuk	(1) 审计师独立性：事务所未能满足 SEC 和 PCAOB 对独立性的标准和要求。在其 2013 年和 2014 年主持的投资者会议上，有 7 家该事务所审计客户被列示。(2) 质量控制标准：未建立政策、程序以合理保证事务所在规定的情形下保持独立性以及这些政策和程序是设计适当的并能有效实施和监督	(1) 予以谴责。(2) 处罚金 5 万美元。(3) 复核审计人员独立性的政策和程序、人员配备和培训		2019 年
9	ST	Marcum	(1) 审计师独立性：事务所未能满足 SEC 和 PCAOB 对独立性的标准和要求。在其 2012 年和 2015 年主持的投资者会议上，有 62 家该事务所审计客户被展示。(2) 质量控制标准：未建立政策、程序以合理保证事务所在规定的情形下保持独立性以及这些政策和程序是设计适当的并能有效实施和监督。(3) 违反 Rule 3502	(1) 予以谴责。(2) 处罚金 45 万美元。(3) 设立审计独立性的政策、程序、人员配备和培训	(1) 予以谴责。(2) 处罚金 2.5 万美元	2019 年

续表

序号	被审计单位	会计师事务所	违规事项细节	会计师事务所受到处罚情况	注册会计师受到处罚情况	发布时间
10	ST	M&K	(1) 审计师应对重大错报风险：未能有效复核 Service Team 银行对账单。 (2) 审计证据：当面对信息相互矛盾的审计证据时，未能执行必要的审计程序，听信了管理层的表述。 (3) 职业审慎：Terry 对该笔贷款调整以及错误的将该笔贷款的审计说明其缺乏应有的职业审慎。在无保留意见的审计报告发出后，Terry 获得了新的审计证据以发现了这一错误，并通知了 Service Team。后该公司重述了 2016 年的报表		(1) 予以谴责。 (2) 暂停执业 1 年。 (3) 处罚金 1 万美元。 (4) 该指令发出的 1 年内完成 20 小时的继续职业教育	2019 年
11	A 公司 B 公司	Gregory & Associates	(1) 在对 A 公司的连续两年的审计中，Gregory 未能运用应有的职业审慎和职业怀疑，也没有计划和执行充分适当的审计程序获取充分、适当的审计证据。 (2) 在这四项的审计中，收入已经被识别为重大或舞弊风险，然而 Gregory 未能运用应有的职业审慎和职业怀疑，也没有计划和执行有效的审计程序对"收入"获取充分、适当的审核证据	(1) 予以谴责。 (2) 撤销注册资格，该指令发出 2 年后可重新申请注册。 (3) 处罚金 1.5 万美元	(1) 予以谴责。 (2) 禁止执业，该指令发出 2 年后可申请恢复	2019 年
12	A 公司 B 公司	Thayer O'Neal Company	(1) 审计证据、职业审慎：未能在对 A 公司的审计中获取充分适当的审计证据以运用应有的职业审慎，包括职业怀疑。 (2) 项目质量复核：在对 B 公司的审计中，未委派一个合伙人或者同等级别负责项目质量复核	(1) 予以谴责。 (2) 处罚金 1.5 万美元	(1) 予以谴责。 (2) 禁止执业，该指令发出 2 年后可申请恢复。 (3) 在重新申请执业前，完成 40 小时的继续职业教育	2019 年

续表

序号	被审计单位	会计师事务所	违规事项细节	会计师事务所受处罚情况	注册会计师受处罚情况	发布时间
13	A 公司	BMKR	(1) 审计公允价值计量和披露：Kober 未能实施充分的审计程序来确定 A 公司的一笔收购在内的公允价值适当计量的，包括所购的包括商誉在内的资产，承担的负债是否按照 GAAP 的准则适当计量。 (2) 评估审计结果：Kober 未能评估与收购对价的合理性相抵触的证据，包括收购当日支付的对价（向被收购方 CEO 发行的普通股）以及随即对商誉全部减值的决定。 (3) 审计抽样：在对收入的测试中，Kober 对 A 公司有销售记录的其中两个月进行了抽样，但这两个月的销售额仅占全年总收入的 34%。 (4) 关联方：Kober 仅听取了管理层对关联方交易的表述，未能执行充分的程序来识别和测试 A 公司的关联方交易	(1) 予以谴责。 (2) 禁止执业，该指令发出 2 年后可申请恢复	2019 年
14	CB	PwC	(1) 审计师独立性：事务所在 2016 年和 2017 年财报审计中未能满足 SEC 对审计和专业聘用期内适用独立性的标准。在项目参与期间，事务所有 6 位合伙人和 Client Bank 的项目参与了个人财务关系。 (2) 首次接受委托前的交流（Rule 3526）。 (3) 质量控制标准：事务所未能适当的设计、有效应用反适当的监管质量控制政策和程序以合理保证其人员在规定的情形下保持独立性并遵守"Rule 3526"的规定	(1) 予以谴责。 (2) 处罚金 10 万美元。 (3) 采取补救措施		2019 年

续表

序号	被审计单位	会计师事务所	违规事项细节	会计师事务所受处罚情况	注册会计师受处罚情况	发布时间
15	A 公司 B 公司	Jeffrey T. Gross	(1) 职业审慎：在对 A 公司的财审中未能运用职业审慎和职业怀疑，包括未能建立整体的审计策略以及制定审计计划。 (2) 审计证据：在对 A 公司及 B 公司的财审对重要的科目及披露未获取充分适当的审计证据，也未执行任何审计程序。 (3) 项目质量复核：在未获得项目质量复核及同意发布的前提下，准许 A 公司及 B 公司发布审计报告。 (4) 事项报告：事务所未按 PCAOB 规定在截止日前提交 Form AP, Auditor Reporting of Certain Audit Participants。 (5) 违反 Rule 3502	(1) 予以谴责。 (2) 永久撤销注册资格	(1) 予以谴责。 (2) 永久禁止执业	2019 年
16	4 家公司	Pritchett, Siler & Hardy	违反 Rule 5301（a）：Hardy 在暂停执业 1 年的处罚期间，在未经 PCAOB 同意的情况下参与了 4 家公司的审计业务		(1) 予以谴责。 (2) 禁止执业，该指令发出 1 年后可申请恢复	2019 年
17	7 家公司	Pritchett, Siler & Hardy	(1) 处罚期间执业：事务所违反了《萨班斯法案》Section 105（c）（7）（A）以及 PCAOB Rule 5301（b），允许 1 名合伙人和 1 名前合伙人在他们分别被禁止和暂停执业期间参与审计项目。 (2) 质量控制标准：事务所未能建立和有效维持一个质量控制程序和政策以保证上述两个合伙人遵守相关指令。 (3) 违反 Rule 3502	(1) 予以谴责。 (2) 撤销注册资格	(1) 予以谴责。 (2) 禁止执业，该指令发出 2 年后可申请恢复 (3) 在恢复执业后的 1 年内，限制其在任何"审计"上的职责	2019 年

续表

序号	被审计单位	会计师事务所	违规事项细节	会计师事务所受处罚情况	注册会计师受处罚情况	发布时间
18	A 公司	PwC	当意识到 PCAOB 会选择 A 公司的审计业务作为对事务所年度检查的一部分，Khan 不当的修改了已归档的审计文件。在隐瞒此事的同时，将修改过的审计文件交给检查人员		(1) 予以谴责。 (2) 禁止执业，该指令发出 1 年后可申请恢复	2019 年
19	FO 公司	Ernst & Young	(1) 职业审慎：在 ICFR 的审计中，Trainor 识别了 Forest Oil 的 IT 控制缺陷，他判断其他"补偿"控制可以减弱该缺陷，但从获取的审计证据来看，这些"补偿"控制并不能减弱 IT 的缺陷，Trainor 最终未对 ICFR 表达否定意见。 (2) 审计证据：在财报的审计中，Trainor 识别了 Forest Oil 在利益分配流程上的风险，但由于 Trainor 依赖于无效的控制，也未能对此进行实质性测试，因此未能用充分适当的审计证据来支持其在内的"收入"在内多个账目上的审计意见		(1) 予以谴责。 (2) 处罚金 2.5 万美元。 (3) 禁止执业，该指令发出 1 年后可申请恢复。 (4) 在向 PCAOB 提交重新执业的申请之前，完成 40 小时的继续执业教育。 (5) 在其恢复执业后的 2 年内，限制其在任何"审计"上的职责	2019 年
20	FB 公司	Baker Tilly Virchow Krause	(1) 审计证据：Kosiek 意识到"贷款和租赁损失备抵金"（ALLL）存在重大错报风险，但未能获取充分适当的审计证据，以测试 ALLL 控制在设计和运行上的有效性。 (2) 职业审慎，审计师对重大错报风险的回应：在知晓 Flagstar 对 ALLL 调减计划后，Kosiek 未对审计程序及调整评估上运用适当的职业怀疑。在 2013 年末，当 Kosiek 发现 ALLL 被严重低估后，也未就此与 Flagstar 管理层或审计委员会沟通。2014 财年第一季度，Flagstar 对 ALLL 进行了调整，将其从 2.07 亿美元增加到 3.07 亿美元，亏损费用也因此而增加		(1) 予以谴责。 (2) 禁止执业，该指令发出 2 年后可申请恢复。 (3) 罚金 2.5 万美元	2019 年

续表

序号	被审计单位	会计师事务所	违规事项细节	会计师事务所所受处罚情况	注册会计师受处罚情况	发布时间
21	不涉及	KPMG	（1）质量控制标准：从2014～2015年，事务所的质量控制系统未能合理保证事务所人员遵守适用的专业标准和事务所的质量标准，包括诚信履责。E&I Department 部门发现该部门人员遗失了27名员工的"手写独立性确认"，该部门要求他们重走一遍该流程并将日期倒签至原日期，Henderson 及高级经理也在确认书上倒签了他们原来审查的日期。 （2）违反 Rule 3502	（1）予以谴责。 （2）处罚金25万美元。 （3）采取补救措施	（1）予以谴责。 （2）处罚金1万美元。 （3）自更改指令下发的2年内，Henderson 不能参与质量控制系统的设计、执行和监督	2019年
22	A公司 B公司	Raich Ende Malter & Co	（1）独立性：从2012～2017年，事务所连续6年担任A公司的外部审计，且其中一名项目合伙人连续超过5年参与该公司的项目。 （2）项目质量与符合：违反了"AS 1220"中两年冷却期的规定。在对B公司2016～2017年两年的审计中，派出的项目质量复核员在2015年已经担任过该公司审计的项目合伙人。 （3）质量控制标准：未能建立和实施事务所人员合理保证事务所人员遵守适用的专业质量控制政策和程序来保证强制性轮岗、特别是轮岗的有效性	（1）予以谴责。 （2）处罚金1.5万美元。 （3）采取补救措施		2019年

续表

序号	被审计单位	会计师事务所	违规事项细节	会计师事务所受处罚情况	注册会计师受处罚情况	发布时间
23	A公司 B公司	BP & Associates	(1) 事务所在对两家公司的审计中未能遵守如下 PCAOB 的规则和标准：包括运用职业审慎、获取足够适合的审计证据、审计计划、识别和评估重大错报的风险等。 (2) 对审计活动的监督：BP 未能适当地监督项目团队的工作。 (3) 项目质量复核：Anuj Parikh 违反 AS 1220 有关项目质量复核员独立性的要求。 (4) 质量控制标准：未能保持适当的质量控制体系保证事务所能合理保证公司及其人员制定适当的政策和程序来按照 PCAOB 审计标准执行工作并加以记录	(1) 予以谴责。 (2) 处罚金 1.5 万美元。 (3) 撤销注册资格，5 年后可重新申请注册	以 BP 为例： (1) 予以谴责； (2) 禁止执业，该指令发出 5 年后可申请恢复	2019年
24		Deloitte & Touche	未按 PCAOB 规定及时披露 12 个可报告事件。事务所共在 2014 年 8 月到 2016 年 10 月间发生 7 次纪律处分程序中作为被调查人，但直到事件发生后的 6 个月至 2 年以及 4~13 个月才陆续提交了"表格 3"	(1) 予以谴责。 (2) 处罚金 1.5 万美元		2019年
25		RSM Hong Kong	事务所未按 PCAOB 规定及时报告 2 个可披露 2 个可报告事件。事务所在 2014 年 10~11 月由香港会计师工会发起的 2 次纪律处分程序中作为被调查人，但直到事件发生的 2 年半后才提交了"表格 3"	(1) 予以谴责。 (2) 处罚金 1 万美元。 (3) 采取补救措施		2019年

续表

序号	被审计单位	会计师事务所	违规事项细节	会计师事务所受处罚情况	注册会计师受处罚情况	发布时间
26		RSM US	事务所未按 PCAOB 规定及时提交"表格 3"以披露 2 个公司报告事件。事务所在 2014 年 10~11 月由 CFTC 和 SEC 分别发起的 2 次纪律处分存续中作为被调查人,但直到 2018 年 11 月 30 日才提交了"表格 3"	(1) 予以谴责。 (2) 处罚金 1.5 万美元		2019 年
27	DFC	WDM	事务所连续 2 年未按 PCAOB 规定在截止日前提交 Form AP	(1) 予以谴责。 (2) 处罚金 2 500 美元。 (3) 采取补救措施		2019 年
28	A 公司	Grant Thornton	(1) 职业审慎、审计证据:在对 A 公司的净贷款及其贷款损失准备金("ALL")以及与 ALL 相关的内部控制进行审计中未运用适当审计证据,也没有获得足够的适当审计证据。在已知 ALL 的存在重大风险和作为重要会计估计情况下,没有适当地评估 ALL 的合理性。 (2) 对审计活动的监督:未能充分考虑每个项目成员能力素质,所分配任务的性质以及重大错报的风险;未能监督项目成员的工作,以至于项目组成员说明存在的舞弊风险等,未能向项目组成员说明存在的舞弊风险等,未能向项目组作出记录涉及 ALL 的舞弊风险也没有作出充分的应对	(1) 予以谴责。	(1) 予以谴责。 (2) 暂停执业 1 年。 (3) 暂停执业任满后的 1 年内,上限制其任任何"发行人审计"的职责。 (4) 完成 10 个小时的专业教育	2019 年

续表

序号	被审计单位	会计师事务所	违规事项细节	会计师事务所受处罚情况	注册会计师受处罚情况	发布时间
29	A公司	Grant Thornton	对A公司审计的项目质量复核人员未运用应有的职业审慎和职业怀疑，未对以下事项做出评估： (1) 审计团队对重大风险（包括舞弊风险）的评估和应对。 (2) 项目组的文档是否表明其适当地应对了重大风险且足以支撑审计团队得出的结论		(1) 予以谴责。 (2) 本指令发出的2年内，限制其任何审计方面的职责。 (3) 本指令发出的1年内，完成10小时的职业教育教育和训练	2019年
30	A公司 B公司 C公司	Ahmed & Associates	(1) 项目质量复核：事务所在未获得每个审计项目的项目质量复核及复核员一致同意的前提下允许这三家公司披露审计报告。 (2) 事项报告：事务所未在特别事件发生后的30天内通过"表格3"及时向PCAOB报告。2017年7月28日Ahmed披露挪窃政府的医疗保险资金。2018年8月14日Ahmed对这一指控表示认罪。 (3) 违反Rule 3502	(1) 撤销注册资格。本指令发出3年后可重新申请注册。 (2) 连带责任的1万美元罚款	(1) 禁止执业，该指令发出3年后可申请恢复。 (2) 连带责任的1万美元罚款	2020年
31	11家公司	Green & Company	(1) 职业审慎，审计证据：在审计中，未运用应有的职业审慎及获取足够适当的审计证据。Green对其中两个审计未执行任何审核工作或测试。 (2) 项目质量复核：在未获取项目质量复核人员一致同意的前提下，许可这11家公司披露审计报告。 (3) 审计文件：未在每项报告发布后的45天内收集到一套完整和最终的审计文件。 违反Rule 3502	撤销注册资格	禁止执业	2020年

资料来源：Settled Disciplinary Orders, https://pcaobus.org/Enforcement/Decisions/Pages/default.aspx.

表3 英国FRC发布2019~2020年审计失败情况

序号	被审计单位	会计师事务所	主要违法事项	对事务所处罚	对审计师处罚	发布时间
1	FV	KPMG	(1) 在2013财年的审计中,KPMG未执行审计程序以获取股本余额的审计证据,导致未能发现该公司股票溢价账户和资本损益在财务报表上的错报,以及这些余额对准备金的注销的考虑。(2) 在2013财年和2014财年的审计中,KPMG均未记录任何对分配准备金充分性的考虑。(3) 在2015财年的审计中,KPMG未获取审计证据以支持财报上披露的已变现和可分配准备金的数额	(1) 予以谴责。(2) 命令KPMG监督:修订过的审计程序的遵守情况,并向FRC的执行顾问报告		2020年
2	未披露	KPMG	(1) 未对A公司报告的两类复杂的供应商安排运用足够的职业怀疑和获取充分适当的审计证据。(2) 下列事实加剧了违规现实:FRC已经让审计人员通过2014年和2015年的财报意识到关注的领域;Quayle女士为法定审计师;Quayle近期不良监管记录;Quayle在事务所内担任高级管理职务	(1) 予以谴责。(2) 处罚金70万英镑。(3) 一份声明:事务所所签署的法定审计报告未满足相关要求。(4) 两年内,事务所应对Quayle女士为法定审计进行三项质量绩效审查(QPR)并每年向FRC报告	(1) 予以谴责。(2) 处罚金4.5万英镑。(3) 接受适当培训	2019年

续表

序号	被审计单位	会计师事务所	主要违法事项	对事务所处罚	对审计师处罚	发布时间
3	未披露	Grant Thornton UK	(1) 事务所对该公司的主要资产未进行充分的抽样工作以将抽样风险降低至可接受水平。 (2) 在资产评估方面，审计团队过分依赖外部专家（的成果），而没有适当考虑使用事务所的审计专家。导致审计团队未能获取充分适当的审计证据并就资产评估得出合理的结论。此外，未能运用充分的执业怀疑和准备足够的审计文件	(1) 处罚金 65 万英镑。 (2) 一份声明：事务所签署的法定审计报告不满足相关要求	(1) 处罚金 2 万英镑。 (2) 一份声明：合伙人签署的法定审计报告不满足相关要求	2019 年
4	SG	Deloitte	(1) 未能就该公司 2012 年审计文件上明显列出的英国政府部门存在舞弊的信号作出反应。 (2) 未能遵守重要的审计标准，包括在识别舞弊或重大错报风险以及运用职业怀疑。 (3) 在任何情况下，不当行为都可能破坏对审计师的行为标准以及整个行业的信心。 (4) Howard 没有适当监督审计工作		(1) 予以严厉地谴责。 (2) 处罚金 12 万英镑	2019 年
5	BNYM	KPMG	(1) 未能理解和应用《客户资产资料手册》的基本规则，即要求银行保留自己的记录，并根据其他人实体进行资产核对。 (2) 未能正确应用财务系统非常重要的规则	(1) 予以严厉地谴责。 (2) 处罚金 500 万英镑	(1) 予以谴责。 (2) 处罚金 7.5 万英镑	2019 年

续表

序号	被审计单位	会计师事务所	主要违法事项	对事务所处罚	对审计师处罚	发布时间
6	RD	PwC	(1) 违反相关要求的审计范围包括：审计计划、现金、收入和债务人，以及成本和负债。(2) 对上述事项的审计中，审计团队严重缺乏职业胜任能力，未充分运用职业怀疑	(1) 予以严厉的谴责。(2) 处罚金650万英镑。(3) 对此案中出现违规情况的分所，PwC将加大对其审计活动的监督和支持。(4) 一份声明：事务所签署的法定审计报告不满足相关要求	(1) 予以严厉的谴责。(2) 各处罚金20万英镑。(3) 接受额外的培训	2019年
7	LA	MSR Partners	(1) 将重要性设置为适当水平的3倍。(2) 在评估持续经营假设的使用及对收入的审计时，未能获得充分适当的审计证据	(1) 予以严厉的谴责。(2) 处罚金82.5万英镑。(3) 一份声明：事务所签署的法定审计报告不满足相关要求	(1) 处罚金11万英镑。(2) 不得担任公共利益实体的法定审计师，也不得为其签署法定审计报告，至少为期18个月	2019年
8	CB	KPMG	(1) 在以下两方面未获得充分适当的审计证据，未运用充分的职业怀疑：对商业贷款簿中的贷款所进行的公允价值调整（FVA）的审核；对一系列贷款票据下FVA和负债的审核。(2) 未告知CB在财务报表中仅披露贷款票据的预期寿命是不充分的	(1) 予以严厉的谴责。(2) 处罚金500万英镑。(3) KPMG在2019年、2020年和2021年与信贷业务有关的所有审计业务在当年将由单独的KPMG审计质量团队进行额外的复核	(1) 予以严厉的谴责。(2) 处罚金12.5万英镑	2019年

续表

序号	被审计单位	会计师事务所	主要违法事项	对事务所处罚	对审计师处罚	发布时间
9	SG	Deloitte	未按照职业胜任能力和职业审慎的原则进行审计	(1) 予以严厉的谴责。 (2) 处罚金650万英镑。 (3) 以不当行为为主题，事务所安排其所有审计员工接受培训	(1) 予以严厉的谴责。 (2) 处罚金15万英镑	2019年
10	ESM	KPMG	(1) 未对索赔文件的审核流程进行充分的查询。 (2) 未对Syndicate的索赔准备金恶化的迹象采取任何行动	(1) 予以严厉的谴责。 (2) 处罚金600万英镑。 (3) 同意对2018年保险业务审计的某些方面进行额外的内部审查并向FRC报告	以Taylor为例： (1) 予以严厉的谴责。 (2) 处罚金10万英镑。 (3) 委派另一位合伙人复核Taylor审计的工作，持续到2020年底	2019年
11	TG	Baker Tilly	(1) 未就资产负债表上两个重要的科目：存货和交易应收款，获取充分适当的审计证据及充分复核审计文件。 (2) 合伙人未能发现审计工作中的错误和差异。 (3) Railton未充分应对Tanfield发布的交易声明中所包含的一则利润警告	(1) 予以谴责。 (2) 处罚金75万英镑	以King为例： (1) 予以谴责。 (2) 处罚金3万英镑	2019年

资料来源：Recent Enforcement sanctions imposed against Audit firms and Audit Partners, https://www.frc.org.uk/getattachment/f4e5a931-98a5-4d62-9004-b23d09c210dd/Enforcement-sanctions-imposed-against-Audit-firms-and-Audit-partners-June-2020.pdf。

1. 近年来处罚涉及的事务所数量及 CPA 人数。

2013～2020 年 6 月证监会对涉及会计师事务所、人员及处罚金额的统计如表 4 所示。

表 4　2013～2020 年 6 月证监会处罚涉及的会计师事务所、CPA 人数及处罚金额

年份	被处罚事务所数	被处罚 CPA 人数	处罚事务所金额（万元）	处罚 CPA 金额（万元）
2013	4	8	774	70
2014	4	12	629.42	85
2015	2	4	95	26
2016	6	13	2 189.76	110
2017	9	19	2 967	119
2018	5	12	1 934	106
2019	7	13	1 290	94
2020	1	2	50	10

资料来源：中国证监会网站，经整理。截至 2020 年 6 月 30 日。

从时间分布来看，自 2013 年以来，随着国家对资本市场监管趋严，受到处罚的企业与中介机构呈逐年增加趋势，2017 年最多，达到 9 家。被处罚审计机构近 38 家（次），涉及的都是国内业务规模大，具有证券资格的事务所。

2. 处罚涉及的审计业务类型。

处罚涉及的审计类型含 IPO 审计、上市公司年报审计、新三板企业审计、企业资产重组审计、企业发债审计等（见表 5）。

表 5　2013～2020 年 6 月证监会处罚涉及的审计业务类型

处罚年份	IPO 审计	年报审计	新三板企业审计	资产重组审计	企业发债审计	收购审计
2013	3	1	0	0	0	0
2014	2	3	0	0	0	0
2015	0	2	0	0	0	0
2016	1	1	0	1	0	0
2017	2	8	0	0	0	0

续表

处罚年份	IPO审计	年报审计	新三板企业审计	资产重组审计	企业发债审计	收购审计
2018	0	4	0	0	0	1
2019	0	5	1	0	1	0
2020	0	1	0	0	0	0

资料来源：中国证监会网站，经整理。

上述统计中，2016年对其中某企业上市及年报审计的处罚案例中既涉及IPO审计，又涉及年报审计。2017年有关一家上市公司年报审计的处罚案例既涉及IPO审计，也涉及年报审计，我们分别将其归属于两类审计业务。

根据统计发现，年报审计历年来都是审计失败比较高发的领域，这也与基数大有很大的关系，所以上市公司年报审计和IPO审计依然是审计监管的重点。同时，作为会计师事务所对年报审计业务需要投入更多的审计力量，制定更加严格的质量控制标准，切实降低审计失败的风险。

3. 审计失败和财务舞弊的持续年限分析。

监管处罚公告之前企业财务舞弊的持续时间，在一定程度上说明了审计监管的时效性。我们根据上述审计类型分析了不同审计业务产生财务造假的起始年份与审计处罚间隔时间。一般认为间隔时间越短时效性越强，起到的警示作用会越大，否则相反。

对2013~2020年6月审计处罚的时效性统计如表6所示。

表6　　　　2013~2020年证监会处罚的时效性

处罚年份	IPO审计	年报审计	新三板企业审计	资产重组审计	企业发债审计	收购审计
2013	2~3	6	—	—	—	—
2014	1	6~10	—	—	—	—
2015	—	4	—	—	—	—
2016	2	3~4	—	3	—	—
2017	3	2~4	—	3	—	—

续表

处罚年份	IPO审计	年报审计	新三板企业审计	资产重组审计	企业发债审计	收购审计
2018	—	3~5	—	—	—	5
2019	—	4	4	—	5	—
2020	—	5	—	—	—	—

资料来源：中国证监会网站，经整理。

自财务舞弊开始到被行政处罚，中间需要经过审计、监管、立案调查等环节持续2年以上是普遍的时间间隔。收购审计、发债审计一般时效性会更低些。

（二）导致审计失败的因素分析

审计失败是事务所违规和上市公司财务报告舞弊共生的结果。以上我们以2013~2019年我国审计处罚，以及境外以美英为代表监管机构对会计师事务所的处罚进行了总结，通过分析可以发现在对会计师事务所和审计师的监管方面，境内外存在以下异同点。

1. 未勤勉尽责是会计师事务所被处罚的首要原因。

在本次对2013~2020年6月间我国证监会发布的处罚公告研究中，发现基本都出现了"会计师未勤勉尽责"的表述。在PCAOB官方对2019年的执法和调查活动总结中，重点关注了三类事项：（1）审计的严重违规，包括缺乏应有的职业尽责和专业怀疑；（2）有关审计的独立性和完整性的事项；（3）威胁到PCAOB监管监督程序完整性的事项。尽管各监管机构在对会计师事务所和有关责任人员的处罚原因认定上存在不同的考量，但都将"勤勉尽责"列为评判审计执业质量的首要标准，并将其核心定为"应有的职业关注"。

2. 舞弊动机、机会与自我合理化构成了财务造假的形成机制。

根据舞弊三角理论，在外部压力的情况下，促使管理者具有财务造假的意愿。从机会上来讲，主要是企业内部治理、内部控制无法对管理者尤其是控制人形成有效约束，使得这些舞弊有机可乘。根据证监会的认定，所有的审计失败首先被处罚的都是被审单位，几乎都与公司高管直接相关。自我合理化方面，实际上各被处罚公司的申辩意见就可以很好地说明。

3. 审计执业生态环境有待改善。

独立性的缺失也是审计执业生态环境问题的重要组成部分。美国和英国在处罚案例中特别关注审计师的独立性问题，会就独立性方面发表意见，甚至形成处罚意见。我们应该清楚地认识到审计失败与行业存在的价格不正当竞争、会计师事务所信息公开程度不高、审计师的独立性、上市公司违法违规成本较低、审计责任与会计责任的不易区分、事务所的质量控制、行业的多头监管与多重监管等都有关联。这些共同构成了审计的执业生态。

为了注册会计师行业更好地发展，证监会提出了从五个方面进一步优化资本市场审计执业生态（见表7）。

表7　　　　　证监会从五个方面优化审计执业生态

优化审计执业生态举措	（1）优化监管生态	强化机构监管和业务监管，严厉打击审计违法违规行为，提升审计监管科技化水平
	（2）优化协作生态	发挥系统内外合力，构建职责清晰、分工明确、合作顺畅、协调有序、反应快速的综合监管体系
	（3）优化文化生态	督促资本市场审计行业树立人合的合伙文化、诚实守信的底线文化、风险和质量为先的执业文化、尊重专业的工匠文化
	（4）优化公众监督生态	要进一步深化会计师事务所的信息公开，引导市场主体合理选聘会计师事务所，同时做好舆论引导与应对，发挥舆论监督作用
	（5）优化发展生态	要提高上市公司质量，提升上市公司违法违规成本，引导各方支持配合资本市场审计工作，创造良好发展环境

注：摘自证监会2019年审计监管工作培训会上阎庆民副主席的讲话，载于《证券时报》。

2019年度上市公司审计报告分析

导读 • • •

◎ 本文对2019年上市公司年报审计和IPO申报财务报表审计情况进行了分析,包括参与的会计师事务所概况、审计市场份额、审核制下的IPO审计业务和注册制下的科创板审计业务情况等内容。

◎ 总体而言,2019年参与上市公司年报审计的会计师事务所与2018年保持一致;近年来事务所业务收入总体呈上升趋势;《证券法》的修订进一步明确了注册会计师的民事责任,证券服务机构从事证券业务由审批制改为备案制对整个行业的风险防范意识和制度体系的构建提出了更高的要求。

◎ 审计市场结构方面,2019年度,我国头部事务所的集中趋势仍较为明显;国际四大事务所虽然占有较少的客户资源,但却几乎拥有国内上市公司审计市场上的多数大型项目;国内事务所则在国有企业和非金融类企业上市公司的年报审计领域具有一定的优势。

◎ 审计收费方面,2019年度,我国年报审计市场的审计收费与资产规模与客户风险均表现出一定的正相关关系;国际四大仍然占据审计市场的高端客户,主要原因在于由具有国际背景的事务所审计能够获得国际投资者的认可,且国际四大在提供内部控制审核等方面的服务存在优势。

◎ IPO审计方面,由于IPO具有工作量大、内容复杂、需遵循的法律法规较多等特点,公司一般选择实力强、信誉好、经验丰富的中介机构,因此形成中介机构较为集中的特点。

一、基本情况

（一）会计师事务所

1. 参与上市公司年报审计的会计师事务所。

（1）参与年报审计事务所的基本情况。

截至 2020 年 6 月 30 日，全国共有 A 股及 B 股上市公司 3 894 家，其中 3 889 家上市公司披露了 2019 年年度审计报告，除 2020 年 1~6 月新上市的公司 119 家及尚未披露的 5 家上市公司外，截至 2019 年 12 月 31 日已上市且截至 2020 年 6 月 30 日已披露 2019 年年报的上市公司共有 3 770 家 [含 2020 年 6 月 2 日退市的退市保千（600074）、2020 年 7 月 2 日退市的退市锐电（601558）及 2020 年 6 月 4 日进入退市整理期的天茂退（002509）]。

在已披露 2019 年年度审计报告的 3 770 家上市公司中，参与上市公司年报审计的会计师事务所共 40 家，与参与 2018 年上市公司年报审计的会计师事务所数量相同，均为原取得证券、期货相关业务许可证的会计师事务所。具体名单如表 1 所示：

表 1   参与上市公司 2019 年年报审计的会计师事务所

序号	会计师事务所	原取得证券、期货相关业务许可证的会计师事务所	序号	会计师事务所	原取得证券、期货相关业务许可证的会计师事务所
1	安永华明	是	11	立信	是
2	北京兴华	是	12	立信中联	是
3	毕马威华振	是	13	利安达	是
4	大华	是	14	普华永道中天	是
5	大信	是	15	容诚	是
6	德勤华永	是	16	瑞华	是
7	公证天业	是	17	上会	是
8	广东正中珠江	是	18	四川华信	是
9	和信	是	19	苏亚金诚	是
10	华兴	是	20	天衡	是

续表

序号	会计师事务所	原取得证券、期货相关业务许可证的会计师事务所	序号	会计师事务所	原取得证券、期货相关业务许可证的会计师事务所
21	天健	是	31	中审华	是
22	天圆全	是	32	中审亚太	是
23	天职国际	是	33	中审众环	是
24	希格玛	是	34	中天运	是
25	信永中和	是	35	中喜	是
26	亚太（集团）	是	36	中兴财光华	是
27	永拓	是	37	中兴华	是
28	致同	是	38	中证天通	是
29	中汇	是	39	中准	是
30	中勤万信	是	40	众华	是

资料来源：中注协"取得证券、期货相关业务许可证会计师事务所信息"，截至2020年6月30日。

（2）参与年报会计师事务所的地域分布。

从地域上看，参与年报会计师事务所注册地分布在11个省市，具体分布为北京（22家）、上海（5家）、江苏（3家）、天津（2家）和浙江（2家），福建、广东、湖北、四川、山东和陕西各1家。

截至2020年6月30日，参与年报审计的事务所共有分所771家，平均每家19.28家分所。从覆盖地域上看，40家参与年报审计的事务所在除香港、澳门外的32个省级行政区都设有分所。

2. 参与上市公司年报审计的事务所的注册会计师。

截至2019年6月10日，40家会计师事务所共有注册会计师29 405人，约占中注协会员人数的11%，注册会计师（执业会员）人数的27%，平均每家为735人。

从各家事务所的具体人数来看，注册会计师人数最多的会计师事务所为瑞华（2 266人）。注册会计师人数居前10名的会计师事务所如表2所示：

表 2　　注册会计师人数居前 10 名的会计师事务所

排名	事务所名称	2019年6月10日 注册会计师人数	2018年5月30日 注册会计师人数
1	瑞华	2 266	2 459
2	立信	2 108	2 135
3	天健	1 602	1 579
4	信永中和	1 416	1 326
5	大华	1 308	1 205
6	致同	1 232	1 185
7	安永华明	1 167	1 124
8	中审众环	1 166	1 065
9	普华永道中天	1 153	1 094
10	天职国际	1 127	1 042

资料来源：中注协《会计师事务所综合评价前百家信息》。

上述数据显示，普华永道中天、安永华明、德勤华永、毕马威华振（以下简称"国际四大"）在注册会计师人数居前 10 名的会计师事务所仅占两席（安永华明第 6、普华永道中天第 9），瑞华、立信注册会计师人数仍处于领先地位，但是相比 2018 年有所减少。

截至 2019 年 6 月 10 日，全国证券资格会计师事务所共有从业人员 107 524 人，平均每家 2 688 人；截至 2019 年 5 月底，全国证券资格会计师事务所合伙人共 3 821 人，平均每家 95 人。

（二）会计师事务所及注册会计师受行政处罚情况

中国证监会对会计师事务所的行政处罚，包括没收违法所得、罚款和市场禁入、责令改正、警告、撤销服务业务许可等措施，通常是两项或者多项措施相结合。

近年来对会计师事务所的行政处罚措施主要包括没收违法所得、罚款和市场禁入等。详细情况如表 3 所示：

表3　　　　　上市公司、会计师事务所被处罚情况　　　　　单位：次

年份	对会计师事务所			对注册会计师			
	家数	没收违法所得	罚款	人数	罚款	市场禁入	其中：终身市场禁入
2019	7	481	809	13	89	2	—
2018	5	381	993	5	62	—	—
2017	8	874	1 943	8	113	2	—
2016	7	702	1 487	7	110	5	—
2015	2	95	95	2	26	2	—
2014	4	285	345	4	85	—	—
2013	5	343	501	5	76	8	6
2012	1	70	—	1	12	—	—
合计	39	2 876	5 718	34	520	19	6

资料来源：证监会网站－行政处罚决定。

2019年度，证监会共对6家会计师事务所及其注册会计师进行了7次行政处罚，相比于2018年有所上升，没收违法所得金额上相比于2018年数量也同步上升，但对会计师事务所的罚款金额有所下降。从罚款与违法所得的比例来看，2019年罚款总金额是违法所得总金额的1.68倍，较2018年的2.61倍有明显的下降。

对于注册会计师，证监会共对13人次的注册会计师进行了罚款，总金额89万元，较2018年有所增长，但从平均数来看，2019年平均每人次罚款6.85万元，较2018年也有明显的下降。同时，证监会对两位注册会计师采取5年的证券市场禁入措施。

另外，2019年度还对17家会计师事务所及其注册会计师采取了29家次、55人次的出具警示函措施，并对1家会计师事务所和2位注册会计师进行了监管谈话。

（三）事务所"做强做优"情况

1. 审计业务收入。

2014～2018年公告的年度综合评价前100家或业务收入前100家会计师事务所（以下简称"百强所"）信息情况如表4所示：

表 4　年度综合评价前 100 家/业务收入前 100 家会计师事务所信息

年份	年度业务收入（万元）	注册会计师数量（人）	从业人员数量（人）	人均业务收入（万元）	师均业务收入（万元）
2018	5 056 309.72	34 285	120 604	41.92	147.48
2017	4 625 129.20	33 247	112 814	41.00	139.11
2016	4 648 691.38	30 902	107 129	43.39	150.43
2015	3 947 923.81	28 816	96 137	41.07	137.00
2014	3 475 637.59	27 198	92 245	37.68	127.79

资料来源：中注协历年会计师事务所综合评价前 100 家/业务收入前 100 家信息。

从表 4 可以看出，除在 2017 年较 2016 年出现了小幅下降外，其他年份百强所业务收入总体呈上升趋势，且增长率均保持在 10% 左右或以上。

从人均业务收入看，从 2014~2018 年，百强所人均创收增长 4.24 万元，除在 2016~2017 年也有所下降外，其他年份均保持正增长率，但除 2015 年外均未超过当年人均 GDP、统计局公布的个人收入数据、物价水平等的增长速度。注册会计师行业的人均劳动效率需要寻找不断提高的突破点。

2014~2018 年，原取得证券、期货相关业务许可证的会计师事务所共有 40 家，除个别事务所名称有所变动外，在主体上与 2019 年参与年报会计师事务所保持一致。如果仅从证券资格会计师事务所 2014~2018 年的数据来看，其收入则一直呈上升趋势，2017 年 40 家证券资格会计师事务所注册会计师人数占总注册会计师人数的 27.59%，收入占全部事务所总业务收入的 60.03%。2014 年以来证券资格会计师事务所人均业务收入和师均业务收入均高于百强所人均水平。

从以上数据可以看出，注册会计师行业头部事务所，特别是证券资格会计师事务所和国际四大业务、人员聚集效应明显，在人均方面证券资格会计师事务所和国际四大也领先于其他会计师事务所，特别是国际四大人均业务收入和师均业务收入处于绝对领先位置。

2. 金融业客户。

108 家金融业上市公司由 21 家事务所审计，其中国际四大审计 55 家，占 50.93%。另外，国际四大审计了的全部上市公司 278 家，占比 7.37%。

6 家"国有大型商业银行"、9 家"上市股份制商业银行"、5 家保险公司（不含天茂集团、西水股份）全部是由国际四大审计。36 家上市银行中 31 家由国际四大审计，36家上市券商中18家由国际四大审计。

金融业尤其是银行、保险公司会计处理较为复杂，对审计的胜任能力要求也较高，因此金融业客户的数量一定程度上可以反映会计师事务所的执业能力（"做强"）。目前来看，国际四大的执业能力相比较强。

3. 监管处罚。

中国证监会对会计师事务所的行政处罚数量，一定程度上反映了会计师事务所审计失败的数量，2012年以来，国际四大未受到证监会行政处罚。

4. 专业文章。

会计师事务所出版的专业书籍和官方公众号发布的会计、审计专业文章一定程度上反映了事务所的技术研发实力。

2010年以来，普华永道中天、德勤华永、瑞华、大信、致同、天职国际等事务所出具了多本专著。可以看出，除国际四大外，其他事务所也在不断加强专业技术研发，这也体现了事务所对"做强"的持续努力及其成果。

但是从客户平均审计收费、客户资产规模、金融业客户数量、监管处罚数量等方面看，事务所"做强做优"仍是任重而道远。

（四）《证券法》修订对参与上市公司年报审计的事务所的影响

1. 进一步明确了注册会计师的民事责任。

新修订的《证券法》对原法中"重刑（行）轻民"的倾向进行了纠正，加大了注册会计师民事责任，增加了对投资者权益的保护；对法律责任主体及连带责任方进行了明确；对注册会计师的法律责任范围进行了扩展；对"虚假陈述"和"违法所得"进行了明确；明确了对责任主体的处罚金额；增加了注册会计师对文件、资料保管的责任和义务等。

其中，新法在对注册会计师等专业机构和人员的虚假陈述民事责任的过错进行认定时，抛弃现行《证券法》第161条中"必须按照执业规则规定的工作程序出具报告"的规定，代之以"未能勤勉尽责"的抽象性原则。由旧法中"必须"转为"应当"，由旧法中具体的"规范文件"转为"抽象原则"，要求注册会计师应重视因失职等过失造成的损失，这也给注册会计师从事证券业务提出了更高的要求。

2. 证券服务机构从事证券业务由审批制改为备案制。

新修订的《证券法》实施以后，证券服务业务资格行政许可审批改为备案制，这带来最直观的结果是一些之前未从事过证券服务业务的会计师事务所将进入证券市场执业。

由于目前新修订的《证券法》实施时间较短，相关的配套政策还不完善，市场上其影响体现的还不尽明显，从目前的情况来看，重要的是明确会计师事务所不得承办与自身规模、执业能力、风险承担能力不匹配的业务，规范审计机构业务竞争，杜绝低价承接业务和不正当替换前任审计机构行为，杜绝购买审计意见的行为。

之前未从事过证券服务业务的会计师事务所进入证券市场执业之后，对整个行业的风险防范意识提出了更高的要求，各事务所应当健全审计机构规则体系和内部控制制度，清晰界定审计机构责任边界，推动树立以风险为本、质量优先的理念，构建良好的行业生态。

二、境内上市公司年报审计

（一）审计市场结构

1. 市场参与率。

市场参与率，即参与年报审计的会计师事务所占会计师事务所总量的比例，可以反映审计市场的竞争程度。根据中注协会计师事务所信息，截至2020年6月30日，40家参与年报会计师事务所及其分所共771家，具体数据详见表1。

2. 市场集中率。

市场集中率指会计师事务所拥有客户的数量、客户资产、客户营业收入等反映会计师事务所拥有客户资源的规模，这一指标可用以反映审计市场的集中程度。

（1）上市公司客户数量。

会计师事务所出具上市公司财务报表审计报告数量如表5所示：

表5　2019年度会计师事务所出具上市公司财务报表审计报告数量统计　单位：家

序号	会计师事务所	2019年审计报告数量	2018年审计报告数量	序号	会计师事务所	2019年审计报告数量	2018年审计报告数量
1	立信	556	570	3	大华	312	240
2	天健	451	403	4	信永中和	294	236

续表

序号	会计师事务所	2019年审计报告数量	2018年审计报告数量	序号	会计师事务所	2019年审计报告数量	2018年审计报告数量
5	容诚	201	112	23	和信	40	40
6	致同	193	185	24	广东正中珠江	40	91
7	大信	161	146	25	中喜	40	35
8	中审众环	159	129	26	上会	38	39
9	天职国际	155	139	27	四川华信（集团）	34	32
10	安永华明	92	74	28	中审华	34	32
11	普华永道中天	86	77	29	中勤万信	34	38
12	中汇	78	61	30	永拓	32	19
13	中兴华	68	35	31	希格玛	30	31
14	天衡	63	57	32	瑞华	29	315
15	众华	62	59	33	苏亚金诚	26	23
16	德勤华永	56	56	34	北京兴华	24	34
17	公证天业	55	55	35	利安达	23	21
18	中兴财光华	55	41	36	中准	19	20
19	中天运	48	42	37	立信中联	17	12
20	华兴	46	36	38	中审亚太	12	8
21	毕马威华振	44	33	39	中证天通	11	11
22	亚太（集团）	43	30	40	天圆全	9	8

资料来源：根据Wind数据及证监会《2018年度证券审计市场分析报告》整理。

40家会计师事务所平均出具94份报告，有31家事务所出具报告的数量在平均数量以下。与2018年相比，在总的数量上，由于新上市企业及退市企业影响，2019年12月31日上市公司数量比2018年12月31日上市公司数量净增加191家[①]。

位居2019年客户数量前10名的会计师事务所占市场（客户总数）份额的

[①] 以截至2018年12月31日的上市公司数量计算，截至2018年12月31日，A股共有上市公司3 567家，B股共有上市公司17家，合计3 584家，其中*ST华泽、*ST长生2家上市公司未出具2018年年度审计报告。

68.28%，高于 2008 年的集中率 61.61%，上市公司客户进一步向头部会计师事务所聚集。

（2）上市公司客户总资产。

从会计师事务上市公司客户总资产来看，普华永道中天、安永华明、毕马威华振、德勤华永牢牢占据了前四名，占到所有上市公司总资产的 83.62%，其中位居第一的普华永道中天的客户总资产金额达 857 711.42 亿元，占上市公司总资产合计数的 30.55%。

从总资产平均金额来看，普华永道中天、安永华明、毕马威华振、德勤华永更是远远超过其他会计师事务所，其中平均金额最高的毕马威华振达到最低正中珠江的 293.98 倍。

从总资产来看，上市公司年报审计业务的集中情况十分明显，且主要集中于国际四大。国际四大服务了绝大多数金融类上市公司，包括银行、保险、证券等行业，银行业公司总资产高、体量大，是国际四大客户总资产明显较高的主要原因。

（3）上市公司客户营业收入。

从会计师事务所上市公司客户营业收入情况来看，客户营业总收入最多的前 10 名会计师事务所审计的客户营业总收入金额占全部营业收入金额的 82.32%。普华永道中天、安永华明、毕马威华振、德勤华永仍然占据了前四名，占到所有上市公司营业收入总额的 54.34%。

从营业收入平均金额来看，普华永道中天、安永华明、毕马威华振、德勤华永依然远超其他会计师事务所，值得注意的是，和信、苏亚金诚、天圆全等上市公司客户数量排名较为靠后的事务所，其客户的营业收入平均金额则名列前茅。

从营业收入来看，上市公司年报审计业务的集中情况也较为明显，并且有更加集中的趋势。

（4）上市公司客户市值。

从会计师事务上市公司客户市值来看，客户市值最多的前 10 名会计师事务所审计的客户市值占全部总额 78.52%。其中，国际四大排名仍在前五位，国内会计师事务所立信进入前五名，位列第四。

从市值平均金额来看，国际四大审计的上市公司平均市值是除国际四大以外其他所平均市值的 9.84 倍，依然处于绝对的领先位置。

从上市公司客户市值来看，上市公司年报审计业务的集中情况也较为明显,且高市值企业多集中于国际四大。

（5）上市公司属性。

在审计国有企业的数量上面,国内事务所占据优势,国际四大中仅有安永华明一家进入前十名,国有企业客户最多的前 10 名会计师事务所的国有企业客户数量占全部国有企业上市公司的 68.70%。

对于国有上市公司的审计业务也在向国内的头部会计师事务所集中,在此领域国际四大不存在优势。

（6）上市公司行业分布。

从各事务所年报审计所涉及的行业来看,每家事务所平均参与 10.45 个行业的年报审计工作,客户数量前十名的会计师事务所平均每家参与了 15.60 个行业的年报审计工作。多数会计师事务所在审计行业上都有着较为全面的布局,上市公司客户数量较多的事务所从事审计业务的行业往往更加多元。

在不同的细分行业中,上市公司年报审计的集中情况更为明显,在数量上,以立信为代表的国内所则占据较为明显的优势。

而对于资产规模、收入、市值都较大的金融业上市公司,国际四大拥有 55 家客户,占金融类企业上市公司数量的 50.93%,从更加细分的角度来看,对于银行业上市公司,国际四大则拥有 31 家客户,占银行业上市公司的 86.11%。在金融业,国际四大则拥有明显的领先优势。

（7）上市公司地域分布。

根据我国行政区划的设置,将全国除港、澳、台以外的省、自治区和直辖市划分为 7 个地区,即东北（黑龙江、吉林和辽宁）、华北（北京、天津、内蒙古、河北、山西和山东）、华东（上海、安徽、浙江、福建、江苏和江西）、华南（广东、广西和海南）、华中（河南、湖南和湖北）、西北（陕西、甘肃、宁夏、青海和新疆）和西南（重庆、云南、贵州、四川和西藏）。从会计师事务所客户的地域分布来看,部分事务所客户地域范围较为集中,希格玛、公证天业、广东正中珠江、和信等事务所具有较为鲜明的地域特点。但是在上市公司客户数量较多的事务所中,其客户分布则较为均衡。

其中,有 19 家事务所的主要客户在华东地区,占 40 家事务所的 47.50%,这与华东地区上市公司数量较多有关。

在参与上市公司年报审计的 40 家会计师事务所中,有 13 家事务所总部所在地与其主要业务所在地不一致,这 13 家事务所的总部 11 家位于北京市,2

家位于天津市,都属于华北地区,其主要业务范围在东北地区的 1 家,华中地区 2 家,华南地区 2 家,华东地区 8 家。

全部已公告年报的 3 770 家上市公司中,有 1 555 家与其进行审计的会计师事务所位于同一地域,占全部上市公司的 41.25%,会计师事务所的业务全国化趋势明显。

3. 审计市场结构分析小结。

2019 年度,按照客户数量、客户总资产、营业收入总额、客户总市值计算的前十名会计师事务所客户所占比例分别为 68.28%、94.13%、82.32% 和 78.52%,头部事务所的集中趋势较为明显。

值得注意的是,国际四大的客户数量虽然只占总体的 7.37%,却因客户主要是金融业企业或行业龙头上市公司,按照客户资产总额计算的份额高达 83.62%,按照收入总额和客户总市值计算的份额也分别达到 54.34% 和 43.91%,在客户总资产和客户营业总收入排名上均占据前 4 名的位置。可以说国际四大合作虽然占有较少的客户资源,但却几乎拥有国内上市公司审计市场上的多数大型项目。

在国有企业和非金融类企业上市公司的年报审计领域,国内事务所则具有一定的优势,而且近年来国内事务所全国化的趋势明显,这些会为国内事务所的进一步发展提供助力。

(二) 审计收费

1. 审计收费基本概况。

(1) 基本情况。

截至 2019 年 6 月 30 日,共有 3 765 家上市公司披露了出具其年度审计报告的会计师事务所的收费情况,合计审计收费 62.93 亿元,平均每家审计收费 167.16 万元。

(2) 近 5 年审计收费情况(见表 6)。

表 6 近 5 年审计收费情况

年份	上市公司数量	审计收费总额(万元)	平均审计收费(万元)	平均审计收费涨幅(%)
2015	2 809	418 811.07	149.10	5.45
2016	3 042	467 152.00	153.57	3.00

续表

年份	上市公司数量	审计收费总额（万元）	平均审计收费（万元）	平均审计收费涨幅（%）
2017	3 480	544 245.63	156.39	1.84
2018	3 582	588 941.54	164.42	5.13
2019	3 765	629 345.88	167.16	1.67

注：本表数据以截至统计当年 12 月 31 日已上市且披露其年报审计收费情况的上市公司为样本总体进行统计，2019 年样本为统计截至 2020 年 6 月 30 日已公告的上市公司。

资料来源：上述数据系根据 Wind 公布数据进行整理计算得出。

近 5 年来年报市场审计收费总额呈明显上升趋势，这与上市公司数量不断增加有关，而上市公司年报的平均收费水平也保持持续上升，但上升幅度有所波动，且均显著落后于统计当年全国 GDP 增长水平。

（3）审计收费区间分析。

审计收费在一定程度上反映年报审计市场的竞争状况。2019 年度上市公司审计收费区间分布如表 7 所示。

表 7　2019 年度年报审计市场审计收费区间

审计收费区间	上市公司		国际四大		国内其他所	
	数量	占比（%）	客户数量	占比（%）	客户数量	占比（%）
1 亿元以上	5	0.13	5	100.00	—	—
5 000 万~1 亿元（含）	3	0.08	3	100.00	—	—
2 000 万~5 000 万元（含）	14	0.37	14	100.00	—	—
500 万~2 000 万元（含）	85	2.26	54	63.53	31	36.47
100 万~500 万元（含）	1 499	39.81	176	11.74	1 323	88.26
50 万~100 万元（含）	1 679	44.59	21	1.25	1 658	98.75
50 万元以下（含）	480	12.75	4	0.83	476	99.17
总体情况	3 765	100.00	277	7.36	3 488	92.64

资料来源：上述数据系根据 Wind 公布数据进行整理计算得出。

从年报审计收费区间看，主要的审计收费区间在 500 万元以下，占所有上市公司的 97.15%。审计收费在 2 000 万元以上的上市公司共 22 家，主要分布在金融、能源和建筑等行业，全部为国际四大的客户。在 500 万~2 000 万元

（含）的审计收费区间内，国际四大与国内其他所相比仍具备较大优势。在500万元以下的审计收费区间内，国际四大涉足较少，多数由国内其他所承做。

2. 各事务所收入情况。

3 765家披露其年报审计收费的上市公司情况如表8所示：

表8　　　　　　　　　2019年度各事务所收入情况

序号	会计师事务所	公告审计收费家数	总收费金额（万元）	平均客户收费金额（万元）	序号	会计师事务所	公告审计收费家数	总收费金额（万元）	平均客户收费金额（万元）
1	普华永道中天	86	81 933.01	952.71	21	华兴	46	4 836.26	105.14
2	安永华明	91	76 524.06	840.92	22	中喜	40	4 546.80	113.67
3	立信	555	71 175.72	128.24	23	中天运	48	4 499.90	93.75
4	天健	449	52 251.57	116.37	24	和信	40	4 469.00	111.73
5	信永中和	294	37 815.03	128.62	25	上会	38	4 357.20	114.66
6	毕马威华振	44	35 607.33	809.26	26	广东正中珠江	39	4 319.27	110.75
7	大华	312	33 733.61	108.12	27	瑞华	29	4 092.40	141.12
8	德勤华永	56	32 216.33	575.29	28	四川华信	34	3 781.00	111.21
9	致同	193	25 691.48	133.12	29	苏亚金诚	26	3 645.50	140.21
10	容诚	201	23 779.03	118.30	30	中审华	34	3 383.00	99.50
11	大信	161	18 079.92	112.30	31	中勤万信	34	3 382.40	99.48
12	中审众环	159	17 080.53	107.42	32	永拓	32	3 142.00	98.19
13	天职国际	155	16 595.10	107.07	33	希格玛	30	2 672.90	89.10
14	中兴财光华	55	7 024.00	127.71	34	立信中联	17	2 329.00	137.00
15	中兴华	68	6 945.50	102.14	35	利安达	23	2 227.00	96.83
16	中汇	78	6 789.50	87.04	36	北京兴华	24	1 895.00	78.96
17	天衡	63	6 778.30	107.59	37	中准	19	1 801.00	94.79
18	众华	62	6 332.82	102.14	38	天圆全	9	1 200.00	133.33
19	公证天业	55	5 069.90	92.18	39	中审亚太	12	1 198.00	99.83
20	亚太（集团）	43	5 017.00	116.67	40	中证天通	11	1 128.50	102.59

资料来源：上述数据系根据Wind公布数据进行整理计算得出。

有13家会计师事务所审计收费超过1亿元,审计收费前10名的事务所占总收费的74.80%。其中,普华永道中天、安永华明、毕马威华振和德勤华永分别位列第1、第2、第6和第8位,其收费占总收费的35.95%。

从平均客户收费额来看,所有事务所平均客户收费167.16万元。国际四大收费水平远远高于国内所,仅有国际四大的平均客户收费金额高于事务所平均客户收费金额。国际四大平均客户收费额最高的普华永道中天为952.71万元,最低的德勤华永平均客户收费金额575.29万元,而国内所最高的是瑞华的141.12万元,最低的则是北京兴华的78.96万元,审计客户数最多的立信平均客户收费额为128.24万元,有11家会计师事务所的平均审计收费在百万元以下。

审计收费排名前十的会计师事务所审计收费合计为46.45亿元,占全部上市公司审计收费的75.71%,较2018年度也略有上升。其中,国际四大审计收费总额为22.36亿元,占全部上市公司审计收费的36.45%。

3. 审计收费与企业之间的关系。

(1) 审计收费占资产总计的比例。

根据审计收费的不同区段以及相关区段的总资产情况,2019年年报审计收费情况如表9所示:

表9　　　　2019年度年报审计收费区间及总资产情况

审计收费区间	公告审计收费家数	平均总资产(万元)	平均审计收费(万元)	平均审计收费占总资产比例(%)
1亿元以上	5	2 228 333 160.00	14 865.20	0.000667
5 000万~1亿元(含)	3	545 517 466.67	6 026.00	0.001105
2 000万~5 000万元(含)	14	178 377 522.02	2 792.39	0.001565
500万~2 000万元(含)	85	66 187 771.05	849.41	0.001283
100万~500万元(含)	1 499	3 329 117.60	184.60	0.005545
50万~100万元(含)	1 679	1 193 949.76	76.30	0.006391
50万元以下(含)	480	264 759.85	43.37	0.016382
总计	3 765	7 443 170.71	167.16	0.002246

资料来源:上述数据系根据Wind公布数据进行整理计算得出。

2019年度,上市公司审计收费均值为167.16万元,资产均值为7 443 170.71

万元，审计收费均值与资产均值的比例为 0.002246%。审计收费与资产规模呈正相关的关系，资产规模越大，审计收费金额越高；但同时，随着上市公司规模的增大，审计收费占公司资产总计的比例明显递减。

（2）根据行业分类。

根据审计收费数据显示，金融业上市公司的平均审计收费明显高于其他行业，这与金融业上市公司总资产金额较高有关，除居民服务、修理和其他服务业仅有一家上市公司外，平均审计收费与行业上市公司的关系也基本呈现与上市公司总资产相关的特征，即审计收费与行业平均资产规模呈正相关的关系，资产规模越大，审计收费金额越高；但二者之间并非线性关系，上市公司平均规模较大的行业，审计收费占公司资产总计的比例较低。

（3）根据地域分类。

根据审计收费数据显示，华北地区上市公司的平均审计收费明显高于其他地区，这与华北地区上市公司总资产金额较高有关，平均审计收费与上市公司地域范围的关系也基本呈现与上市公司总资产相关的特征，即审计收费与地域平均资产规模呈正相关的关系，资产规模越大，审计收费金额越高；但同时，若地域内上市公司规模较大，审计收费占公司资产总计的比例明显递减。

（4）根据企业类型分类。

根据审计收费数据显示，公众企业的平均审计收费明显高于其他类型，这与公众企业总资产金额较高有关，平均审计收费与企业类型的关系也基本呈现与上市公司总资产相关的特征，即审计收费与不同企业类型平均资产规模呈正相关的关系，资产规模越大，审计收费金额越高；但同时，若某企业类型总资产规模较大，审计收费占公司资产总计的比例明显递减。

4. 审计收费与客户审计风险之间的关系。

（1）公司盈利状况。

2019 年年报显示，有 494 家上市公司发生亏损，其审计费用总额为 64 994.05 万元，平均费用为 131.57 万元，审计费用占资产总计平均比例为 0.019015%。盈利的 3 271 家公司审计费用总额为 564 351.83 万元，平均费用为 172.53 万元，审计费用占资产总计平均比例为 0.002039%。

迫于盈利压力，亏损企业的审计风险往往较高，虽然由于亏损企业总体规模较小，导致平均审计费用较低，但审计费用占资产总计平均比例较高，说明公司盈利状况所对应的审计风险和审计收费之间呈正相关关系。

(2) 被出具的审计意见类型。

相对于标准无保留意见，非标准审计意见往往意味着客户的风险更大。267 家被出具非标报告的公司审计费用总额为 38 739.90 万元，平均费用为 145.09 万元，审计费用占资产总计平均比例为 0.018535%。被出具标准审计报告的 3 498 家公司审计费用总额为 590 605.98 万元，平均费用为 168.84 万元，审计费用占资产总计平均比例为 0.002123%。

可以看出，审计风险越高，审计收费越高，审计费用占资产总计平均比例也越高。说明审计意见类型所对应的审计风险和审计收费之间呈正相关关系。

(3) 风险警示。

作为被实施特别处理的公司，ST（包括 ST、*ST、退市）公司存在一定的退市风险，公司或者内部控制出现严重问题，或者发生较高的经营风险，因此审计风险较高。210 家风险警示企业审计费用总额为 25 483.42 万元，平均费用为 121.35 万元，审计费用占资产总计平均比例为 0.026060%。1 528 家无风险警示企业审计费用总额为 603 862.46 万元，平均费用为 169.86 万元，审计费用占资产总计平均比例为 0.002162%。

风险警示企业审计风险较高，审计收费较高，审计费用占资产总计平均比例也较高，说明审计意见类型所对应的审计风险和审计收费之间呈正相关关系。

5. 审计收费分析小结。

我国 2019 年年报审计市场的收费状况呈现以下特点：

(1) 审计收费与资产规模正相关，资产规模越大，审计收费金额越高，但审计收费公司资产总额随着资产总额的增加其占公司资产总额的比例明显降低。这与审计服务本身存在的"规模效应"有关。

(2) 审计收费与客户风险表现出一定的正相关，主要表现为出具非标审计意见以及被风险警示的上市公司，其审计收费相对较高。这是因为客户风险越高，会计师事务所需要花费更多的时间和人力核实情况，慎重考虑审计意见类型，还要花很多时间与客户沟通，并且存在更高的潜在风险成本支出，应该收取更高的审计费用。

(3) 国际四大占据审计市场的高端客户。审计收费在 2 000 万元以上的客户累计有 22 家，全部由国际四大审计。在披露审计收费的 3 765 家上市公司中，国际四大拥有 277 家客户，占市场份额的 7.36%，而审计收费 141 392 万元，占全部审计收费总额的 35.95%，这主要是因为国际四大合作的审计客户覆盖了大多数规模较大的上市公司,特别是金融业上市公司。之所以国内规模大的龙头企业几乎全部选择国际四大,一方面,大部分公司涉及国际业务,需要具有国际背景的事务所来提供更专业的服务,以获得国际投资者的认可;另一方面,这些大的客户不仅需要会计师事务所提供审计服务,还需要其提供更多内部控制审核等方面的服务,尤其是金融业,而国际四大具有这方面的优势。

(三) B股公司年报审计情况

在截至2019年12月31日已上市且截至2020年6月30日已披露2019年年报的3 770家上市公司中,共有B股上市公司17家,12家会计师事务所对B股上市公司进行了年报审计,其中大信、天健各拥有3家B股上市公司客户,大华拥有2家,其余事务所各1家。

17家B股上市公司合计审计收费1 291.80万元,其中审计收费最高150万元,最低30万元,平均每家审计收费75.99万元,在所有上市公司审计收费中处于较低水平。B股审计费用占资产总计平均比例为0.008421%,则高于上市公司0.002246%的平均水平。

在平均每家上市公司的审计收费方面,B股公司的收费水平低于A股公司平均水平,在审计费用占资产总计平均比例方面则高于A股公司平均水平,其主要原因为B股公司的资产规模较小,与股票种类无明显关联。

(四) A+H股公司年报审计情况

2019年末,3 894家上市公司共有122家同时在香港发行了H股。主要集中在制造业、金融业、交通运输业和采矿业,从地域上看,主要集中在我国华北和华东地区。122家A+H股公司境内审计意见类型有120家为标准审计报告,2家为非标准审计报告,15家事务所(境内事务所设立的香港所与境内事务所统一计算)参与了A+H股公司2019年年报审计。其中,罗兵咸永道的A+H股公司客户最多,为26家,市场份额为24.59%。客户数前10家事务所累计市场份额达93.44%。

截至2019年6月30日,122家A+H股公司中有119家披露了其年度报告审计的收费情况,合计审计收费174 633.73万元,平均每家审计收费1 467.51万元,审计费用占资产总计平均比例为0.000935%。

其中113家A+H股公司同时披露了A股和H股的审计收费,这113家上市公司 A 股审计收费 170 714.63 万元，H 股审计收费 171 733.73 万元，总体收费差异较小。主要的审计收费区间在 5 000 万元以下，占所有上市公司的 93.28%。审计收费在 5 000 万元以上的上市公司共 8 家，7 家为金融业上市公司，1 家为采矿业上市公司，全部为国际四大的客户。

在平均每家上市公司的审计收费方面，A＋H 股公司的收费水平明显高于 A 股公司平均水平，在审计费用占资产总计平均比例方面又明显低于 A 股公司平均水平，其主要原因为 A＋H 股公司的资产规模较大，与上市地区无明显关联。

（五）内部控制审计

截至 2020 年 6 月 30 日，在沪深两市 3 770 家上市公司 2019 年年报审计中，注册会计师共出具了 2 497 份内部控制审计报告，公告内部控制审计报告的上市公司占上市公司总数的 66.15%，参与内部控制审计的会计师事务所共 40 家，均为参与财务报表审计的事务所。

三、IPO 审计（审核制）

广义的资本市场是指融通长期资金的市场，一般来说，投资期限在一年以上的资金融通活动的市场就被称为资本市场。在资本市场中，不同投资者与融资者有不同的规模，存在着对资本市场金融服务的不同需求，投资者与融资者对投融资金融服务的多样化需求决定了资本市场应该是一个多层次的市场经济体系。我国资本市场从 20 世纪 90 年代发展至今，我国多层次资本市场主要包括六个层面，一是主板市场（含中小板），二是二板市场创业板，三是三板市场（全国股转系统），四是四板市场（区域股权市场），五是证券公司柜台市场，六是基金及衍生品市场，另外 2019 年新设立了科创板，科创板是我国首个实行注册制的境内市场，以下主要介绍主板（含中小板）及创业板的情况。

（一）审计市场结构

1. 市场参与率。

截至 2019 年底具有证券期货资格事务所一共 40 家，根据 2019 年度审核情况可知参与的事务所 24 家（北京 11 家、上海 4 家、江苏 2 家、浙江 2 家、福建 1 家、广东 1 家、湖北 1 家、四川 1 家和天津 1 家），占具有证券期货资格事务所比例60%，参与度较高。

2. 市场集中率。

2019年度IPO审核公司共161家，为其上市提供服务的中介机构比较集中，中介机构服务的对象也具有各自的特点，以下分别从服务客户数量、体量、募集资金等方面进行分析。

（1）根据客户数排名。

2019年度证监会审核的IPO企业中，立信会计师事务所审计客户最多，占比24.85%；其次是天健会计师事务所，占比14.30%；再次是广东正中珠江会计师事务所，占比9.94%。排名前三审计机构占比总计49.09%，由此可知在IPO审计过程中审计机构集中度较高。

（2）根据客户总资产排名。

2019年度审核的IPO企业中，普华永道中天会计师事务所审计客户年平均营业总资产最高，占比89.99%，其占比最高主要是由于审计客户中包含的三家金融企业年平均营业总资产较高；其次是安永华明会计师事务所，占比2.89%，其占比较高主要是由于审计客户中包含的一家金融企业年平均营业总资产高；再次是德勤华永会计师事务所，占比2.86%，其占比高主要是由于审计客户包含一家"电力、热力生产和供应业（中国广核）"年平均营业总资产高。

（3）根据客户营业总收入排名。

2019年度审核的IPO企业中，普华永道中天会计师事务所审计年平均总收入最高，占比48.30%，其占比最高主要是由于审计客户包含的三家金融企业年平均营业总收入较高；其次是德勤华永会计师事务所，占比11.24%，其占比较高主要是由于审计客户包含一家"电力、热力生产和供应业（中国广核）"年平均营业总收入高；再次是立信会计师事务所，占比9.02%，其占比高是由于审计客户多。

（4）根据客户募集资金额排名。

截至2020年6月30日，2019年度审核通过已公开发行公司共计135家，尚有3家（西域旅游、同庆楼、东鹏控股）未公开发行，根据对已公开发行公司统计，普华永道中天会计师事务所审计客户（金融业）首发募集资金金额最高，占比28.14%，其占比最高主要是由于审计客户发行股票数量较多所致；其次是天职国际会计师事务所，占比17.22%，其占比较高主要是由于审计客户（交通运输、仓储和邮政业）发行股票数量较多所致；再次是立信会计师事务所，占比11.73%，其审计客户占比高主要是由于其审计客户较多所致。排名前三审计机构总计占比 57.09%,由此可见首发募集金额比较集中。

(5) 不同承销商集中率。

2019 年度审核的 IPO 企业涉及主承销商 41 家,其中广发证券股份有限公司承销 13 家,占比 8.07%,占比最高;其次是中信建投证券股份有限公司、中信证券股份有限公司均为 12 家,分别占比 7.45%;再次是中国国际金融股份有限公司 11 家,占比 6.83%。排名前四审计机构总计占比 29.80%,由此可知在 IPO 申报过程中主承销商集中度较高。

(6) 国际四大、中国内地成员所客户分析。

2019 年度审核的公司中,国际四大审计共计 15 家,按审计公司数量统计占比合计 9.31%,远低于按数量统计的排名第一的国内其他所的占比 24.85%,但是国际四大审计公司年平均总收入占比 64.49%,年平均营业总资产占比 95.75%,远高于国内其他所,且在 2019 年审核的 8 家金融行业公司国际四大审计 5 家,由上述可知金融行业公司国际四大占比高,且其审计的其他行业也具有体量较大的特点,例如:国内其他所审计公司年(金融行业除外)平均总收入 143 548.60 万元/家,而国际四大客户所审计公司(金融行业除外)年平均总收入 931 867.05 万元/家;国内其他所审计公司(金融行业除外)年平均营业总资产 264 955.56 万元/家,而国际四大所审计公司(金融行业除外)年平均营业总资产 3 976 173.26 元/家。

3. 审计市场结构分析小结。

公司 IPO 过程中,一般需要聘请保荐机构、会计师事务所、律师事务所三家中介机构,另外根据实际情况还可能需要聘请资产评估机构、咨询机构等其他中介机构。由于 IPO 具有工作量大、内容复杂、需遵循的法律法规较多等特点,公司一般选择实力强、信誉好、经验丰富的中介机构,在选择过程中,公司根据市场公开的信息查看中介机构参与情况,包括但不限于行业、通过率等,因此形成中介机构较为集中的特点。

(二) 首发审计费用

1. 基本概况。

截至 2020 年 6 月 30 日,2019 年度审核通过的 138 家公司中公告首发审计收费的共计 135 家,首发审计收费总计 103 565.60 万元,平均首发审计收费 767.15 万元。国际四大审计客户 12 家,首发审计收费 8 931.68 万元,平均首发审计收费 744.31 万元;国内其他所审计客户 123 家,首发审计收费 94 633.92

万元,平均首发审计收费 769.38 万元。

截至 2020 年 6 月 30 日,2019 年审核通过且公告 2019 年年报审计收费的共计 111 家,年报审计收费总计 11 750.22 万元,平均审计收费 105.86 万元。国际四大年报审计收费 3 650.00 万元,审计客户 12 家,平均审计收费 304.17 万元;本土所年报审计收费 8 100.22 万元,审计客户 99 家,平均审计收费 81.82 万元。在整理的过程中存在个别首发审计机构与年报审计单位不一致的情况,在统计过程中未对此影响进行考虑。

根据上述数据可知相同审计客户年报审计收费国际四大远高于国内其他所,首发审计收费国内其他所与国际四大基本持平原因主要是,由于获得证监会核准前的审计费用处理方式、审计所需时间和所需人员不同所致。

2. 首发审计收费区间分析。

审计收费在一定程度上反映审计市场的竞争状况,从首发审计收费区间来看,2 000 万元以上的有 1 家,为国际四大审计;其他区间国际四大及国内其他所从绝对值看,国内其他所占比较大,但是从其审计客户首发审计收费区间占比分析,国际四大与国内其他所比较均衡。2019 年度 IPO 审计客户首发审计收费情况如表 10 所示。

表 10　2019 年度会计师事务所 IPO 审计客户首发审计收费区间情况

首发审计收费区间	首发审计客户		国际四大		国内其他所	
	数量	占比(%)	客户数量	占比(%)	客户数量	占比(%)
大于 2 000 万元	1.00	0.74	1	8.33	—	—
1 000 万~2 000 万元	30.00	22.22	2	16.67	28	22.77
200 万~1 000 万元	102.00	75.56	8	66.67	94	76.42
200 万元以下	2.00	1.48	1	8.33	1	0.81
合计	135.00	100.00	12	100.00	123	100.00

资料来源:上述数据系根据 Wind 公布的数据进行整理,同时仅包括截至 2020 年 6 月 30 日,2019 年审核通过且公告首发审计收费的客户。

3. 首发审计收费与企业财务数据之间的关系。

(1) 首发审计收费占年平均营业总资产的比例。

2019 年度审核通过且已公布首发审计收费的公司,首发审计收费合计占年平均总资产合计的比例为 0.0082%,其中比例最高的为中汇 4.0741%,其占比较高主要是由于只有 1 家审核通过,且为轻资产(互联网和相关服务)

行业，同时首发审计收费中包含前期的审计费用；其次是公证天业会计师事务所，占比 1.5748%；再次为中兴华 1.5183%；比例最低的为普华永道中天 0.0004%，其占比低主要是由于审计客户中包含总资产额大的金融行业客户。

（2）首发审计收费占年平均总收入的比例。

2019 年度审核通过且已公布首发审计收费的公司，首发审计收费合计占年平均营业总收入的比例为 0.1848%，其中比例最高的为中汇 1.9960%，其占比较高主要是由于只有 1 家审核通过，同时首发审计收费中包含前期的审计费用；其次是中兴华 1.8263%，主要是由于首发审计收费中包含前期的审计费用；最后为中审众环 1.6740%。

（3）首发审计收费占首发募集资金的比例。

2019 年度审核通过且已公布首发审计收费的公司收费总额占首发募集资金合计的比例为 0.5204%，其中比例最高的为四川华信（集团）2.0996%；其次是中汇 1.9321%；再次为中天运 1.6521%；比例最低的为普华永道中天 0.0857%，其占比低主要是由于审计客户中金融业首发募集资金高，占普华永道中天首发募集资金金额的 98.70%。

4. 首发审计费用分析小结。

会计师事务所在 IPO 审计过程中，审计收费的标准与总资产、总收入及募集资金金额有一定的相关性，但不是主要考虑因素，现确认审计收费时更多是考虑：专业服务所需的知识和技能；所需专业人员的水平和经验；每一专业人员提供服务所需的时间；提供专业服务所需承担的责任。由于审计收费需考虑多重因素，所以通过上述分析不能确认孰高孰低，但可以确认国际四大服务客户一般具有体量较大的特点。

（三）行业分布

2019 年审核的 IPO 公司，所属行业划分分布情况具有以下特点：制造业所占比例最高 64.60%，其次是信息传输、软件和信息技术服务业占比 8.70%，再次是金融业占比 5.59%，三个行业合计占比 78.89%，由此可知行业集中度很高，同时金融业国际四大参与度高于国内其他所。

（四）地域分布

1. 按省市统计。

2019 年度审核公司分布在 23 个省市，主要集中在广东省（20.51%）、北京市（14.30%）、江苏省（12.43%）及浙江省（11.80%），四个省市占比合计59.04%，由此可知，2019年度审核的公司省市集中度较高。

2. 按地理区域统计。

2019年度审核公司中，按地理区域划分华东地区所占比例最高，其次是华北地区，再次是华南地区，三个区域合计占比82.01%，由此可知地理区域集中度很高（见表11）。

表11 2019年度会计师事务所IPO审计客户各区域数量及通过情况

地理区域	通过	未通过	取消审核	暂缓表决	总计	占比（%）
华东	51	4	3		61	37.89
华北	31	1	2	1	37	22.99
华南	28	1	1		34	21.13
西南	15				15	9.31
华中	8				8	4.96
西北	4	1			5	3.10
东北	1				1	0.62
总计	138	16	6	1	161	100.00

四、科创板（注册制）

科创板的概念在2018年11月5日在首届中国国际进口博览会开幕式上正式提出。科创板是独立于现有主板市场的新设板块，并在该板块内进行注册制试点。

2019年3月1日，证监会发布了《科创板首次公开发行股票注册管理办法（试行）》和《科创板上市公司持续监管办法（试行）》，自公布之日起实施。经证监会批准，上交所、中国结算相关业务规则随之发布，注册制试点正式启动。2019年12月28日第十三届全国人大常委会第十五次会议审议通过了修订后的《中华人民共和国证券法》（主席令第37号），进一步完善了证券市场基础制度，明确了分步实施股票公开发行注册制改革，在证券交易所有关板块和国务院批准的其他全国性证券交易场所的股票公开发行实行注册制前，继续实行核准制。

（一）审计市场结构

1. 市场参与率。

截至 2019 年底具有证券期货资格事务所一共 40 家，根据 2019 年度审核情况可知参与科创板审计的事务所 22 家（北京 10 家、上海 4 家、江苏 2 家、浙江 2 家、广东 1 家、四川 1 家、福建 1 家、湖北 1 家），占具有证券期货资格事务所比例 55%，参与度较高。

2. 市场集中率。

2019 年度科创板审核公司共 115 家，为其上市提供服务的中介机构比较集中，中介机构服务的对象也具有各自的特点，以下分别从服务客户数量、体量、募集资金等方面进行分析。

（1）根据客户数排名。

2019 年度审核的科创板企业中，立信审计占比 20.00%，占比最高；其次是天健占比 17.38%；再次是致同 9.56%。排名前三审计机构总计占比 46.94%，由此可知在科创板审计过程中审计机构集中度较高。

（2）根据客户总资产排名。

2019 年度审核的科创板企业中，安永华明审计客户年平均总资产最高，占比 42.32%；其次是天健，占比 13.71%；再次是立信，占比 9.53%。排名前三审计机构总计占比 65.56%，年平均总资产相对集中。安永华明审计客户少，但年平均总资产最高，是由于其审计客户中国通号（铁路、船舶、航空航天和其他运输设备制造业）年平均总资产较大，占其年平均总资产的 86.79%。

（3）根据客户营业总收入排名。

2019 年度审核的科创板企业中，安永华明年平均营业总收入最高，占比 36.57%；其次是天健，占比 24.59%；再次是立信，占比 10.94%。排名前三审计机构总计占比 72.10%，年平均营业总收入相对集中。安永华明审计客户少年平均营业总收入最高，是由于其审计客户中国通号（铁路、船舶、航空航天和其他运输设备制造业）年平均总收入 3 478 957.72 万元，金额占其所审计客户的 85.95%。

（4）据客户募集资金额排名。

截至 2020 年 6 月 30 日，2019 年度科创板审核通过且发行上市的公司有 99 家。天健审计客户首发募集资金金额最高，占比 15.68%；其次安永华明，占比 15.27%；再次是立信，占比 14.69%，排名前三审计机构总计占比 45.64%，由此可见首发募集金额比较集中。天健和立信首发募集资金金额高，主要是因为其审计客户较多且发行价格较高；安永华明在审计客户较少的情况下募集资金金额高，主要是其审计客户中国通号首发募集资金金额较大，占其募集资金总额的 59.03%。

（5）不同承销商集中率。

2019 年度审核的科创板企业涉及主承销商 37 家，其中中国国际金融股份有限公司承销 14 家，占比 12.16%，占比最高，其次是中信建投证券股份有限公司承销 13 家，占比 11.29%；再次是中信证券股份有限公司承销 9 家，占比 7.82%。排名前三审计机构总计占比 31.27%，由此可知在科创板申报过程中主承销商集中度较高。

（6）国际四大客户、中国内地成员所客户分析。

2019 年度审核的公司国际四大审计共计 14 家，按审计公司数量统计共计占比 12.17%，低于按数量统计的排名第一的会计师事务所国内其他所的占比 20.00%，但是国际四大审计公司年平均营业总收入占比 40.54%，年平均总资产占比 48.89%，远高于国内其他所，由上述可知国际四大审计的客户具有体量较大的特点，例如：国内其他所审计公司年平均营业总收入 65 186.03 万元/家，而国际四大客户所审计公司年平均营业总收入 320 542.72 万元/家；国内其他所审计公司年平均总资产 87 819.88 万元/家，而国际四大客户所审计公司年平均总资产 605 960.96 万元/家。

3. 审计市场结构分析小结。

公司申报科创板的过程中，一般需要聘请保荐机构、会计师事务所、律师事务所等三家中介机构，另外根据实际情况还可能需要聘请资产评估机构、咨询机构等其他中介机构。由于科创板申报具有工作量大、内容复杂、需遵循的法律法规较多等特点，公司一般选择实力强、信誉好、经验丰富的中介机构，在选择过程中，公司根据市场公开的信息查看中介机构参与情况，包括但不限于行业、通过率等，因此形成中介机构较为集中的特点。

（二）首发审计收费

1. 基本概况。

截至 2019 年 6 月 30 日，2019 年度审核的 115 家公司中公告首发审计收费的共计 99 家，首发审计收费总计 72 986.14 万元，平均首发审计收费 737.23

万元。国际四大首发审计收费 8 017.90 万元，审计客户 13 家，平均首发审计收费 616.76 万元；国内其他所首发审计收费 64 968.24 万元，审计客户 86 家，平均首发审计收费 755.44 万元。

截至 2019 年 6 月 30 日，2019 年审核通过且公告 2019 年年报审计收费的共计 91 家，年报审计收费总计 8 186.33 万元，平均审计收费 89.96 万元。国内其他所年报审计收费 5 855.58 万元，审计客户 79 家，平均审计收费 74.12 万元；国际四大年报审计收费 2 330.75 万元，审计客户 12 家，平均审计收费 194.23 万元。在整理的过程中存在个别首发审计机构与年报审计单位不一致的情况，在统计过程中未对此影响进行考虑。

根据上述数据可知，相同审计客户年报审计费用国际四大远高于国内其他所，首发审计收费四大成员低于国内其他所基本持平原因主要是对于获得证监会核准前的审计费用处理方式、审计所需时间及人员要求不一致所致。

2. 首发审计收费区间分析。

首发审计收费在一定程度上反映审计市场的竞争状况，从首发审计收费区间来看，首发审计收费主要集中在 200 万~1 000 万元，其他区间国际四大及国内其他所从绝对值看，国内其他所占比较大，但是从其审计客户首发审计收费期间占比分析，国际四大与国内其他所比较均衡。2019 年度科创板审计客户首发审计收费区间如表 12 所示。

表 12　2019 年度会计师事务所科创板审计客户首发审计收费区间情况

首发审计收费区间	首发审计客户		国际四大		国内其他所	
	数量	占比（%）	客户数量	占比（%）	客户数量	占比（%）
1 000 万~2 000 万元	21	21.21	2	16.38	19	22.09
200 万~1 000 万元	77	77.78	10	76.92	67	77.91
200 万元以下	1	1.01	1	7.69	—	—
合计	99	100.00	13	100.99	86	100.00

资料来源：上述数据系根据 Wind 公布的数据进行整理，同时仅包括截至 2020 年 6 月 30 日，2019 年审核通过且公告首发审计收费的客户。

3. 首发审计收费与企业之间的关系。

（1）首发审计收费占年平均总资产的比例。

2019 年度审核通过且已公布首发审计收费的公司收费总额占总资产的比

例为 0.4524%，其中比例最高的为德勤华永 2.9370%；其次为大信 2.5214%；再次为天衡 2.0807%；比例最低的为安永华明 0.0481%，其占比低主要是由于审计客户中国通号年平均总资产金额大，占安永华明的 86.79%。

（2）首发审计收费占年平均营业总收入的比例。

2019 年度审核通过且已公布首发审计收费的公司收费总额占预计募集资金的比例为 0.7064%，其中比例最高的为德勤华永 10.8162%；其次为天衡 4.3838%；再次为大信 3.6162%；比例最低的为安永华明所 0.0873%，其占比低主要是由于审计客户中国通号年平均营业总收入金额大，占安永华明的 85.95%。

（3）审计收费与首发募集资金的关系。

2019 年度审核通过且已公布首发审计收费的公司收费总额占首发募集资金合计的比例为 0.6244%，其中比例最高的为天健，占比 1.3537%；其次为天衡，占比 1.1365%；再次为中汇会计师事务所，占比 1.0650%；比例最低的为天职国际，占比 0.1843%。

4. 首发审计收费小结。

会计师事务所在科创板审计过程中，首发审计收费的标准与总资产、总收入及募集资金金额有一定的相关性，但是不是主要考虑因素，现确认审计收费时更多地考虑：专业服务所需的知识和技能；所需专业人员的水平和经验；每一专业人员提供服务所需的时间；提供专业服务所需承担的责任。由于审计收费需考虑多重因素，所以通过上述分析不能确认孰高孰低，但可以确认国际四大服务客户一般具有体量较大的特点。

（三）行业分布

2020 年 3 月 27 日，上海证券交易所发布《上海证券交易所科创板企业发行上市申报及推荐暂行规定》（以下简称《暂行规定》），《暂行规定》第三条明确了申报科创板企业所属行业领域，主要包括：新一代信息技术领域、高端装备领域、新材料领域、新能源领域、节能环保领域、生物医药领域和其他领域。

1. 按证监会行业分类。

2019 年度审核公司中，按行业分布特点看，制造业所占比例最高 70.43%，其次是"信息传输、软件和信息技术服务业"占比 23.48%，两个行业合计占比 93.91%，由此可知行业集中度很高。2019 年度科创板审计客户按行业统计情况如表 13 所示。

2019年度上市公司审计报告分析

表13　　2019年度会计师事务所科创板审计客户各行业数量及通过情况

证监会行业	通过	未通过	取消审核	暂缓表决	总计	占比（%）
制造业	78	1		2	81	70.43
信息传输、软件和信息技术服务业	25	1	1		27	23.48
科学研究和技术服务业	3	1			4	3.48
水利、环境和公共设施管理业	3				3	2.61
总计	109	3	1	2	115	100.00

资料来源：上述数据系根据Wind公布的数据进行整理。

2. 按科创板主题分类。

2019年度审核公司中，按科创板主题分布特点看，新一代信息技术产业所占比例最高，其次是生物产业，再次是高端装备制造产业，占比最低的为相关服务业（见表14）。

表14　　2019年度会计师事务所科创板审计客户各主题数量及通过情况

科创板主题	通过	未通过	取消审核	暂缓表决	总计	占比（%）
新一代信息技术产业	49	1	1		51	44.35
生物产业	24			1	25	21.74
高端装备制造产业	15	1		1	17	14.78
新材料产业	15				15	13.04
节能环保产业	5				5	4.35
相关服务业	1	1			2	1.74
总计	109	3	1	2	115	100.00

资料来源：上述数据系根据Wind公布的数据进行整理。

（四）地域分布

1. 按省市统计。

2019年度审核公司中分布在17个省市，其中北京市占比20.00%，占比最高；其次是广东省及江苏省17.38%；再次是上海市占比14.77%。四个省市占比合计69.55%，2019年度审核的公司省市集中度较高。

2. 按地理区域统计。

2019年度审核公司中，按地理区域划分华东地区所占比例最高，其次是华北地区,再次是华南地区,三个区域合计占比87.82%,由此可知地理区域集中度很高。2019年度会计师事务所IPO审计客户区域分布情况如表15所示。

表15　　　　2019年度会计师事务所科创板审计客户各区域数量及通过情况

地理区域	通过	未通过	取消审核	暂缓表决	总计	占比（%）
华东	50	1		1	52	45.22
华北	27	1	1		29	25.22
华南	20				20	17.38
华中	5				5	4.35
西北	3				3	2.61
西南	1	1		1	3	2.61
东北	3				3	2.61
总计	109	3	1	2	115	100.00

资料来源：上述数据系根据Wind公布的数据进行整理。

（五）上市标准分布

为增强科创板的包容性，《上海证券交易所科创板股票上市规则》针对市值和财务指标设置了多套上市标准，具体如表16所示：

表16　　　　　　　　　　上市规则及标准

上市规则	简称	具体标准
2.1.2 发行人申请在本所科创板上市，市值及财务指标应当至少符合五套标准之一	上市标准一	预计市值不低于人民币10亿元，最近两年净利润均为正且累计净利润不低于人民币5 000万元，或者预计市值不低于人民币10亿元，最近一年净利润为正且营业收入不低于人民币1亿元
	上市标准二	预计市值不低于人民币15亿元，最近一年营业收入不低于人民币2亿元，且最近三年累计研发投入占最近三年累计营业收入的比例不低于15%
	上市标准三	预计市值不低于人民币20亿元，最近一年营业收入不低于人民币3亿元，且最近三年经营活动产生的现金流量净额累计不低于人民币1亿元
	上市标准四	预计市值不低于人民币30亿元，且最近一年营业收入不低于人民币3亿元

续表

上市规则	简称	具体标准
2.1.2 发行人申请在本所科创板上市，市值及财务指标应当至少符合五套标准之一	上市标准五	预计市值不低于人民币 40 亿元，主要业务或产品需经国家有关部门批准，市场空间大，目前已取得阶段性成果。医药行业企业需至少有一项核心产品获准开展二期临床试验，其他符合科创板定位的企业需具备明显的技术优势并满足相应条件
2.1.3 符合条件的红筹企业科创板上市，市值及财务指标应当至少符合二套标准之一	红筹股上市标准一	预计市值不低于人民币 100 亿元
	红筹股上市标准二	预计市值不低于人民币 50 亿元，且最近一年营业收入不低于人民币 5 亿元
2.1.4 具有差异表决权安排的，市值及财务指标应当至少符合二套标准之一	特殊表决权上市标准一	预计市值不低于人民币 100 亿元
	特殊表决权上市标准二	预计市值不低于人民币 50 亿元，且最近一年营业收入不低于人民币 5 亿元

通过整理上交所披露的申报科创板企业的信息，2019 年度科创板企业适用市值和财务指标标准采用上市标准一的公司占比较大，为 87.82%，具体如表 17 所示：

表 17 2019 年度会计师事务所科创板审计客户上市标准及通过情况

上市标准类型	通过	未通过	取消审核	暂缓表决	总计	占比（%）
上市标准一	95	3	1	2	101	87.82
上市标准四	7				7	6.09
上市标准二	2				2	1.74
上市标准五	2				2	1.74
上市标准三	1				1	0.87
特殊表决权上市标准二	1				1	0.87
红筹股上市标准二	1				1	0.87
总计	109	3	1	2	115	100.00

资料来源：上述数据系根据 Wind 公布的数据进行整理。

会计师事务所从事 H 股企业审计实践

> **导读** • • •
>
> ◎ 随着内地与香港两地经贸合作不断深入和中国内地事务所的执业能力提高，内地会计师事务所从事 H 股审计业务在 2010 年末拉开帷幕。
>
> ◎ 内地事务所与其香港合作所合作出具报告数量占总 H 股公司的份额在 2014~2018 年有较明显的增长，采用企业会计准则出具财务报告的 H 股公司比例比较稳定，但 H 股 IPO 业务中仅有一单由内地会计师事务所申报完成。这一现象出现的原因是在若干因素综合作用下产生，比如监管、准则差异等因素。
>
> ◎ 内地事务所与其香港合作所在实务中探索和发展了几种常见合作模式，主要包括 A+H 股采用不同会计准则出具报告、H 股由香港所或内地所出具报告等情况下双方的合作实践。
>
> ◎ 内地和香港会计对审计准则的互认，为 H 股审计监管提供了一致的监管标准，在实务中因上市监管要求及会计准则存在少数差异，导致 A+H 股公司的财务报告披露仍存有部分差异。
>
> ◎ 对 H 股的跨境监管体制的建立为深化会计服务合作提供了保障，之前存在的监管差异也将逐渐减少，这有助于内地会计师事务所实现国际化战略。
>
> ◎ 建议相关各方思考、吸收和采取有利措施实现中国会计师事务所国际化战略目标。

一、内地会计师事务所从事 H 股企业审计背景

2010 年 12 月 10 日,财政部、证监会与香港联合交易所有限公司在两地同时发布新闻稿,公告获准从事 H 股企业审计业务的 12 家内地大型会计师事务所名单,是内地会计师事务所国际化发展的里程碑事件。

(一) 内地会计师事务所参与香港资本市场审计的基础

1. 内地与香港两地经贸和服务日益紧密。

内地与香港合作自香港 1997 年回归祖国后日益紧密,双方将对方均视为重要的经贸对象,具有坚实的合作基础和深远的合作意义(见表 1)。在此过程中,双方政府为促进经贸合作作出了较多的实质性工作。中国商务部和香港特别行政区财政司于 2003 年 6 月签署实施了《内地与香港关于建立更紧密经贸关系的安排》,后期相继多次签署补充协议及其他相关协议,达到了促进内地和香港经济共同繁荣发展,加强双方与其他国家和地区经贸联系的目的。

表 1　　　　　　　　　　内地与香港彼此看法

合作基础	合作意义
内地视角—香港是内地最重要的对外窗口和桥梁	①促进内地建设和发展最大的资金来源地 ②为内地企业"走出去"提供优越的平台和商务服务
香港视角—内地经济多年快速增长	①为香港的发展与繁荣带来了广阔市场需求 ②为香港拓宽资金投入渠道和提高资金使用效率提供机遇

自 2000 年后,内地与香港贸易激增,内地对香港的投资占内地对外直接投资总额的单一比重最大。香港作为亚太地区的国际金融中心,成为中资企业首选的海外融资中心。实施国际化战略是会计师事务所发展到一定阶段的必然选择,以香港作为我国内地事务所事项国际化战略的突破具有明显优势。

2. 会计审计准则趋同。

现阶段,中国会计准则和审计准则开始与国际准则实现了实质趋同,具体的趋同时间点详见表 2 和表 3。

表2　　　　　　　　中国会计准则和国际准则趋同时间

时间	趋同内容
2005年	财政部与国际会计准则理事会发布联合声明，确认除极少数问题外，中国企业会计准则实现了与国际财务报告准则的趋同
2010年	为响应二十国集团和金融稳定理事会等关于建立全球统一高质量会计准则的倡议，财政部发布了《中国企业会计准则与国际财务报告准则持续趋同路线图》
2015年	财政部与国际财务报告准则基金会发布联合声明，认为2005年的联合声明已经实现其目标，中国企业会计准则实现了与国际财务报告准则的实质性趋同，并且中国企业会计准则的实施显著提升了中国企业财务报告的质量及其透明度

表3　　　　　　　　中国审计准则和国际准则趋同时间

时间	趋同内容
2005年	中国审计准则委员会与国际审计与鉴证准则理事会发布联合声明，完善中国审计准则体系，实现与国际准则的趋同，是中国制定审计准则的基本原则。中国将努力消除中国审计准则与国际审计准则仍存在的某些差异。各国准则制定机构确立正式的国际趋同政策有助于在合理期限内消除本国准则与国际准则的差异
2010年	中国审计准则委员会与国际审计与鉴证准则理事会签署联合声明，确认我国修订发布的新审计准则与明晰化后的国际审计准则实现实质性趋同

早在20世纪90年代初，香港作为国际金融中心，为顺应国际会计准则影响力不断增强的趋势，开始启动会计和审计准则的国际趋同。香港于1994年制定了会计准则趋同战略并成为最早采用国际财务报告准则的国际和地区之一，在2005年实现了全部趋同。

资本市场的各方参与者均认为，取消A+H股的"交叉"审计能够有效降低审计成本，避免审计资源浪费。会计和审计准则作为最重要的监管标准达到统一为内地事务所到香港资本市场执行上市业务扫清实质障碍。

3. 本土所国际化发展战略获得财政部支持。

1980年12月财政部发布了《关于成立会计顾问处的暂行规定》，这是我国注册会计师制度恢复重建的重要标志。从1991年到20世纪末，我国会计师事务所行业走上规范化、法制化的发展轨道。在20世纪末，会计师事务所实现了与被挂靠单位的"脱钩"改制，成为了真正意义上的市场经济中介机构，并从2005年起进入了国际化发展的道路。截至2010年，全国共有会计师事务所近 8 000 家，其中约 40 家左右的大型会计师事务所具有证券业务审计资格，该分层方式在一定程度上保证了提供证券服务审计业务事务所的资质能力。

财政部等监管机构为推动内地会计师事务所国际化发展发布了相关文件（见表4），中注协作为会计师事务所的行业自律组织，提供具体资金和政策支持，包括实施国际化人才培养工程、开展境外交流与合作，特别是加强开展与港澳台地区会计行业的交流与合作等活动项目。

表 4　　　　　　　监管部门支持事务所国际化发展主要文件

时间	发布部门	文件名称
2007 年 12 月	商务部、财政部等国务院九部委	《关于支持会计师事务所扩大服务出口的若干意见》
2009 年 10 月	国务院办公厅转发财政部	《关于加快发展我国注册会计师行业的若干意见》
2012 年 6 月	中国注册会计师协会	《关于支持会计师事务所进一步做强做大的若干政策措施》

（二）内地与香港的监管互认

中国会计准则委员会与香港会计师公会发布了会计和审计准则等效声明相关文件（见表5）的同时，双方明确在两地准则等效技术磋商过程中与两地监管机构协商并达成共识，在两地准则等效声明签署后，尽快研究解决两地在对方上市的企业，以其当地的会计准则编制并由当地具备资格的会计师事务所按照当地审计准则审计的财务报表，可获对方上市地监管机构接纳。

表 5　　　　内地会计准则和审计准则与香港准则等效声明相关文件

时间	相关文件主要内容
2007 年 12 月	中国会计准则委员会与香港会计师公会就内地企业会计准则与香港财务报告准则的实质性趋同情况发表联合声明，内地企业会计准则与同日有效的香港财务报告准则，除资产减值损失的转回以及关联披露两项准则相关内容需调节差异外，已经实现等效
2007 年 12 月	中国审计准则委员会与香港会计师公会发表联合声明，内地审计准则与同日有效的香港审计准则实现等效。同一个注册会计师根据内地审计准则或同日有效的香港审计准则执行同一项鉴证业务（包括财务报表审计）或其他相关服务业务，应当符合相同要求，得出的结论具有同等效果

续表

时间	相关文件主要内容
2009年8月	内地与香港签署《关于内地与香港在对方上市的公司可选择以本地会计准则编制并由本地会计师事务所审计财务报表的建议架构》,确立了H股企业可以选择按内地会计准则编制财务报表并由内地会计师事务所出具审计报告的工作目标,并规定了推荐认可、后续监管等方面的基本原则
2010年12月	香港交易所刊发《有关接受在香港上市的内地注册成立公司采用内地的会计及审计准则以及聘用内地会计师事务所的咨询总结》,准许内地注册成立的发行人采用内地会计准则编制其财务报表。H股公司如采用中国企业会计准则编制财务报告,则内地具有H股审计资质的事务所可根据中国审计准则对其进行审计并出具审计报告。这一做法可获得香港方面监管机构的认可与接纳

(三) 11家H股审计资格会计师事务所

1. 从事H股审计会计师事务所的选拔。

内地事务所执业能力的提高为"走出去"修炼内功,财政部等监管机构的外力推动和事务所的内力汇聚,形成了"走出去"的能力基础。具体从事H股会计师事务所的选拔从2009年开始,直到2010年12月全部完成,并正式向社会公布。

2009年11月9日,财政部会计司、证监会会计部联合印发了《会计师事务所从事H股企业审计业务试点工作方案》(财会便〔2009〕79号,以下简称《试点方案》),规定了内地会计师事务所从事H股企业审计业务的申报条件、申请材料和工作程序等。其中最令行业关注的是申报基本要求(见表6)。

表6　从事H股企业审计申报基本要求

方面	具体要求
资格	具有证券期货相关业务资格,从事过H股企业审计业务或预期能够承接H股企业审计业务
业务收入和上市客户数量	上年度业务收入(含境内、外分支机构收入,下同)不低于30 000万元,其中审计业务收入不低于20 000万元,且证券业务收入不低于5 000万元或者上市公司审计客户不低于30家
注册会计师人数	中国注册会计师人数不少于400人,其中通过考试取得注册会计师资格的人数不少于300人
股东持股比例	(自然人)股东持股比例或合伙人的财产份额每人不得超过25%
治理和内控	治理结构、质量控制和内部管理等相关制度健全并有效执行
成员所	在香港发展有成员所或者与香港会计师事务所同属某一国际会计公司的成员所

财政部、证监会成立"内地会计师事务所从事 H 股企业审计业务审核推荐委员会",由财政部会计司和监督检查局、证监会会计部、中注协相关负责人组成。委员会成立联合工作组,负责具体审核工作。经过集中审核、实地考察、综合评议等审核工作后,审核推荐委员会根据事务所得分排序结果拟订了推荐名单,报财政部、证监会审定,并与香港财经事务及库务局、香港证监会、香港联合交易所有限公司、香港财务汇报局、香港会计师公会就落实《关于内地与香港在对方上市的公司可选择以本地会计准则编制并由本地会计师事务所审计财务报表的建议架构》及相关安排达成共识后,公布了向香港有关方面推荐的 12 家内地会计师事务所(后因合并变更为 11 家)。

2. 11 家会计师事务所及其香港对口合作所。

11 家被批准从事 H 股审计的内地会计师事务所与对应的香港对口合作事务所信息如表 7 所示。

表 7　　　　　　　　内地事务所及香港对口合作所清单

境内事务所	香港对口合作所
普华永道中天会计师事务所(特殊普通合伙)	罗兵咸永道
安永华明会计师事务所(特殊普通合伙)	安永会计师事务所
毕马威华振会计师事务所(特殊普通合伙)	毕马威会计师事务所
德勤华永会计师事务所(特殊普通合伙)	德勤香港
信永中和会计师事务所(特殊普通合伙)	信永中和(香港)会计师事务所有限公司
瑞华会计师事务所(特殊普通合伙)	国富浩华(香港)会计师事务所有限公司 中瑞岳华(香港)会计师事务所
致同会计师事务所(特殊普通合伙)	致同香港会计师事务所有限公司
大信会计师事务所(特殊普通合伙)	大信梁学濂(香港)会计师事务所
立信会计师事务所(特殊普通合伙)	香港立信德豪会计师事务所
大华会计师事务所(特殊普通合伙)	无(其中作为 BDO 成员所期间与 BDO 香港合作)
天健会计师事务所(特殊普通合伙)	天健会计师事务所香港分所

其中国际四大的窗口所为同为其国际网络的成员所,对其内地成员所具有重大影响,一体化程度最高;致同、立信和瑞华的窗口所为其国际网络的成员所,其中立信对其香港分所具有重大影响,但致同中国对致同香港不具有此种影响;信永中和、大信、天健窗口所为其收购或加盟的香港事务所,具有紧密

合作关系。这些关系体现了国际网络之间的一体化和内部监管沟通的密切程度，是事务所是否真正具有强大的专业执业能力的基础。

另外，该 11 家会计师事务所中除了"国际四大"外，内地事务所均为成立时间久、执业能力强、具有较高行业口碑的大型会计师事务所。

二、内地会计师事务所 H 股企业审计市场情况

（一）2014~2018 年 H 股审计市场概览

2014~2018 年，内地四大和其他内地拥有 H 股审计资格的事务所与其香港窗口所合作出具报告数量占总 H 股公司的份额均有明显的增长，对比而言，其他香港事务所出具报告占比则有明显下降趋势（见表 8）。内地事务所在 H 股企业的审计中的角色一般取决于所出具财务报告所适用的会计准则。例如，以中国企业会计准则出具年度报告的 H 股企业审计中，内地事务所承担了签订报告的主审会计师角色，同样在以国际或香港财务报告准则出具报告时，则是香港窗口所承担主审会计师角色。

表 8　　　　2014~2018 年 H 股审计市场年审报告出具情况

年度	总家数	内地四大及其窗口所合作出具	占比	内地其他 H 股审计资格事务所及窗口所合作出具	占比	其他香港事务所	占比
2014	210	125	59.5%	23	11.0%	62	29.5%
2015	233	149	63.9%	33	14.2%	55	21.9%
2016	245	169	69.0%	41	16.7%	35	14.3%
2017	252	181	71.8%	44	17.5%	27	10.7%
2018	271	194	71.6%	43	15.9%	34	12.5%

资料来源：万得资讯及各家 H 股审计资格的会计师事务所向财政部报备的 2014~2018 年度 H 股审计信息汇总整理。

2014~2018 年内地四大和其他内地 H 股审计资格的事务所与其香港对口合作所合作项目审计收费情况（见表 9）可看出，四大会计师事务所的审计收费总额相对内地其他 H 股审计资格事务所具有绝对优势，但内地其他 H 股审

计资格事务所及对口合作所合作项目审计收费占比从 2014 年的 3.1% 上升到 2018 年的 6.4%，占比水平提升明显。收费增长率在这 5 年中出现了不规则波动，原因主要包括经济情况变化导致审计收费波动，以及 H 股审计资格会计师事务所在报备时每年的收费口径可能存在不同。另外，随着所审计的上市公司数量增多而新增的大部分公司审计收费因其企业规模相对较小而相对较低，导致平均每户收费水平除 2017 年度外下降趋势较明显。

表 9　　　　2014~2018 年内地事务所参与 H 股年审收费情况　　单位：人民币万元

年度	内地四大及其窗口所合作审计收费	占比	内地其他 H 股审计资格事务所及对口所合作审计收费	占比	合计	占比合计	收费增长率	平均每户收费
2014	163 627.95	96.9%	5 234.84	3.1%	168 862.79	100.0%		1 140.96
2015	185 456.34	97.0%	5 639.38	3.0%	191 095.72	100.0%	13.2%	1 049.98
2016	169 052.67	94.4%	10 095.91	5.6%	179 148.58	100.0%	-6.3%	853.09
2017	195 790.85	95.6%	9 114.00	4.4%	204 904.85	100.0%	14.4%	910.69
2018	184 960.58	93.6%	12 550.39	6.4%	197 510.97	100.0%	-3.6%	833.38

资料来源：各家 H 股审计资格的会计师事务所向财政部报备的 2014~2018 年度 H 股审计信息。

内地具有 H 股审计资格的会计师事务所 5 年期间审计的 H 股公司主要财务数据变化情况见表 10，总资产增长率和总收入增长率分别较高的年份为 2016 年和 2017 年，净利润增长率最高的年份为 2017 年，与审计费增长率最高的年份相同。

表 10　　　　2014~2018 年内地事务所参与 H 股年审收费情况

单位：人民币百万元

年度	总资产	总资产增长率	总收入	总收入增长率	净利润	净利润增长率
2014	116 155 261.84		15 319 922.38		1 744 719.28	
2015	134 336 377.62	15.7%	15 568 939.74	1.6%	1 847 661.04	5.9%
2016	162 746 988.23	21.1%	16 374 526.34	5.2%	1 933 892.57	4.7%
2017	176 569 688.07	8.5%	18 775 915.77	14.7%	2 236 652.05	15.7%
2018	191 179 799.89	8.3%	21 067 089.63	12.2%	2 322 596.58	3.8%

资料来源：根据万得资讯汇总整理。

从表 11 可发现，内地事务所参与 H 股年报审计意见类型绝大部分为标准无保留，仅极少数为非标准审计意见，这体现 H 股公司在公司治理、经营业绩等方面表现普遍较好，可称为是内地相关行业的优秀代表。

表 11　　　　2014～2018 年内地事务所参与 H 股年报审计意见情况

年度	出具审计报告份数	内地事务所参与审计 H 股审计意见类型
2014	148	除 1 份保留意见带强调事项段外，均为无保留意见，其中 1 份含有强调事项段
2015	182	除 1 份保留意见带强调事项段外，均为无保留意见，其中 2 份含有强调事项段
2016	210	除 1 份保留意见带强调事项段外，均为无保留意见，其中 3 份含有强调事项段
2017	225	除 1 份保留意见外，均为无保留意见，其中 1 份含有持续经营事项段
2018	237	除 1 份未出具外，均为无保留意见，其中 2 份含有持续经营事项段，1 份含其他说明段

资料来源：各家 H 股审计资格的会计师事务所向财政部报备的 2014～2018 年度 H 股审计信息。

（二）A + H 股企业采取不同会计准则出具报告的情况

截至 2018 年 12 月 31 日，沪深证券交易所共有 A + H 股上市公司 113 家，涉及制造业、金融业、交通运输、仓储和邮政业、采矿业、建筑业、电力、热力、燃气及水生产和供应业、房地产业、批发和零售业等多个行业。

从表 12 可看出，仅采用企业会计准则编制年度报告的 A + H 股公司的比例在稳步上升（2018 年比 2014 年比重增加 6%），与整体 H 股企业中采用企业会计准则的比重增长情况（2018 年比 2014 年比重增加 4.6%）稍高，说明

表 12　　　　　　　A + H 股公司会计准则采用情况

年度	采用企业会计准则		采用国际、香港财务报告准则		A + H 户数	合计
	户数	占比	户数	占比		
2014	27	31%	61	69%	88	100%
2018	42	37%	71	63%	113	100%

主要是 A+H 股公司更倾向于采用企业会计准则同时编制两地财务报告，从而达到降低财务报告编制成本的目的。同时对于在三、四地上市的 A+H 企业，则因其他资本市场仍未允许采用企业会计准则编制财务报告而仍需至少采用两套会计准则编制其年度财务报告。

（三）H 股企业采取内地会计准则出具报告情况

从图 1 可看出，采用企业会计准则的 H 股企业占全部各年 H 股企业总数的比重从 2014 年的 19.4%（210 家中的 40 家）上升到 2018 年的 24%（271 家中的 64 家），所占比重增长近 5 个百分点。

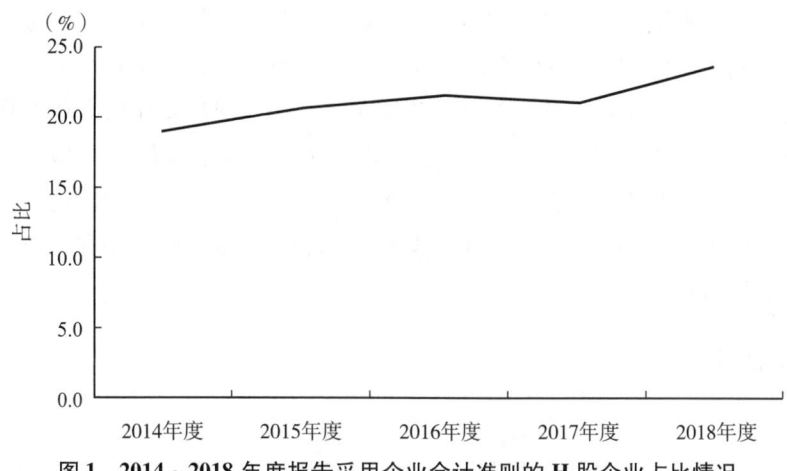

图 1　2014~2018 年度报告采用企业会计准则的 H 股企业占比情况

从表 13 可看出，具有 H 股资格的内地事务所参与审计的 H 股企业中采用企业会计准则的上市公司家数占比较为稳定，2018 年比 2017 年内地事务所审

表 13　　内地事务所审计 H 股公司采用会计准则情况　　单位：户数

年度	企业会计准则	占比	国际财务报告准则	占比	香港财务报告准则	占比	合计
2014	40	27.0%	79	53.4%	29	19.6%	148
2015	49	26.9%	95	52.2%	38	20.9%	182
2016	53	25.2%	116	55.2%	41	19.5%	210
2017	53	23.6%	122	54.2%	50	22.2%	225
2018	64	27.0%	120	50.6%	53	22.4%	237

资料来源：各家 H 股审计资格的会计师事务所向财政部报备的 2014~2018 年度 H 股审计信息。

计的总户数增加 12 户，而采用企业会计准则的 H 股公司增加了 11 户，表明企业会计准则的采用范围比之前有了明显的扩大。

以上的变化情况一方面是源于企业会计准则与国际财务报告准则的差异减少，另一方面也是 H 股企业希望降低报告编制成本的考虑及 H 股市场的整体表现、对国内公司的估值相对 A 股较低等诸多因素共同作用的结果。另外，也可看出采用国际财务报告准则和香港财务报告准则的户数比重这五年中也较为稳定。

（四）H 股企业 IPO 情况

内地公司在香港 IPO 时基本会选择国际"四大"会计师事务所，同时所采用的大部分为国际财务报告准则，少数为香港财务报告准则。因为全部是"四大"香港事务所签发 IPO 审计报告，内地"四大"成员所是在 IPO 审计项目的集团审计中属于参审所。2014~2018 年，一共有 94 家 H 股企业 IPO 登陆港交所，但仅在 2014 年，天健会计师事务所（特殊普通合伙）承做了北京春立正达医疗器械股份有限公司在香港上市项目，是第一个由中国内地会计师事务所担任申报会计师，首次采用中国会计准则和审计准则，由中国注册会计师签字的港股 IPO 项目。

【案例 1】

天健事务所承办的春立医疗赴港上市之前，没有内地会计师事务所担任申报会计师的先例，客户及券商在项目前期有所顾虑。在财政部、中国证监会等有关部门的关心、协调、有效指导下，天健与港交所、保荐人、客户就能否担任申报会计师及使用何种会计准则编制财务报告进行多次沟通使其打消顾虑，接受天健担任该项目的申报会计师，并首次采用国内会计准则。尽管有证券分析机构提出，春立医疗未来的弱项与风险中，包括"采用较小型的会计师机构"（与国际"四大"相比），但从春立公司实际发售和投资者认购情况来看，公司原计划发行 1.84 亿港币，实际发行市盈率 20.28 倍，国际配售超额认购倍数 5.46 倍，香港公开发售超额认购总数 373.55 倍，超额认购倍数如此之高，这在香港市场中也是不多见的。投资者的投资热情并未因证券分析机构所谓的弱项与风险而受到影响，说明了内地事务所的执业能力已得到认可。

（五）香港市场对内资所 H 股审计质量的反应和评价

在 2010 年香港交易所刊发有关就内地公司采用内地会计和审计准则、内地事务所的咨询和拟修订上市规则时，收到 30 份来自上市发行人、专业及业界组织、市场从业人士及个别人士的意见，其中大部分回应人士表示支持该建议，总体上说明了香港方面对内地事务所执业水平的认可情况。

（六）内地所出具 H 股企业审计报告状况剖析

内地与香港方面的会计准则和审计准则等效声明中明确内地会计师事务所可以按照中国会计准则披露报告和按照中国审计准则签发报告，但无论是年审项目还是 IPO 项目均存在明显的内地所出具报告份额比重较低的情况，造成此情况可能主要有以下几个方面的原因。

1. 监管方面的原因。

2019 年 5 月，中国财政部监督评价局与香港特区财务汇报局签署备忘录以促进审计监管跨境合作。在备忘录的框架下，建立了相互依赖的原则。财务汇报局可依据备忘录向财政部监督评价局提出协助请求，以获取香港会计师事务所存放于内地的审计工作底稿。在这之前较长时间内，内地与香港监管机构关于 H 股审计的跨境监管方面进行了多次磋商，虽然从 2010 年 12 月内地事务所即已获得 H 股审计资格，但因双方监管层对跨境监管未达成实质一致性意见，因此对内地事务所从事 H 股审计实务产生一定影响。

在监管制度和惩治成本方面，在新证券法实施之前，国内对于会计师事务所的监管以政府机关为主，行业自律为辅的模式，行业缺乏内在动力提高审计质量，且在实务中处罚力度较轻导致事务所承担的法律风险相对较低。

另外，内地时而爆出的审计失败案例传播较广，特别是中国企业赴美上市案例，对内地注册会计师行业的整体对外形象产生了较大负面影响。

2. 准则差异的考虑。

是否采用内地准则出具报告关键要看资本市场投资者的反应以及 IPO 客户的实际情况和要求。比如，某些国家或地区资本市场的投资人不了解内地审计准则和会计准则，即使监管允许，他们仍不愿意投资于使用内地准则的企业，或者不会给予这些企业合理的估值。因为企业会计准则与国际财务报告准则仍存在一些差异，他们认为使用他们所不熟悉准则的企业在信息透明度方面存在风险。所以上市企业一般会选择使用投资者容易接受的准则。

3. 商业保险制度尚不完善。

我国注册会计师行业的商业保险制度起步较晚，2015 年 6 月，财政部、保监会联合制定并发布了关于印发《会计师事务所职业责任保险暂行办法》，鼓励国内事务所运用保险作为风险管理的主要手段，为行业保险制度的建立和发展提供了新的法律依据。但是 A 股与 H 股具有不同的监管、惩处、赔偿制度，相关保险制度尚未将其充分纳入考虑，存在不够完善的方面。这也是投资人对聘请内地会计师事务所存有疑虑的方面。

4. 沟通交流机会较少。

会计国际化伴随贸易与投资国际化产生，处于不同的经济、政治和法律环境的国家和地区之间常存在着语言习惯、思维方式、经济商业实质、文化传统、执业判断等不同方面的差异，而这些差异也会对内地事务所审计 H 股产生影响。

总体来讲，内地事务所与境外监管、中介机构和投资人仍未建立良好、顺畅的沟通途径和机制，导致业务拓展较为缓慢。例如，在香港市场中，目前中介机构遇到的主要不是法律障碍，而是惯例和经验的约束。实务操作中的情况是 IPO 企业较多时候会与行业名誉较高的券商合作，这些券商之前一直与国际四大合作，鲜有与国内本土事务所合作经历。这体现了相关各方虽对内地事务所的审计质量方面较关注，但缺少对内地事务所的真正了解。

5. 从事 H 股审计的综合性人才较为缺乏。

H 股审计需要一批既了解国内会计实务又同时了解国际规则、国际化交流方式的高端人才，目前此类人才在国内较为匮乏，导致在业务承接、承做和与监管机构、其他中介交流时存在沟通不畅，甚至产生误解的情况发生，影响了审计项目的承接结果或承做进展，境内外各方可能在项目沟通方面存在沟通效率低或不够顺畅的情况。

三、内地与香港会计师事务所审计合作实践

中国企业根据会计法的要求，采用符合国家统一会计制度（大部分情况下为企业会计准则）进行会计核算，可以通过财务系统自动准则差异调整或人工转换调整的方法形成不同会计准则下的被审财务报表。被审计单位视同一个国际网络中的不同成员所为同一审计团队。在内地事务所与香港窗口所的合作模式中主要考虑因素见表 14。由于这些因素涉及方面较为广泛，导致实务中存在以下几种合作模式。

表14　　　　　　　内地事务所与香港窗口所合作模式考虑因素

方面	主要因素
关系	双方是否为同一（国际）网络中的成员所，相互之间的影响关系如何，在遇到争议问题时的解决机制和途径
执业标准	双方的执业标准是否一体化，包括是否共享统一的审计政策和程序执行相关工作，是否共享统一的质量控制政策和程序或统一的监控政策和程序
利润分配	双方的利润分配机制是否合理体现了相关审计资源和人员的付出情况
相关法律法规影响	双方监管层已签署的相关合作声明，特别是财政部发布于2015年7月1日的《会计师事务所从事中国内地企业境外上市审计业务暂行规定》影响较大
财务报告编制基础	客户财务报告的编制基础及A股和H股是否均采用企业会计准则（如为A+H股时）的情况，内地事务所签发企业会计准则的财务报告，而香港事务所签发国际或香港财务报告准则
审计准则要求	主要是对集团财务报表审计的特殊考虑准则对双方在具体项目中的角色与分工的规定

（一）A+H股采用不同准则出具报告，内地与香港所协作

A股企业会计准则的财务报告对应的审计报告由内地所签发，H股国际财务报告准则或香港财务报告准则的财务报告对应的审计报告由香港所签发的情况下，主要合作方式为双方共同组成审计项目组，各自指派项目合伙人负责同一审计项目。根据集团审计准则，联合项目合伙人及其项目组整体上构成集团项目合伙人和集团项目组。这种合作方式对于一体化较高、具有多地区网络成员的大型网络事务所来说较为常见。由双方的合伙人对重大审计事项协商，并分别复核最终出具的审计报告。少数情况下，某一项目合伙人同时具有A股和H股的报告签发资格，且同时作为内地和香港所合伙人时，也可单独作为该项目合伙人领导和管理A+H股审计项目组。监管标准的趋同使相关财务信息披露和审计成本有效降低。

（二）H股审计由内地与香港所共同参与，由香港所出具报告

H股公司采用国际或香港财务报告准则编制财务报告时，目前是由香港所出具审计报告。在此情形下，香港所需要根据2015年7月1日生效的财政部《会计师事务所从事中国内地企业境外上市审计业务暂行规定》相关要求，在中国境内执业时，应与内地所合作审计，并将在境内形成的审计工作底稿应由

中国内地会计师事务所或其在内地的分支机构存放在境内。如果上市的 H 股企业为国资公司，则按照国资委的要求提交以企业会计准则编制的财务报告及审计报告，此情况下一般由内地事务所出具。此类出具报告模式下的主要合作情形如表 15 所示。

表 15　　H 股审计由香港所出具报告，两地所共同参与主要合作情形

合作模式	具体合作方式
通常合作模式	由香港所和内地所指派不同层级的人员组成一个项目审计组来共同执行具体审计工作，大部分情形下构成了联合集团审计项目组
一体化建设较好及 H 股业务较多的事务所	可能会有香港审计人员常驻内地开展合作的情况，此种情况下可能直接由派驻内地的项目合伙人领导（合作）审计团队执行审计业务，由第二复核合伙人或（及）独立复核团队协助质控复核
一体化程度低的网络所如果不构成联合集团审计项目组	签发 H 股报告的香港事务所则担负了集团项目组的责任，需要按照集团审计准则相关要求，对某些组成部分财务信息执行相关工作，并参与组成部分注册会计师对其他组成部分财务信息执行的工作，保证使其参与程度足以获取充分、适当的审计证据

（三）H 股审计由内地所出具报告，香港所参与

在 H 股公司采用企业会计准则出具报告的情况下，因为对企业会计准则编制的财务报告的审计报告一般由内地事务所出具，因此实务中存在如表 16 中的 3 种合作方式。

表 16　　H 股审计由内地所出具报告，香港所参与主要情形

情形	具体合作方式
情形一	香港窗口所不再参与具体审计工作，在涉及相关香港方面监管法规的情况时内地所咨询香港所
情形二	被审计单位有部分除大陆和香港外的其他组成部分可能由香港事务所作为组成部分会计师承担相关审计工作
情形三	如果国际网络有相关规定，例如，要求由资本市场当地所内质控部门或其派驻人员对其他成员所为在当地交易所上市公司出具的审计报告执行复核程序，则需要香港所人员执行相关内部质控复核程序

（四）H 股审计资格事务所审计质量建设情况

内地具有 H 股审计资格的会计师事务所一直是中国注册会计师行业的行

业典范，其中国际"四大"具有成熟的管理体制、制度和严格的内控，且内地成员所中不少中高级管理人员来自香港"四大"，执业标准一体化早已实现。本土大型事务所在响应监管部门"做强做大"的同时，积极探索"内生式"和"外延式"两种不同的扩展方式，无论以哪种方式扩展，审计质量及风险管理一直是各家事务所谨慎思考的重要方面，并积极探索以COSO风险管理模型框架下五个要素或其他有效模型来建立和健全事务所内部管理制度，包括利润分配、人员管理等核心内容。在行业监管不断加强和舞弊案件频繁爆发的动荡执业环境中，稳定有效的风险管理和质量控制制度将保障事务所走的更远，并尽早取得国际化发展成果。

有的本土所成立了专门的领导工作组指导协调H股审计工作，事务所高层的重视及一体化的工作方式带来了H股业务的快速增长。其他事务所也在审计质量方面发布了针对H股审计的相关审计指南、规定及举办相关培训活动。相关研究表明，双重审计制度的取消在一定程度上抑制了交叉上市公司的盈余管理，进而提高了审计质量，其中国内事务所的审计质量得到较明显提升。限制国内事务所国际化发展的因素，例如事务所的规模、人力资源和市场信任等方面已得到一定程度的改善。

四、H股企业财务信息披露

上市公司财务信息披露一直为各方所关注，由于会计师事务所为其提供鉴证服务，因此H股财务信息披露中存在的差异情况被从事H股审计的注册会计师重点关注。

（一）H股财务信息披露与A股的主要差异

H股财务信息披露的主要依据为《香港联合交易所有限公司证券上市规则》（下面简称"上市规则"）及《香港公司条例》中对相关财务报告编制、披露等相关要求，主板和创业板上市的相关规则会有少数不同，规定了申请发行证券的公司可依据香港财务报告准则、国际财务报告准则或中国企业会计准则来编制财务报告。其中国际财务报告准则基本与香港财务报告准则相同，这与企业会计准则与国际财务报告准则实质趋同的情形不相同。A股公司除需要遵循从2007年起生效的企业会计准则外，还需要遵守中国证监会发布的《公开发行证券的公司信息披露编报规则第15号——财务报告的一般规定》（后面简称"15 号文")。

(二) H 股财务信息披露与 A 股的差异原因

1. 上市规则与 15 号文存在的披露要求产生差异。

由于香港与内地关于年度财务报告的披露要求存在差异,导致即便是 A 股和 H 股均采用企业会计准则的 A+H 股公司,在 A 股和 H 股中披露的财务信息可以有所不同。部分中国企业会计准则要求披露内容在 15 号文的规定下可以适当简化,而香港交易所上市规则包括完全应依照企业会计准则的披露和其另外认为必要的强制披露要求,两个资本市场的要求不同导致相关披露差异。

2. A 股与 H 股采用不同会计准则导致相关准则差异。

中国企业会计准则与国际财务报告准则(香港会计准则与国际财务报告准则基本相同)除了在会计准则等效声明中已提及的长期资产减值损失的转回及关联方披露差异(该差异已于 2009 年消除)外,还存在列报形式等差异,这是部分 A+H 公司存在财务报告差异的原因。

(三) 使 H 股财务信息披露满足各方投资者需要的安排

如何处理好按照内地会计准则编制的 H 股财务信息,满足香港及国际投资者的需要,同时满足内地和香港投资者的需要,是采用内地会计准则的 H 股和 A+H 股公司及监管层需要考虑的重要方面。

1. 监管部门的积极协助保证了准则差异不断缩小。

中国财政部等监管机构近年来一直致力于消减相关会计准则差异(见表 17),通过努力与规范,A 股与 H 股因准则不同导致的准则差异数量较企业会计准则生效初期明显减少。

表17　　　　　　　　消减会计准则差异举措

方面	更新准则或解释	要求及影响
不同准则规定相同,但给予企业选择权情况所导致的准则差异	财政部于 2008 年发布的《企业会计准则解释第 2 号》和《关于做好执行会计准则企业 2008 年年报工作的通知》(财会函〔2008〕60 号)	要求 A+H 股上市公司,除部分长期资产减值损失的转回以及关联方披露两项差异外,对于同一交易事项,应当在 A 股和 H 股财务报告中采用相同的会计政策、运用相同的会计估计进行确认、计量和报告

续表

方面	更新准则或解释	要求及影响
积极与国际会计准则理事会进行沟通修改相关准则	IASB 于 2009 年 11 月发布了新修订的《国际会计准则第 24 号——关联方披露》	基本消除了与中国关联方准则的差异
	IASB 2010 年通过年度改进项目对《国际财务报告准则第 1 号——首次采用国际财务报告准则》进行了修订	允许 IPO 公司将改制上市过程中确定的重估价作为"认定成本"入账，并可在修订生效后一年内使用追溯法对以往年度的财务报表调整，有效解决了中国企业改制上市过程中因资产重估引发的会计问题

2. 目前所存实务问题的应对策略。

15 号文虽对企业会计准则提出简化要求，但在其第三条内仍明确，凡是对投资者进行投资决策有重要影响的财务信息，无论 15 号文是否有明确规定，上市公司均应充分披露。因此，恰当充分披露财务信息是满足投资者需要的核心措施。部分内地公司目前普遍意识是尽可能少的披露信息，而有效资本市场要求是尽可能多的提供高质量相关信息。在中国企业"走出去"过程中企业需转变意识，适应注册制资本市场的信息需求。

上市规则因市场环境不同，额外强制要求披露若干信息与 15 号文导致的披露范围问题解决方案较为简单，即采用企业会计准则编制财务报告的 A + H 股或 H 股公司应熟知相关要求差异及披露习惯等，可以满足两地使用者的较大范围的口径来进行信息披露，以及两地资本市场的监管部门和两地投资者对于财务信息内容和列报方式的理解和认可，同时考虑兼顾效益和成本。

3. 新准则分步实施有助于 H 股公司的国际协调。

在实施新收入、新金融工具和租赁准则等方面，中国监管部门要求不同类型的企业分步执行，从制度方面保证了 H 股公司有关新会计准则的财务信息披露与国际财务报告准则（及香港财务报告准则）披露时间一致，避免了因实施新准则时间差异导致不必要的准则差异。

五、H 股企业审计跨境监管

跨境监管合作是财经外交的重要组成部分，主要目标与非跨境监管基本相同，为保护投资者，确保市场公平有效和透明，减少系统风险。我国目前处于与香港特别行政区、美国和欧盟等国家和地区跨境监管工作的深入沟通和实践阶段。随着会计和审计标准的互认及跨境审计业务的拓展，H股审计的跨境监管合作成为促进提升跨境审计业务质量和扩大审计服务规模的关键措施。

（一）跨境监管合作原则和机制建设情况

跨境监管合作原则是跨境监管合作的基础，本着互信和规则导向的"相互依赖"跨境监管合作机制，体现了实现利益协调、促进合作、实现共同利益的目的，在非歧视普遍化原则基础上形成的具有约束力的制度安排。具体到H股的监管，相互依赖的原则主要体现在内地会计师由内地监管，香港核数师由香港监管。

2019年5月22日，中国财政部监督评价局与香港特区财务汇报局签署备忘录以促进审计监管跨境合作。在备忘录的框架下，双方将按照相互依赖的原则，加强审计监管合作，就审计监管职责包括查察、调查和纪律处分等方面提供全面协助，以期实现双方监管效率的提升。财务汇报局可依据备忘录向财政部监督评价局提出协助请求，以获取香港会计师事务所存放于内地的审计工作底稿。

2019年7月3日，中华人民共和国财政部、中国证券监督管理委员会、香港证券及期货事务监察委员会签署了合作备忘录。通过签署三方合作备忘录，对香港证券及期货事务监察委员会调取香港会计师事务所审计内地在港上市公司的审计工作底稿作出了安排，进一步细化和完善了两地监管合作机制。

另外，中国证监会与香港证监会已建立了半年一次的双边高层会晤机制，就H股监管、沪深港通业务、上市公司会计审计监管、期货衍生品监管、打击市场操纵等达成了广泛的合作共识，为促进内地和香港资本市场的稳定和共同发展奠定了良好基础。

内地和香港已明确的跨境监管原则和签订的相关备忘录有助于双方继续朝着消除监管障碍，降低市场交易成本的方向发展。

（二）H股跨境监管实践情况

内地会计师事务所从2011年至今参与H股审计的监管实务基本依照相互依赖原则进行。2014~2018年，共7家内地事务所的审计项目接受了香港监管部门共计25次检查，其中采用企业会计准则的H股公司数量为16家。检查形式一般为香港监管部门对香港窗口所检查，同时，委托财政部（监督检查局）对内地事务所执行监管检查。2019年之前，香港监管部门包括香港财务汇报局、香港证监会、香港会计师公会（执法权后收归香港财务汇报局）。随着《2019年财务汇报局（修订）条例》在2019年1月通过以及新核数师监管制度在2019年10月实施后，财务汇报局成为香港的独立核数师监管机构，获得赋予直接行使查察、调查和纪律处分上市实体核数师的权力。目前尚无内地会计师事务所在H股审计的监管检查中受到行政处罚或行业惩戒。

（三）H股跨境监管分析与展望

跨境监管模式一直是跨境监管中的关键因素，主要包括美国的单独主导监管和欧盟的互信方案等两种基本模式。在监管标准、监管执行、跨境监管合作机制等方面是否均可达到双方预期的监管效果是跨境监管的重点和难点。监管标准国际化程度高可对监管执行产生积极影响，同时监管执行的有效性对监管标准能否落实到实际并得到一贯和一致的执行起到重要作用。

内地和香港的监管模式不同，在新《证券法》修订之前，内地对注册会计师行业的监管是政府监管为主、行业自律为辅的模式，其中政府监管力度较大，事务所承担的法律风险较低。香港金融市场非常成熟，相关法律法规更加完善，监管更加严格。

发展不均衡是形成多层次多元化的审计监管合作机制的主要原因。在监管标准方面，中国逐步从核准制向注册制转变后，内地将从政府监管为主的模式逐步转为规则监管。同时完善相关法律法规，两地的监管标准除了会计审计准则外，其他证券法规方面也将趋向一致。

在监管执行方面，监管执行难以到位的问题源于监管地域性与市场国际化的矛盾。香港资本市场目前的监管执行有效性和力度可能相对高于内地，这基于其法制体系建设完善和执法分工权责明确等综合因素。中国在不断借鉴发达国家和地区的经验，结合自身的国情特色寻求发展健全资本市场，在注册制推行后预期在此方面可得到较大的提升并有利于H股企业审计的跨境监管执行。

六、会计师事务所加快国际化的建议

现阶段为实现会计师事务所扩大国际化业务的发展目标，既需要国家监管层面的协调统一安排，也需要会计师事务所集中精力和积累优势，积极开拓相关市场。

(一) 深化监管，加强国际监管合作

2020 年新证券法实施为我国实现注册制提供了法律基础，建立科创板、修订创业板上市规则等方面反映了我国建立成熟及具有规模的多层次资本市场的决心和实际举措。致力于减少监管体制差异，遵循市场规律，完善市场规则及执法严格统一，将为建立一个具有活力的规范资本市场起到重要作用。同时可消除我国部分上市公司在国际上的一些不良影响，提升我国资本市场和包括会计师事务所在内的专业机构的国际地位，扩大影响力。

在我国证券监管理念中融合国际标准，学习其他资本市场的经验和教训，加强与国际证券监管委员会组织（IOSCO）等具有广泛影响力的国际合作机构，把握国际发展动态，参与相关专业和标准的讨论，扩大我国在监管标准中的影响力。

在跨境监管方面，在中国已与部分国际、地区签订相关合作备忘录、执法合作备忘录的基础上，进一步深入跨境监管合作，包括深化内地与香港跨境监管合作、稳妥实施中美监管合作试点项目和积极推进中欧审计监管等效等；积极开展与俄罗斯、瑞典等其他国家的跨境审计监管谈判与合作。在统一监管标准基础上，增强监管标准的约束力，同时在监管的执行层面，加强合作协议的约束力。在试点工作的基础上建立稳定长期的具体工作合作机制。

(二) 致力于减少准则差异

中国 2007 年起采用企业会计准则实现与国际财务报告准则的实质趋同，2010 年采用中国审计准则实现与国际审计准则的实质趋同，总的来说这是一种在会计、审计等监管标准方面的被动趋同。

随着国际会计、审计准则不断更新，我国需要持续同步保持趋同的过程中，建立主动趋同的战略思想，积极动员国内监管部门、事务所及企业主动参与相关会计和审计准则制定、修订的过程，在准则起草过程中，对立法机构产生较多影响，争取合理利益；讲述中国故事，体现中国智慧，争取准则制定的主动权。这样可将准则差异从源头有效降低，有助于境外投资者减少对企业会计准则和国际财务报告准则存在差异的疑虑，接纳更多的 H 股公司采用企业会计准则编制财务报告。

(三) 健全注册会计师行业商业保险制度

会计师事务所的执业质量和执业风险需要健全的商业保险制度保障，借鉴

发达国家的保险制度为境外投资人、监管机构、券商打消顾虑，完善境外赔偿制度、流程将有助于会计贸易真正"走出去"。

在以信息披露为核心的注册制的资本市场中，以经济手段进行管理是有效的措施之一，会计师事务所及注册会计师所出具的审计报告影响范围广泛，特别是在新修订的《证券法》实施后，如何界定相关的审计责任、责任限额及利用商业保险制度来保证行业健康发展，成为各方广为关注的问题。

建议在法律层面建立健全相关法规，包括境内外的赔偿制度、流程等，做到有法可依。事务所可聘请专业保险团队为其量身定制执业保险，应对财务次生灾害，在此过程中提高会计师事务所的风险防范意识和能力。在遇到理赔案件时，能够根据相关法规和投保情况妥善解决投资人索赔事宜。制度和措施的健全为事务所承接审计项目提供重要保障，包括对境外投资人的相关保障，有助于更多投资人和其他中介机构增强对内地会计师事务所的认可与信心，将审计业务委托于内地会计师事务所。

（四）加强境内外交流与合作

各方应支持会计师事务所在专业领域与其他国家、地区的监管机构、执业机构进行沟通交流，在国际服务贸易等洽谈会、论坛中组织事务所参会、演讲和交流等，这些将有助于国际方面增加对中国会计师事务所的了解，为今后的业务合作奠定基础。

在"走出去"的初期，内地会计师事务所可多与对中国比较了解或者具有国内背景的券商等中介机构合作，相对容易打破壁垒。在不断的合作中，增进了解及保持良好的沟通，展现内地会计师事务所的专业执业水准，为今后保持长期合作奠定良好基础。同时内地会计师事务所也应把握服务中国企业和资本的国际化，服务"一带一路"的国家发展战略，开拓国际金融机构技术援助服务等国际服务项目有利于积极发展事务所国际化专业服务领域。

目前，为H股提供审计服务的内地11家事务所中，大部分已成为国际会计网络（联盟）成员，而未加入的几家则全力建立自身的国际会计网络及品牌。积极争取跻身加入国际会计网络的高层决策机构并发挥影响力，充分利用国际网络的技术、管理和市场优势是加入国际会计网络事务所的重要目标之一。自创品牌的事务所通过自身的较强实力及良好沟通，可在已取得的阶段性成绩基础上不断扩大其影响力，寻求更多的扩展空间。

(五) 培养和储备国际化人才

审计行业是以智力资本为主导的人才竞争的行业,培养、储备、使用高端复合型的国际化人才是加快国际化步伐的重要内容。人才培养规模化、制度化及稳定化是保持国际化持续良好的发展的基础。

我们建议国内事务所,特别是具有 H 股审计资格的大型会计师事务所和其他与境外事务所合作从事中国企业境外上市审计业务的事务所,从资源上对国际化人才的培养进行扶持和倾斜,从机遇上进行提供和协助。从事国际审计业务的人员的培养范围不仅包括熟悉国际语言,而且需要了解主要国家、地区的经济、政治、法律、金融等,才可顺利实现"走出去"的目标。同时监管机构也可考虑为内地事务所的人才培养创造机会,提供相应的政策扶持,在对事务所进行评价时设立相应考核指标,协助和促进注册会计师行业国际化人才培养。

第三部分

执业环境篇

第三部分

农业不振论

会计准则变化及对注册会计师行业的影响

> **导读** • • •
>
> ◎ 近年来，在企业会计准则与国际财务报告准则趋同的背景下，关于收入、金融工具、租赁等影响广泛的新企业会计准则陆续发布、实施。
>
> ◎ 为规范新准则的实施以及回应实务中出现的具有普遍意义的会计问题，2019年以来，财政部发布了若干修订的企业会计准则、解释、应用指南及其他会计规定。
>
> ◎ 目前，国际会计准则理事会（IASB）研究项目、准则制定和维护等项目也在按计划进行。其中，影响较大的项目主要有同一控制下的企业合并、商誉及减值、具有权益特征的金融工具。
>
> ◎ 会计准则的变更所带来的新的确认、计量和披露要求一方面有利于改进财务报告信息的有用性。另一方面也对企业财务报告相关内部控制及业务流程等多方面带来新的挑战，并相应影响注册会计师审计计划、实施和报告的整个过程。
>
> ◎ 注册会计师行业需要充分理解这些会计准则的变化对于审计的影响，以便应对会计准则的变化带来的审计新挑战，并从中识别行业发展的新机遇。

一、2019~2020年会计准则新变化

(一) 中国企业会计准则的最新发展 (截至2020年6月)

1. 2019~2020年发布的企业会计准则及相关规定。

2019~2020年发布的企业会计准则及相关规定如表1所示。

表1　　2019~2020年发布的企业会计准则及相关规定

名称	发布时间	生效时间
企业会计准则第7号——非货币性资产交换(财会〔2019〕8号)(以下简称"新非货币性资产交换准则")	2019年5月	自2019年6月10日起施行,企业于2019年1月1日至该准则施行日之间发生的非货币性资产交换,应根据该准则进行调整
企业会计准则第12号——债务重组(财会〔2019〕9号)(以下简称"新债务重组准则")	2019年5月	自2019年6月17日起施行,企业对2019年1月1日至该准则施行日之间发生的债务重组,应根据该准则进行调整
企业会计准则解释第13号(财会〔2019〕21号)(以下简称"解释第13号")	2019年12月	2020年1月1日
《企业会计准则第21号——租赁》(以下简称"新租赁准则")	2019年7月	同准则生效日期
新非货币性资产交换准则应用指南	2020年4月	同准则生效日期
新债务重组准则应用指南	2020年4月	同准则生效日期
2018年度合并财务报表格式(财会〔2019〕1号)	2019年1月	已于2019年4月30日废止
永续债相关会计处理的规定(财会〔2019〕2号)(以下简称"永续债会计处理规定")	2019年1月	自发布之日起施行
2019年度一般企业财务报表格式(财会〔2019〕6号)(以下简称"2019一般企业财务报表格式")	2019年4月	适用于执行企业会计准则的非金融企业2019年度中期财务报表和年度财务报表及以后期间的财务报表
合并财务报表格式(2019版)(财会〔2019〕16号)(以下简称"2019合并财务报表格式")	2019年9月	适用于执行企业会计准则的企业2019年度合并财务报表及以后期间的合并财务报表
碳排放权交易有关会计处理暂行规定(财会〔2019〕22号)(以下简称"碳排放权会计处理暂行规定")	2019年12月	2020年1月1日
《新冠肺炎疫情相关租金减让会计处理规定》(财会〔2020〕10号)(以下简称"疫情相关租金减让会计处理规定")	2020年6月	自发布之日起施行,企业采用相关简化方法的,可以对2020年1月1日至施行日之间发生的相关租金减让进行调整

（1）新非货币性资产交换准则。

收入、金融工具准则修订后，原非货币性资产交换准则与这些新准则的规范有不一致之处，为保持准则体系的内在协调，并为实务提供更明晰的指引，财政部对该准则进行了修订。修订的主要内容包括：

①明确准则的适用范围。

以存货换取客户的非货币性资产的交易适用新收入准则，不再适用非货币性资产交换准则；此外，非货币性资产交换如涉及企业合并、租赁相关使用权资产和应收账款、金融资产和权益性交易的，适用相关准则，不适用非货币资产交换准则。

②规定非货币性资产交换的确认时点。

确认换入资产和终止确认换出资产的时点分别为符合资产定义并满足资产确认条件时以及资产满足终止确认条件时。当二者不一致时，在确认换入资产的同时将交付换出资产的义务确认为一项负债；在终止确认换出资产的同时将取得换入资产的权利确认为一项资产。

③细化非货币性资产交换的会计处理。

对于同时换入多项资产并以换出资产的公允价值计量的非货币性资产交换，换入的金融资产以其公允价值计量，换出资产公允价值扣除换入金融资产公允价值后的余额，按其他换入资产公允价值的相对比例分摊，并计入其他换入资产的成本。

④披露。

新增了"非货币性资产交换是否具有商业实质及其原因"的披露。

（2）新债务重组准则。

与新非货币性资产交换准则的出台类似，债务重组准则的修订也是基于保持准则体系的内在协调和改进实务的目的进行的。修订内容主要包括：

①修订债务重组的定义、明确准则的适用范围。

取消原准则债务重组定义中"债务人发生财务困难""债权人作出让步"的限定。明确规定债务重组中涉及的债权、重组债权、债务、重组债务和其他金融工具的确认、计量和列报适用相关金融工具准则；通过债务重组形成企业合并的，适用企业合并准则；将权益性交易排除在适用范围之外。

②修订债务重组的会计处理。

对于以非现金资产和债务转为权益工具偿债的情况，要求债权人对其取得的除金融资产外的非现金资产和长期股权投资按照放弃债权的公允价值和可直接归属的税金等其他成本进行初始计量,而非按换入资产的公允价值进行初始计量;债务人方面,增加了权益工具的公允价值不能可靠计量时应当按照所清偿债务的公允价值计量的规定。

③简化债务重组的披露要求。

因会计处理的修订,披露要求也随之进行了修改和简化。

(3) 解释第13号。

解释第13号包括下列两方面的内容,这两方面的内容均与国际财务报告准则保持趋同。

①关联方关系的判断。

针对实务中对于《企业会计准则第36号——关联方披露》所定义的关联方关系的理解和应用的不一致,明确企业与其所属企业集团其他成员单位(包括母公司和子公司)的合营企业或联营企业,以及企业的合营企业与企业的其他合营企业或联营企业均构成关联方。

同时,明确了仅仅同受一方重大影响的两方或两方以上的企业不构成关联方,并补充说明了联营企业包括联营企业及其子公司,合营企业包括合营企业及其子公司。

根据上述规定,图1中,除了联营1与联营2之间不构成关联方外,其他实体两两互为关联方。

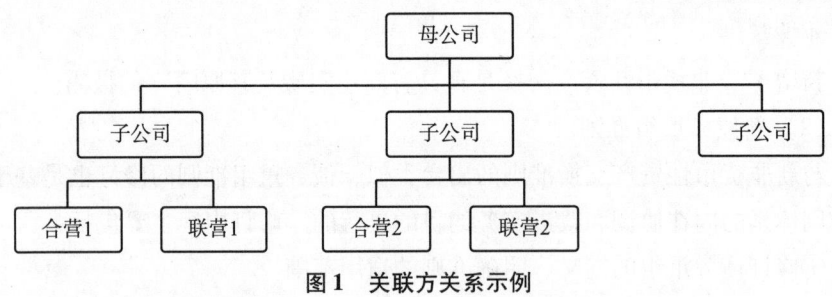

图1 关联方关系示例

②企业合并中取得的经营活动或资产的组合是否构成业务。

解释第13号修改了现行《企业会计准则第20号——企业合并》及其应用指南中业务的定义,增加了关于加工处理过程是否具有实质性的指引,同时出于简化评估目的引入了一项可选的集中度测试。

对于业务的定义,修订了业务构成的三要素中"加工处理过程"和"产出"的定义,将"加工处理过程"定义为"具有一定的管理能力、运营过程,能够组织投入形成产出能力的系统、标准、协议、惯例或规则",同时删除原"产出"定义中有关"降低企业整体的运行成本"和"更低的成本"等减少经济利益流出形式的表述。

如表2所示,对于判断加工处理过程是否具有实质性,解释第13号分别就两种情况提供了相关指引:

表2　关于加工处理过程是否具有实质性的判断依据

合并日无产出	合并日有产出
同时满足下列条件的加工处理过程应判断为是实质性的: • 该加工处理过程对投入转化为产出至关重要; • 具备执行该过程所需技能、知识或经验的有组织的员工,且具备必要的材料、权利、其他经济资源等投入	满足下列条件之一的加工处理过程应判断为是实质性的: • 该加工处理过程对持续产出至关重要,且具备执行该过程所需技能、知识或经验的有组织的员工; • 该加工处理过程对产出能力有显著贡献,且该过程是独有、稀缺或难以取代的

集中度测试的基本过程如图2所示:

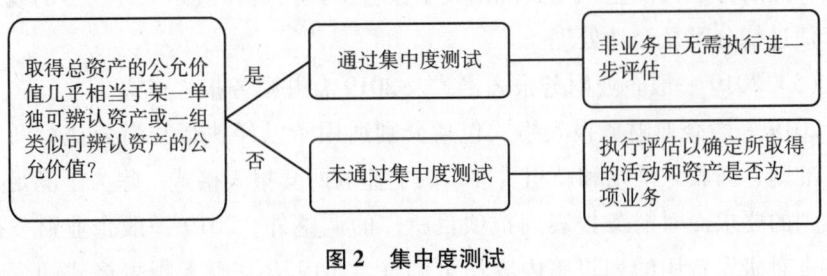

图2　集中度测试

(4) 永续债会计处理规定。

①永续债发行方会计分类应当考虑的因素。

发行方应以永续债合同条款内含的经济实质为基础,谨慎判断是否存在交付现金或其他金融资产的合同义务。

对于到期日,永续债合同中未规定固定到期日期但约定了未来赎回时间的,如果该时间仅约定为发行方清算日,但清算确定将会发生且不受发行人控制,或者清算发生与否取决于该永续债投资方的,发行方仍具有交付现金或其他金融资产的合同义务。如果约定的赎回时间不是发行方清算日且发行方能自主决定是否赎回永续债的,发行方应当谨慎分析自身是否能无条件地自主决定不行使赎回权,如果不能,通常表明发行方有交付现金和其他金融资产的合同义务。

对于清偿顺序，发行方清算时永续债劣后于发行方发行的普通债券和其他债务的，通常表明发行方没有交付现金或其他金融资产的合同义务；否则，发行方应审慎考虑清偿顺序是否会导致持有方对发行方承担交付现金或其他金融资产合同义务的预期，并据此确定其会计分类。

对于利率，永续债合同规定没有固定到期日，同时规定了未来赎回时间、发行方有权自主决定未来是否赎回且如果发行方决定不赎回则永续债票息率上浮（即"利率跳升"或"票息递增"）的，发行方应当结合所处实际环境考虑该利率跳升条款是否构成交付现金或其他金融资产的间接义务。如果跳升次数有限或者跳升总幅度较小、有最高票息限制（即"封顶"）且封顶利率未超过同期同行业同类型工具平均的利率水平，可能不构成间接义务；否则通常构成间接义务。

②永续债持有方会计分类。

除符合《企业会计准则第 2 号——长期股权投资》适用范围的之外，永续债的持有方首先判断永续债是否属于权益工具投资，该判断与发行人的分类一致；然后分别按照金融工具准则关于权益工具投资和债务工具投资的规定对永续债进行分类及会计处理。

（5）2019 一般企业财务报表格式及 2019 合并财务报表格式。

2019 一般企业财务报表格式包括分别适用于已经执行和尚未执行新金融工具准则、新收入准则和新租赁准则的企业的两套报表格式。除了为了满足上述新准则的要求而对财务报表列报项目所作的调整外，2019 一般企业财务报表格式也对研发费用的列报等内容作了调整。2019 合并财务报表格式的变化与 2019 一般企业财务报表格式修订的内容基本一致。

（6）碳排放权会计处理暂行规定。

为满足碳排放权交易开展的实务需求，相关交易的会计处理如表 3 所示。

表3　碳排放权交易会计处理分录

交易或事项	通过购入方式取得配额	通过政府免费分配等方式无偿取得配额
初始取得配额	借：碳排放权资产* 　　贷：银行存款/其他应付款	不作账务处理
使用配额履行减排义务	借：营业外支出 　　贷：碳排放权资产	不作账务处理

续表

交易或事项	通过购入方式取得配额	通过政府免费分配等方式无偿取得配额
出售碳排放配额	借：银行存款/其他应收款 　　营业外支出 贷：碳排放权资产 　　营业外收入	借：银行存款/其他应收款 贷：营业外收入
自愿注销配额	借：营业外支出 贷：碳排放权资产	不作账务处理

注：＊为按照成本进行计量。

"碳排放权资产"科目的借方余额在资产负债表中的"其他流动资产"项目列示。此外，重点排放企业在财务报表附注中须披露与碳排放有关的信息。

（7）疫情相关租金减让会计处理规定。

新冠疫情期间，很多出租人向现有租赁合同的承租人提供了租金减免、延期支付等减让优惠。按照相关准则要求进行会计处理面临工作量大、成本较高的实务困难。疫情相关租金减让会计处理规定针对这些困难提供了简化的会计处理方法。

①适用范围。

适用于承租人和出租人（作为出租人的在境内外同时上市的企业以及在境外上市并采用国际财务报告准则或企业会计准则编制财务报表的企业除外）在对由新冠肺炎疫情直接引发的就现有租赁合同达成的租金减免、延期支付等租金减让的会计处理，这些减让须满足一定条件，包括减让后的租赁对价较减让前减少或与之基本相等、减让仅针对2021年6月30日前的应付租赁付款额以及租赁的其他条款和条件无重大变化。

②简化的会计处理方法。

企业可选择采用简化会计处理方法，即无须判断租金减让是否属于对原租赁合同的变更，也无须重新评估租赁分类。规定分别就执行新租赁准则和原租赁准则的承租人与出租人对实务中不同形式的租金减让如何适用简化会计处理方法提供了指引。

上述规定在原则上与IASB对IFRS 16的修订——新冠肺炎疫情相关租金减让内容一致，主要不同之处在于财政部发布的疫情相关租金减让会计处理规定不仅适用于承租人，还适用于出租人，但从落实企业会计准则和国际财务报告准则持续趋同和等效的角度考虑，不允许境内外同时上市或境外上市的出租人采用相关简化处理方法。

2. 进展中的企业会计准则相关项目。

进展中的企业会计准则相关项目如表4所示。

表4　　　　　　　　　　进展中的企业会计准则相关项目

名称	发布时间	状态
企业会计准则第×号——保险合同（修订）（财办会〔2018〕34号）（以下简称"保险合同征求意见稿"）	2018年12月21日	意见征集期已于2019年3月29日结束。基于反馈意见和IASB于2020年6月发布的对IFRS 17的修订进行修改的工作仍在进行中

保险合同征求意见稿与《国际财务报告准则第17号——保险合同》（IFRS 17）保持趋同，在保费收入确认口径、准备金分拆列示等多个方面对现行保险合同准则作出了重大改进，其内容包括：

（1）计量单元。

保险合同征求意见稿引入了保险合同组的概念，作为保险合同的计量单元。

（2）保费收入。

保险合同征求意见稿要求企业分拆保险合同中的可明确区分的投资成分，对于不分拆的投资成分，其对应的保费也不能计入保险业务收入而应当计入保险负债。

（3）合同服务边际。

保险合同征求意见稿要求企业在保险合同初始确认时确定合同服务边际（未赚利润）并在后续期间摊销，且合同服务边际应在每个资产负债表日进行调整（即解锁合同服务边际）。

（4）具有直接分红特征的保险合同的特殊处理。

保险合同征求意见稿要求对于具有直接分红特征的保险合同，因金融假设变化（如保证利益的变动）引起的与未来服务相关的现金流量现值的变动，调整合同服务边际。

（二）国际财务报告准则的最新发展（截至2020年6月）

在中国企业会计准则与国际财务报告准则持续趋同的背景下，国际财务报告准则的发展直接影响中国企业会计准则的变更，反映了中国企业会计准则的发展方向，受到业界的普遍关注。2019年以来，IASB发布了针对若干准则的修订，IASB进行中的研究项目、准则制定和维护项目也在按计划推行。

1. 2019～2020年发布或修订的国际财务报告准则。

2019～2020年发布或修订的国际财务报告准则如表5所示。

表5　　　　　2019～2020年度发布的国际财务报告准则修订

发布日期	修订主题	修订的主要内容	对自以下日期或之后开始的年度期间生效
2019年9月	对IFRS 9、IAS 39和IFRS 7的修订——利率基准改革	修改了套期会计的特定要求，假定被套期的现金流量和套期工具的现金流量所依据的利率基准不会因利率基准改革而发生变化，以使主体在原基准利率被替代之前的期间运用套期会计不受预期利率基准改革的影响	2020年1月1日
2020年1月	对IAS 1的修订——将负债归类为流动负债或非流动负债	澄清了负债的流动和非流动分类取决于主体在报告期末是否具有推迟清偿负债的权利，如果该权利取决于特定条件，而主体在报告期末遵循了这些条件，则该权利存在。关于主体是否行使权利的预期并不影响负债的分类。引入了清偿的定义，明确清偿包括向交易对手转移现金、权益工具、其他资产或服务	2022年1月1日（注）
2020年5月	对IFRS 3的修订——对《概念框架》的索引	更新了IFRS 3中对概念框架的索引，没有改变关于企业合并的会计处理要求	2022年1月1日
2020年5月	对IAS 37的修订——亏损合同—履行合同的成本	主体根据IAS 37评估合同是否是亏损合同时，履行合同的成本包含与合同直接相关的成本，包括履行合同的增量成本以及与履行合同直接相关的其他成本的分摊额	2022年1月1日
2020年5月	对IAS 16的修订——不动产、厂场和设备：达到预定用途之前的产出收入	不动产、厂场和设备在达到预定可使用状态前产出的销售收入不允许从成本中扣除，相关销售收入和成本应计入损益	2022年1月1日
2020年5月	国际财务报告准则年度改进（2018～2020年度）	（1）对IFRS 1的修订：首次执行日晚于母公司的子公司可在财务报表中选择按母公司合并财务报表中反映的金额计量其境外经营相关的外币报表折算差额。该选择同样适用于联营或合营企业。 （2）对IFRS 9的修订：澄清用于确定金融负债是否满足终止确认条件的"10%的测试"中应包括哪些费用。 （3）对IFRS 16的修订：删除示例13中关于补偿承租人租入固定资产发生的改良支出的相关内容以避免歧义。 （4）对IAS 41的修订：删除第22段关于公允价值计量中不包括与所得税有关的现金流量的规定，与IFRS 13保持一致	2022年1月1日

续表

发布日期	修订主题	修订的主要内容	对自以下日期或之后开始的年度期间生效
2020年5月	对IFRS 16的修订——新冠肺炎疫情相关租金减让	允许承租人采用简化方法,无须评估由疫情直接引发的租金减让是否属于租赁变更,而采用不属于租赁变更的租金变化的会计处理。该简化方法仅适用于相关安排仅减少于2021年6月30日或之前到期的租赁付款额的租金减让	2020年6月1日
2020年6月	对IFRS 17的修订	修订旨在解决IFRS 17发布后相关利益团体提出的疑虑和实施方面的挑战,其主要内容如下: (1) 补充了将提供保险责任范围的信用卡及类似合同排除在适用范围之外的规定。 (2) 补充了可选择将转移重大保险风险的贷款合同排除在适用范围之外的规定以及相关过渡性规定,以允许签发此类合同的主体对此类合同适用IFRS 17或IFRS 9。 (3) 针对预期合同续签而导致的保险获取现金流量的分摊、确认、可收回性评估以及相关披露作出的修订。 (4) 对涉及投资组成部分的合同服务保证金的分摊方法和相关披露作出修订。 (5) 将风险降低选择权的范围扩大至主体所持有的再保险合同和非金融衍生工具。 (6) 要求在初始确认时对签发的亏损保险合同确认损失的主体对其所持有的再保险合同也确认为一项利得。 (7) 澄清在中期报告应用IFRS 17时,对于是否变更之前中期财务报告中作出的会计估计的处理,允许在报告主体层面作为一项会计政策选择。 (8) 简化保险合同在财务状况表中的列报方式,以便主体在财务状况表中列报采用保险合同的投资组合而非保险合同组确定的保险合同资产和负债。 (9) 对业务合并、风险降低选择权的实施日以及采用公允价值提供额外的过渡简化处理。 (10) 将IFRS 17的生效日期推迟两年,即改为"自2023年1月1日或之后开始的年度期间"。 (11) IASB将IFRS 4中规定的暂时豁免采用IFRS 9的截止日期延长至2023年1月1日	2023年1月1日

注:因新冠肺炎疫情的影响,2020年5月IASB建议将该修订的生效日期延期一年,并就此征求意见。

2. IASB 目前进展中的项目。

IASB 目前进展中的项目如表 6 所示。

表 6　　　　　　　　　　　　IASB 进展中的项目

项目类型	项目	下一里程碑	预计时间
研究项目	同一控制下的企业合并	讨论稿	2020 年 9 月
	动态风险管理	核心模型外展	2020 年第四季度
	采掘活动	研究复核	
	具有权益特征的金融工具	对项目的发展方向作出决议	2020 年第四季度
	商誉及减值	对讨论稿反馈意见的讨论	2021 年上半年（注）
	依赖资产回报的养老金福利	研究复核	2020 年第四季度
	对 IFRS 10、IFRS 11 和 IFRS 12 的实施后复核	信息征询	2020 年第四季度
准则制定项目	披露项目——属于中小型企业的子公司	决定是否发布讨论稿或征求意见稿	2020 年第四季度
	管理层评论	征求意见稿	2020 年第四季度
	主要财务报表	对征求意见稿反馈意见的讨论	2020 年第四季度（注）
	受费率管制的活动	征求意见稿	2020 年第四季度
维护项目	《中小型企业国际财务报告准则》2019 年度全面复核	对信息征询的反馈意见	（注）
	会计政策和会计估计（对 IAS 8 的修订）	修订准则	2020 年第四季度
	设定受益计划结余返还的可获得性（对 IFRIC 14 的修订）	对项目的发展方向作出决议	
	将负债归类为流动负债或非流动负债——生效日期（对 IAS 1 的修订）	修订准则	2020 年 7 月
	与单一交易形成的资产和负债相关的递延所得税（对 IAS 12 的修订）	对项目的发展方向作出决议	
	披露项目——会计政策	修订准则	2020 年第四季度
	披露项目——目标准则层面的披露复核	征求意见稿	2021 年上半年
	银行同业拆借利率（IBOR）改革及其对财务报告的影响——第二阶段	修订准则	2020 年 8 月

续表

项目类型	项目	下一里程碑	预计时间
维护项目	缺少可兑换性（对 IAS 21 的修订）	征求意见稿	
	售后租回交易中的租赁负债	征求意见稿	2020 年 9 月
	准备（目标改进项目）	对项目的发展方向作出决议	
其他项目	2020 年议程咨询	信息征询	2021 年上半年
	对《应循程序手册》的复核	《应循程序手册》的修订版	2020 年 7 月
	《国际财务报告准则分类标准更新》——2020 一般改进及目前的实务	建议更新国际财务报告准则分类标准	2020 年第四季度
	《国际财务报告准则分类标准更新》——对 IFRS 17 和 IAS 16 的修订	建议更新国际财务报告准则分类标准	2020 年 7 月
	《国际财务报告准则分类标准更新》——目前的实务（IAS 19）	建议更新国际财务报告准则分类标准	2020 年第四季度
	《国际财务报告准则分类标准更新》——新冠肺炎疫情相关租金减让（对 IFRS 16 的修订）	对建议更新的反馈意见的讨论	2020 年 7 月
	《国际财务报告准则分类标准更新》——利率基准改革（第二阶段）	建议更新国际财务报告准则分类标准	2020 年 9 月

注：因新冠肺炎疫情的影响，IASB 于 2020 年 4 月召开的补充会议中决定将已公布的咨询文件的咨询期延长约三个月。鉴于疫情的发展和不确定性，IASB 将持续关注局势并考虑是否对时间表作出进一步修改。

资料来源：https://www.ifrs.org/projects/work-plan/。

其中主要项目的进展情况如下：

（1）同一控制下的企业合并研究项目。

国际财务报告准则没有对同受一方或相同多方控制的合并交易（"同一控制下的企业合并"）进行规范，因此实务中不同主体对这类交易的处理不一致，导致财务信息的不可比。该项目旨在通过识别不同类型集团重组或改组的共同特征，考虑主体对于并入的子公司何时应采用原账面价值，何时应采用新价值，并可能同时考虑在何种情况下新价值应下推至该子公司。

目前 IASB 初步决定，对于影响接受方非控股股东的交易，除非接受方的权益工具未在公开市场交易且非控股股东均为其关联方或知悉且不反对其采用其他方法，接受方应采用基于《国际财务报告准则第 3 号——企业合并》(IFRS 3) 购买法的现行价值法 (current value approach); 除此之外,所有其他交易均适用前任价值法 (predecessor approach), 即以原账面价值为基础, 支付对价与取得的净资产之差计入权益。IASB 在未来的会议上将讨论对相关交易应披露哪些信息、对该项目应公布何种类型的咨询文件以及是否启动投票流程。

(2) 具有权益特征的金融工具研究项目。

该项目旨在解决实务中应用 IAS 32 的问题,例如,同时具有金融负债和权益工具特征的复杂金融工具的分类。IASB 于 2018 年 6 月发布了讨论稿,提出了从发行方角度基于时间和金额两个特征的首选分类方法,即如果一项金融工具包含在除清算外的特定时间转移经济资源的不可避免的合同义务,以及/或包含一项就独立于主体可获得的经济资源的金额的不可避免的合同义务,则该金融工具为负债。该方法依据更为清晰,但未从根本上改变 IAS 32 的现有分类结果。

根据反馈意见,IASB 初步决定对 IAS 32 进行澄清性修订,以应对实务中的常见挑战,但修订将力求将分类结果的改变仅限于有充分证据表明改变后将为财务报表使用者提供更有用信息的情形。此外,IASB 拟进一步制定讨论稿中探讨的列报和披露要求。

(3) 商誉及减值研究项目。

该项目源于 IFRS 3 实施后审议,审议过程中收到的反馈包括:商誉的减值损失未能及时确认;从现有的披露中难以了解被购买业务的表现与收购日的预期是否相符;商誉减值测试成本高昂且复杂;希望重新引入商誉的摊销。

IASB 于 2020 年 3 月发布了《企业合并——披露、商誉及减值(讨论稿)》,讨论稿意见征询的截止日已延长至 2020 年 12 月 31 日。讨论稿中 IASB 的初步意见如下:

①增加 IFRS 3 的披露目标和披露要求,以便改进向投资人提供的有关收购和被收购业务后续业绩表现的相关信息,包括收购当期披露收购目标,在后续期间披露收购目标的达成情况。

②与 IAS 36 的商誉减值测试相比,难以设计一个在及时性和成本效益方面更为有效的商誉减值测试方法。

③不应重新引入商誉的摊销。

④通过简化或豁免的方式降低商誉减值测试的成本和复杂性,包括豁免在没有减值迹象的情况下每年进行的商誉及无形资产减值测试、在计算相关资产

组现金流量现值时允许采用税后现金流和税后折现率及取消现有计算中对某些未来事项导致的现金流量的限制。

⑤应单独确认的无形资产的范围不变。

⑥在资产负债表中列报扣除商誉后的所有者权益金额,以便投资人更好地理解主体的财务状况。

二、近年重点新会计准则有关情况和影响

财政部于近年发布的新收入准则、新金融工具准则以及新租赁准则变化较大且影响范围较广。在兼顾我国市场环境和企业的实际情况并与国际趋同的基础上,财政部对这些新准则采用了分步实施的策略。相关准则及生效时间如表7所示。

表7　新收入准则、新金融工具准则以及新租赁准则生效时间表

名称	生效时间		
	境内外同时上市企业及境外上市企业	其他境内上市企业	执行企业会计准则的非上市企业
新收入准则	2018年1月1日	2020年1月1日	2021年1月1日
新金融工具准则	2018年1月1日	2019年1月1日	2021年1月1日
新租赁准则	2019年1月1日	2021年1月1日	2021年1月1日

截至目前,此三项新准则已在境内外同时上市企业及境外上市企业中陆续施行。这些企业首次执行相关准则的年度财务报表可以在一定程度上反映这些新准则的影响。

(一)新收入准则

1. 新收入准则的主要变化。

新收入准则的核心原则是企业应当在履行了合同中的履约义务,即在客户取得相关商品或服务(以下简称"商品")控制权时确认收入;收入确认的金额应是企业因向客户转让商品而预期有权收取的对价金额。履约义务,是指合同中企业向客户转让可明确区分商品的承诺。

新收入准则相较于原收入准则的显著变化如表8所示。

表 8　　　　　　　　　　　　新收入准则的主要变化

原收入准则	新收入准则
以风险和报酬为基础	以控制为基础，风险和报酬是控制权转移的指标之一
收入按照已收或应收对价的公允价值计量	收入按照预期有权收取的金额计量，并对可变对价、合同中存在的重大融资成分、非现金对价、应付客户对价等的处理提供了具体指引
没有对合同内履约义务的识别进行明确规定	以履约义务作为收入确认和计量的单元，并对合同内履约义务的识别、价格的分摊提供了具体指引
在某一时段内确认收入的指引一般与收入类型相关（如建造合同、服务安排）	提供具体衡量标准，以判断履约义务是否在某一时段内履行，相关标准适用于所有客户合同
没有关于合同取得成本资本化的明确要求	如符合相关条件，企业必须对合同取得成本进行资本化
要求的披露内容有限	要求企业根据其履行履约义务与客户付款之间的关系在资产负债表中列示合同资产或合同负债，并增加了有关收入确认、合同、合同成本有关的资产等的广泛的披露要求

新收入准则应用指南对委托代销安排和售后代管商品安排下如何判断客户是否取得商品控制权等事项进一步提供了指引。此外，财政部于 2018 年底发布了新收入准则应用案例，涉及合同负债、合同履约成本、亏损合同和履约义务识别方面的准则应用。

综上，新收入准则在引入单一收入确认模型的同时提供了更为全面和详细的指引。在原收入准则下没有明确规定或者缺乏具体指引的领域，企业原本采用的会计处理实务可能与新收入准则的规定并不一致。

2. 新收入准则执行情况分析。

根据财政部分步实施的策略，同时在内地和香港上市的企业（以下简称"A + H 公司"）已于 2018 年 1 月 1 日起施行新收入准则。截至 2018 年 12 月 31 日，共有 112 家 A + H 公司。此外，2019 年有 6 家新上市 A + H 公司。这些 A + H 公司 2018 年年报或其招股说明书中应披露首次执行新收入准则的财务影响。我们对此 118 家 A + H 公司年度报告或招股说明书中有关执行新收入准则对企业合并财务报表的影响的披露进行了收集。

在分析新收入准则的影响时，我们关注新收入准则对 A + H 公司 2018 年 1 月 1 日资产负债表的影响以及对 2018 年度利润表的影响。这些信息也是新收入准则的衔接规定所要求披露的。在 118 家 A + H 公司中，有 8 家公司披露不足，无法获得相关信息，因此，我们以其余110家A+H公司作为研究样本。

(1) 金融业执行新收入准则情况。

除1家银行披露了2018年1月1日一笔合同负债的重分类调整外，其他27个样本披露均显示执行新收入准则未对集团财务状况和经营成果产生重大影响。

(2) 非金融业执行新收入准则情况。

非金融业包含82个样本，涉及20个行业。经统计汇总，共有78家A+H公司受到执行新收入准则的影响，但涉及重新计量影响的仅有19家。

(3) 执行新收入准则对首次执行日资产负债表的影响。

按行业汇总的执行新收入准则对样本公司2018年1月1日的资产、负债和未分配利润的影响如表9所示。

表9　执行新收入准则对2018年1月1日资产负债表的影响　　　单位：%

行业	资产变化率	负债变化率	资产负债率变化	未分配利润变化率
采掘	0.00	0.00	0.00	0.00
传媒	0.35	0.99	0.23	0.00
电气设备	0.80	1.17	0.25	0.19
房地产	0.29	0.08	-0.18	2.86
钢铁	0.00	0.00	0.00	0.00
公用事业	-0.28	-0.40	-0.09	0.24
国防军工	1.17	1.67	0.37	11.57
化工	0.00	0.00	0.00	0.00
机械设备	0.01	-0.05	-0.04	0.12
家用电器	0.00			
建筑材料	0.12	0.25	0.07	-0.03
建筑装饰	-0.36	-0.44	-0.07	-0.14
交通运输	0.01	-0.15	-0.11	1.18
汽车	-0.31	-0.52	-0.13	0.11
轻工制造	0.00			
食品饮料	0.00	0.00	0.00	0.00
通信	-0.31	0.56	0.57	-5.60
医药生物	0.00	0.00	0.00	0.00

续表

行业	资产变化率	负债变化率	资产负债率变化	未分配利润变化率
有色金属	0.00	0.00	0.00	0.00
纺织服装	0.00	0.00	0.00	0.00
合计	－0.06	－0.13	－0.04	0.12

资料来源：根据82家非金融业A＋H公司2018年年报财务信息整理计算。

由表9可以看出，实施新收入准则对如下五个行业2018年1月1日的资产负债表影响较大：

①电气设备。

负债变化率较大，主要源于合同预计损失准备自存货调整至预计负债，以及对尚未完成合同在首次执行日的累积影响进行调整导致的合同负债增加（相关样本公司未披露具体原因）。

②房地产。

未分配利润变化率较大。样本公司在年报中并未披露具体调整原因，仅笼统地披露新收入准则实施的影响主要体现为收入确认时点的改变和重大融资成分等。

③国防军工。

小部分业务因为不满足在一段时间内确认收入的标准，而改为在某一时点确认，导致资产和负债同时增加，未分配利润小幅降低。由于在首次执行日，该行业累计微亏，导致未分配利润变动比较显著；此外，合同预计损失准备自存货调整至预计负债导致资产负债同时增加。

④交通运输。

未分配利润变动主要源于航空业对预期无需退回款项（超期票证）确认收入所致。

⑤通信。

未分配利润的变动主要源于合同中识别履约义务的数量发生改变，对于可单独区分的设备销售和安装作为单项履约义务核算，导致未分配利润变化较为明显。

为进一步评估新收入准则对2018年1月1日资产负债表的影响，我们对样本公司披露的调整信息进行了更详细地分析。鉴于2家公司未披露调整原因，我们将其排除于分析之外。对于其余80家公司，我们对其披露的调整信息进行整理归类,并对各类调整影响的家数进行了统计,结果如图3所示。

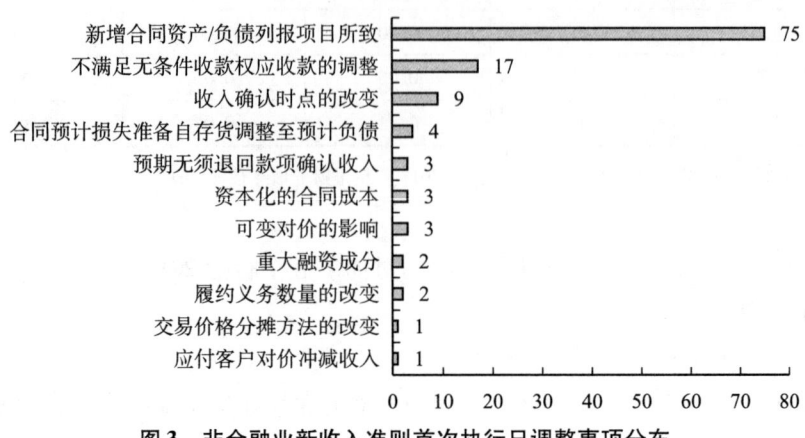

图3 非金融业新收入准则首次执行日调整事项分布

(4)执行新收入准则对利润表的影响。

由表10可以看出,实施新收入准则对如下三个行业2018年度利润表影响较大。

表10　执行新收入准则对样本公司2018年度利润表的影响　　单位:%

行业	收入变化率	净利润变化率
采掘	-0.07	0.00
传媒	0.00	0.00
电气设备	0.00	0.00
房地产	-0.25	0.00
钢铁	0.00	0.00
公用事业	0.03	0.32
国防军工	0.00	0.00
化工	0.00	0.00
机械设备	0.03	0.10
家用电器	0.00	0.00
建筑材料	0.48	-0.10
建筑装饰	0.01	0.29
交通运输	0.21	0.81
汽车	-0.06	-2.25

续表

行业	收入变化率	净利润变化率
轻工制造	0.00	0.00
食品饮料	-3.73	0.00
通信	0.75	0.56
医药生物	-0.03	0.00
有色金属	0.00	0.00
纺织服装	15.67	0.00
合计	0.01	0.01

①汽车。

为客户提供的保养服务在新收入准则下识别为一项单项履约义务，并在提供保养服务时确认收入，因此导致收入和净利润下降。

②食品饮料。

营业收入减少系由新收入准则下将原计入销售费用的助销费用作为应付客户对价冲减营业收入所致。该事项对净利润无影响。

③纺织服装。

营业收入大幅提升，主要源于根据新收入准则有关主要责任人和代理人的指引，样本公司判断自己作为主要责任人，采用总额法确认收入；由于原收入准则未对此提供明确指引，样本公司按照净额法确认收入。该事项对净利润无影响。

为进一步评估新收入准则对2018年度收入和净利润的影响，我们对样本公司披露的调整信息做了整理归类。各类调整事项影响样本公司的家数如图4所示。

3. 新收入准则执行难点。

（1）单项履约义务的识别。

在判断企业向客户承诺的商品是否可明确区分，特别是在合同层面是否可单独区分时，新收入准则给出了表明相关承诺不可单独区分的三种情形（组合产出、重大修改或定制及高度关联性）。考虑的因素包括定制化的程度、履行承诺本身的复杂性、客户购买商品或服务的动机、单个商品或服务是否具有重大的独立功能等。新收入准则并未就应用这三种情形的优先顺序或其所占的权重提供指引，企业需要结合与合同相关的特定事实和情况进行评估，以确定重点参考哪一种情形。

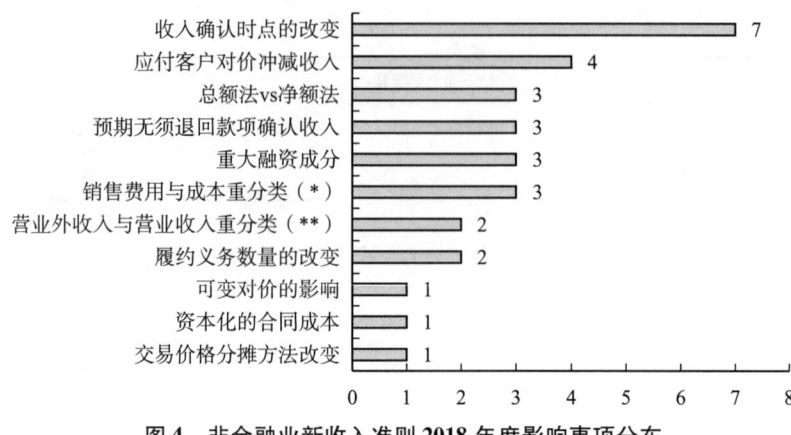

图 4　非金融业新收入准则 2018 年度影响事项分布

注：*　销售费用与成本重分类调整源于原计入销售费用的与合同相关的运费、销售佣金等重分类至营业成本。

**　营业外收入与营业收入重分类调整源于航空业的超期票证。原准则下，超期票证在超过规定结算时限后结转入损益计入营业外收入项目；新收入准则下，超期票证作为预期无须退回款项计入营业收入。

（2）可变对价的评估。

新收入准则中可变对价的范围非常广，例如，如果根据企业已公开宣布的政策、特定声明或者以往的习惯做法等，客户能够合理预期企业将会以折扣、返利等方式提供价格折让，或者其他相关事实和情况表明，企业在与客户签订合同时即打算向客户提供价格折让，则合同存在可变对价。但在某些情况下，可能难以确定企业是主动提供了隐含的价格折让还是选择被动接受客户的信用风险，需要综合考虑企业作出这一决定的所有相关事实和情况进行判断。

对于计入交易价格的可变对价的金额，新收入准则作出了限制，即仅限于与可变对价相关的不确定性消除时，累计已确认的收入金额极可能不会发生重大转回的金额。企业在进行该项评估时，需要同时考虑收入转回的可能性及转回金额的比重，这些均涉及重大判断。

（3）单独售价的确定。

实务中容易产生歧义的是将合同或价目表上的标价默认为商品的单独售价，而这并不一定符合新收入准则中单独售价的定义。通常合同中并非所有商品或服务均存在可观察的单独售价。在很多情形下，企业需要综合考虑能够合理取得的全部相关信息，采用市场调整法、成本加成法、余值法等方法合理估计单独售价，考虑的信息包括市场情况（商品的市场供求状况、竞争、限制和趋势等）、企业特定因素（定价策略和实务操作安排等）以及与客户有关的信息（客户类型、所在地区和分销渠道等），这些都涉及管理层的判断。

(4) 收入在某一时点还是某一时段内确认。

新收入准则打破了商品和劳务的界限，以控制权转移替代风险报酬转移作为收入确认时点的判断标准，如果履约义务不满足在某一时段内履行的三个条件中任一条件，则履约义务属于在某一时点履行的履约义务。对于这三个条件的诠释及应用，特别是条件二，客户是否能够控制企业履约过程中在建的商品，实务中常常有不同的理解，这也是应用新收入准则的难点之一。

(5) 主要责任人还是代理人。

当企业向客户销售商品涉及其他参与方时，企业需要确定其在交易中的身份是主要责任人还是代理人。企业需要确定承诺（履约义务）的性质，以及在特定商品转让给客户之前，企业是否控制该商品，相关控制权的评估涉及重大判断。

（二）新金融工具准则

1. 新金融工具准则的主要变化。

准则修订的出发点是使会计处理和财务报告与企业的业务模式和风险管理更为匹配。新金融工具准则相较于原金融工具准则的主要变化领域及具体内容如表11所示。

表11　　　　　　　　　　新金融工具准则的主要变化

准则	具体内容
金融资产的分类和计量	分类和计量基于企业管理金融资产的业务模式及单个金融资产的合同现金流量特征。按业务模式和现金流量测试的不同结果，分为以摊余成本计量、以公允价值计量且其变动计入其他综合收益和以公允价值计量且其变动计入当期损益三大类别。 扩大了金融工具公允价值计量的范围，原准则中以成本计量的权益工具投资需全面采用公允价值计量；企业持有的债务工具投资如果不满足以收取合同现金流量为目标的业务模式或其合同现金流量不符合仅为对本金和以未偿付本金金额为基础的利息的支付（"SPPI特征"）也需采用公允价值计量
金融负债的分类和计量	分类无重大变化。 对于针对企业自有债务运用公允价值选择权的，由企业自身信用风险变动引起的该金融负债公允价值的变动计入其他综合收益，并单独列报
嵌入衍生工具	混合合同包含的主合同属于金融负债或者并非属于金融工具的，无重大变化。 混合合同包含的主合同属于金融资产的，应当将混合合同视为一个整体，基于分类标准进行分类

续表

准则	具体内容
减值	从已发生损失模型转变为预期损失模型： （1）要求采用三阶段模型计提减值，基于金融工具初始确认后其信用风险是否显著增加，分别采用 12 个月内的预期信用损失或整个存续期的预期信用损失； （2）对于预期信用损失的计量，要求采用前瞻性信息
套期会计	扩大了符合条件的被套期项目和套期工具范围。 取消了 80%～125% 有效性测试的量化标准和回顾性测试要求，代之以关注经济关系的定性测试。 引入套期关系"再平衡"机制。 允许企业对金融工具的信用风险敞口选择以公允价值计量且其变动计入当期损益的方式来进行会计处理

2. 新金融工具准则执行情况分析。

根据财政部分步实施的策略，A＋H 公司已于 2018 年 1 月 1 日起施行新金融工具准则。与新收入准则执行情况分析口径一致，我们选取了 118 家 A＋H 公司 2018 年年度报告及招股说明书，其中 4 家保险企业因符合暂缓执行新金融工具准则的条件而尚未执行，我们以其余 114 家企业已披露的年报及招股说明书为样本，对新金融工具准则的实施影响进行了分析，分析时剔除了某些上市公司涉及的同一控制下的企业合并、前期差错更正或新收入准则实施的影响。

（1）总体情况。

114 家 A＋H 公司披露的实施新金融工具准则影响情况如图 5 所示。

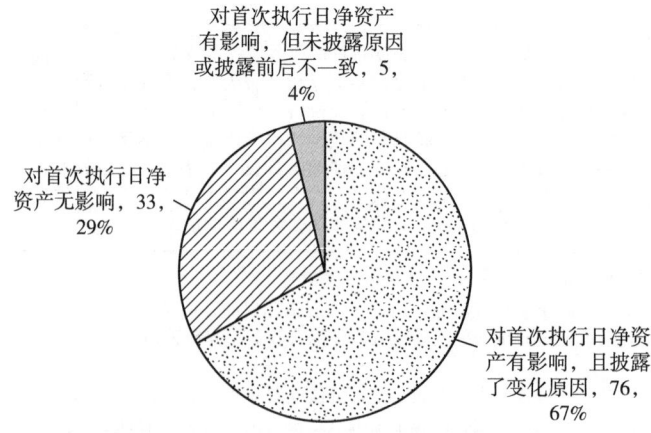

图 5 实施新金融工具准则的总体影响

(2) 对财务报表的影响。

我们以上述披露对首次执行日净资产有影响且披露了变化原因的 76 家公司为样本，进一步分析新金融工具准则的实施对其财务报表的影响，对不同行业净资产的影响如表 12 所示。

表 12 显示，除非金融业净资产增加外，其他行业的净资产均减少，银行业是受新金融工具准则影响最大的行业，首次执行日净资产减少约 1.7%。

表 12 净资产变化情况 金额单位：人民币百万元

行业	净资产增加（减少）金额	净资产增加（减少）比率	其中			
			预期信用损失（ECL）影响	业务模式变更影响	从成本计量变为公允价值计量	其他变动及所得税影响
银行业	-171 940	-1.7%	-301 365	71 025	4 239	54 161
证券业	-1 587	-0.2%	-2 123	546	-71	61
保险业	-4 795	-0.8%	-6 470	-1 272	-116	3 063
非金融业	3 361	0.2%	-4 406	83	6 992	692
合计	-174 961	-1.3%	-314 364	70 382	11 044	57 977

资料来源：根据 76 家 A+H 公司 2018 年年报财务数据信息整理计算。

非金融业净资产增加（减少）比率绝对值前 10 大行业构成如图 6 所示。

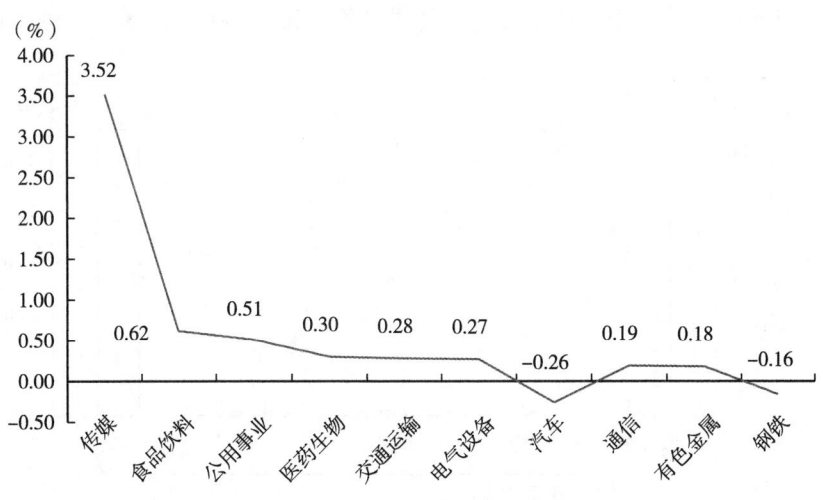

图 6 非金融业净资产变化情况

资料来源：根据 76 家 A+H 公司中非金融业上市公司 2018 年年报财务信息整理计算。

非金融业中,除汽车和钢铁行业的净资产减少外,其他行业的净资产均有所增加,其中传媒业净资产增加3.52%。

首次执行日样本公司净资产变化的成因分析如下:

如图7所示,样本公司净资产变化的主要因素之一就是预期信用损失的影响,该事项对不同行业均有显著的影响,对银行业影响最大。此外,从成本计量变为公允价值计量对非金融业影响最大。

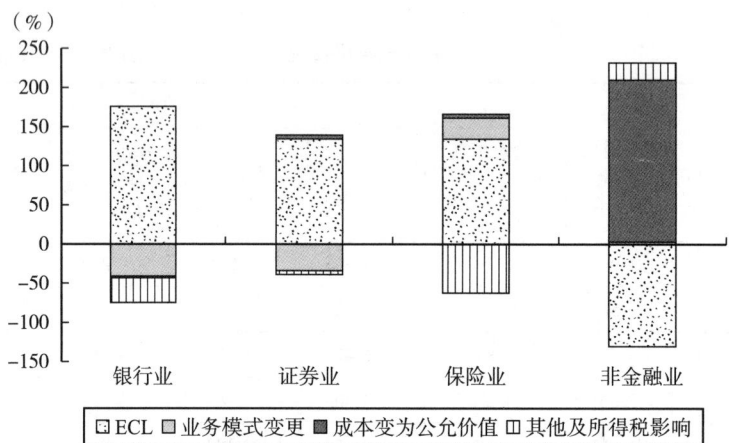

图7 净资产变化成因分析

首次执行日样本公司净资产变化主要受如下四个方面的影响。

①减值——从已发生损失模型转变为预期损失模型。

为体现预期信用损失模型对样本公司财务报表的影响,图8统计的数据剔

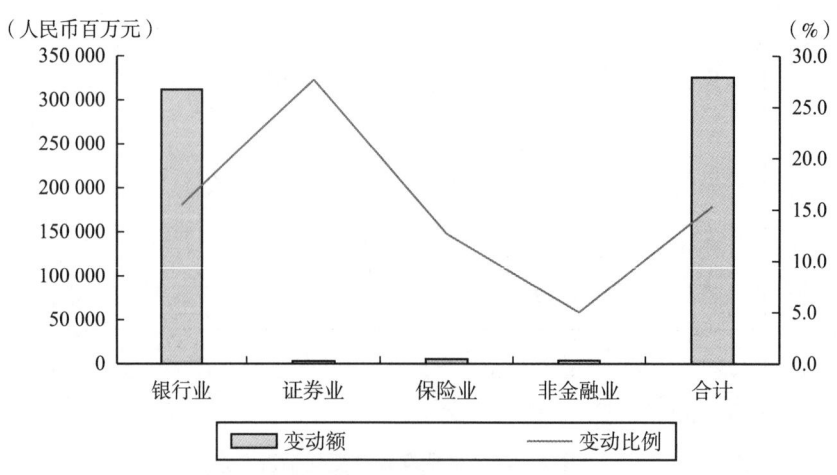

图8 预期信用损失模型对样本公司的影响

除了首次执行日减值准备重分类的影响，例如，原准则下以成本计量的可供出售权益工具在首次执行日以公允价值计量，原计提的减值准备已转出。包括了分类为以公允价值计量且其变动计入其他综合收益的债务工具调整的信用损失准备，尽管对应的调整计入其他综合收益并不影响净资产。

如图8所示，首次执行日各行业信用损失准备/预计负债金额均有所增加，不同行业影响程度不同，从信用损失准备变化绝对值来看，银行业的影响最大。

样本公司中，信用损失准备变动的区间如表13所示，其中3家公司信用损失准备减少，19家公司信用损失准备无变化，54家公司信用损失准备有所增加，不同公司增加的幅度差异较大。

表13　　　　　　　　样本公司信用损失准备变动区间

信用损失准备增加/减少比率	涉及家数	所占比例
净增加	54	71%
<1%	2	3%
1%~5%	10	13%
5%~10%	10	13%
10%~20%	15	20%
20%~30%	4	5%
30%~40%	6	8%
40%~100%	4	5%
>100%	3	4%
净减少	3	4%
1%~5%	2	3%
10%~20%	1	1%
无变化	19	25%
合计	76	100%

资料来源：根据76家A+H公司2018年年报财务信息整理计算。

如图9所示，对于银行业，信用损失准备/预计负债的增加主要体现在发放贷款及垫款及财务担保、信贷承诺等表外业务。

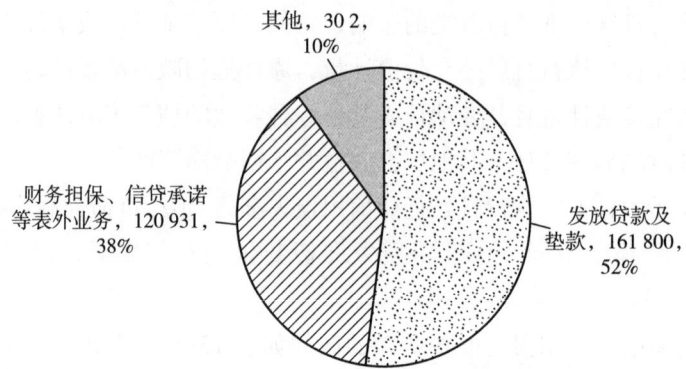

图9　银行业信用损失准备/预计负债增加额（人民币百万元）及构成

资料来源：根据76家A+H公司中银行业上市公司2018年年报财务信息整理计算。

非金融企业不同行业信用损失准备变化情况如图10所示。

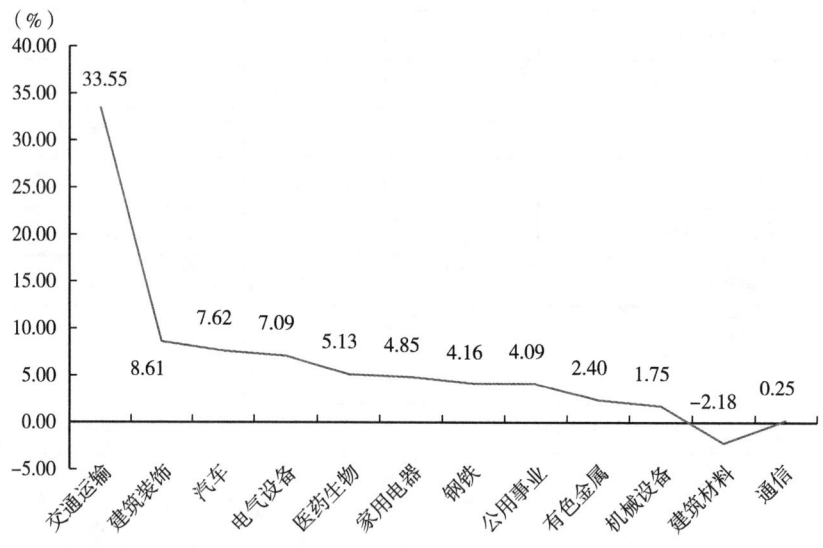

图10　非金融业信用损失准备增加（减少）比率

资料来源：根据76家A+H公司中非金融业上市公司2018年年报财务信息整理计算。

除建筑材料行业信用损失准备减少外，其他行业信用损失准备均有所增加，增加比率最大的前三个行业分别为交通运输、建筑装饰和汽车行业。

②业务模式变更。

衔接规定，企业在首次执行日以既有事实和情况为基础，评估其管理金融资产的业务模式以确定其分类并进行追溯调整，而无须考虑企业之前的业务模式。

业务模式的变更对银行业的影响最为显著,更多的金融资产由摊余成本转换为公允价值计量,对非金融业的影响最小。

③权益工具投资——从成本计量变为公允价值计量。

对于在活跃市场中没有报价且其公允价值不能可靠计量的权益工具投资豁免采用公允价值计量的现行规定在新金融工具准则中不再适用。

原准则中以成本法核算的权益工具投资后续计量方式的改变主要影响非金融业。

④其他影响。

除上述调整对应的所得税影响外,其他影响还包括新收入准则的变化对新金融工具准则的影响,如建筑业转回不包含重大融资成分的应收质保金的折现影响。

3. 新金融工具准则执行难点。

(1) 业务模式的评估。

新金融工具准则下,企业管理金融资产的业务模式和目标是收取合同现金流量、出售金融资产还是两者兼有,会影响金融资产的分类和后续计量。

就业务模式的评估而言,企业首先需要判断在哪一个层级进行评估。业务模式的评估反映的是企业管理金融资产的事实,如果企业实际将金融资产组合分拆为更小的组合进行管理,相关业务模式的评估也应在更低的层级进行。在某些情况下,报告主体不同,同一金融资产组合的业务模式也不同。

如果企业在到期日前出售金融资产,但出售只是偶然发生(即使价值重大),或者单独及汇总而言出售的价值非常小(即使频繁发生),则这些出售本身并不与以收取合同现金流量为目标相冲突。但是出售次数多少构成"偶然发生",价值多少属于"非常小",准则并没有给出明确的定量标准,企业需要根据事实和情况作出评估,包括确定参照的标准是相关投资组合的价值还是对应交易发生额、临界点的设定等都涉及重大判断。

(2) 合同现金流量的评估。

金融资产以摊余成本计量的前提条件之一是其合同现金流量符合 SPPI 特征,而判断金融资产合同现金流量是否满足 SPPI 特征同样涉及重大判断。

①提前偿付特征。

实务中很多贷款包含提前偿付特征。新金融工具准则规定,提前偿付特征不会自动被视为不符合 SPPI 特征,需要评估提前偿付的金额是否实质上反映了 SPPI 特征，其中可能包括就提前终止合同支付或收取的合理补偿。新金融工具准则对于相关赔偿是否属于"合理补偿"提供的指引非常有限，企业在制定相关会计政策时，需要运用判断并一致地应用。

②修正的货币时间价值。

对于包含修正的货币时间价值的借贷安排，企业需要对相关修正因素进行评估，确定未折现的合同现金流量与基准现金流量（即未对货币时间价值进行修正的情形下的未折现的合同现金流量）之间的差异是否重大，以确定金融资产是否符合 SPPI 特征。对于差异是否重大，准则并没有给出明确的标准，企业需要针对每项工具通过定性或者定量的方式单独评估，其中定性评估考虑的因素包括金融资产的合同期限、收益率曲线以及整个合同期限收益率曲线的合理可能变化等，这些都涉及重大判断。

（3）预期信用损失的计量。

①信用风险是否显著增加的评估。

预期信用损失是按照未来 12 个月内预期违约导致的信用损失计量（第 1 阶段），还是按照整个存续期内预期违约的信用损失计量（第 2 阶段），取决于在资产负债表日对金融工具信用风险自初始确认后是否已显著增加的评估结果。由于第 2 阶段的金额可能明显高于第 1 阶段的金额，对信用风险是否显著增加的评估可能会对预期信用损失的计量产生重大影响。除了逾期 30 天以上这个可推翻的假设外，准则并没有提供明确的标准，需要根据金融工具特有的事实和情况以及企业如何管理信用风险，确定表明信用风险显著增加的相关定性及定量的因素。

②前瞻性信息。

无论判断金融资产信用风险是否显著增加还是计量预期信用损失，企业都需要考虑前瞻性信息。当违约风险和信用损失之间不存在线性关系时，使用单一的前瞻性宏观经济情景，例如基于最可能发生的宏观经济假设，并不符合预期信用损失的计量要求。在这种情况下，对于未来经济状况的预测，企业需要考虑纳入评估的情景的种类以及不同情景的权重，这取决于资产负债表日的事实和情况，需要管理层定期重新评估，涉及重大判断。

（三）新租赁准则

1. 新租赁准则的主要变化。

新租赁准则相较于原租赁准则的主要变化如表 14 所示。

表 14　　　　　　　　　新租赁准则的主要变化

准则	变化内容
租赁的识别	新准则重新定义了租赁。根据修订后的定义，如果合同中的客户有权获得在使用期间内因使用已识别资产所产生的几乎全部经济利益，并有权在该使用期间主导已识别资产的使用（拥有对资产使用的控制权），则该合同为租赁或包含租赁
承租人的会计处理	消除了经营租赁与融资租赁的划分，除可选择对短期租赁和低价值资产租赁采用简化处理外，要求所有租赁须确认使用权资产和租赁负债，并分别确认折旧和利息费用。 有关租赁负债计量的具体指引包括： ①确定租赁期时，考虑续租选择权和提前终止选择权的影响； ②可变租赁付款额的处理； ③折现率的确定； ④后续计量方法。 有关使用权资产初始及后续计量的指引包括： ①初始计量：成本的构成； ②后续摊销和减值。 对租赁变更及其他导致租赁负债重新计量情况下的会计处理进行了规范
出租人的会计处理	保留了融资租赁与经营租赁的分类。 根据承租人会计处理的变化，调整了转租出租人对转租赁进行分类的相关规定。 增加了对生产商或经销商作为出租人的融资租赁的会计处理规定，以及租赁变更的相关处理规定
售后租回交易的会计处理	对于售后租回交易，承租人和出租人应当按照新收入准则的规定，评估确定售后租回交易中的资产转让是否属于销售，在此基础上做出不同的会计处理，而不再基于租赁类型的判断

2. 新租赁准则执行情况分析。

根据财政部分步实施的策略，A＋H 公司已于 2019 年 1 月 1 日起执行新租赁准则。我们对 A＋H 公司 2019 年年报披露情况进行了跟踪。截至目前，共有 119 家 A＋H 公司实施新租赁准则。我们以这 119 家公司为样本，对新租赁准则实施的影响及存在的问题进行了分析。

（1）总体情况。

从 2019 年年报披露的情况来看，受新租赁准则影响的行业众多，对部分 A＋H 公司产生重大影响。

119 家 A＋H 公司对新租赁准则实施的影响的披露情况如图 11 所示。其中，对首次执行日无影响的部分样本公司披露了原因，包括在 2019 年前不存在租赁事项，或者租赁合同均为短期租赁或低价值租赁且公司选择简化处理。

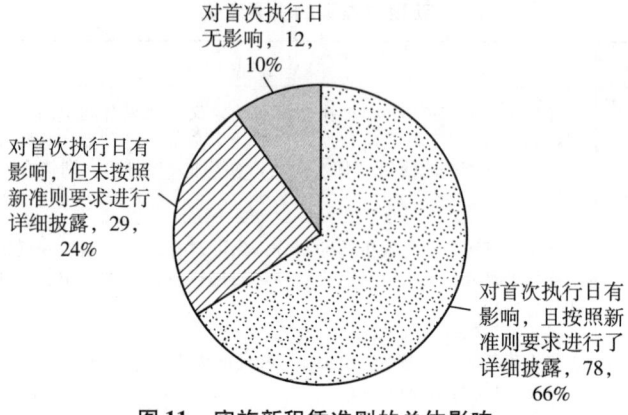

图 11 实施新租赁准则的总体影响

（2）对财务报表的影响。

我们以上述 107 家受到了新租赁准则实施影响的 A＋H 公司为样本，进一步分析新租赁准则对财务报表的影响。

①新旧准则转换对资产和负债的影响。

新租赁准则下，承租人确认使用权资产和租赁负债导致其资产和负债增加，从而导致样本公司的资产负债率有所上升，总资产周转率相应下降。

如图 12 所示，新租赁准则对 A＋H 公司整体的资产负债影响不重大，但是对于不同行业，有着不同程度的影响。

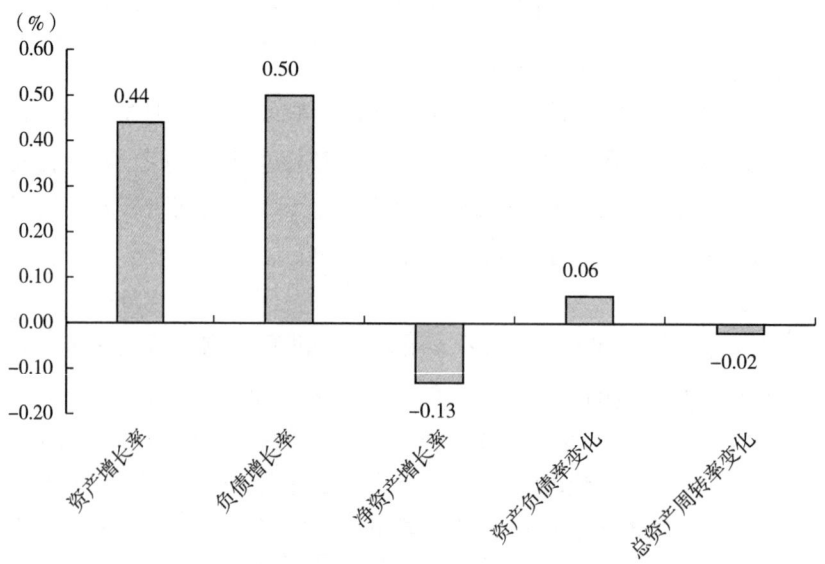

图 12 新租赁准则对样本公司资产负债的影响

资料来源：根据 107 家 A＋H 公司 2019 年年报财务信息整理计算。

如表 15 显示，新租赁准则对以下五类行业的资产和负债产生较大影响。

表 15　新租赁准则对样本公司资产负债影响的行业分析　　　　单位：%

行业	资产增长率	负债增长率	净资产增长率	资产负债率变化	总资产周转率变化
纺织服装业	23.40	40.03	-0.56	13.48	-10.93
化工业	12.14	26.53	0.00	12.84	-5.72
交通运输业	10.01	16.97	-2.89	6.32	-5.00
采掘业	4.60	10.56	0.00	5.70	-2.27
传媒业	2.58	7.01	0.00	4.32	-1.32
商业贸易业	2.47	4.60	-0.62	2.08	-1.30
房地产业	1.58	1.87	0.00	0.28	-0.89
有色金属业	1.35	2.35	0.00	0.99	-0.84
医药生物业	1.22	2.33	-0.09	1.10	-0.70
通信业	0.78	1.15	-0.13	0.37	-0.37
汽车业	0.68	1.22	-0.11	0.53	-0.35
钢铁业	0.58	0.99	0.00	0.41	-0.30
国防军工业	0.42	0.60	0.00	0.18	-0.21
电气设备业	0.35	0.53	-0.01	0.18	-0.18
建筑装饰业	0.32	0.42	0.00	0.10	-0.17
证券业	0.32	0.43	-1.00	0.11	-0.16
食品饮料业	0.26	0.58	0.00	0.32	-0.14
建筑材料业	0.25	0.52	-0.06	0.27	-0.14
保险业	0.22	0.23	0.00	0.01	-0.11
机械设备业	0.19	0.31	0.00	0.12	-0.10
家用电器业	0.19	0.30	0.00	0.11	-0.19
公用事业业	0.19	0.26	0.00	0.07	-0.10
银行业	0.10	0.11	-0.01	0.01	-0.05
轻工制造业	0.07	0.09	0.00	0.02	-0.03
合计	0.42	0.49	-0.11	0.06	-0.22

资料来源：根据 107 家 A+H 公司 2019 年年报财务信息整理计算。

化工业：影响较大主要是由于化工企业确认的租入土地的使用权资产金额

较大。

交通运输业：影响主要体现在航空运输业和海路运输业。新租赁准则实施后，采用原经营租赁租入的飞机和轮船需计入资产负债表，使得资产和负债有较大的波动。

采掘业：影响主要由于租入的土地、加油加气站、储油储气库金额较大、数量较多。

纺织服装业、传媒业及商业贸易业均为轻资产行业，房屋建筑物大多通过原经营租赁方式取得，新租赁准则实施后，这些租赁在资产负债表中确认，使其资产负债增加。

②新旧准则转换对当期损益的影响。

在新租赁准则下，使用权资产的摊销使得计入当期损益的折旧及摊销费用增加；租赁负债相关利息费用的确认导致计入当期损益的利息支出增加。这与原租赁准则下的经营租赁费用的列报项目不同，从而影响息税前利润等指标的计算结果。

表16中折旧及摊销费用和利息支出变动幅度较大的行业与新租赁准则对资产和负债的影响较大的行业基本保持一致；对于金融业企业而言，由于其折旧及摊销费用相对占比较低，使用权资产折旧对其折旧及摊销费用的影响较大。

表16　　新租赁准则对样本公司2019年损益影响的行业分析　　单位：%

行业	折旧及摊销费用变动	利息支出
商业贸易业	167.42	0
交通运输业	94.02	218.93
纺织服装业	93.73	120.55
证券业	84.51	0.64
传媒业	69.49	10 067.38
房地产业	53.07	11.93
保险业	48.40	0.99
银行业	37.52	0.36
医药生物业	24.07	6.85
通信业	16.34	5.03
汽车业	13.18	13.17
化工业	12.56	161.07

续表

行业	折旧及摊销费用变动	利息支出
建筑装饰业	11.97	1.07
电气设备业	11.22	3.28
有色金属业	6.88	3.85
国防军工业	6.56	1.48
采掘业	6.43	24.18
机械设备业	5.11	3.11
家用电器业	3.94	3 496.03
食品饮料业	2.31	10.09
公用事业业	1.82	0.92
建筑材料业	1.67	0.52
钢铁业	0.74	2.81
轻工制造业	0.59	0.08
合计	17.51	2.78

注：①部分公司的年报中未披露租赁负债利息费用，故无法计算利息支出的变动情况。
②传媒业、家用电器业企业除租赁负债以外的有息负债的金额极小，执行新租赁准则使其确认了较多的租赁负债，因此其利息支出增长率极高。
资料来源：根据107家A＋H公司2019年年报财务信息整理计算。

③新旧准则的衔接。

对于承租人的衔接会计处理，除作为会计政策变更采用追溯调整法外，新租赁准则允许企业选择将执行新租赁准则的累积影响数调整首次执行当年年初留存收益及财务报表其他相关项目金额，而不调整可比期间信息，并在此方法下提供若干选择及简化处理。107家样本公司在首次执行新租赁准则时均选择了该方法。

3. 新租赁准则执行难点。

新租赁准则执行的难点在于以下涉及重大判断的领域。

（1）合同是否为租赁或者包含租赁。

评估一项安排是否为或包含租赁决定了相关安排体现在资产负债表内还是表外。在某些情形下相关评估更为复杂，可能会受影响的交易包括电力购买协议、IT外包协议和运输协议等，分析的重点通常在于客户是否"控制"已识别资产的使用。

评估客户是否有权主导已识别资产的使用时，新租赁准则引入了"预先确定"的概念。即如果已识别资产的使用目的和使用方式在使用期开始前已预先确定,并且客户有权在整个使用期间自行或主导他人按照其确定的方式运营该资产,或者客户设计了已识别资产并在设计时已预先确定了该资产在整个使用期间的使用目的和使用方式,则客户有权主导对已识别资产在整个使用期间内的使用。运用"预先确定"这个新的概念可能非常复杂并涉及重大判断,需要考虑的问题包括未预先确定的决策是否对资产的使用目的和使用方式产生重大影响、关于资产的使用目的和使用方式的决策在何种程度上被预先确定,以及这些预先确定的决策是主导了资产的使用目的和使用方式还是属于保护性权利等。

(2)租赁期的确定。

新租赁准则规定,如果合理确定承租人将行使续租选择权或不会行使终止租赁选择权,租赁期应当包含续租选择权或终止租赁选择权涵盖的期间。在确定租赁期时,企业需要确定合同可执行的期间并对租赁选择权行使的可能性进行评估。对于承租人是否"合理确定"行使这些租赁选择权,需要根据终止租赁的罚金、租赁改良支出等因素进行评估,这涉及重大判断。

同时,新租赁准则规定,发生承租人可控范围内的重大事件或变化,且影响承租人是否合理确定将行使相应选择权的,承租人应当对其是否合理确定将行使相关租赁选择权进行重新评估。评估相关因素以及促使承租人行使或不行使选择权的经济动因是否发生变化,可能需要企业作出重大判断。

(3)折现率的确定。

在租赁期开始日确定恰当的折现率(租赁内含利率或在其无法确定时采用承租人增量借款利率)是应用新租赁准则的一项关键的判断领域。鉴于承租人很多时候不掌握用以确定租赁内含利率的必要数据,因此增量借款利率的使用更常见。企业需要采用适当方法并运用恰当的判断确定增量借款利率。在考虑增量借款利率时,承租人考虑以使用权资产(而不是租赁标的资产)作为抵押物的具有类似期限的借款利率。企业可以采用可观察利率作为确定增量借款利率的起点,并考虑包括承租人的信用状况、借款的币种、租赁期限等因素进行调整。

三、会计准则变化对审计及注册会计师行业的影响

(一)会计准则变化对审计的影响

1. 审计项目组成员需要具备更为全面的专业胜任能力。

新的会计准则的实施中涉及诸多复杂的判断、会计估计领域,对专业审计

人员知识结构提出更高的要求，专业审计人员在全面掌握原有会计、审计等专业知识的同时，还需对经济、金融及法律等知识有一定了解。

如新金融工具准则的金融资产减值方面，预期信用损失的计量中的"信用风险是否显著增加的评估"，需要企业根据金融资产特有的事实和情况以及企业如何管理信用风险，确定表明信用风险显著增加的相关定性及定量的因素；"前瞻性信息"中涉及对于未来经济状况的预测，企业需要考虑纳入评估的情景的种类以及不同情景的权重。在这些领域的审计过程中，需要审计人员掌握一定的金融学、宏观经济学、概率统计学等知识。

新收入准则搭建了"五步法"模型，从识别与客户订立的合同出发，到识别合同中的单项履约义务，都需要结合合同的具体条款进行判断，如该合同是否构成新收入准则中所指的与客户订立的合同，合同中的条款是否构成单项履约义务，审计人员通常需要将合同中的具体条款与会计准则中的具体规定进行匹配，必要时，可能还需要咨询被审计单位法律顾问或者需要取得专业的律师意见及事务所内部法律专家的意见，开展这些领域的审计工作中需要审计人员具备一定的法律知识。

2. 审计项目组需要更多高级别、有经验专业审计人员的参与。

新会计准则更加注重专业判断并涉及众多会计估计，使得审计项目组必须配备更多高级别、有经验、经过系统培训的审计人员负责或深入参与这些重点领域。

新收入准则执行中涉及重大判断的领域包括：单项履约义务的识别、可变对价的评估、单独售价的确定、收入在某一时点还是某一时段内确认及主要责任人还是代理人等，对于这些领域的审计需要更高级别，更有经验的审计人员运用更多职业判断对管理层的判断过程及结果进行审计。

新金融工具准则下，金融资产的分类或重分类、金融资产减值以及套期会计的处理都涉及更多的专业判断。例如，金融资产减值的"预期信用损失模型"涉及预期信用损失率的确定，在未发生减值迹象或表明存在减值证据时就要求管理层对预期损失率进行识别，需要审计师根据专业判断评价企业的预期损失率是否合理。上述领域的审计需要具备一定经验的高级别审计人员完成。

3. 审计项目组需要更多的利用专家的工作。

会计准则的变化要求审计师在更多领域利用专家的工作，以获取充分、适当的审计证据。

新金融工具准则生效及适用后，审计人员在对公允价值计量的金融资产执行审计时，能否对金融资产公允价值的恰当合理性作出客观、公正的审计评价成为会计准则变化及实施后的关键问题。尤其对于金融领域诸如银行、券商、资管、保险等金融业务类型的公司，其投资类型较为丰富，持有多样化的金融资产，某些非标准化资产公允价值的确定通常较为复杂，审计人员除依据有关专业标准及职业判断外，往往在较大程度还需要利用估值专家的工作。

新租赁准则实施后，企业核算工作量及核算难度均明显增加，因此对于租赁业务频繁及复杂的企业，需要从业务端口出发加强租赁合同管理模式、完善租赁信息收集体系、建立新的租赁核算模型，企业需要建立与之配套的信息系统。审计人员需要充分识别与审计相关的信息系统并引入信息系统专家对信息系统是否可以信赖进行审计。

4. 会计准则的变化对审计的全流程产生重大影响。

（1）承接新审计业务阶段的审慎考虑。

在承诺建立业务关系和接受约定项目前的客户风险评估中，在考虑潜在客户管理层的特征和诚信、组织和管理架构、业务性质、业务环境、财务成果、业务关系和关联方，以及过往积累的知识和经验等因素等方面时，需要评估潜在客户在主要新会计准则领域方面的管理架构、内控体系以及财务状况及我们过往积累的相关知识及经验方面是否充分。在此基础上，还需审慎考虑拟提供服务的审计服务团队的胜任能力以及收费是否公允等，综合评价约定项目的可承接性。

（2）更深入、更有针对性的风险评估及相应审计程序的应对。

会计准则的不断变化，要求审计项目组运用新技术、新工具并结合对被审计企业经营环境、业务状况，精确识别审计风险，设计和执行有针对性的审计程序。

为应对这些会计准则变化对审计影响，部分会计师事务所专门设立了新会计准则研究及分析部门或岗位，及时发布针对会计准则变化下的审计风险评估及应对程序的要求、指引及提示，为审计项目组制定更加全面和深入的风险评估及应对程序提供了有力的指导及支持。同时，部分会计师事务所推出了部分行业下的常见风险领域提示、常见内部控制活动类型及可参考的应对程序。审计项目组在这些资源的支持下，结合被审计单位的特点，可以进行更全面、更有针对性的风险评估及相应审计程序的应对。

（3）审计过程中的持续风险评估。

在以风险为导向的现代审计框架下，包括业务承接风险在内的审计风险管理是一项动态、系统的管理活动,贯穿于审计工作的全过程。在审计过程中,如果注意到首次适用新会计准则等方面可能影响审计项目组对审计业务风险的初始评估,需要进一步审视是否需要对业务承接阶段评估的客户及业务承接风险予以适当调整。

(二) 会计准则变化对注册会计师行业的影响

整体而言,会计准则变化对注册会计师行业的影响可以说是机遇与挑战并存。机遇上而言,新会计准则的生效有利于加快注册会计师行业的国际化进程,同时也带来了更多的市场机遇。与此同时,会计准则变化也对注册会计师行业带来诸多挑战和要求,注册会计师行业应尽快建立健全人才培养体系。

1. 有利于注册会计师行业加快国际化进程。

新的会计准则与国际财务报告准则趋同,有助于我国注册会计师行业引进国际上先进的会计理念、会计准则、会计思想、会计意识以及会计教育理念,加大与国际会计行业的交流。在注册会计师行业国际化的潮流中,在不断交流与学习中,注册会计师行业必将得到进一步的发展。因此,会计准则的不断变化有利于中国注册会计师行业加快国际化进程。

同时,全球经济一体化以及我国经济的快速发展,为我国注册会计师行业的发展提供了巨大的发展机遇,也为我国注册会计师行业国际化发展提供了契机。

2. 提供了更多新的市场机遇。

会计准则的变化,为企业带来了两方面的挑战,一方面,对会计从业人员专业素质提出了更高要求。会计从业人员需要快速的理解新准则理念,学习新准则的逻辑和原则,按照新会计准则的要求处理企业会计业务,满足报表使用者的需求。另一方面,原有准则对应的财务报告系统和流程可能已经不能满足新会计准则的要求,因此企业需要对原有财务报告系统和流程进行梳理和整改。

会计准则的变化给企业带来的上述挑战,对注册会计师行业而言,恰恰是新的市场机遇。在避免独立性冲突的情况下,注册会计师可以为企业提供更多的有关准则变化的非审计服务,例如新准则的相关培训,协助企业建立与新的会计准则相对应的财务报告系统和流程等。

3. 注册会计师行业人才体系建设的迫切需求。

如前所述,新会计准则涉及更多的判断,并且涉及估值、经济学、法律等方面的内容，注册会计师需要不断拓宽自身的知识面，凭借自身的知识储备和职业素养去感知新会计准则的总体理念和精神实质。因此，会计准则的变化对注册会计师的专业胜任能力提出更高、更全面的要求。

相应地，伴随着新的会计准则的制定和实施，注册会计师行业也应尽快建立健全行业人才建设体系，为培养合格的，适应准则变化的注册会计师队伍，提供强有力的支持和保障。

审计准则变化及对注册会计师行业的影响

> **导读** ● ● ●
>
> ◎ 越是市场经济进入转折期和调整期,资本运作频繁、市场投资风险较大的时期,越是投资者、监管机构、媒体及社会公众对审计责任的期望值提高的时期。
>
> ◎ 近年来审计准则的修订,除了体现与国际审计准则趋同之外,总体趋势是引导注册会计师提升审计质量以应对舞弊方式翻新的财务造假,加强审计报告的信息含量和审计工作透明度来回应市场的关切,并完善会计师事务所整体层面的质控管理和独立性管理。
>
> ◎ 审计准则还要求注册会计师关注被审计单位违反法律法规的行为,除考虑对财务报表和审计意见的影响之外,还可能承担额外责任,例如与监管部门等外部机构沟通的责任。应对有资金循环配合的虚构交易的舞弊风险,执行"延伸检查"程序是有效的措施,但对审计实务工作也带来了新的难点和挑战。

一、审计准则发展现状(截至2020年6月)

(一)国际准则发展现状

国际审计与鉴证准则理事会(International Auditing and Assurance Standards Board,以下简称IAASB)作为独立的国际标准制定机构,通过制定高质量的审计、质量控制、审阅、其他鉴证和相关服务等方面的国际准则,促进国际准则和国家准则之间的趋同,为公众利益服务。

近年来,IAASB围绕着数个关键项目开展了工作,以期通过新准则的制定或原准则的修订,提高审计质量,解决审计的基本问题,其中重点提出了注册会计师行业应关注积极主动的质量管理方式,以及职业怀疑的运用(见表1)。

表1　　　　　　IAASB近年来制定/修订的准则项目

序号	项目名称	项目状态	项目内容及影响
1	特殊目的审计(ISA 800、ISA 805和ISA 810)	已完成	修订特殊目的审计等报告格式,与新审计报告准则相协调
2	财务报表审计中对法律法规的考虑(ISA 250)	已完成	该项目的目标是使ISA 250(修订)与国际职业道德守则(包括国际独立性标准)中的新要求保持一致
3	审计会计估计和相关披露(ISA 540)	已完成	该项目的目标是建立更健全的要求、详细的指引和支持工具,以推动审计师在会计估计和相关披露方面执行适当的程序
4	评估重大错报风险(ISA 315)	已完成	该项目的目标是建立更健全的要求、适当详细的指引和支持工具,以推动审计师以与实体的规模和性质相称的方式执行更一致、更健全的风险评估
5	集团审计(ISA 600)	已于2020年10月发布征求意见稿	该项目的目标是加强和澄清审计师计划和执行集团审计的方法,包括与其他国际审计准则和国际职业道德守则的相互作用
6	三项质量管理项目(ISQM 1、ISQM 2和ISA 220)	已完成于2020年12月发布正式稿	该项目的目标包括:强化会计师事务所质量控制系统;增强审计业务的质量复核,以应对所识别的质量风险;加强对单个审计业务的质量管理
7	商定程序(ISRS 4400)	已完成	该项目的目标是重新起草准则,以更好地反映实践并与其他国际准则保持一致
8	扩展外部报告(EER)	已发布咨询文件	该项目的目标是使ISAE 3000(修订)更一致、更适当地应用于EER,并增强报告的可信度
9	较不复杂实体的审计	已发布讨论文件	解决较不复杂实体所面临的应用国际审计准则的复杂性和困难性所带来的挑战
10	技术与数据分析	已发布技术讨论公告	应对技术,尤其是数据分析对审计质量的影响

续表

序号	项目名称	项目状态	项目内容及影响
11	职业怀疑	涵盖在三项质量管理项目以及EER项目中	强调职业怀疑的重要性,以及在IAASB的其他项目中如何更有效地应对与职业怀疑有关的问题
12	与IESBA的合作项目	长期项目,持续进行中	在质量管理等项目上开展共同合作

资料来源:《IAASB PUBLIC REPORT(January 1,2016 – June 30,2019)》,http://www.iaasb.org/。

(二)中国准则发展现状

财政部负责中国注册会计师审计准则、规则的拟订,具体由中国注册会计师协会(以下简称"中注协")研究起草。近年来,审计准则体系改革完善工作围绕着新审计报告改革、特殊目的审计、利用内部审计人员的工作、财务报表披露审计、违反法律法规行为等关键项目(见表2)。

表2　　　　　　　　中注协近年来制定/修订的准则项目

序号	项目名称	项目状态	项目内容及影响
1	新审计报告改革	已完成,2016年12月发布《中国注册会计师审计准则第1504号——在审计报告中沟通关键审计事项》等12项准则	最为核心的是新制定的1504号准则,该准则要求在上市公司的审计报告中增设关键审计事项部分,披露审计工作中的重点难点等审计项目的个性化信息
		已完成,2017年2月发布《〈中国注册会计师审计准则第1504号——在审计报告中沟通关键审计事项〉应用指南》等16项应用指南	(1)"在审计报告中沟通关键审计事项"应用指南为新制定。 (2)"对财务报表形成审计意见和出具审计报告""在审计报告中发表非无保留意见""在审计报告中增加强调事项段和其他事项段""与治理层的沟通""持续经营""注册会计师对其他信息的责任"等6项应用指南属于实质性修订。 (3)其余9项属于符合性修订,主要根据新审计报告准则的要求对相关指南文本进行相应调整完善
		已完成,2018年4月发布《中国注册会计师审计准则问题解答第14号——关键审计事项》和《中国注册会计师审计准则问题解答第15号——其他信息》	针对IPO财务报表审计中实施关键审计事项准则相关的问题,及IPO公司招股说明书是否适用其他信息准则,作出进一步明确和指引

续表

序号	项目名称	项目状态	项目内容及影响
2	特殊目的审计	已完成，2019年1月发布《中国注册会计师审计准则第1601号——对按照特殊目的编制基础编制的财务报表审计的特殊考虑》等3项审计准则及其应用指南的征求意见稿	与新审计报告准则相协调并保持准则国际趋同
3	利用内部审计人员的工作、应对违反法律法规行为、财务报表披露审计	已完成，2019年2月发布《中国注册会计师审计准则第1101号——注册会计师的总体目标和审计工作的基本要求》等18项准则	涉及利用内部审计人员的工作、应对违反法律法规行为、财务报表披露审计等三方面，本轮修订旨在满足资本市场改革与发展对高质量会计信息的需求，规范和指导注册会计师应对审计环境变化和利用内部审计人员的工作、应对违反法律法规行为、财务报表披露审计等三个方面审计实务的新发展，并保持中国审计准则与国际准则的持续全面趋同
		已完成，2019年4月发布《〈中国注册会计师审计准则第1101号——注册会计师的总体目标和审计工作的基本要求〉应用指南》等24项应用指南	
4	科创板创新试点红筹企业财务报告差异调节信息和补充财务信息审计指引	已完成，2019年3月发布	服务红筹企业在科创板发行上市试点工作，指导会计师事务所提高相关审计业务质量，明确工作要求
5	修订发布职业怀疑、函证、关联方、收入确认、货币资金审计等5项审计准则问题解答	已完成，2019年12月发布	针对媒体曝光的企业销售收入造假等突出问题，为帮助注册会计师识别、评估和应对因舞弊导致的重大错报风险，中注协有针对性地选择了五项审计准则问题解答进行修订
6	修订银行询证函格式	已完成，2020年8月发布修订后的正式稿	推进解决银行函证回函不实问题，例如资金池业务
7	修订职业道德守则	已完成，2020年12月发布《中国注册会计师职业道德守则》和《中国注册会计师非执业会员职业道德守则》正式稿	为顺应经济社会发展对注册会计师诚信和职业道德水平提出的新要求，同时吸收借鉴国际守则的最新成果，保持与国际守则的持续动态趋同，对2009年版中国守则进行全面修订
8	三项质量管理项目（会计师事务所业务质量管理、项目质量复核、对财务报表审计实施的质量管理）	已完成，2020年12月发布正式稿	为回应包括审计行业监管机构在内的社会各界对审计质量的关切，顺应经济社会及信息技术发展对会计师事务所管理提出的新要求、新挑战，提高质量管理能力，中注协针对会计师事务所质量管理方面的突出问题，并借鉴国际准则的最新成果，起草（修订）了会计师事务所质量管理相关准则

续表

序号	项目名称	项目状态	项目内容及影响
9	审计会计估计和相关披露	预计2021年下半年发布征求意见稿	解决实务问题,保持中国与国际审计准则的持续全面趋同
10	了解被审计单位情况并识别和评估重大错报风险	预计2021年下半年发布征求意见稿	解决实务问题,保持中国与国际审计准则的持续全面趋同
11	对服务机构控制出具鉴证报告	预计2021年下半年发布征求意见稿	解决实务问题,保持中国与国际审计准则的持续全面趋同
12	注册会计师反洗钱、反恐怖融资技术指引	研究阶段	解决实务问题

资料来源:中注协官网,http://www.cicpa.org.cn/。

(三)中国与国际准则的趋同情况

自1995年中注协制定发布第一批独立审计准则以来,已先后组织制定发布了独立审计准则、职业道德准则、质量控制准则和后续教育准则,基本形成了执业准则框架体系,并在基本原则和必要程序方面,注重和保持与国际准则的协调。2005年12月和2010年11月,中国审计准则委员会与国际审计与鉴证准则理事会先后两次签署联合声明,确认中国审计准则与国际审计准则的国际趋同成果。

近年来,中国执业准则在保持与国际准则的持续全面趋同的原则下,突出强调了准则因地制宜、本土化的原则。例如,在三项质量管理准则征求意见稿的起草(修订)总体原则和思路中,提及"征求意见稿特别注重将国际准则的先进成果与中国注册会计师行业的执业实践结合,针对我国会计师事务所质量管理中存在的突出问题,提出行之有效的解决方案。"

(四)2019~2020年主要国际准则项目简介

1. 注册会计师独立性相关项目。

独立性是注册会计师的灵魂,是确保审计质量的基石。金融危机和财务丑闻爆发后,社会公众对注册会计师的独立性有所诟病,对于行业的信任度急剧下降。信任对于金融市场乃至更广泛的经济机制的顺利运转至关重要。信任的重建是一个长期的过程,需要市场各方参与者之间的相互尊重,以及建立有效的私营部门和公共部门的问责机制。在重建信任的背景下,IESBA 于近年开展了数项与独立性有关的项目,主要包括:修订国际会计师职业道德守则、向审计客户提供非鉴证服务、调整审计收费水平及结构等(见表3)。

表3　　　　　　　　IESBA 独立性管理项目及其内容

项目名称	主要内容
国际会计师职业道德守则	2018 年 4 月,IESBA 发布了新修订的国际会计师职业道德守则,规范了职业会计师应如何处理职业道德和独立性问题。例如:增加了与会计师事务所长期审计某一客户相关的规定;修订了与关键审计合伙人轮换及"冷却期"相关的规定;修订和澄清了与独立性威胁(如自身利益、自我评价、密切关系、过度推介等)相关规定
非鉴证服务	2020 年 1 月,IESBA 发布了关于非鉴证服务的征求意见稿,旨在进一步强化关于向审计客户提供非鉴证服务的独立性规定。主要修订内容包括: (1) 明确如果会计师事务所为公众利益实体审计客户提供非鉴证服务将因自我评价对独立性产生不利影响,则会计师事务所不得为该客户提供非鉴证服务。 (2) 对在确定是否能够提供非鉴证服务时考虑重要性的情形作出了更严格的规定。 (3) 强化了审计人员与治理层沟通的规定,包括对公众利益实体审计客户提出由治理层预先批准非鉴证服务的要求。 (4) 对为审计客户提供某些税务服务、公司财务建议等非鉴证服务方面,作出了更严格的要求。 (5) 为帮助会计师事务所更好地评价向审计客户提供非鉴证服务可能对独立性产生不利影响的严重程度,该征求意见稿还提供了进一步的指引
审计收费	2020 年 1 月,IESBA 发布了关于收费的征求意见稿,旨在进一步强化与收费相关的独立性规定。主要修订内容包括: (1) 明确会计师事务所不得因其为审计客户提供审计以外的其他服务而影响审计收费。 (2) 明确要求如果会计师事务所长期依赖从某一公众利益实体审计客户的收费且超过一定期限,则不得继续为该审计客户提供审计服务。 (3) 要求会计师事务所与被审计单位的治理层和公众沟通关于收费的信息,这样有助于治理层和公众对审计人员的独立性作出判断。 (4) 针对其他与收费相关的事项(如非审计服务收费占审计收费的比重),如何识别、评价和应对对独立性的不利影响作出进一步的指引
其他鉴证业务	2020 年 1 月,IESBA 发布了关于其他鉴证业务的独立性要求(第4B 部分)的修订稿(自 2021 年 6 月 15 日起施行),旨在使该部分的相关术语和概念与《国际鉴证业务准则第 3000 号——历史财务信息审计或审阅以外的鉴证业务》(ISAE 3000)保持一致。主要修订内容包括: (1) 关于重要术语的修订,包括对"鉴证客户"这一术语的定义作出了修订。 (2) 根据修订后的鉴证客户的定义,对某些独立性要求作出了相应修订。 (3) 就鉴证业务涉及的各方及其作用和职责,以及适用的相关独立性要求,作出了更清晰的规定。 (4) 就审计和审阅业务的独立性要求部分(第4A 部分)中涉及的鉴证业务类型与第4B 部分涉及的鉴证业务类型作出了更清晰的区分

当前,注册会计师行业面临着复杂的内外部环境,一方面,由于会计准则、商业模式、科技发展的多重作用,财务报表复杂程度越来越高,涉

及的主观判断和估计事项越来越多；另一方面，强监管环境、经济周期下行、新型冠状病毒疫情的全球性蔓延等因素，均对注册会计师的审计工作构成挑战，对注册会计师在整个审计过程中保持职业怀疑提出了更高的要求。

随着审计的发展进程不断推进，会计准则的规则导向逐步被原则导向所取代。同时，审计准则理念逐步转向风险导向，要求注册会计师在会计估计、关联方关系及交易、金融工具等高舞弊风险领域保持职业谨慎态度和职业怀疑取向。

【案例 1】

某上市公司行政处罚案例中，公司通过外部借款或伪造银行单据的方式虚构应收账款的收回，在会计期末冲减应收账款，导致其披露的相关年度和半年度财务数据存在虚假记载。其中，2011 年，应收账款科目发生 54 笔红字冲销，共计 14 331 万元；2012 年，应收账款科目发生 138 笔红字冲销，共计 28 495 万元，发生于 1～2 月的有 41 笔，共计 10 449 万元，其中包括恢复前一会计期期末虚构收回的应收账款 10 156 万元；2013 年上半年，应收账款科目发生 85 笔红字冲销，共计 10 559 万元，发生于 1～2 月的有 74 笔，共计 10 004 万元，其中包括恢复前一会计期期末虚构收回的应收账款 9 110 万元。

在本案例中，审计师未对大量的红字冲销交易及所抽取凭证中的异常情况保持职业怀疑，未关注到上述异常情况及其导致的部分科目出现负数的后果，也未设计和实施有针对性的审计程序进一步核实红字冲销的真实原因。

2. 对较不复杂实体审计的特殊考虑。

较不复杂实体为世界经济发展作出了至关重要的贡献，并且从数量上来说，全球大部分审计都是针对较不复杂实体的审计。关于国际审计准则对较不复杂实体审计的适用性问题，一直存在多种不同的声音，包括准则过于复杂、不易理解、实施成本过高等。随着问题的不断累积，消除这些障碍的紧迫性日益加剧，IAASB 为此采取了应对措施（见表 4）。然而，找到合理的解决办法不易，IAASB 必须保持好两方面的平衡，既要满足较不复杂实体审计的特殊需要，也要注意到所有的改变都不能降低现有审计准则的扎实性，从而影响审计质量。

表 4　　　　　　　IAASB 针对较不复杂实体审计的应对措施

时间	应对措施
2017 年	IAASB 在巴黎召开了中小企业实务工作会，以听取来自利益相关方对于推进较不复杂实体审计工作的建议
2019 年 4 月	IAASB 就《较不复杂实体审计》发布征求意见稿，以解决在将国际审计准则应用于较不复杂实体审计中的挑战，以及在复杂性、篇幅、可理解性、可扩展性和相称性等方面的问题
2019 年 12 月	IAASB 发布了"关于较不复杂实体审计征求意见稿反馈声明"，对于征求意见稿中提出的三种可行方案，反馈意见观点不一，未形成倾向性意见。因此，IAASB 决定将针对该项目的信息收集活动持续至 2020 年 6 月，届时 IAASB 将对该项目的未来发展方向作出决定

3. 对信息技术应用的特殊考虑。

探讨审计的未来，最需要考虑的因素，是信息技术日新月异的进步。在信息技术深刻地改变审计工作面貌的形势下，为应对技术带来的执业环境变革，保持准则的相关性和适用性，IAASB 与 IESBA 在修订审计标准和职业道德标准过程中，均将有效应对信息化新形势作为准则修订的方向和重要考虑因素（见表 5）。

表 5　　　　　　　IAASB 与 IESBA 对信息技术应用的应对措施

机构	应对措施
IAASB	在审计证据项目中，修订的重点包括技术使用的变化如何影响审计证据的收集和评估、自动化工具和技术的各个方面（如数据分析）如何影响审计分析程序、审计抽样、计划是执行审计的重要性等
IESBA	2020 年 2 月 27 日发布的关于技术发展对会计、鉴证和公司财务可能产生的影响的第一阶段报告中指出，国际会计师职业道德守则（包括国际独立性标准）可以为职业会计师和会计师事务所可能遇到的大多数技术相关的职业道德问题提供高水平、原则性的指导。 该报告在引用了各类调查结果的基础上，在五个主要方面提出了建议： （1）关于数字时代中职业道德和职业判断在建立信任上的关键作用。 （2）关于职业会计师应对职业环境的复杂性。 （3）关于数字时代中职业道德基本原则的适用性。 （4）关于职业会计师的胜任能力和职业技能。 （5）关于审计人员的独立性

二、新审计准则实施问题与改进措施

(一) 新审计报告准则提升了审计报告的信息含量和透明度

审计报告是审计工作的结晶所在,不仅体现了审计师工作的成果,也反映了企业财务信息的可靠程度。但是,随着全球经济的快速发展、业务模式的日趋复杂以及投资风险日益增加,审计报告信息含量不足、简单套用模板的缺点也日渐凸显,不能满足经济高速发展下报表使用者的需求。

经过十年的研究讨论,2015年1月,IAASB发布了《ISA701——关键审计事项》以及修订的《ISA700——形成审计意见并出具审计报告》等6项审计准则,规定自2016年12月开始实施。在国际审计准则修订的影响下,2016年12月,财政部正式发布《中国注册会计师审计准则第1504号——在审计报告中沟通关键审计事项》(以下简称"审计准则1504号")等12项准则的通知。其中,1项准则为新制定、6项准则进行实质性修订、5项准则进行文字调整。

新审计准则对审计报告的披露提出了新的要求。此次审计准则修订中,最重要的是增加了关键审计事项段落,其次是关于持续经营段落、强调事项段落和其他事项段落的改变(见表6)。

表6　　　　　　　　　新审计准则对审计报告披露的要求

序号	要求
1	调整了审计报告中"审计意见"段的顺序与内容。 新审计报告准则中将审计意见段前置,位于"标题""收件人"之后,删除原审计报告中的"引言段",将原审计报告引言段的内容与审计意见段的内容统一放置在"审计意见"段,并在格式上进行合并
2	增加"形成审计意见的基础"段。 该段内容提供关于审计意见的重要背景,其位置紧接在"审计意见"段之后
3	增加了"关键审计事项"段。 在审计报告中沟通关键审计事项,这是审计准则修订中具有重大意义的一项变革,使得审计报告改为以客户为导向,提升了审计报告的信息含量,促进了审计报告的完善与发展

续表

序号	要求
4	增加了"其他信息"段。 新审计报告准则中界定了其他信息的含义，明确规定了增加"其他信息"段的情形以及注册会计师对被审计单位其他信息应承担的责任。当发表无保留意见且其他信息中未发现重大错报或重大不一致时，"其他信息"段的位置一般位于"关键审计事项"段之后
5	分别将与持续经营相关的重大不确定性、强调事项和其他事项单独成段进行可选择性的描述

审计准则 1504 号明确了对于 A＋H 股公司供内地使用的审计报告，应于 2017 年 1 月 1 日起执行新审计准则，对于股票在沪深交易所交易的上市公司（即主板公司、中小板公司、创业板公司，包括除 A＋H 股公司以外其他在境内外同时上市的公司）、首次公开发行股票的申请企业（IPO 公司），其财务报表审计业务，应于 2018 年 1 月 1 日起执行新审计准则。

（二）沟通关键审计事项的实施概况

2017 年、2018 年和 2019 年分别有 3 488 家、3 582 家和 3 860 家 A 股上市公司，102 家、111 家和 118 家 A＋H 股上市公司对前一年度财务报表按照审计准则 1504 号出具了审计报告。

从 2019 年 A＋H 股关键审计事项数量统计表来看，披露 1 项关键审计事项的企业占比达 22%，仅有 1% 的企业披露了 5 项关键审计事项（见表 7）。

表 7　2019 年度和 2018 年度 A 股解释性说明段落类型统计表

财务报告段落类型	2019 年度数量	2018 年度数量
带持续经营相关重大不确定性事项段的无保留意见	61	58
带持续经营相关重大不确定性事项段的保留意见	43	29
带持续经营相关重大不确定性事项段的无法表示意见	1	2
带强调事项段的无保留意见	38	42
带强调事项段的保留意见	34	22
带强调事项段的无法表示意见	6	1
带其他事项段非标准审计报告	4	3

然而，从沟通的关键审计事项的形式和内容来看，数量和质量参差不齐。如果披露的质量不高就不能为信息使用者提供充足的参考价值，并且可能引发会计师事务所责任与审计风险的变化（见表8）。

表8　2019年和2018年A+H股关键审计事项数量统计表

关键审计	企业数量		占比	
事项数量	2019年	2018年	2019年	2018年
1	22	21	19%	19%
2	48	40	41%	36%
3	42	36	36%	32%
4	5	12	4%	11%
5	1	2	1%	2%
合计	118	111	100%	100%

资料来源：根据交易所公告的上市公司年报信息的不完全统计结果。

从2019年A+H股上市公司关键审计事项统计表中可以看出，收入确认和资产减值是关键审计事项的重点（见表9）。从2019年A+H股上市公司关键审计事项行业统计表中可以看出，关键审计事项数量最多的主要在制造业，金融业，交通运输、仓储和邮政业以及采矿业四个行业（见表10）。

表9　2019年与2018年A+H股关键审计事项类型统计表

关键审计事项	数量		关键审计事项	数量	
	2019年	2018年		2019年	2018年
收入确认	43	36	其他非流动资产减值	14	7
应收账款坏账准备计提	35	35	其他金融资产减值	9	3
合并范围及长期股权投资	28	28	固定资产减值	8	10
商誉的减值	27	26	金融工具的确认及计量	6	7
贷款、融出资金等减值	20	25	递延所得税资产	4	3
公允价值计量	19	24	其他	4	6
存货减值	17	17	重大交易	4	9
负债及或有负债	17	17	关联方交易	—	2
无形资产	14	12	合计	269	268

资料来源：根据交易所公告的上市公司年报信息的不完全统计结果。

表 10　　　2019 年 A＋H 股上市公司关键审计事项行业统计表

行业	关键审计事项数量	行业家数	平均数量
制造业	92	43	2.14
金融业	86	31	2.77
交通运输、仓储和邮政业	29	15	1.93
采矿业	19	10	1.90
电力、热力、燃气及水生产和供应业	14	6	2.33
建筑业	11	5	2.20
科学研究和技术服务业	5	2	2.50
房地产业	4	2	2.00
批发和零售业	3	1	3.00
租赁和商务服务业	3	1	3.00
水利、环境和公共设施管理业	2	1	2.00
文化、体育和娱乐业	1	1	1.00
合计	269	118	2.28

资料来源：根据交易所公告的上市公司年报信息的不完全统计结果。

（三）沟通关键审计事项水平需要进一步提高

新审计报告准则实施后，对审计报告信息含量和审计质量都起到了提升和改善的作用，但是仍存在一些不足，主要体现在关键审计事项数量偏低、描述过于笼统等方面（见表 11）。

表 11　　　　　　　　沟通关键审计事项存在的问题

内容	存在不足	影响
关键审计事项数量	关键审计事项的数量总体上偏低，有些行业平均的关键审计事项仅有一项	根据审计准则 1504 号应用指南，注册会计师确定关键审计事项的决策过程，是从与治理层沟通的事项中筛选出较少数量的事项。"较少"并不代表越少越好，尤其当"少"成为普遍现象时，可能引发利益相关方对审计报告信息含量的质疑
事项描述	确认为关键审计事项的原因及审计应对描述过于标准化	同一行业的关键审计事项通常较为类似，没有与企业的实际情况相联系，也未体现出行业特色，这大幅降低了关键审计事项的参考价值
应对程序	使用较多的专业术语，描述过于标准化，缺乏针对性	过于专业的词汇信息使用者并不能理解，例如"实质性程序、细节测试等"；表述缺乏针对性，也会给信息使用者理解造成障碍

三、财务报表审计中对法律法规的考虑

(一) 注册会计师可能承担的额外责任

2019年2月20日,中注协发布了《中国注册会计师审计准则第1142号——财务报表审计中对法律法规的考虑》(以下简称"审计准则1142号"),与2010年的版本相比最显著的变化是增加了对于被审计单位的违反法律法规行为注册会计师可能承担额外责任的规定,具体包括以下几点:

(1) 应对识别出的或怀疑存在的违反法律法规行为,包括要求与管理层和治理层进行专门沟通,评价其对违反法律法规行为所作应对的适当性,并确定是否需要采取进一步行动。

(2) 向其他注册会计师沟通识别出的或怀疑存在的违反法律法规行为(如在集团财务报表审计中)。

(3) 对识别出的或怀疑存在的违反法律法规行为的记录要求。

同时,准则还要求注册会计师应当就被审计单位的违反法律法规行为考虑是否需要向外部监管机构(如有)报告或征询法律意见。

该准则修订前,以上额外责任仅限于对商业银行的审计中。例如,在《中国注册会计师审计准则第1613号——与银行监管机构的关系》中有规定:对于涉及商业银行违反法规行为、治理层或管理层重大舞弊等事项,注册会计师应当考虑征询法律意见,以及时采取适当措施;如果管理层或治理层没有及时与银行监管机构沟通,注册会计师应当征询法律意见,考虑是否有必要直接与银行监管机构沟通。本次修订后,注册会计师对被审计单位存在的或怀疑存在的违反法律法规行为,有可能承担的向外部监管机构报告的额外责任,则扩大到所有行业的被审计单位。

上述修订的主要原因,除了与国际审计准则的发展保持趋同之外,还跟目前资本市场中上市公司、金融机构的违反法律法规行为对财务报表的影响越来越突出相关。近年来,上市公司因重大违法违规行为(包括财务舞弊和其他重大违法行为)被监管立案调查的案例频出,虽然并非每个违法违规案例都与财务报表直接相关,但是重大违法违规行为而引起的监管立案调查、诉讼、索赔等,会对上市公司的持续经营造成重大影响,或导致被强制退市。

例如,在证监会颁布的《关于改革完善并严格实施上市公司退市制度的

若干意见》（2018 年修订）和沪深交易所《上市公司重大违法强制退市实施办法》等文件中，除了规定欺诈发行、重大信息披露违法的违法行为会导致上市公司被强制退市之外，还规定上市公司如有其他非财务方面的重大违法行为，证券交易所也可能会依法作出暂停、终止公司股票上市交易的决定（见表12）。因此，重大违反法律法规行为对财务报表使用者理解财务报表至关重要，也是注册会计师在审计实务中应该重点关注的领域。

表 12　监管机构关于因违法违规导致上市公司被强制退市的规定

发布机构	文件名称	退市规定
中国证监会	《关于改革完善并严格实施上市公司退市制度的若干意见》	● 对重大违法公司实施暂停上市、终止上市。上市公司构成欺诈发行、重大信息披露违法或者其他涉及国家安全、公共安全、生态安全、生产安全和公众健康安全等领域的重大违法行为的，证券交易所应当严格依法作出暂停、终止公司股票上市交易的决定
上海证券交易所	《上海证券交易所上市公司重大违法强制退市实施办法》	● 上市公司存在欺诈发行、重大信息披露违法或者其他严重损害证券市场秩序的重大违法行为，且严重影响上市地位，其股票应当被终止上市的情形
深圳证券交易所	《深圳证券交易所上市公司重大违法强制退市实施办法》	● 上市公司存在涉及国家安全、公共安全、生态安全、生产安全和公众健康安全等领域的违法行为，情节恶劣，严重损害国家利益、社会公共利益，或者严重影响上市地位，其股票应当被终止上市的情形

（二）违反法律法规事项对财务报表的影响

注册会计师可能承担的额外责任与注册会计师承担的财务报表审计责任并非完全割裂，而是具有紧密联系的。被审计单位的违反法律法规行为如果足够重大，通常表明其内部控制存在重大缺陷。体现在财务报表方面，则通常伴随管理层舞弊造成的虚构交易、大股东或实际控制人占用被审计单位利益，以及长期未得到恰当处理的表外资产、潜盈潜亏等事项。

被审计单位日常经营中涉及的法律法规、监管制度等通常是多方面的，不同的法律法规与不同行业企业的财务报表的关系程度也不同，以下是一些常见的违法行为对财务报表相关领域的影响（见表13）。

当识别出的或怀疑存在的违反法律法规行为，注册会计师应该考虑对管理层诚信、舞弊风险和企业层面的内部控制进行重新评价，判断财务报表是否仍然具有可审性，进而根据具体的违反法律法规行为的性质判断对财务报表影响的方面和程度。

表 13　　　　　常见违反法律法规事项对财务报表的影响

行业	违法内容	对财务报表的影响
金融	监管指标、经营范围规定	合规与风控方面的内部控制缺陷、某些业务的会计处理方式的变化
化工、能源、冶金、矿业、造纸	环保相关法律法规	预计负债、罚款、诉讼赔偿、长期资产减值
食品、医药、农产品	产品质量标准规定	重大销售退回、存货跌价准备
互联网视频、网络游戏	网络安全法规	销售收入、商誉减值测试、无形资产减值
酒店、餐饮、旅游	安全生产相关规定	重大销售退回、预计负债、罚款、诉讼赔偿
小贷、互联网金融	金融监管法规	罚款支出、诉讼赔偿、适用持续经营假设的合理性
所有行业	税收相关法规	应交税费、所得税费用的完整性
所有行业	劳动法等法规	罚款支出、诉讼赔偿

(三) 应对违反法律法规事项的针对性审计程序

本次的审计准则修订，加强了注册会计师识别和应对违反法律法规行为的责任，对注册会计师的实务工作提出了一定的挑战。在应对违反法律法规相关的审计风险方面，注册会计师面临的难点主要有以下三方面：

(1) 被审计单位的配合程度。

(2) 对律师工作的利用。

(3) 违反法律法规行为贯穿于审计工作的各个阶段。

注册会计师首先应该从业务承接环节把关，拒绝接受存在重大违反法律法规疑虑的被审计单位的委托；对于在初步业务活动中发现的被审计单位重大的违反法律法规行为，或者经常性地受到立案调查，应该考虑终止承接。

需要注意的是，违反法律法规行为包括被审计单位进行的或以被审计单位名义进行的交易，或者治理层、管理层、为被审计单位工作或受其指导的其他人代表被审计单位进行的交易，也包括与被审计单位经营活动相关的个人不当行为。

某些上市公司或金融机构的高管被刑拘、立案调查，有可能是其个人的不当行为造成的，并非以被审计单位名义进行，与被审计单位经营活动也不相关。但是此种情况也可能表明被审计单位的管理层缺乏遵纪守法、合规经营的意识，漠视资本市场统一规则，对法律法规和监管规定缺少必要的敬畏，企业内部尚未形成良好的职业道德和诚信氛围。此种情况下,注册会计师依然需要评估承接或保持该类审计业务的风险。

对于已承接的财务报表审计,注册会计师在各审计阶段需要考虑以下程序来应对被审计单位违反法律法规造成的审计风险和可能导致的注册会计师的额外责任(见表14)。

表14　　　　　　　应对违反法律法规事项的针对性审计程序

审计工作阶段	针对性的审计程序
计划和风险评估阶段	(1) 熟悉被审计单位所处行业的法律框架,了解报告期内的监管法规的修订、更新; (2) 对被审计单位合规管理、法务、内部审计相关的内控流程执行评价和测试; (3) 走访风险管理、安全生产、环保等部门或外部主管机构,了解报告期内的相关内外部检查的情况; (4) 获取并检查外部第三方关于产品质量、安全生产、环保等方面的专业认证报告,了解是否存在异常迹象; (5) 通过媒体、公众信息平台等公开信息渠道检索被审计单位违反法律法规的负面报道; (6) 如发现被审计单位的重大违法行为,应考虑修改对管理层舞弊风险的评估结果,进一步导致重要性水平和进一步审计程序的修改
实质性程序	(1) 利用专家工作,包括法律专家和环境生态、产品质量等方面的专家; (2) 通过细节测试,识别异常的交易安排; (3) 结合期间费用的审计,关注因违反法律法规导致的诉讼费用、法律咨询费用或罚金增加或其他异常支出; (4) 对因违反法律法规而被暂停的业务,需要考虑未来现金流量预测的变化对相关资产、资产组的减值和商誉减值测试的影响; (5) 审阅报告期内以及资产负债表日至报告日之间的重要会议纪要和公章使用登记簿,检查是否存在管理层未告知的违反法律法规事项
报告和完成阶段	(1) 与治理层沟通审计过程中注意到的有关违反法律法规的事项,但不必沟通明显不重要的事项;需要沟通的违反法律法规行为是故意和重大的,注册会计师应当就此尽快向治理层通报; (2) 获取管理层就识别出的违法违规事项的书面声明; (3) 考虑是否有责任向被审计单位以外的相关机构或人员报告(在某些情况下,保密义务因法律法规而得以豁免,此时需要征询法律意见); (4) 考虑识别出的或怀疑存在的违反法律法规行为对审计报告意见类型或内容的影响

四、会计师事务所质量控制体系建设

(一)质量管理准则修订背景

提供高质量的审计服务,是注册会计师行业的第一生命线,是会计师事务所生存发展和树立市场信誉的基础。IAASB针对会计师事务所质量管理方面的突出问题,制定(修订)了三项质量管理相关准则(见表15)。在总体原则和思路上,三项准则体现了两个主要特点:一是坚持以维护公众利益为宗旨,二是坚持原则和规则的有机结合。

表15　　　　　三项质量管理准则的主要制定/修订内容

项目名称	主要制定/修订内容
《国际质量管理准则第1号(征求意见稿)》(ISQM 1)	主要强调了会计师事务所建立质量管理体系的责任,并阐述了质量管理体系的各个要素,重大变化包括: (1) 要求采用风险导向的质量管理方法。 (2) 将内部控制理论运用于会计师事务所的质量管理。 (3) 对会计师事务所领导责任作出明确规定。 (4) 加强合伙人轮换制度的落实。 (5) 加强客户承接与保持方面的质量管理。 (6) 强化与业务执行相关的要求。 (7) 强化与会计师事务所资源相关的要求。 (8) 强化会计师事务所信息与沟通方面的要求。 (9) 强化与监控和补救程序相关的要求。 (10) 增加了有关网络要求、网络服务、服务提供商的内容
《国际质量管理准则第2号(征求意见稿)》(ISQM 2)	针对项目质量复核单独拟订的新准则,旨在强调项目质量复核的重要性,并强化相关方面的要求,主要内容包括: (1) 明确项目质量复核的目标。 (2) 明确项目质量复核人员及项目组的责任。 (3) 明确项目质量复核人员的任命和资格要求。 (4) 强化实施项目质量复核的要求。 (5) 强化工作底稿方面的要求
《国际审计准则第220号(征求意见稿)》(ISA 220)	针对审计业务项目合伙人积极主动地管理质量并承担责任提出了更高的要求,重大变化包括: (1) 增加对运用职业怀疑的指导。 (2) 强化遵守相关职业道德要求方面的责任。 (3) 强化在资源方面的考虑。 (4) 强化与业务执行相关的要求。 (5) 强化与工作底稿相关的要求

(二) 会计师事务所质量控制体系建设必备前提

会计师事务所的质量控制包括两个层面:一是事务所层面建立的质控流程的有效性和合理性;二是具体项目层面的质量控制是否达标,获取了充分、适当的审计证据来支持发表恰当的审计意见。

以往在讨论项目质量控制问题时,监管机构主要关注点是个别项目的审计程序和应对措施是否充分恰当。从近期国际审计准则修订的变化来看,未来的趋势是采取风险导向的方法，关注不同项目中存在的共同的质量缺陷，并且这些缺陷是否是由于事务所层面的内控问题造成。

注册会计师保持职业怀疑，不仅受到个人的职业道德、知识水平和执业经验的影响，而且还受到所在会计师事务所的文化和机制的影响。因此，事务所层面质量控制体系建设的必备前提，是在事务所层面营造保持职业怀疑的环境，具体包括五个方面：一是培育以质量为导向的文化；二是建立重视质量的机制；三是加强培训；四是严格工作底稿要求；五是实施有效监控。

（三）以信息化手段建立事务所独立性管理架构

注册会计师职业道德的独立性要求包括实质和形式的独立性两方面，既要防范利益冲突可能导致对财务报表发表不恰当的审计意见，又要避免在财务信息本身是真实、公允的情况下，因注册会计师的不当行为致使财务报表使用者对被审计单位的财务报表产生不必要的疑虑。

在会计师事务所的内部治理方面，应结合合伙制的推进，确定适当的高层基调和合伙文化，通过完善与审计质量挂钩的评价和奖惩制度，健全疑难问题充分咨询的机制，建立适合自身业务特点的独立性管理流程，逐步通过信息化手段进行独立性管理。

📖【案例2】

某会计师事务所针对证券期货类业务和国际业务较多的特点，建立了一系列针对上市实体和公众利益实体鉴证和咨询业务独立性威胁的管控机制。

具体而言，在每一项鉴证或咨询业务承接前，要求合伙人及总监级别员工在线提交独立性自查声明；每年5~6月要求全体员工通过内部开发的独立性监督系统，开展员工本人及其直系亲属投资行为自查工作，对筛查出的持有客户证券等独立性冲突及时进行消除；对于全球成员所承接的审计、鉴证、税务和咨询服务项目，定期向经理以上级别员工发出独立性调查的邮件。

五、延伸检查程序在实务中的应用

（一）延伸检查程序的制度背景

为了应对近期资本市场集中出现的审计失败、债务违约、潜亏暴露、大股东和实际控制人通过"资金池"等方式占用上市公司资金等案例中体现出的舞弊手法的新变化,中注协于2020年1月印发了修订后的五项审计准则问题解答。其中,《中国注册会计师审计准则问题解答第4号——收入确认》提出了重点关注货币资金配合货款回笼的虚增收入舞弊手法,即被审计单位使用货币资金配合货款回笼,并通过虚假存货采购、虚假预付款项、虚增长期资产采购金额等途径套取其自有资金用于货款回笼,形成资金闭环。本次审计准则问题解答要求,如果对收入真实性存在重大疑虑,且通过常规审计程序无法应对舞弊风险以获取充分、适当审计证据,注册会计师需要考虑实施延伸检查程序,即对检查范围进行合理延伸,对所销售产品或服务及其所涉及资金的来源和去向进行追踪,对交易参与方的最终控制人或真实身份进行核实(见表16)。

表16　　　　　　　　　延伸检查程序的主要特征

目的	核查交易真实性和商业实质,是否存在未识别的关联关系和关联交易;相关交易完成情况和会计处理恰当性
对象	客户、经销商、供应商、工程承包或施工方、重大异常交易的交易对手等;也可能涉及第三方服务机构(如金融机构)、行业监管机构或政府部门等
内容	与存在舞弊风险的交易或业务相关的资金流、物流、票据流、信息流以及书面文件、系统数据等

延伸检查程序并非本次审计准则问题解答修订过程中提出的新概念。在本次审计准则问题解答修订前,为了应对收入舞弊风险而实施延伸检查程序,已经是证券期货类业务(例如IPO审计)中比较常见的实务操作方法。延伸检查程序的要求并未超出《中国注册会计师执业准则》《注册会计师法》《公司法》《证券法》等准则、法规所规范的注册会计师的审计责任。

本次审计准则问题解答修订将延伸检查程序作为应对收入舞弊风险的针对性程序写进审计准则问题解答,很可能导致延伸检查程序逐步常规化,将其从资本市场相关的审计业务推广到其他非上市实体审计,包括国有企业、金融机构、风投、私募基金、外资及民营企业的审计业务,特别是拟IPO、拟挂牌交易的创业阶段企业或其他有计划进行资本运作的企业,以及互联网相关业务(例如电商、P2P等)贡献业绩占比较大的企业的财务报表审计的高风险领域。

（二）延伸检查程序的实施范围

根据风险导向审计的思路，是否实施延伸检查程序以及延伸检查的时间、性质和范围，基于注册会计师对重大错报风险和舞弊风险的评估结果。通常情况下，存在以下情形之一时，如果对收入真实性等舞弊高风险领域存在重大疑虑且通过常规审计程序无法应对舞弊风险以获取充分、适当审计证据，注册会计师需要考虑实施延伸检查程序（见表17）。

表17　　　　　　　　考虑实施延伸检查程序的几种情形

序号	情形
1	被审计单位财务报告用于资本运作或融资目的
2	首次承接的公众利益实体的审计业务
3	行业固有风险较高企业的审计业务
4	审计过程中已发现舞弊或疑似舞弊迹象的审计业务
5	关联方资金占用风险或关联方往来或担保违约风险较高的公司
6	存在重大非常规交易、激进的会计政策或明显的管理层偏向的公司
7	其他具有高风险迹象的审计业务

此外，如果经审计的财务报表拟用于向金融机构借款、引入风投机构或私募股权基金等战略投资者等目的，虽然不属于传统意义上的资本市场业务或涉及公众利益实体的审计业务，但是考虑到这些审计业务也涉及融资或资本运作，注册会计师未来将面对诉讼、纠纷、索赔等潜在可能，审计项目组可以考虑有针对性地执行延伸检查程序。

需要注意的是，延伸检查程序也不一定仅应用于工商业企业，在金融企业审计中也可能涉及需要执行延伸检查的领域。长期以来，业内普遍认为金融机构的经营业绩来源较为稳定，法人治理和内部控制与一般工商业企业相比更加完善，审计风险较低。但是，从近期进入公开信息渠道的案件所暴露出的信息来看，金融机构的审计风险呈急速上升的趋势。一方面是受到实体经济不景气的影响，导致逾期、违约事件频发，不良率攀升；另一方面，个别金融企业的管理层、实际控制人风险意识淡薄，职业道德缺失，构造虚假交易或隐瞒贷款逾期等事实来粉饰业绩，或者挪用信贷资金，通过金融机构向关联方输送利益。在审计过程中，注册会计师也可以考虑针对金融企业的信贷业务、投资业务实施延伸检查。

例如，信贷审阅程序中，注册会计师可考虑执行以下程序：

（1）访谈或实地走访借款人，核实借款合同的条款和款项实际用途。

（2）对于不良贷款，了解押品情况、还款意愿及还款来源等。

（3）观察借款人的生产经营场所，与信贷档案中所记录的地址、经营范围、产能规模、厂房设备情况等核对。

（4）获取并核查借款人的财务信息和资金流水等，追查资金去向与借款合同中约定的资金用途是否相同。

上述审计程序在上市金融机构审计实务中，已经得到了较为广泛的应用，特别是首次承接的上市金融机构和金融企业 IPO 审计业务中，对借款人的实地走访程序，对于一些固有风险较高的、主要面向小微企业服务的金融企业审计，具有较好的实施效果。

（三）延伸检查程序常态化的难点和挑战

目前，业内对延伸检查程序存在一些理解上的差异，而且该类程序逐步常态化，在客观上也会面临管理层理解和配合等方面的困难，因此对注册会计师的专业判断提出了新的挑战。

现在业内对延伸检查程序的讨论主要集中于以下几个方面：

第一，如何判断是否需要执行延伸检查程序，以及延伸检查程序实施的范围、时间、样本选取方法、对具体一项交易追查到何种程度等，需要注册会计师运用专业判断，但不同的执业人员作出的判断结论可能存在区别。

第二，当注册会计师识别出高风险或舞弊迹象时，与被审计单位管理层沟通，获取他们的理解和支持，并说服交易对手配合提供延伸检查程序所需的资料和信息，也是实际执行中的难点。特别是延伸检查程序不仅要求获取被审计单位内部的财务和业务资料，还需获取上下游交易对手乃至终端用户的信息，而交易对手和终端用户在法律上并无必然的义务配合，这就造成了获取审计证据的难度。

第三，实施延伸检查会造成审计成本和工时的增加，在审计收费无实质增长的情况下，注册会计师和会计师事务所的压力增大，特别是在年度审计的忙季，会加剧审计预算、日程安排的紧张程度。

根据风险导向审计的思路，审计风险主要来源于企业财务报告的重大错报风险，而错报风险主要来源于整个企业的经营风险和舞弊风险。注册会计师在执行审计工作时，计划实施的审计程序取决于重大错报风险和舞弊风险的评价结果。当舞弊风险较高，管理层凌驾于内部控制之上导致内部控制无法信赖，或者被审计单位存在特殊业务模式、处于固有风险较高的行业或地区时，注册会计师理应获取更加充分的审计证据来支持拟发表的审计意见。外部审计证据的效力通常高于内部证据，即便是不考虑延伸审计程序，常规化的函证等审计程序的测试对象和内容也不能仅限于被审计单位的内部资料。

延伸检查程序的常规化不仅影响销售收入循环和存货采购循环的审计程序，还将对整个审计流程造成影响。注册会计师需要在业务承接阶段与被审计单位可能需要执行的延伸检查进行沟通，将配合延伸检查作为管理层的责任之一，在业务约定书中增加相应条款。

总体而言，延伸检查程序的常态化确实提高了审计工时成本，需要注册会计师花费更多的时间用来沟通、协调和作出专业判断。实务中，应根据被审计单位的业务模式特点，选取常规性程序、针对性程序和延伸检查程序相结合的方式。对于未发现舞弊迹象，仅因为业务模式特点和金额重大而需要实施延伸检查程序的事项，并非一定要追查至最终端的交易环节。

职业道德守则变化及对注册会计师行业的影响

> **导读** • • •
>
> ◎ 中国多年来积极推进注册会计师职业道德规范方面的相关工作，并在很大程度上实现与国际职业道德守则的全面趋同，进一步提升审计质量。
>
> ◎ 中国职业道德守则和国际职业道德守则在近亲属的定义方面、关键审计合伙人的轮换期和冷却期规定等方面存在一些差异，考虑国情的同时亦带来一些实务中的挑战。
>
> ◎ 中国注册会计师协会2020年初对中国注册会计师职业道德守则进行修订并发布了征求意见稿。该次修订中强化了职业道德概念框架的运用，对利益诱惑、注册会计师应对违反法律法规行为以及与审计客户长期存在业务关系等方面提出了规定和指引。
>
> ◎ 在提升审计质量的措施中，对于事务所轮换措施是否能够提升审计质量未有定论，但可从不同国家的经验中获得一些启示。
>
> ◎ 影响审计质量的因素众多，其中重要的是注册会计师个人从心态和行为上体现出的职业道德，因此事务所或有关单位在进一步提升职业道德水平方面的建设至关重要。

一、职业道德守则发展现状

（一）《国际职业道德守则》的发展

《国际职业道德守则》是由国际会计师职业道德准则理事会（以下简称"IESBA"）所制定的，IESBA为加强国际守则清晰度和可用性，在2014年启动了修订工作。最新修订的《国际职业道德守则》已自2019年6月15日起生效。除了进行广泛的结构性改动以外，该守则还进行了一些包括对职业道德概念框架的实质性修订，强调在行使专业判断时理解事实和情况重要性的新指引。职业道德概念框架说明了专业会计师应如何遵守职业道德基本原则，并在适当时保持独立。除了明确主要方面的规范以外，许多与职业道德相关的实务问题要求注册会计师必须应用框架概念的思想和方法去处理。IESBA 最新修订的《国际职业道德守则》的主要组成部分如表 1 所示。

表 1　　IESBA 最新修订的《国际职业道德守则》的主要组成部分

部分	适用范围	生效日期
前言	—	—
第 1 部分	遵守守则，基本原则和应用概念框架	2019 年 6 月 15 日
第 2 部分	对公司会计师的要求	
第 3 部分	提供专业服务的要求	
第 4A 部分	审计和审阅业务对独立性的要求	适用于涵盖期间开始日为 2019 年 6 月 15 日或之后的审计和审阅业务对独立性的要求；除此外，于 2019 年 6 月 15 日生效
第 4B 部分	审计和审阅以外业务对独立性的要求	
术语表	守则中内附	—

资料来源：课题组根据公开信息整理。

该次新修订的《国际职业道德守则》汇总了过去几年中在道德操守方面的主要变化，包括增加了与审计客户长期存在业务关系和与会计师应对违反法律法规行为的规定，并同时增加了有关注册会计师接受和提供利益诱惑和在实施职业怀疑的指引。

在国际道德守则的工作计划中，会持续开展不同项目的咨询或征求意见。截至 2020 年 4 月底，处在咨询文件或征求意见稿阶段的 2 个项目关于：

1. 非鉴证业务的提供。

该项目旨在确保国际独立性规定中关于非鉴证业务的条文稳健和高质量，回应监管机构和公共利益监督委员会对审计师向客户提供非鉴证业务时有关审计师独立性的关注。当中内容包括进一步收紧在确定非审计服务是否允许时可能考虑实质性因素的情况；加强与公司治理层沟通的规定；以及在提供某些非审计服务（包括某些税务和企业融资建议）提出更严格的要求。

2. 收费。

该项目旨在回应大众对 IESBA 处理与收费相关事务的要求，包括实际影响或被视为会影响审计师独立性的课题。当中内容包括不允许审计费用受向审计客户提供审计以外的服务所影响；与公司治理层沟通与费用相关的信息等。

我们预计 IESBA 会在不久的将来发布有关修订稿，以及开展其他重要议题的研讨工作，例如考虑面对监管环境的变化是否需要就税务计划等服务提出职业道德方面相关的修订。

（二）中国在职业道德建设的国际趋同与差异

注册会计师行业的持续、健康、高质量发展，离不开高水平的职业道德规范。职业道德规范对于注册会计师行业维护公众利益、推进诚信建设、促进职业化发展有着至关重要的作用。中注协的修订基本与《国际职业道德守则》趋同，并结合自身国情加入了本土化条文，顺应经济社会发展对注册会计师诚信和职业道德水平提出相应的要求，为提升行业水平发挥积极作用。

现行《中国注册会计师职业道德守则》（中国职业道德守则）由中国注册会计师协会于 2009 年 10 月发布。随着注册会计师行业的不断发展，中注协在 2018 年也开展了针对《中国注册会计师职业道德守则》的修订工作，并在 2020 年 4 月完成了公开征求意见工作。本文在以下章节所发表的意见，除文中另有注明外，都是参照中国注册会计师协会于 2020 年 1 月印发的《中国注册会计师职业道德守则（征求意见稿）》内容而编写的。

《中国注册会计师职业道德守则》涵盖的要求和内容总体上与国际通用的职业道德守则保持一致。存在差异的地方主要源于一些本土化的条文：

1. 主要近亲属和其他近亲属的定义不尽相同。

中国职业道德守则中对主要近亲属和其他近亲属的定义范围较为广泛。因此，基于定义上不尽相同的关系，于职业道德守则一些章节内涉及主要近亲属或其他近亲属的规定，例如利益诱惑（包括礼品和款待）、经济利益、贷款和担保、商业关系、家庭和私人关系等的规定需要多加注意。主要近亲属和其他近亲属的定义如表 2 所示。

表 2　　　　　　　　主要近亲属和其他近亲属的定义

	中国职业道德守则定义	国际职业道德守则定义
主要近亲属	配偶、父母或子女	配偶（或被视同配偶）或被赡/抚养人
其他近亲属	兄弟姐妹、祖父母、外祖父母、孙子女、外孙子女	父母、子女或兄弟姐妹（且其未有被视为主要近亲属）

资料来源：课题组根据公开信息整理。

2. 关键审计合伙人的轮换期和冷却期规定。

针对公众利益实体审计客户的项目合伙人和关键审计合伙人相关的轮换期规定，中国职业道德守则中的规定比国际职业道德守则的要求更为严格。中国职业道德守则中对审计客户属于公众利益实体的情况，项目合伙人、实施项目质量控制复核的负责人或其他属于关键审计合伙人的服务时间在5年后应当进行轮换。这相对于国际的要求更为严格，在通用的国际守则中的期限为7年。这些差异有时候会在实务中带来问题，我们会在第四部分讨论。

总体上，中国职业道德守则维护公众利益的要求，对被审计单位违反法律法规行为、利益冲突等涉及公众利益较多的方面，提供了更为详尽的指引。这也正是国际守则所强调的重点和方针。当然，除了与国际在大原则上是一致的，中注协在本次修订中把社会主义核心价值观中的"爱岗敬业"写入了职业道德基本原则中的"良好职业行为"原则。其他例子包括，针对我国审计报告实务中由两名注册会计师签字的情况，中注协于修订时特意增加了与第二签字注册会计师轮换和"冷却期"相关的规定等。这些条款中的要求往往比国际职业道德守则的更全面，显示出中国对高水平职业道德规范的追求和重视。

二、中国职业道德守则最新变化及相关规定

（一）2020年中注协发布修订征求意见稿

2020年1月，中国注册会计师协会印发《中国注册会计师职业道德守则第1号——职业道德基本原则》《中国注册会计师职业道德守则第2号——职业道德概念框架》《中国注册会计师职业道德守则第3号——提供专业服务的具体要求》《中国注册会计师职业道德守则第4号——审计和审阅业务对独立性的要求》和《中国注册会计师职业道德守则第5号——其他鉴证业务对独立性的要求》等5个征求意见稿。主要修订包括：

1. 利益诱惑（包括礼品和款待）。

征求意见稿中提出将"礼品和款待"的要求所关注的重点改为"利益诱惑（包括礼品和款待）"。该部分守则的适用范围从仅为礼品和款待提供具体的指引扩展到如娱乐活动、政治性或慈善性捐助、工作岗位或其他商业机会、特殊待遇、权利或优先权等多种利益诱惑。

征求意见稿中阐明提供或接受某些利益诱惑可能被法律所禁止（如有关反腐败和反贿赂的法律法规）；然而，即使法律上没有违法，也不得提供或接受意图不当影响注册会计师行为的任何利益诱惑。至于针对无不当影响行为意图的利益诱惑，则应当运用职业道德概念框架予以应对。

2. 拟新增注册会计师应对违反法律法规行为的规定。

征求意见稿在原有的《中国注册会计师职业道德守则第3号——提供专业服务的具体要求》新增了应对违反法律法规行为的章节，这与国际守则的持续动态趋同。新增的章节所涉及的法律法规范围主要包括两类：（1）通常对决定客户财务报表中的重大金额和披露有直接影响的法律法规；（2）对决定客户财务报表中的金额和披露没有直接影响的其他法律法规，但遵守这些法律法规对被审计单位的经营活动、持续经营能力或避免大额罚款至关重要。

征求意见稿为注册会计师在向客户提供专业服务的过程中如何应对违反法律法规行为提供了基本思路。首先，某些法律法规规定了向适当的机构报告违反法律法规行为或涉嫌违反法律法规行为的要求，注册会计师应当了解这些法律法规，并遵守这些要求。此外，假如注册会计师识别出或怀疑被审计单位已经发生或可能发生违反法律法规行为，应当与适当级别的管理层和治理层（如适用）讨论并应当根据管理层和治理层的应对，确定是否需要出于维护公众利益的目的而采取进一步行动。当注册会计师在决定是否向适当的机构报告时，亦需要考虑该事项可能对投资者、债权人、员工或社会公众产生的实际或潜在损害的性质和严重程度。

3. 拟增加与审计客户长期存在业务关系的相关规定。

由于会计师事务所长期为同一家审计客户提供服务，可能会与该客户产生密切关系，从而一些意见认为这会对独立性产生不利影响，因此中国注册会计师协会亦在《中国注册会计师职业道德守则第4号——审计和审阅业务对独立性的要求》内建议修订了与公众利益实体审计客户存在业务关系的规定。拟增加或修订的具体规定如表3所示。

表3　　　　　　与审计客户长期存在业务关系相关条文

序号	有关内容
1	会计师事务所应当制定政策和程序，指定专门岗位或人员对本会计师事务所连续为公众利益实体审计客户提供审计服务的年限实施跟踪和监控，识别和评价因长期连续为某一公众利益实体审计客户提供审计服务可能对独立性产生的不利影响，并应当在事务所层面采取防范措施消除不利影响或将其降低至可接受的水平

续表

序号	有关内容
2	会计师事务所主要负责人应当建立完善的内部质量管理体系和利益分配机制,保证事务所的人力资源和客户资源实现一体化统筹管理,并定期评价本事务所内部质量管理体系和利益分配机制的设计和执行情况,重点关注是否存在特定合伙人的利益与某一审计客户直接挂钩的情况,形成书面结论
3	若会计师事务所为某一公众利益实体审计客户连续提供审计服务达到10年或以上,应当在事务所层面同时采取包括增加第二内部质量复核或外部质量复核,以及由质量控制主管合伙人定期评价实施关键审计合伙人轮换的情况和效果,及与被审计单位治理层沟通等的防范措施
4	如果某一人员担任项目合伙人或项目合伙人以外的签字注册会计师、质量控制复核人或其他关键审计合伙人累计达到5年,相关"冷却期"分别规定为5年、3年和2年。在这方面主要修订是明确了签字注册会计师在轮换规定中适用,并将项目合伙人和质量控制复核人的"冷却期"年限由2年增加到5年和3年
5	针对与关键审计合伙人轮换和"冷却期"相关的规定,会计师事务所应当制定政策和程序,保证轮换的实施效果,防止其流于形式,包括指定专门岗位或人员对关键审计合伙人的轮换情况进行实时监控,每年对轮换情况进行复核,并在全事务所范围内统一进行轮换

资料来源:课题组根据公开信息整理。

4. 为审计客户提供非鉴证服务相关的规定。

中国注册会计师协会在《中国注册会计师职业道德守则第4号——审计和审阅业务对独立性的要求》中对为审计客户提供非鉴证服务的章节也进行了一些修订,包括加入了行政事务性服务的章节,明确指出向审计客户提供一般行政事务性服务,如协助客户执行正常经营过程中的日常性或机械性任务,因通常不需要很多职业判断,且属于文书性质的工作,并不会被视为对独立性产生不利影响。

此外,修订的职业道德守则同时就会计师事务所不得为属于公众利益实体的审计客户提供的内部审计服务作出较具体的指引。建议的修订在会计师事务所不得提供的内部审计服务的范围明确,适用于(1)财务报告内部控制的重要组成部分;(2)生成的信息单独或累积起来对客户的会计记录或被审计财务报表重大的财务会计系统;(3)单独或累积起来对被审计财务报表具有重大影响的金额或披露。我们亦注意到于2020年12月发出的最终版守则内,上述的第1及第2项要点作出了进一步的简化,包括不需要再考虑财务报告内部控制的组成部分是否为"重要"部分,令应用上变得更为简单。

由此可见,会计师事务所能否为属于公众利益实体的审计客户提供的内部审计服务将进一步取决于其是否为财务报告内部控制的组成部分、是否涉及财务会计系统,以及是否对会计师事务所将发表意见的财务报表具有重大影响的金额或披露。

(二) 职业道德守则以外的相关规定

其实,注册会计师并不只是依赖《中国注册会计师职业道德守则》。在国内,多个监管机构如财政部、国资委、保监会、银监会和证监会等,也会有与注册会计师或其他专业服务提供者的相关职业道德的规定。一般与轮换、非鉴证服务和内幕交易等方面也会有相关要求和规定。因此,注册会计师除了需要严格遵守中国职业道德守则,亦必须关注和遵循由其他监管机构就相关方面作出的要求。

1. 轮换。

注册会计师执行审计业务时,了解审计客户及其环境对审计质量至关重要。但如果会计师事务所长期委派同一名合伙人或员工执行某一审计客户的审计业务,将因密切关系和自身利益对独立性产生不利影响。这方面考虑已经包含在中国职业道德守则中。中国目前在中央企业和国有金融企业的审计领域则有其他强制轮换的要求。具体轮换规定如下:

(1) 中国财政部。

财政部于2020年2月出台的《国有金融企业选聘会计师事务所管理办法》(财金〔2020〕6号)中,列明国有金融企业连续聘用同一会计师事务所、审计项目主管合伙人、签字注册会计师连续承担同一金融企业审计业务的年限。相关条文如表4所示。

表4 《国有金融企业选聘会计师事务所管理办法》中相关条文

条款	内容
第三十一条	金融企业连续聘用同一会计师事务所(包括该会计师事务所的相关成员单位)原则上不超过5年……但连续聘用年限不超过8年……连续聘用会计师事务所的起始年限从该会计师事务所实际承担金融企业财务报告审计业务的当年开始计算
第三十三条	审计项目主管合伙人、签字注册会计师在同一家会计师事务所,或更换会计师事务所时,连续实际承担同一金融企业审计业务不超过5年

资料来源:课题组根据公开信息整理。

(2) 中国财政部及国资委。

财政部与国资委于 2011 年 12 月发布了《关于会计师事务所承担中央企业财务决算审计有关问题的通知》（财会〔2011〕24 号）。相关条文如表 5 所示。

表 5　　　　《关于会计师事务所承担中央企业财务决算审计
有关问题的通知》中相关条文

条款	内容
第二条	会计师事务所连续承担同一家中央企业财务决算审计业务应不少于 2 年，不超过 5 年；进入全国会计师事务所综合评价排名前 15 位且审计质量优良的会计师事务所，经相关企业申请、国资委核准，可适当延长审计年限，但连续审计年限应不超过 8 年。经财政部、证监会审核推荐从事 H 股企业审计且已经完成特殊普通合伙转制的大型会计师事务所，连续审计年限达到上述规定的，经相关企业申请、国资委核准，可自完成转制工商登记当年起延缓 2 年轮换，但连续审计年限最长不超过 10 年。超过上述审计年限规定的，企业应当予以轮换。 会计师事务所连续审计年限按上述规定可以超过 5 年的，应当自第 6 年起更换审计项目合伙人和签字注册会计师

资料来源：课题组根据公开信息整理。

(3) 中国银保监会。

原中国保监会制定了《保险公司财会工作规范》（保监发〔2012〕8 号）。该规范自 2012 年 7 月 1 日起施行。相关条文如表 6 所示。

表 6　　　　　　《保险公司财会工作规范》中相关条文

条款	内容
第八十九条	国有及国有控股保险公司聘请、轮换会计师事务所应当执行《财政部关于印发〈金融企业选聘会计师事务所招标管理办法（试行）〉的通知》（财金〔2010〕169 号）的规定。 其他保险公司至少每 5 年轮换一次签字注册会计师或会计师事务所。截至 2012 年 12 月 31 日，如果连续聘用同一会计师事务所的年限或者同一注册会计师连续签字的年限已经达到或者超过 5 年的，最长可延缓 2 年更换，但最长不得超过 10 年

资料来源：课题组根据公开信息整理。

原中国银监会于 2010 年公布及施行了《银行业金融机构外部审计监管指引》（银监发〔2010〕73 号）。相关条文如表 7 所示。

表7　《银行业金融机构外部审计监管指引》中相关条文

条款	内容
第十一条	外审机构同一签字注册会计师对同一家银行业金融机构进行外部审计的服务年限不得超过5年；超过5年的，银行业金融机构应当要求外审机构更换签字注册会计师

资料来源：课题组根据公开信息整理。

2. 非鉴证服务。

根据《企业内部控制基本规范》第十条，接受企业委托从事内部控制审计的会计师事务所，应当根据《企业内部控制基本规范》及其配套办法和相关执业准则，对企业内部控制的有效性进行审计，出具审计报告。会计师事务所及其签字的从业人员应当对发表的内部控制审计意见负责。为企业内部控制提供咨询的会计师事务所，不得同时为同一企业提供内部控制审计服务。

3. 内幕交易。

有关内幕交易的法律法规可见于《中华人民共和国证券法》及由中国证券监督管理委员会制定的《关于上市公司建立内幕信息知情人登记管理制度的规定》。相关规例的要求概述如下：

（1）中华人民共和国证券法。

自2020年3月1日起施行的新修订《中华人民共和国证券法》（中华人民共和国主席令第三十七号）涵盖了针对内幕交易的法规和有关对内幕交易行为应承担的法律责任。有关条文节录如表8所示。

表8　《中华人民共和国证券法》中与内幕交易相关条文

条款	内容
第五条	证券的发行、交易活动，必须遵守法律、行政法规；禁止欺诈、内幕交易和操纵证券市场的行为
第五十条	禁止证券交易内幕信息的知情人和非法获取内幕信息的人利用内幕信息从事证券交易活动
第五十二条	证券交易活动中，涉及发行人的经营、财务或者对该发行人证券的市场价格有重大影响的尚未公开的信息，为内幕信息
第五十三条	证券交易内幕信息的知情人和非法获取内幕信息的人，在内幕信息公开前，不得买卖该公司的证券，或者泄露该信息，或者建议他人买卖该证券。 内幕交易行为给投资者造成损失的，应当依法承担赔偿责任

续表

条款	内容
第五十四条	禁止证券交易场所、证券公司、证券登记结算机构、证券服务机构和其他金融机构的从业人员、有关监管部门或者行业协会的工作人员，利用因职务便利获取的内幕信息以外的其他未公开的信息，违反规定，从事与该信息相关的证券交易活动，或者明示、暗示他人从事相关交易活动。 利用未公开信息进行交易给投资者造成损失的，应当依法承担赔偿责任

资料来源：课题组根据公开信息整理。

（2）内幕信息知情人登记管理制度。

另外，在《关于上市公司建立内幕信息知情人登记管理制度的规定》（证监会公告〔2011〕30号）提到有关内幕信息人的保密责任。有关条文如表9所示。

表9　《关于上市公司建立内幕信息知情人登记管理制度的规定》中相关条文

条款	内容
第四条	内幕信息知情人在内幕信息公开前负有保密义务
第十五条	若发现内幕信息知情人泄露内幕信息、进行内幕交易或者建议他人利用内幕信息进行交易等情形的，中国证监会将对有关单位和个人进行立案稽查，涉嫌犯罪的，依法移送司法机关追究刑事责任

资料来源：课题组根据公开信息整理。

内幕信息与职业道德基本元素中的保密责任息息相关，更重要的是内幕交易更是一个法律问题，带有刑事责任。由此可见，注册会计师所需肩负的职业道德责任绝不能轻松面对，后果和责任并不比审计风险低。

三、职业道德如何提升审计质量以及其重要性

（一）职业道德的概念和主要元素

《中国注册会计师职业道德守则第1号——职业道德基本原则》对会计师职业道德基本原则作出了规范，主要包括表10中的六个主要元素。

表 10　　　　　　　　　　　职业道德的主要元素

元素	主要内容
诚信	注册会计师应当在职业活动中时刻保持正直、诚实守信
独立性	注册会计师应当实质上和形式上保持独立性
客观和公正	客观公正原则就是指公正处事，实事求是，不得由于偏见、利益冲突或他人的不当影响而损害自己的职业判断
专业胜任能力和应有关注	注册会计师应当通过教育、培训和执业实践获取和保持专业胜任能力
保密	注册会计师应当对职业活动中获知的涉密信息保密
良好职业行为	注册会计师应当遵守相关法律法规，避免发生任何可能损害职业声誉的行为

资料来源：课题组根据公开信息整理。

（二）职业道德概念框架

世界千变万化，客户处于的行业，业务结构和复杂程度各有不同。注册会计师受职业道德的约束，因此在未能尽数所有可能存在的解决方案的情况下，解决问题的一道良方是运用职业道德概念框架。

职业道德概念框架是指解决职业道德问题的思路和方法，在《中国注册会计师职业道德守则第 2 号——职业道德概念框架》中为注册会计师提供了指导，基本步骤是：

步骤 1：识别对职业道德基本原则的不利影响，包括因自身利益、自我评价、过度推介、密切关系和外在压力产生的不利影响。

步骤 2：评价不利影响的严重程度，即评价已识别出的不利影响的严重程度是否处于可接受的水平。

步骤 3：必要时采取防范措施消除不利影响或将其降低至可接受的水平予以应对。

表 11 列出可能对职业道德基本原则产生不利影响的一些理解，包括自身利益、自我评价、过度推介、密切关系和外在压力而产生的不利影响。

表 11　　　　　　对职业道德基本原则产生不利影响的类别

不利影响	含义
自身利益	因持有与客户相关联的经济利益（如客户发行的股票投资等）或其他利益可能导致注册会计师的判断或行为所产生的不利影响

续表

不利影响	含义
自我评价	在执行当前业务的过程中，注册会计师的判断需要依赖本人或其所在会计师事务所在过往执行业务时所作出的判断或得出的结论（如曾经审计的财务数据等），而可能导致其不恰当地评价这些过往的判断或结论
过度推介	注册会计师倾向客户的立场，而使得应有的客观公正原则受到损害
密切关系	注册会计师由于与客户存在长期或密切的关系，导致过于偏向客户的利益或过于认可客户的工作
外在压力	注册会计师迫于实际存在的或可感知到的压力，而导致无法客观行事

资料来源：课题组根据公开信息整理。

运用职业道德概念框架能帮助注册会计师认清可能对其执业产生不利影响的因素，并作出适当的评价和应对。

（三）职业道德和审计质量

职业道德涵盖六个元素，与提升审计服务质量息息相关。在专业人士的执业生涯中除了应用的专业理论和知识外，一项重要的价值在于运用专业判断，这是保证服务质量的关键一环。一个专业的判断，须是不偏不倚的，如同给予服务对象一支强心针，保证为他们提供的服务是有诚信、客观的，不会因服务提供者的个人利益或其他干扰而影响其提供服务的真实性和客观性。如此可以保持会计行业专业服务水平和审计工作的质量。

举例来说，在审计过程中，如果注册会计师认为业务报告、申报资料、沟通函件或其他方面的信息含有严重虚假或误导性的陈述、缺乏充分根据，或存在可能会产生误导的遗漏或含糊其辞的信息，注册会计师不得与这些有问题的信息发生关联。在诚信的原则下，如果注册会计师注意到有问题的信息，应当尽快采取适当的措施以消除这些关联，例如对不一致的信息实施进一步调查并寻求进一步的审计证据，保持职业怀疑。这也是提升审计质量的一个方面。

但是，全面提升审计质量并不是单靠对注册会计师在职业道德方面的规范，而是一个更多角度、多层次的课题。我们会在第（四）小节讨论。

（四）行业和个人的职业道德

提升审计质量的涵盖范围是非常广的，可以通过不同的方法提升审计质量以及整个行业的质量,其中个人职业道德担当着重要的角色。

1. 宏观的角度:行业格局。

考虑到我国的经济和行业发展的节奏和模式,针对以下提升行业审计质量目标可以考虑的正面措施:

(1) 提升企业会计信息质量。

审计质量与会计质量关系密切。要提高审计质量更需要由根本出发,会计质量高,则审计工作事半功倍。反之,则事倍功半。所有审计问题均源于会计处理上存在的问题。如果财务报表不存在重大错报,就不会出现审计失败(所谓审计失败是指审计中未能发现财务报表中存在的重大错报)。如果会计处理质量较高,审计工作的开展就较为容易;当会计处理质量较差,审计工作的开展则较为困难。如果存在舞弊,尤其是管理层舞弊,审计工作的开展将变得极为困难。

这里可以带出,不仅审计师要有职业道德责任,更加重要的是负责编制和签发业务报告的企业会计师和管理层,也应具备职业道德的正确思想和操守。

客户企业和注册会计师在维护公众利益目标中,可合力推动提升企业财务报告的质量。而从源头开始的重点工作必然是加强审计委员会的参与并厘清他们的职责,提醒企业内会计师对会计质量的关注,以及明确地将会计责任放在审计责任之前。

(2) 适度规管审计费用水平,避免低价竞争。

这里所指并不是限制审计费用的上限,费用上限是与保持独立性相关的。在《中国注册会计师守则》中已经在这方面作出考虑,跟国际职业道德守则要求一致,在会计师事务所从某一公众利益实体审计客户或其关联实体收取的全部费用占其所有客户的依赖比重超过 15%,将对独立性产生影响。适度规管审计费用水平所指的是,市场机制应当避免会计行业的职业道德问题,不会由于收费过低而损害审计质量或妨碍事务所的长远发展和可持续性。审计质量不应因某些低价竞争的不健康现象而成为当中的牺牲品。

(3) 通过拓展非审计业务以加强审计质量及壮大事务所规模。

有一些意见是会计师事务所同时提供非审计服务是否会因当中可能存在的冲突角色而未能保持独立性。学术研究尚未获得结论性证据以完全证实会计师事务所向非审计客户提供大量不同类型的非审计服务,会对事务所提供的审计服务的质量造成威胁。

如果通过引入新的措施以便鼓励和引导单纯从事审计业务的会计师事务所向多元化事务所方向发展，例如鼓励及促进非审计关联事务所的建立或并购的措施，赋予会计师事务所在提供非审计服务方面更大的灵活性；或是修改现行的规章制度以允许从事审计业务的会计师事务所拥有更大比例的从事非审计业务的非注册会计师合伙人。

通过较多元化的服务能够帮助会计师事务所提高审计复杂企业集团所需的知识（包括行业特定知识）和技能。多元化专业服务模式能够帮助事务所实现长期持续发展，还能提供充裕的资金用于扩展规模、雇佣和保留优秀人才、培养职业道德方面的文化、持续教育和支持职业道德方面的建设、建立更好的基础设施、研发更与时俱进的审计工具和更好的员工培训，这最终有利于审计质量的提升。另外，在审计过程中，事务所可以较多地使用内部专家，例如税务、评估专业等，产生协同作用，减少对外部依赖而可能出现在审计项目控制质量的问题。

2. 从注册会计师个人职业道德操守的角度出发。

提升审计质量需要一个行业共同努力，国家、会计师事务所的支持非常重要，同时也有赖于注册会计师的个人努力。

最近，中国注册会计师协会成立项目组，对国际审计与鉴证准则理事会（IAASB）发布的国际质量管理准则（征求意见稿）进行研究，并同步启动了相关修订工作。在这些征求意见稿的目标里提及质量管理体系的重要组成部分中，包括了治理和领导以及相关职业道德要求的部分。这显示了职业道德这个环节的重要性。

提升审计质量从落实领导责任开始，以业务质量为导向文化，为会计师事务所中每一个成员树立正确的价值观，设定获取业务成果的目标。职业道德的一环就是有赖于注册会计师在实现质量目标的过程中持续学习，不断提高专业能力，在提供服务过程中保持警惕，坚持客观、诚信原则，合理怀疑，保持独立性的自律能力，由此能够极大地提升审计质量。

四、执行职业道德要求时所遇到的主要问题和后果

在职业道德的规范中，注册会计师正直的人格，保持警觉、审慎态度和独立性是必不可少的。在行业中，注册会计师也会关注一些热点问题，例如事务所轮换是否可解决独立性问题或是否能提高审计质量等。另一方面，注册会计

师在满足职业道德规定时，可能也会遇到一些挑战，这些挑战源于因为职业道德规定中部分条文的涵盖范围太广，可能令注册会计师无所适从。

（一）对轮换制度的讨论

项目合伙人和其他主要合伙人的轮换是对注册会计师就与审计客户长期关系导致与客户过于亲密的一些规范，一些意见认为这可以解决独立性问题。当然，独立性的课题源于希望达到高审计质量的目标，上文也讨论了一些提高审计质量的重要考虑。

有关对合伙人轮换的期限，无疑会对规模不大的事务所在人员安排上带来一些压力，因为每个上市项目都有不止一个合伙人参与其中，他们的角色各有不同。此外，一个合伙人在事务所中担任不同角色的项目又不止一个。在轮换时规模不大的事务所可能会在人员安排上较为紧张，在较短的轮换期的要求下难度也相对较大。

会计师事务所强制轮换，是指对某一会计师事务所能够连续审计某一被审计单位的年限作出限制，当该会计师事务所连续审计该被审计单位的年限达到该限制时，强制该事务所退出该被审计单位的审计业务。我国现有个别与会计师事务所强制轮换的条文包含范围限于金融企业和中央企业财务决算审计业务的范围。会计师事务所强制轮换是一个在多个国家都存在争议的问题。原因何在？因为其对行业影响深远，必须经过全面审慎的评估。相关的讨论在中国注册会计师协会最新职业道德准则修订时的修订说明（下称"修订说明"）中也有提及。对于会计师事务所强制轮换的不同看法如表12所示。

表12　　　　　对于会计师事务所强制轮换的不同看法

支持事务所强制轮换的观点
• 有助于提高注册会计师的独立性。该观点认为，因与审计客户长期关系会使得与其"过于亲密"，更加容易与被审计单位形成"利益共生"关系，更加倾向于维护该客户的利益。此外，对客户的经济业务以及内部控制都非常熟悉，从而使得注册会计师帮助审计客户实施舞弊更加便利。
• 有助于提高审计质量。该观点认为，在长期关系中容易形成固有的思维模式，不利于发现被审计单位的一些问题。如果实施事务所强制轮换，由于不同事务所注册会计师职业经验的不同以及思维方式的差异，后任注册会计师在审计时，可能更容易发现被审计单位财务报告中存在的问题，从而提高审计质量，或促使其保持必要的职业谨慎和应有的职业道德

续表

反对事务所强制轮换的观点
• 提高会计事务所和审计客户的成本。该观点认为，会计师事务所可能为了争取到新的客户而频繁竞标，从而增加大量的营销成本；注册会计师在面对新的审计项目时，需要投入更多的资源去了解客户情况，包括需要经历一定期限的"学习曲线"积累经验后，才能正常开展审计业务；以及事务所轮换会使审计客户发生额外的选择成本，也需要在审计初始年度投入更多资源去支持会计师事务所了解其各项工作，从而提升了审计客户配合新任会计师事务所工作的成本。 • 对审计质量造成负面影响。该观点认为，首先，审计业务在很大程度上依赖于注册会计师的经验判断，而轮换后的事务所在审计初始年度对客户情况未能很好地掌握，可能不能有效地控制审计风险，进而在审计过程中不能及时发现财务报表的重大错报，导致审计质量降低和出具不恰当审计意见。其次，在强制轮换的情况下，会计师事务所可能会因为缺乏继续保持与该客户合作关系的动力，导致事务所在审计项目上投入的减少，也可能在一定程度上影响审计质量。 • 加剧审计市场的不正当低价竞争。该观点认为，会计师事务所强制轮换会加剧审计市场的不正当低价竞争，不利于行业的有序发展。目前，我国审计市场选择的主动权在被审计单位手中，会计师事务所处于被选择的地位，在审计费用的议价方面处于弱势。会计师事务所之间已经存在着比较激烈的竞争，而轮换事务所更加可能降低会计师事务所在审计市场的议价能力，从而将加剧事务所之间的低价无序竞争，不利于行业的整体健康发展。此外，审计市场上还可能出现通过事务所合并规避轮换制度、后任事务所雇佣前任审计团队等情况，这些做法都会使事务所强制轮换流于形式。 • 对被审计单位和报表使用者的影响。该观点认为，对被审计单位来说，会计师事务所强制轮换可能削弱公司治理层（如审计委员会）在选聘审计师方面的权威，进而影响高效的公司治理架构的构建。

资料来源：课题组根据公开信息整理。

（二）主要近亲属定义的实务操作问题

现行中国职业道德守则中对主要近亲属的定义是指配偶、父母或子女，这可能与以前国家社会结构或一些历史原因的考虑有关，定义较为宽泛。而在实务当中可能会使得注册会计师在一些情况下难于满足要求。一个简单的例子通常出现于在独立性合规时，职业道德守则要求参与审计项目组成员或其近亲属不能持有该审计客户的股票。如果父母已经离异或其他个人原因，一直以来也没有跟父母联系，如何证明是由于这个关系和状况而使得注册会计师未能知道或获取相关信息呢？同样地，成年子女是否会愿意或及时为本人提供他们的财务信息？特别是要考虑大家已经在国内社会环境和强大的经济环境下，在经济上多是独立个体，要在配偶的关系以外且没有赡/抚养关系的情况下，从对方获取这些高敏感度的投资问题或财务信息的确存在一定的挑战。

要解决问题，可能需要考虑重新审视主要近亲属的定义是否可以作出微调，例如，在父母和子女中引入被赡/扶养的概念，完善职业道德守则中主要近亲属的包含范围。这样的话，以上提及的实务问题可以迎刃而解。

(三) 会计师应对违反法律法规行为时是否受到法律保障

在国际职业道德守则和已于2020年12月修订的中国的道德要求中，也增加了与会计师应对违反法律法规行为相关的要求，以维护公众利益。而当中也有相关条文补充，在某些情况下，注册会计师可能会被要求披露涉密信息，或者披露涉密信息是适当的，不被视为违反保密原则，其中包括按法律法规要求披露，例如为法律诉讼准备文件或提供其他证据，或者向适当的监管机构报告发现的违反法律法规的行为。

对注册会计师来说，在实务中就法律法规是否禁止相关披露或当注册会计师运用专业和技能以及职业判断去评价某一行为是否违反法律法规确实存在实务困难。再者，当报告有关事项时，因报告对象判断不准确或注册会计师认为是适当的披露的情况下，是否存在相关法律法规能针对民事、刑事、职业责任或报复行为为注册会计师提供强有力且可靠的保护？这是注册会计师关注的问题，例如有关披露要求的范围是否已经包含在适用的法律法规中，并同时涵盖其他专业服务提供者？这些应有保障可避免注册会计师在遵守职业道德要求时无意地违反了保密原则而需要承担其他法律后果。

这方面的规定是否也涵盖其他专业服务提供者，以确保注册会计师事务所在获取客户给予提供服务（通常是非审计服务或咨询服务类别）机会时，是在同样的条件下公平竞争？如果有关法律法规将该披露要求涵盖所有服务提供者，可以避免注册会计师在提供非审计专业服务时，因需要遵守职业道德守则规定中相关披露而使得他们相对于一些非注册会计师提供同样服务不受限而处于不公平的竞争局面。

如果对该问题的担心而导致一些经验丰富的专家担心因为需要遵守该方面的披露要求而承担额外法律责任的不确定性，选择退出注册会计师行业，这将是整个会计行业面对的重大挑战，经验丰富的专家人才的流失，还会对提供审计以外专业服务领域的长远和健康发展带来局限性。

(四) 未能符合要求时需要面对的后果

若注册会计师没能严格遵循职业道德守则，可能会为自身和其所属会计师事务所甚至客户带来不同程度的影响及后果。这些后果可能是警告、谴责、罚款、吊销执业证书、市场禁入处罚、诉讼或其他因对财务报表产生重大影响而导致的后果。如情节严重，更可能对客户的投资者、债权人、员工或社会公众造成实质性损害,从而引发更为广泛的公众利益后果。

经查阅中国证监会网页有关行政执法的公开信息,我们注意到在对外公开的执法行动信息中,涉及不同个案,较多的与上市公司的内幕交易及信息披露不当有关。2018年1月至2020年初,有14宗涉及注册会计师或会计师事务所的个案(见表13)。涉及的事宜均是与执行审计业务时未能勤勉尽责或未有保持应有的职业怀疑有关。大部分的指控是没有获取足够审计证据、审计程序不到位或未识别出存在的舞弊风险。当中个案未有特别容易注意到与专业能力以外的其他职业道德如独立性的相关个案,这可能是因为国内与其他国家在这方面的披露要求各有不同。

表13 中国2018年1月至2020年3月底监管对象是涉及审计师或会计师事务所的个案摘要

公告日期	违规性质	违规情况	处罚性质				
			限期整改	没收业务收入	罚款	警告/警示函	暂停承接新业务
2018年7月31日	执行审计业务中未能勤勉尽责	审计财务报表时未勤勉尽责,出具的审计报告存在虚假记载		√	√	√	
2018年8月6日	执行审计业务中未能勤勉尽责	• 未按要求执行货币资金的函证程序; • 销售与收款循环函证程序不当,未关注重大合同的异常情况; • 采购与付款函证程序不当; • 预付工程款的审计程序不当		√	√	√	
2018年12月6日	执行审计业务中未能勤勉尽责	• 风险评估阶段未保持应有的职业谨慎和职业怀疑,未识别出存在的舞弊风险; • 在了解被审计单位内部控制及控制测试审计程序中,对审批签名不全单据仍得出"控制有效并得到执行"的审计结论; • 执行的实质性程序存在缺陷; • 所提供的审计底稿存在部分缺失		√	√	√	
2018年12月7日	执行审计业务中未能勤勉尽责	• 审计过程中未勤勉尽责,没有按照审计准则的规定进行审计,未能发现财务舞弊行为,出具的审计报告存在虚假记载; • 未对其他业务收入执行控制测试程序; • 对其他业务收入执行实质性程序时,未保持应有的职业怀疑,未充分关注废料收入确认的异常情况		√	√	√	

续表

公告日期	违规性质	违规情况	处罚性质				
			限期整改	没收业务收入	罚款	警告/警示函	暂停承接新业务
2018年12月20日	执行审计业务中未能勤勉尽责	• 审计程序不到位； • 财务报表审计时，风险评估遗漏相关信息		√	√	√	
2018年12月29日	执行审计业务中未能勤勉尽责	• 未能实施有效程序对公司舞弊风险进行识别； • 未对应收票据余额在审计基准日前后激增又剧减的重大异常情况保持必要的职业怀疑，未能及时识别财务报告的重大错报风险； • 未对询证函回函的异常情况保持应有的关注； • 所实施的审计程序不足以获取充分适当的审计证据		√	√	√	
2019年1月22日	执行审计业务中未能勤勉尽责	• 在未获取充分、适当的审计证据加以验证的前提下，即认可了关于应收账款和应付账款"对抵"的账务处理； • 在得知审计报告用于发债目的时，未将该项目风险级别调整并追加相应的审计程序； • 在审计时未获取充分、适当的审计证据，出具的审计报告存在虚假记载		√	√	√	
2019年5月24日	执行审计业务中未能勤勉尽责	• 审计财务报表时未勤勉尽责； • 提供盈利预测实现情况专项审核服务时未勤勉尽责； • 提供财务报告内部控制有效性审核服务时违反相关业务规则		√	√	√	
2019年8月27日	执行审计业务中未能勤勉尽责	• 未充分、适当执行风险评估程序； • 未充分、适当执行预付账款审计程序； • 未对账外银行账户执行充分的审计程序； • 未关注审计证据之间存在明显异常； • 对财务报表发表不恰当审计报告意见； • 在年报审计过程中未勤勉尽责		√	√		
2019年10月28日	执行审计业务中未能勤勉尽责	• 出具的审计报告存在虚假记载； • 在审计影视版权转让违约金收入时未勤勉尽责； • 在审计财政补助营业外收入时未勤勉尽责		√	√	√	

续表

公告日期	违规性质	违规情况	处罚性质				
			限期整改	没收业务收入	罚款	警告/警示函	暂停承接新业务
2019年11月20日	执行审计业务中未能勤勉尽责	• 执行审计业务过程中未能勤勉尽责，分别于2019年5月、2019年10月受到证监会的行政处罚	√				√
2019年12月6日	执行审计业务中未能勤勉尽责	• 出具的审计报告存在虚假记载； • 在审计年度报告时未勤勉尽责		√	√	√	
2019年12月31日	执行审计业务中未能勤勉尽责	• 未对货币资金审计实施有效程序并获取充分、适当的审计证据加以验证； • 出具了标准无保留意见的审计报告，发表了不恰当的审计结论		√	√	√	
2020年2月25日	执行审计业务中未能勤勉尽责	• 对收入政策审计程序不到位； • 销售业务循环控制测试不恰当； • 贸易收入真实性审计程序不到位		√	√	√	

资料来源：中国证监会/行政执法，http：//www.csrc.gov.cn/pub/zjhpublic/；中国财政部/工作通知，http：//kjs.mof.gov.cn/gongzuotongzhi/。

美国公众公司会计监督委员会（PCAOB）监管对象是涉及审计师或会计师事务所的个案摘要如表14所示。

表14　美国公众公司会计监督委员会（PCAOB）2018年1月至2020年3月底监管对象是涉及审计师或会计师事务所的个案摘要

个案性质	个案数目
与执行审计业务中未能勤勉尽责、违反PCAOB规定和准则相关	32
与违反质量控制准则或不配合检查相关	5
与违反关于独立性或检查相关的职业的道德问题	8
总数	45

资料来源：美国公众公司会计监督委员会/执行信息，https：//pcaobus.org/enforcement/Pages/default.aspx。

美国证券交易委员会（SEC）监管对象是涉及审计师或会计师事务所的个案摘要如表15所示。

表15 美国证券交易委员会（SEC）2018年1月至2020年4月底监管对象是涉及审计师或会计师事务所的个案摘要

个案性质	个案数目
与执行审计业务中未能勤勉尽责、与违反PCAOB规定和准则相关	27
与违反关于独立性或检查相关的职业的道德问题	11
总数	38

资料来源：美国证券交易委员会/会计及审计执行信息发布，https：//www.sec.gov/divisions/enforce/friactions.shtml。

为了更具体地说明注册会计师若未能符合职业道德要求可能引致的后果，下面是3个近年曾被媒体广泛报道过的外国案例：

📖【案例1】 审计师与亲友进行内幕交易

美国证券交易委员会于2017年公布了一宗审计师与亲友进行内幕交易的个案。一名受聘于一家大型会计师事务所的审计人员在执行一家公司的审计项目期间获知该公司即将对某一家公司进行收购的敏感信息，该名审计人员在此项有关收购的消息尚未对外公布前，便向其亲友泄露了该消息。其亲友得悉该信息后，随即购买相关公司的认购期权，并于收购消息公开后获取利润。最后，二人皆被控告违反证券交易法，并需作出民事赔偿。

📖【案例2】 审计监管机构人员泄露敏感信息以协助一家大型会计师事务所通过对事务所的检查

美国证券交易委员会于2018年1月22日公布了一宗涉及6名分别任职于一家大型会计师事务所和PCAOB的注册会计师因不当地披露或使用PCAOB关于检查的敏感信息而被起诉的个案。

在2015~2017年间，一名前PCAOB员工于加入该会计师事务所后请求当时任职于PCAOB的雇员提供PCAOB检查计划中与该事务所有关的机密信息，从而使其有机会在接受检查之前更改可能会被审核的文件。

数名涉案人员其后陆续被美国政府因涉嫌欺诈和串谋而起诉和定罚，并分别被解雇、辞职或被停职。数名注册会计师最后亦被提起刑事诉讼，当中一些人被定罪入狱，刑期分别为8个月和1年。另外，该事务所付数千万美元的罚款。

美国证券交易委员会执法部门联席主管表示："据指控,这些会计师从事了令人震惊的不当行为,实际上是窃取了一份考卷,试图干扰 PCAOB 检查该事务所审计缺陷的能力。"PCAOB 检查计划的目的是评估事务所是否存在偷工减料,损害独立性的行为,或者在勤勉尽责上做得不够。SEC 不能容忍任何破坏检查的行为。

【案例 3】 会计师事务所违反了独立性要求

2019 年 8 月,PCAOB 公布了一宗关于一家大型会计师事务所位于墨西哥的分所违反了独立性要求的个案,原因为墨西哥分所的 6 名合伙人拥有由该所的一位银行客户提供被禁止的贷款或经纪账户。此外,该所未及时以书面形式向该银行客户的审计委员会汇报有关事件,亦没有建立足够和监督有关审计师独立性和与审计委员会沟通的质量控制政策和程序。该事务所最终被 PCAOB 谴责,并处以 10 万美元的民事罚款,及需就相关整改措施提交报告。

五、从职业道德角度提升审计质量的意见和建议

要确保审计质量,会计师事务所的审计质量管理有着重要的作用,其中一环便是在职业道德方面的建设和管理,使得注册会计师或从业人员亦必须做好职业道德方面的合规工作,当中包括良好的公司治理结构,包括领导层和团队以质量为重的文化导向,在这方面是不可或缺的。另一方面,会计师事务所应向注册会计师提供一个良好的工作环境,促使会计从业人员高度重视职业道德基本原则及各监管机构的要求,并遵循《中国注册会计师职业道德守则》和各相关法律法规以提升审计质量。

本部分将从会计师事务所的角度出发做好职业道德方面的建设而协助从业人员的合规,包括政策与执行、人员管理和教育、信息分享与建设及监控四个方面,以有效地提升审计质量。

(一) 政策与执行

会计师事务所应在职业道德基本原则的基础上及各专业业务的范畴内建立相关的政策和程序,并对有关人员是否遵循实施持续的监督。

会计师事务所应制定一套自身适用的审计方法,以确保所内执业人员用统一的质量标准去执行业务。所以,把有关重点的职业道德要求也包含在内便

可，或针对特定事项制定其他适用的政策或指引。

有关政策和程序的例子包括：

(1) 适用于全体员工的职业道德行为守则。

(2) 适用于事务所和执业人员的独立性规定。

(3) 执业人员必须遵循的教育、培训和经验要求。

(4) 所内与职业道德相关的投诉及处理机制。

(二) 人员管理和教育

审计质量关乎于注册会计师的审计成果，而这绝对取决于审计项目组成员的专业胜任能力，如行业专长、教育背景、具备的专业资格及执业经验等。会计师事务所应当实施有效的人才选聘制度，并可通过后续教育、培训和执业实践让员工获取和保持专业胜任能力，并应当持续了解和掌握当前法律、技术和实务的发展变化。后续教育可按需要定期提供持续和合适的内部培训课程，并设立完善的人事及培训系统以作有效管理、记录及监察，藉以确保从事专业服务的人员都得到恰当、持续和足够的培训和督导。

(三) 信息分享与建设

随着社会对审计行业的重视及要求与日俱增，审计工作的复杂性及多样性不断提升，加上科技及网络的快速发展，会计师事务所应当建立更快捷、安全和稳健的审计技术，以提升审计团队的工作效率，令审计项目组成员在执行审计工作时可更有效率并在安全的情况下执行审计。这方面包括存取、使用和保存该等信息，避免数据外泄所带来严重的后果。这些措施应当包括制定有关保密性和工作底稿归档的政策或指引、建立安全和有权限限制的信息分享和储存的系统或计算机平台。

(四) 监控

事务所的政策和程序是首要的，作为合规工作的第一步，协助执业人员理解要求并指导如何实现合规。对于监控的理解，在各业务流程操作层面这是对关注重点执行控制以便在不合规的情况发生前预先识别出并防止其发生，例如实施审批控制，这些都是预防性工作。而另一方面的监控就是在后续的监控活动中以发现漏网之鱼，即通过测试识别已发生的不合规情况并采取适当、及时的纠正措施。

函证电子化研究

> **导读** • • •
>
> ◎ 函证程序是注册会计师审计工作中执行的重要审计程序之一。随着信息技术的进步和发展，采用信息技术手段实施函证程序在安全性和可靠性方面已逐步成熟。
>
> ◎ 函证电子化可采用的技术方式分为平台技术和区块链技术。平台技术一般由第三方独立机构搭建网络共享平台，联接银行、审计机构和被审计单位。第三方电子平台使用数字化的加密手段和签名来确保函证业务中信息的安全性。而区块链电子函证技术则采用区块链去中心化、分布式存储、信息公开透明等技术特性，把安全身份认证机制加入到区块链的共识体系中，支持点对点加密传输数据，建立起一个不可篡改、多方互信、安全可靠的电子函证联盟链。
>
> ◎ 按照搭建方式，函证电子化平台分为事务所函证平台、银行函证平台以及第三方函证平台等。无论是采取哪种搭建方式，平台都要具有公信力。
>
> ◎ 函证电子化能够解决目前函证中存在的被拦截、篡改、截留或其他可能的舞弊风险，实质上属于信息诚信建设的一部分，系属于营商环境中的信息诚信建设。因此，不仅需要国家政策制定部门的政策引导、金融管理机构的配合推动，还需要涉事各方的全力参与，以及国家对于信息平台建设、信息技术的规范指引等法律层面的法规制度的建设。

一、函证电子化概述

（一）函证存在的问题

1. 函证以及函证流程。

《中国注册会计师审计准则第 1312 号——函证》将函证定义为：函证是指注册会计师直接从第三方（被询证者）获取书面答复作为审计证据的过程，书面答复可以采用纸质、电子或其他介质等形式。注册会计师为获取相关、可靠的函证审计证据，需要设计和实施函证程序。

注册会计师函证的操作流程主要包括三个阶段，即发函前、发函后和回函后，见表1。

表 1　　　　　　　　　　　函证流程

流程	涉及的主要工作
发函前	确定实施函证程序 ①考虑被询证者对函证事项的了解情况。 ②预期被询证者回复询证函的能力或意愿。 ③预期被询证者的客观性。 ④识别可能表明函证无效的情况。 ⑤评估电子询证函平台的安全可靠性（如采用） 函证设计 ①确保总体的完整性。 ②选择恰当的方法以确定样本规模和选取样本项目。 ③设计询证函，并对询证函上的各项资料进行核实
发函后	对函证过程保持控制 ①采用邮寄方式发出询证函的，注册会计师首要核实被审计单位提供的被询证者的联系方式；其次由注册会计师独立寄发询证函，以保持独立性以及避免询证函被拦截、篡改等可能的舞弊风险，并保留询证函的复印件以及邮寄单证；注册会计师亦可以考虑在所发出的询证函上添加不易复制的特定标识，以便在收到回函时与事先留存的复印件进行比对以辨别真伪。 ②采用现场跟函方式发出询证函的，注册会计师可以独自前往，也可以由被审计单位员工陪同。在由被审计单位员工陪同的情况下，注册会计师需要确保在整个过程中保持对询证函的控制，观察函证的实地场所及被询证者实施核对的全过程，对在函证过程中出现的任何异常保持警觉。如果注册会计师以跟函方式向银行送达及收回询证函，注册会计师可以考虑采用非预约方式，按照相应银行的业务处理流程在相应柜面现场办理。 ③采用电子询证函平台方式的，注册会计师需对电子询证函平台的安全可靠性实施测试程序

续表

流程	涉及的主要工作
回函后	跟进函证结果、调查差异 ①采用邮寄方式回函的，主要需要关注的内容包括：回函是否原件；是否与发出的是同一份；是否直接寄给注册会计师；回函方名称、地址等信息是否与询证函中记载的一致；是否存在多封询证函寄自同一地址；是否存在多封回函同时或自同一收件网点发出；加盖的印章或签名是否清晰可辨认，并与询证函中记载的一致等。 ②采用跟函方式收回询证函的，主要需要关注的包括：询证函的处理流程和人员；索要名片、观察员工卡等方式确认处理询证函人员的身份和权限；对处理人员的工作进行观察。 ③采用电子询证函平台方式的，需要对电子询证函平台的安全可靠性实施了解及测试程序。由于电子询证函平台广泛运用电子签名，电子询证函回函不必像纸质询证函一样加盖函证各方的实体章、相关经办人手写签名或者加盖骑缝章等。 ④对于将询证函回复至被审计单位或经审计单位经手，再由被审计单位转交注册会计师的情况，注册会计师需要重新发出询证函。 ⑤对于未回复的询证函，注册会计师可以联系被询证方予以跟进，必要时再次发出询证函。如果仍未收到回函，注册会计师需要实施替代程序以获取相关、可靠的审计证据。 ⑥对于存在回函差异的，了解不符事项产生的原因，检查差异是否合理，视差异的具体原因进行处理，尤其要关注是否存在异常迹象。 ⑦对于通过直接访问被询证者网站获取的审计证据，如果被询证者通过书面形式确认其知晓相关事项，则通过该方式获取的审计证据与实施函证程序获得的证据效力基本等同，否则应履行函证程序。 ⑧应对所有未回函账户实施替代程序，追查至交易发生的业务单据，对显示的异常保持警觉

2. 函证导致的审计失败案例分析。

（1）银行函证。

【案例1】 银行函证

在深圳证券交易所上市的某创业板公司为掩盖向其母公司划转资金的交易，虚构银行账户28个。

会计师事务所于2014年3月对该公司货币资金进行审计时，在工作底稿中完整记录了该28个银行账户，唯在实际实施函证程序时，未对上述银行账户实施函证程序，也未记录不实施函证程序的理由。后经监管部门查明该等账户系该公司用于向其母公司划转资金以及相关资金的回转交易。

2015年3月，会计师事务所因包括函证事项在内的诸多问题，被中国证券监督管理委员会（以下简称"中国证监会"）认定未能在该公司2013年年度财务报表审计过程中勤勉尽责，被没收业务收入并处以罚款；签字注册会计师被给予警告，并处以罚款。

（2）往来款函证及交易函证。

📖【案例2】 往来函证

某会计师事务所在对某网络科技集团有限公司2013～2015年度财务报表审计时，对应收账款确定的函证策略为：10万元以上的应收账款全部发函，10万元以下的应收账款随机抽取确定函证样本。其中涉及该集团总部的发函单位共计228家，实际发出54家；涉及子公司的发函单位计200家，实际发出97家。

会计师事务所实施函证程序时，该集团总部安排工作人员参与填写询证函快递单并协助寄出，该集团各子公司的询证函由会计师事务所审计人员编制，再行交由该集团下属子公司在各地寄出。并且要求该集团将发函的快递底联全部寄回该集团并转交会计师事务所，或由该集团子公司直接寄回会计师事务所北京总部。

此外，还存在由该集团工作人员直接回函情况。从监管部门检查披露的信息看，大量回函的快递单存在连号或号码接近、发函与回函快递单号接近、部分询证函回函不符、部分询证函回函盖章为另一单位、数家回函均留有同样的邮寄信息、询证函发函与回函地址不一致等诸多的异常情况，而未引起会计师事务所的警觉，成为引致审计失败的因素之一。

📖【案例3】 往来函证

某会计师事务所在对某节能板材科公司IPO申报审计时，对应收账款、应付账款的函证均未记录函证收发过程，没有对函证过程实施有效控制。存在部分函证由该公司代发代收的情形。

在函证回函方面，也存在诸多的明显异常迹象，包括应收账款回函中部分回函盖章与函证公司名称不一致、银行询证部分询证函中没有列明会计师事务所的通信地址、电话等用于对方回函的信息、对于大部分未回函客户没有实施替代程序等。会计师事务所审计人员对于注意到的异常情况也仅履行了询问程序就采纳了其解释，未保持应有的执业谨慎。

2014年2月，会计师事务所因在该公司IPO审计未按照行业标准履行勤勉尽责义务，被没收业务收入并处以罚款；两名签字注册会计师被给予警告、处以罚款并被采取市场禁入措施。

3. 当前函证存在的主要问题。

函证由于取自外部、操作简单，是注册会计师获取第三方审计证据的常规审计程序之一。从目前资本市场暴露的诸多由于函证程序执行不到位引致的审计失败案例，以及监管部门对会计师事务所检查结果的通报来看，虽然程序执行难度不大，但是函证程序执行情况并不理想。通过对中国证监会2012～2019年行政处罚案件涉及审计事项的统计（见表2），在各项涉及的审计事项的行政处罚案件中，函证排在第一位。

表2　　　　　　证监会行政处罚案例涉及审计事项统计

事项/年份	2012	2013	2014	2015	2016	2017	2018	2019	合计
函证	1	3	3	1	3	6	3	—	20
交易测试	—	2	1	1	4	4	3	1	16
风险评估	1	1	1	1	1	1	4	1	11
底稿记录	—	3	2	—	2	—	3	—	11
了解及测试内控	—	—	—	1	—	1	3	1	6
监盘	—	—	1	—	—	1	1	1	4
审计意见类型及审计报告模式、要素	—	1	1	—	—	1	1	—	4
前后任沟通	—	—	—	—	1	1	—	—	2
其他审计问题	—	—	2	1	3	2	—	—	8
合计									82
函证占比									24%

资料来源：通过对中国证监会2012～2019年行政处罚案件涉及审计事项的统计。

函证出现的问题主要包括未严格履行函证程序，该执行的函证程序不执行；未按拟定的选样标准进行发函；被审计单位参与函证；函证过程缺乏控制；函证被篡改；对未回函的函证没有执行进一步审计程序；未充分关注函证回函的疑点；对于回函差异未关注及跟进等。

（二）函证电子化发展现状

传统函证手段不仅效率较低、成本较高，而且收发过程还存在被拦截、篡改、截留或其他可能的舞弊风险。随着信息技术的进步和发展，使用信息技术手段实施函证程序在安全性和可靠性方面已逐步成熟。

注册会计师在执业过程中通过电子技术实施函证程序，以解决函证信息传输过程中的低效、高成本、易篡改、易截留的弊端。因此，如何评估电子函证的可靠性，如何在审计工作底稿中记录有关电子询证函发出和收回的过程，如何保证注册会计师的独立性，以及确保电子询证函的有效性等方面已成为实务中迫切需要解决的问题。

1. 现有的函证电子化平台。

（1）银行函证中心。

在银行函证电子化平台建设方面，目前以中国工商银行（简称"工行"）为代表率先试点工行函证电子化平台。工行提供的函证电子化平台解决的是在工商银行开户的被审计单位相关信息的查询。该平台于 2019 年 7 月 31 日在上海、广东分行 6 个重点客户共计 12 个账号发起电子函证业务；2019 年 8 月 1 日陆续收到函证结果。其流程主要包括函证单位从自身审计系统或工行企业网银发起函证申请，被函证单位企网确认后，系统根据函证要求，自动采集各项函证数据并返传函证结果，实现银行询证函电子化。流程透明，全程留痕。

该平台同时提供两种接入模式：一是针对自身拥有函证中心平台的大中型会计师事务所提供 API 接口模式，大中型会计师事务所通过自身系统发起与工行开放平台的系统对接；二是针对尚未建立函证中心的中小型会计师事务所，提供企业网银登录模式，中小型会计事务所通过工行企业网银发起。

（2）会计师事务所函证中心。

目前，我国有 8 000 多家会计师事务所，而绝大部分属于中小型会计师事务所，因此，行业内各事务所的规模、需求和 IT 技术发展水平良莠不齐，有些事务所可能并不具备自建函证平台的技术条件。而以"四大"和国内大中型事务所为代表的事务所，在函证电子化方面主要实现的是事务所内部函证处理的流程电子化，解决的是发函前和回函后的电子化问题，其函证中心平台对函证的发出和收回还主要依赖邮寄方式，与外部数据无接口，并非真正的函证电子化。

（3）第三方函证平台。

2019 年 12 月，全国首家函证业务综合服务平台 51hanzheng.com 上线，主要用于会计师事务所、资产评估机构、企业内部审计部门和投行尽职调查部门。系由北京企财科技有限公司开发的第三方电子函证应用平台，支持 PC、APP、小程序、微信等多终端操作。

该平台主要运作方式为将函证程序的函件制作、邮寄、签收等流程通过互联网线上进行集中控制，将快递发函、电子发函及跟函集中处理，提供跟函、快递函证、电子函证三种模式，需要注册会计师注册登录创建项目。该函证综合平台系集中式的中心化函证平台，通过国际授权的 CA 机构进行函证的防篡改认证。

2. 现有函证电子化平台的不足。

从我国函证电子化平台的发展现状来看，各类函证电子化平台尚处于早期实践阶段，无论是以银行为代表的金融机构，还是以行业为代表的第三方电子化平台，均不具有成熟的且具有代表性的平台。就目前已经推出的电子化平台来看，函证电子化平台发展的不足之处主要体现在各方的参与意愿方面，而非技术层面本身。

诚然，函证是一个涉及多个参与方的审计程序，因此在函证电子化的过程中需要各方达成共识，共同参与。在信息技术广泛运用的今天，函证电子化不仅涉及与信息技术的结合，更需要函证电子化中涉及的各方的共同认知和共同参与。利用电子化技术建立集中化的函证处理中心是一个系统的建构工程，涉及因素较多，需要得到各方的配合，不能生硬地照搬外国经验。不仅需要国家主管部门的的政策引导、金融管理机构的配合推动，具体架构、组织规范、运营理念和业务流程等，还需要我国的相关从业人员去实践。

3. 其他的函证电子化平台介绍。

（1）以美国资本市场为代表的 Confirmation.com 平台。

Confirmation.com 平台属于集中式的中心化函证平台模式，在美国、澳大利亚等国使用多年。该平台由国外一家私人公司创立，提供在线函证的第三方平台。总部设在美国田纳西州，客户遍布全球 170 个国家，超过 16 000 家会计师事务所，4 000 家银行和 5 000 家律所。在美国，共有超过 100 家银行将自己的函证业务交由以 Confirmation.com 为例的集中式平台完成。

会计师事务所可以通过网上注册方式与 Confirmation.com 建立合作关系。对于没有在 Confirmation.com 注册的银行不会接受非 Confirmation.com 的函证方式。Confiramtion.com 的整体函证流程基本遵循了传统纸质函证流程。

（2）中国台湾地区推出金融区块链函证平台。

2018 年，中国台湾财金公司发布函证区块链平台，由某学术单位基于区块链技术开发。该金融区块链平台应用区块链与电子签名技术，将函证业务流程电子化。

该金融区块链平台的函证流程主要包括被审计单位授权和函证作业其中授权可选择书面授权或线上授权，由注册会计师与被审计单位签订纸质或电子签章授权。被询证银行审核被审计单位的授权，无论是书面授权或是线上授权，授权结果均由被询证银行确认后返回至注册会计师；经被审计单位授权后，注册会计师发起函证将直接通知已经授权的被询证银行，发函及回函均不经过被审计单位。

据台湾工商时报报道，以财金公司作为平台的"金融区块链函证服务"已在2018年12月正式上线，迄今已有30家银行加盟，其中7家业务代理银行除了本身改采区块链函证外，更主动协助会计师事务所及企业户完成函证服务使用等事宜。遗憾的是，财金公司金融区块链目前只是提供与银行相关的函证。

二、函证电子化的价值和优势

（一）信息共享价值

函证作为注册会计师最为常用的审计手段，需要核实的信息主要包括被审计单位在商业银行与资金相关的信息、与其他单位的交易及往来信息等，目前该等信息分散于各家商业银行、各企事业单位，均为信息孤岛。注册会计师为验证该等信息，需要在不同信息主体之间逐个核实。

商业银行采取的是收费机制，少则一份函证收取200~400元不等，多则按照函证的信息量条数收费；企事业单位函证不收费。无论是商业银行的函证还是企业事业单位的函证，在信息流转过程中都涉及发出及收回的高额的物流快递成本，以及函证处理过程中的人工处理成本，且时间较长。由于在流转过程中牵涉方方面面的人员和节点，易造成函证被截留、篡改的可能，一旦由此引致资本市场审计失败案例，将给资本市场造成负面影响。

如果实现信息共享，通过技术手段解决函证信息传输过程中的低效、高成本、易篡改、易截留的弊端，同时相应减少相关的社会成本。

（二）对社会诚信体系建设的价值

信息诚信是社会诚信体系的一部分，信息尤其是公开透明及时的信息在今天经济发展中的作用是毋庸置疑的，证券市场监管的核心就是信息披露。

深究目前函证方式弊端产生的深层次原因之一系营商环境诚信建设中的信息诚信问题。因此，函证电子化不仅仅是解决注册会计师行业函证的信息证实问题，从长远看，亦属于社会诚信体系建设的一个组成部分。

（三）对商业银行的价值

对商业银行来说，如果客户在多家商业银行开户，基于银行之间的竞争壁垒关系，银行互相之间的信息渠道是关闭的。任何一家商业银行很难掌握一家客户的全部信息，资本市场也出现过在客户经营状况恶化的情况下，部分商业银行在客户经营状况风险爆发之前采取了风险应对措施，而部分商业银行未采取任何风险防控措施。由于信息的不对称和信息流转的不完整，即使是商业银行，也会出现掌握信息的先后顺序和完整性问题，影响到风险应对措施的实施。一旦打通该信息壁垒，将促进商业银行对客户的风险管理能力的提升。

在目前商业银行函证处理流程中，需要安排人员进行处理，如果分支行众多，涉及的人员更多，相关的处理成本较大，同时对于处理好的函证还需要采取快递方式递送至收件人，亦会产生相应的运输费用。如果采用函证电子化，虽然看起来单件收费低于原先处理模式的单件收费，但是由于电子化的非人工处理，只要固化处理流程，采取的是批量的自动处理，成本低廉且大幅提升处理效率。

此外，商业银行目前的一些常规业务，比如资信证明、业务查询等，如果交由电子函证平台处理，客户直接从电子函证平台上申请办理或是查询，减少目前银行柜面办理的人工处理成本或是自助机器的投入成本，对银行外包业务的发展将起到推动作用。

（四）对企业的价值

在目前的函证模式下，被审计单位与企业之间的函证主要是通过快递的方式实现，一般彼此不收费。

由需要发出函证的会计师事务所安排人员填列询证函并发出，支付快递费用。收到询证函的单位的财务部进行核对处理，然后安排快递传送，相应产生处理成本及快递费用。

如果实现了函证电子化，无论是会计师事务所还是需要回复函证的客户都可以在平台上进行处理，发出函证单位授权需要函证的会计师事务所将数据打包，在平台上将需要函证的客户的数据发送至平台，由平台对数据自动进行匹配,并将相关结果发送至会计师事务所,完成函证工作。

在实务中,无论是需要发出函证的被审计单位,还是需要回复函证的被审计单位的客户,日常都需要进行定期的账务核对,一般双方通过邮件、电话、纸质等方式进行核对。对账的时效性、对账差异处理的及时性及准确性都存在滞后。在电子函证平台,只要双方互相授权,可以实现适时对账,虽然要为平台付出一定的费用,但相比人工单件处理成本,不仅成本低,对账的准确性、对账效果和效率相比人工处理的保证程度更为可靠。往长远来看,基于环保和效率,未来企业电子化处理的事项会越来越多,诸如电子合同签名、发票、货单等等,一旦对企业增加移动处理端就更便利了,企业无需自行投入硬件,而是借助平台进行处理,帮助企业在实现电子化处理交易的过程中节约投入及运营成本,享受平台的专业服务。

(五) 对监管机构的价值

从监管的角度来看,监管将从检查目前函证的物理过程变为检查函证平台的可靠性和运作情况,监管的方式和方法将发生改变。

目前,对于函证的监管往往在函证的整个业务活动结束之后进行检查,不能追溯至函证业务活动的过程,监管的最大价值在于修正此问题,防止问题产生的不良后果的发生,而不仅仅是基于处罚。因此,函证电子平台将给监管部门提供新的工作方式,将从事后监管变更为事前的预防、事中的控制以及事后的问题处理,实现精准监管、针对性监管、可靠取证,为资本市场发展保驾护航。

(六) 对会计师事务所的价值

函证程序涉及询证函的填列、核对、盖章、发出、收回、核对、记录、归档等,都涉及人工处理,还涉及社会的物流传输成本。部分大型会计师事务所除了在函证方面投入的审计成本之外,有的还建立专门的函证控制中心,负责全国函证业务的集中处理,投入专门的运营成本。一旦在函证电子化平台上完成函证工作,不仅提升注册会计师的工作效率,更重要的是杜绝目前函证中存在的信息被截留、篡改及舞弊的可能,保证审计效果,减少审计失败的可能,从而保证资本市场信息披露质量。

三、函证电子化的技术方案

根据函证电子化使用的技术,函证电子化平台分为集中式中心化函证平台模式和分布式函证平台模式两种。在函证电子化模块设计方面，包括身份认证模块、业务运营模块、平台运营模块三大模块，涵盖函证的发出、收回、移交、归档的整个生命周期。在设计函证电子化平台方案，要充分考虑监管机构、事务所、被审计单位、被询证单位、CA中心各自的定位，平衡好各方面的关系，使其实现便捷、高效、可控、可持续发展的良性运行。

（一）两种函证电子化平台的架构

1. 集中式中心化函证平台模式。

集中式中心化函证平台是建立一个系统集中部署、数据集中管理存放的平台（示例见图1）。为事务所、被审计单位和被询证单位提供统一的函证业务处理功能，集中管理和运营函证业务，提供统一的数据查询、统计和风险分析功能。

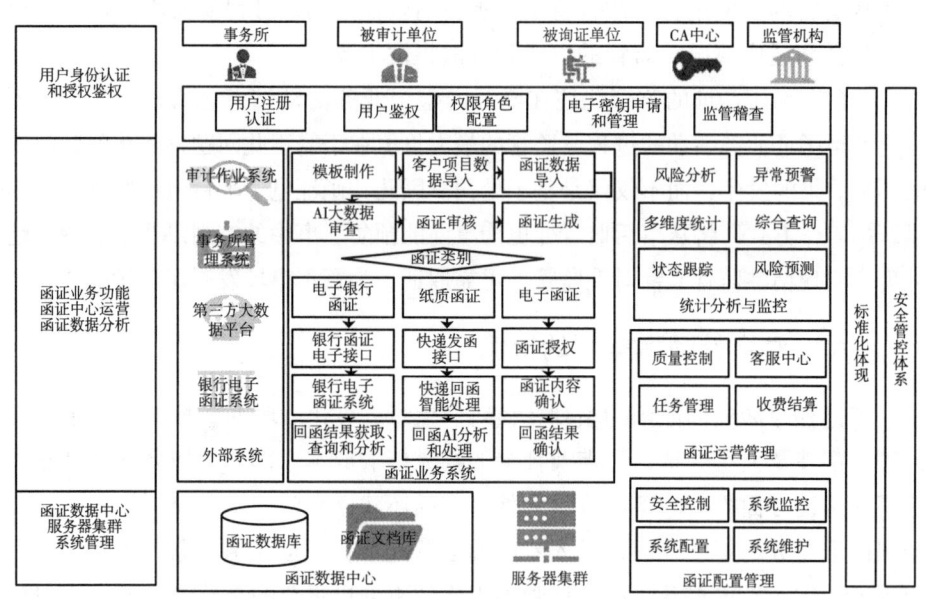

图1 集中式中心化函证平台系统的框架结构（示例）

该函证电子平台可以由监管机构或事务所运营，也可以由完全独立的第三方集中运营，均需要为监管机构提供监管功能和数据入口。为了保证数据的安全性和防止数据被篡改的可能，中心化函证电子平台可以和网络信息公证处结合，保证所有的函证信息可以得到公证处的公证，以保证数据不被篡改。

用户身份注册和授权鉴权是电子函证系统的安全大门，是保障函证业务有效性的基础。其核心功能是完成事务所、被审计单位、被询证单位用户注册、个人和单位信息认证、授权鉴权和权限管理功能。

函证业务功能覆盖函证全流程：包括函证数据准备、函证内容填写、函证文档生成、函证授权、回函、结果分析、归档；函证中心运营提供函证质量控制与监管、函证相关任务调度，收费核算和客服服务等功能，保障函证业务正常运行；函证数据分析可以支持多维度综合统计查询分析，支持按时间、项目、部门、函证状态、函证结果、被审计单位、被询证单位等不同维度查询历史函证数据。

函证数据中心系所有数据的存储中心，需要和众多内外部系统集成，通过和事务所的审计作业软件集成，自动获取需要函证的样本信息，导入电子函证系统，获取回函结果后，将回函结果自动导入审计作业软件，生成对应底稿和审计报告；通过集成外部大数据平台，验证关键信息，降低函证业务风险。

2. 区块链分布式函证平台模式。

分布式区块链函证平台是以区块链特有的加密算法、共识机制、账户模型为基础，由多方（包含但是不限于监管机构、事务所、银行等）共同建立的一个函证运行平台。

（1）区块链技术简介。

区块链技术，简称 BT（Blockchain Technology），也被称之为分布式账本技术，其特点是去中心化、公开透明、无法篡改和安全，让每个人均可参与数据库记录（见表3）。

表3　　　　　　　　区块链的基本原理和基本概念

概念	基本原理
交易（Transaction）：一次操作，导致账本状态的一次改变，如添加一条记录	区块链基于信息加密，共享账本，智能合约和共识机制等关键技术实现在不信任环境中构建信息不可篡改、不可抵赖，建立起加密方式的可信信息共享（交易）系统
区块（Block）：记录一段时间内发生的交易和状态结果，是对当前账本状态的一次共识	
链（Chain）：由一个个区块按照发生顺序串联而成，是整个状态变化的日志记录	

（2）区块链用于函证系统的可行性。

区块链按建设运营模式可分为公有链、联盟链和私有链三大类型（见表4）。

表4　　　　　　　　　三类区块链技术对比

	公有链	联盟链	私有链
定义	是指链上的各个节点可以自由加入和退出，并参加链上数据的读写，网络中不存在任何中心化的服务端节点	是指链上的各个节点通常有与之对应的实体机构组织，通过授权后才能加入与退出网络	是指链上的中各个节点的写入权限收归内部控制，而读取权限可视需求有选择性地对外开放
参与者	任何人自由进出	联盟成员	链的所有者
共识机制	pow/pos/Dpos	分布式一致性算法（dpos/pbft）	solo/pbft 等
记账人	所有参与者	联盟成员协商确定	链的所有者
激励机制	需要	可选	无
中心化程度	去中心化	弱中心化	强中心化
突出特点	信用的自创建	效率和成本优化	安全性高、效率高
承载能力	<100 笔/秒	<10 万笔/秒	视配置决定
典型场景	虚拟货币	供应链金融、银行、物流、电商	大型组织、机构
代表项目	比特币、以太坊	R3、Hyperleder	—

由于函证涉及多方参与，我们认为联盟链方式更为适合。函证中相关各方将函证相关数据加密后提交到区块链平台，基于共识机制、智能合约技术实现函证业务电子化、数字化和监管的透明化。

①联盟链实现电子函证的优点。

通过联盟链执行函证，优点是节省函证时间、降低函证成本、函证数据不可篡改，从而保证函证的效果和效率。另外，函证流程的全过程可审核、可监控、可降低舞弊的可能性。监管机构亦可以实时、准确地核查函证的执行过程，为监管部门界定责任提供支持。

②联盟链电子函证需要面对的挑战。

区块链函证联盟链建设需要众多参与方、需要顶层设计的完整规划，亦需要监管机构的强力主导，尤其是涉及银行数据的银监部门的主导。区块链函证联盟链相关的业务流程、数据标准和系统建设需要大量投入。对于相关介入方的接入,尤其是被询证方企业身份认证和接入是一个巨大的挑战,需要长时间推进。

③联盟链电子函证涉及的核心节点。

函证联盟链核心的参与方包括事务所、银行、中注协和函证运营中心等(见图2)。

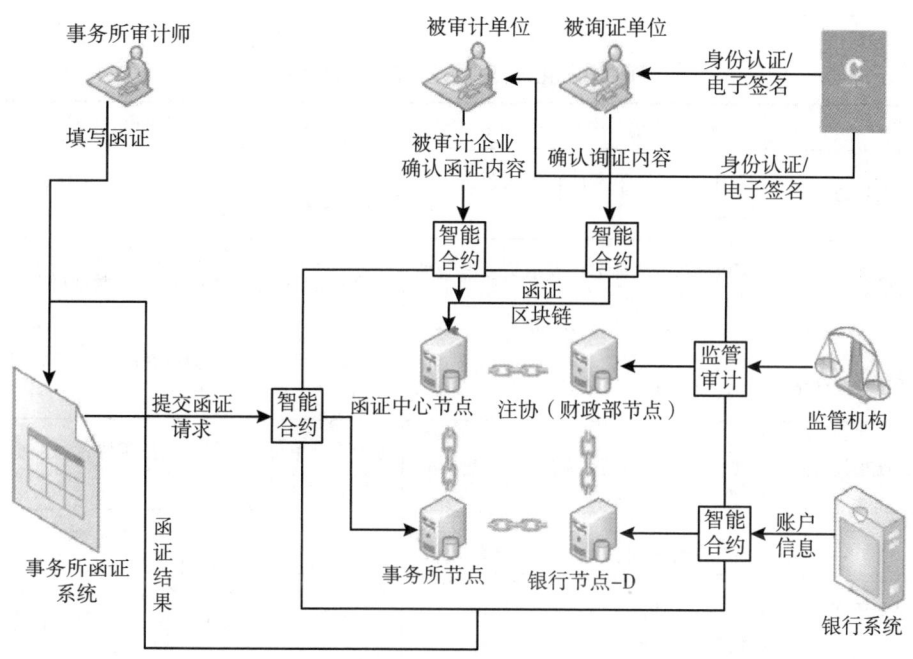

图2 联盟链中关键节点

(二) 两种模式的比较

集中式中心化函证平台系统和分布式区块链函证系统背后的技术背景存在差异,一个是类似目前较为常见的建设管理系统的成熟的技术,联接银行、审计机构和被审计单位,采用数字化的加密手段和签名来确保函证业务中信息的安全性;一个是采用区块链技术,目前来说,前者技术较为成熟,而区块链技术在应用场景的探索尚在进行中。

两种模式都可以实现电子函证的优势和主要目标,包括:极大地自动化函证流程,节省人工操作;无须邮寄函证,节约函证邮件成本和时间;基于先进的信息安全技术:电子签名和信息加密技术,实现信息在传输,存储和使用过程中的安全性。基于鉴权授权机制,控制信息的可见性,保障信息的私密性。

中心化函证平台系统和分布式区块链函证的关键区别在于系统运营和管理方式的不同（见表5）。从两者的比较来看，各有利弊，在验证的信息的可靠性方面，集中式中心化平台需要与网络信息公证处结合，保证所有的函证信息得到公证处的公证，来保证数据不被篡改。而分布式区块链平台的特点就是分布式部署、防篡改，数据一经发出，无法篡改、无法收回，一步实现构建信任的效果。

表5　　　　　　两种电子化函证平台系统的对比分析

	集中式中心化平台	分布式区块链平台
运营管理模式	集中式运营：事务所自建或第三方集中运营	在多个事务所、运营方、监管机构建立节点分布式管理和运营
监管方式	可以通过专属账号，获取需要监管的信息	监管方自身就是一个节点，查看数据更方便
系统部署方式	中心化集中部署，数据在一个数据中心统一管理	分布式多节点部署，数据在所有节点分别存储
系统建设时间	单个单位开发设计，系统可以快速上线	涉及多个单位、银行、事务所协调，系统建设上线时间长
系统复杂度和易集成度	系统实现采用流行的企业软件架构，技术成熟，系统开发难度和风险不大。容易和事务所内部系统和第三方系统实现集成	区块链技术较为复杂，但日益成熟，技术风险较中心化系统高，但风险不大。现有企业管理系统和外部第三方系统都不是基于区块链技术开发的，系统集成较为复杂
业务兼容性	容易与传统纸质函证、第三方电子函证融合集成，可以实现函证业务从纸质函证到电子函证无中断、无缝地切换。可以支持各种函证类型和函证场景	与纸质函证中心无缝对接难度较大，和其他的函证平台对接难度较大
系统安全性	需要集成电子签名、加密等安全技术模块	自带安全技术模块；系统安全性高。去中心化部署，可以防止系统被单个节点篡改
业务数据安全性	大型事务所自建中心化平台函证系统，数据在事务所内部，业务数据安全性高。中小事务所使用第三方运营的函证系统数据私密性较低	区块链有成熟技术保障系统数据安全性。但数据分布在不同单位的服务器和系统上，如果系统设计不当或建设开发不当有造成数据泄露的风险
数据透明性	数据可以由管理运营函证系统的单位篡改，因此需要借助外部力量做好数据保全，监管透明度低	数据分布式存储，不能由单个节点篡改，监管透明度高

四、函证电子化的实现路径

为切实解决我国审计函证业务在事务所、被审计单位、被询证单位等多单位的多种痛点，提高不同单位的协作能力和融通能力，借鉴国际上的成功经验，采用先进的信息技术、移动计算技术、人工智能技术，以函证业务"电子化、标准化、透明化、智能化"为建设目标，建设审计函证电子化平台。按照"整体规划，分步实施"、"先试点、后推广、再融通"的原则，将函证电子化是实现路径规划为三个阶段（见图3）。

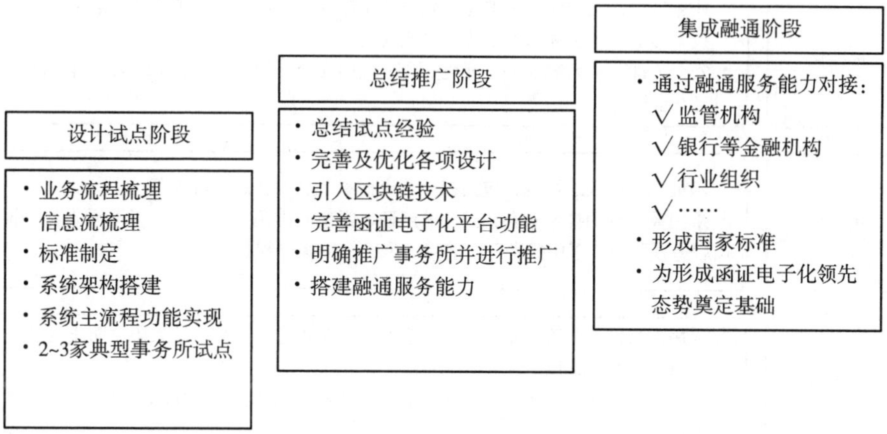

设计试点阶段
- 业务流程梳理
- 信息流梳理
- 标准制定
- 系统架构搭建
- 系统主流程功能实现
- 2~3家典型事务所试点

总结推广阶段
- 总结试点经验
- 完善及优化各项设计
- 引入区块链技术
- 完善函证电子化平台功能
- 明确推广事务所并进行推广
- 搭建融通服务能力

集成融通阶段
- 通过融通服务能力对接：
  √ 监管机构
  √ 银行等金融机构
  √ 行业组织
  √ ……
- 形成国家标准
- 为形成函证电子化领先态势奠定基础

图3 实现路径规划为三个阶段

当前，函证电子化在我国还处在发展的初期阶段，类似于美国 Confirmation 的第三方私有函证中心的建设和运营由于涉及的单位多，需要银行等金融机构、企业特别是大型企业、会计机构等的密切配合，存在诸多的障碍。函证中心的建立是一个系统工程，因此需要依托行业协会等组织，从顶层设计着手，做好业务流程、业务功能、建设标准、功能标准、信息安全、继承融通等设计规划工作，并在试点成功的基础上，逐步提升完善和推广，最终达到即服务于实体企业、金融机构、事务所、行业组织（协会），也为监管机构提供信息监督的支撑工具。

（一）建设目标

按照"平台统一、业务协同"的建设思路，构建覆盖事务所、被审计单位、被询证单位、行业组织、金融机构和监管机构的函证电子化信息平台，将函证业务由线下变线上、变无序为有序，降低函证业务成本和周期、提高信息流转效率、突出函证的真实性及可靠性、降低舞弊风险，推动不同单位业务协同的敏捷性，为我国函证业务及数据的安全自主可控作出应有的贡献（见图4）。

电子化	• 包括函证业务的填制阶段、发出阶段、协作阶段、回收阶段、存档阶段等函证业务全生命周期均通过线上流程实现 • 函证单据或凭证等符合《电子签名法》等法律法规的要求，在线上流转并可输出到线下
标准化	• 业务方面，业务流程标准化、业务功能标准化、业务单据或凭证标准化等 • 技术方面，技术体系标准化、集成或接口等融通类标准化 • 安全方面，从系统安全、环境安全、应用安全、数据安全、运维安全等方面制定安全规范
透明化	• 函证全流程跟踪可视，包括在任意流程和节点的状态，轨迹等 • 采用风险预测技术对存在问题的函证，提前给出预警，引导人工干预，变"事后追查"为"事中预警"，前移一步，保护客户利益
智能化	• 采用大数据、AI等技术，对人工篡改、截留等进行监控，最大限度防止伪函、假函的出现和流转 • 在业务标准化的基础上，采用智能比对技术，在流程中实现问题发现，以及业务协同

图4 建设目标

（二）设计试点阶段

函证电子化业务涉及的单位多，从信息化的角度看，信息流动要经过事务所、询证单位、被询证单位、银行等金融机构多个信息系统，而且同一个业务在不同的单位业务流程也存在差异，这就决定了采用信息技术实现函证电子化必须要做好两个工作，一个是顶层设计，一个是摸索试点。

1. 顶层设计。

顶层设计是信息化总体规划和项目建设实施工作中的重要桥梁，是对总体规划的延续和细化，也是开展实施工作的前提和重要依据。

就函证业务来说，顶层就是要根据我国函证业务的现状、信息化状况、业务主体的需求，结合世界上先进成熟的经验，提出函证业务电子化的具体实现思路，并在顶层设计的基础上完成硬件和软件的实施工作。

顶层设计（见图5）的主要内容一般包括业务框架、管理体系、基础设施和技术体系。下面以业务流程标准化为例（见图6），进行说明。

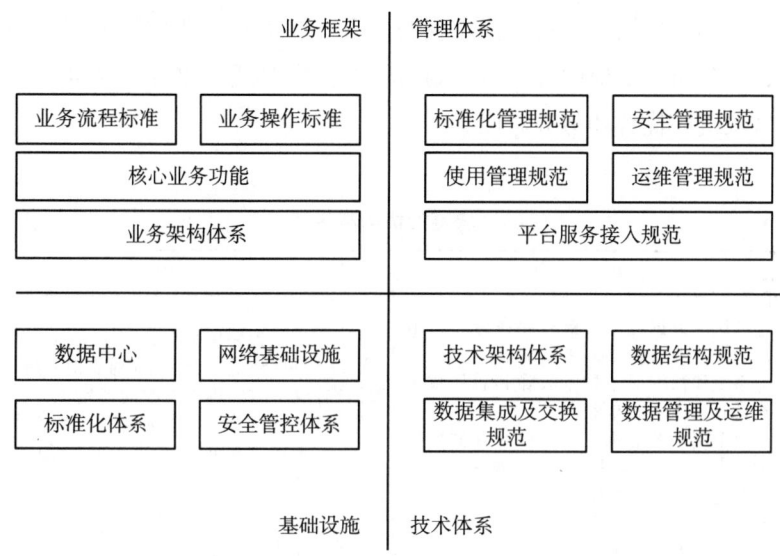

图5　顶层设计

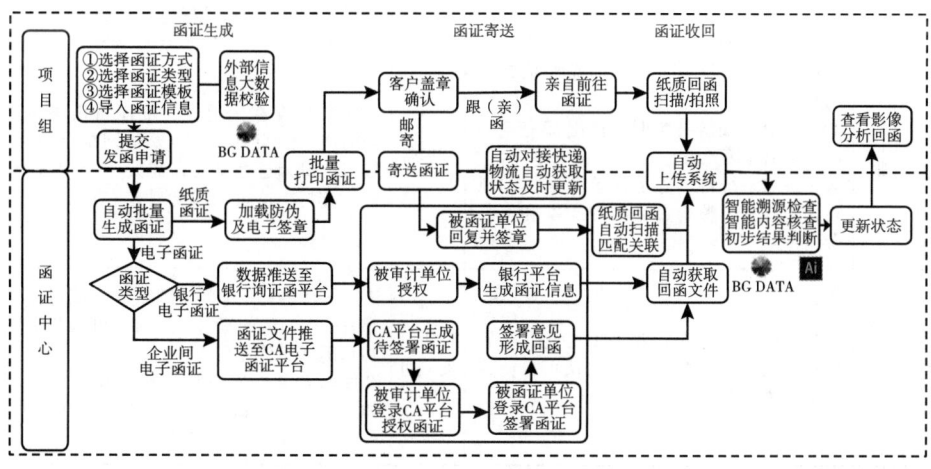

图6　业务流程标准化示例

由于不同的事务所、不同的函证单位和被函证单位处理的业务流程不同，带来了系统的高度复杂性，造成其普适性和可推广性方面的困难，因此在顶层设计阶段,要着重强调业务流程的标准化,将业务流程分解抽象为不同的节点,并提供一定的扩展性,将为函证电子化平台建设和应用取得成功提供了基础保证。

又例如,在设计技术架构时,要慎重对比不同的技术框架,根据函证业务流程的特征和应用场景进行选择。我们认为在首期试点建设阶段,以集中式部署为主,给分布式函证中心预留规划为辅的技术路线能更容易取得成功。表6列出了区块链的优势和劣势对比。

表6　　　　　　　　　区块链的优势和劣势

	优势		劣势
分布式	①区块链数据通常都被存储在分布式节点网络上的众多设备中; ②系统和数据对于技术故障和恶意攻击都具有很强的抵抗性; ③每个网络节点都可以复制并存储数据的副本,单点故障将不会有影响; ④对比集中式数据存储更安全	数据难以修改	①因为采用分布式账本,当数据被添加到区块链当中,就很难在对其进行修改; ②一方面难以修改的稳定性是区块链的一大优势,但同时也是其弊端所在。更改区块链的数据或节点一般都是非常困难
去中心化	①使用分布式计算和存储,不存在中心化的硬件或管理机构; ②任意节点的权利和义务都是均等的; ③系统中的数据块由整个系统中具有维护功能的节点来共同维护	低效率	①由于每个节点都有一份完整账本,也存在需要追溯每一笔记录的场景,因此效率很低; ②虽然可以通过一些技术手段(如索引)来提升性能,但性能问题依然明显
去信任机制	①在大多数传统方式的交易需要依赖于第三方; ②在使用区块链技术时,情况却完全不同,不依赖第三方; ③区块链系统将消除信任单个实体的风险,并减少了整个过程中的成本和交易费用	延迟性	区块链的存在延迟性,拿比特币举例,当前产生的交易、因为要被网络上大多数节点得知这笔交易,需要一个记账周期(比特币控制在10分钟左右)
不可篡改或撤销	因为区块链的分布式和去中心化,个别的篡改无法得到整个网络的认可,使得数据无法被篡改	私钥丢失不可挽回	①因区块链每一个区块链账户(或地址)都有两个对应的密钥:公钥(可以共享)和私钥(应该保密); ②使用者需要使用其私钥来访问数据,如果用户丢失私钥,那么他们实际上就丢失了对数据的控制权

从表6我们可以得出,首期建设如果盲目采用区块链技术,将给我们函证电子化信息平台的建设增添较多风险,因此在试点成功的基础上再引入是稳妥的实施策略。

2. 确定目标。

以初步实现函证业务线上操作、主要业务流程全贯通、初步达到函证流转可视,并实现贯标为试点阶段的目标。

3. 试点阶段主要建设内容和功能。

选择 2~3 家具有典型性和代表性的银行和事务所进行试点,主要试点的功能模块应该包括函证电子化行业核心平台的功能和事务所应用的基本功能。核心平台功能如基础通信平台、数据交换定义、数据库结构、用户身份授权鉴权;事务所应用包含函证生成、流转后收回的基本功能。

4. 本阶段主要计划。

阶段	月份(T+n)															
	1	2	3	4	5	6	7	8	9	10	11	12	13	14	15	16
顶层设计	■	■	■	■												
首期开发实现					■	■	■	■	■	■						
首期试点											■	■	■	■	■	■

图 7 实施计划(示例)

(三)总结推广阶段

搭建函证电子化信息平台试点并推广,是一项具有挑战性的工作,需要协调多方一起合作解决一系列问题,因此在顶层设计的引领下,通过试点并总结、完善后再推广是可靠的路径。

1. 对前期设计和试点总结。

主要从以下几个方面开展总结,并完善系统的设计和功能优化(见表7)。

表 7　　　　　　　　系统的设计和功能优化

项目	主要内容
业务框架方面	①业务架构与系统技术架构的一致性,完整性和适应度;业务流程设计的合理性和标准化程度。 ②业务操作的简便性、合理性和标准化程度;核心功能的架构合计是否合理,优化空间。 ③业务标准化体系设计的科学性与实用性等
技术体系方面	①技术架构的科学性、可靠性和合理性,以及与业务架构的一致性和适应度;采用的技术标准或组件与函证业务电子化应用场景的适应度。 ②编码规范、数据规范等在试点应用中的不足和可改进空间

续表

项目	主要内容
基础设施方面	①计算资源、网络资源、存储资源的满足程度，以及是否要扩容的需求；基础安全体系的可靠性，被攻击或侵入的防范能力。 ②基础标准体系的满足程度及改进措施
平台功能方面	①函证电子化平台的健壮性、稳定性、可靠性、安全性，以及性能的满足程度及改进空间。 ②功能设计的合理性和科学性。 ③试点单位的用户体验、建议

在上述总结的基础上，主要从三个方面为推广阶段做好准备（见图8），分别是设计优化、功能提升和需求扩展。

- 总体架构、业务架构、功能架构、技术架构、集成架构、数据架构优化
- 业务流程、操作流程优化
- 标准优化、安全规范优化
- 技术路线优化
- 用户体验优化、交互设计优化

- 试点中初步开发完成的已有功能的完善和提升
- 试点中设计规划了但未实现的新功能开发，或规划本阶段实现的功能
- 新技术（如区块链）等新技术引入
- 系统整体性能提升

- 顶层设计中缺乏但在试点中暴露出来的应开发的新需求
- 为增强函证系统的能力或自动化、智能化水平等相关的需求
- 为与其他系统继承融通的需求等

图8 推广阶段

2. 确定目标。

在第一阶段试点的基础上对系统进行扩展、提升、深化系统功能应用，实现函证线上流转透明，业务管理规范、信息高度共享的目标。

（1）优化提升功能，规范业务流程。

在首期试点事务所函证电子化信息平台的基础上，优化提升分析功能等功能，新增统计与监控、质量控制等功能，进一步促进事务所、函证单位、被函证单位、协会等单位业务和管理两个维度的规范化、标准化。

（2）完善集成功能，支撑平台推广。

实现监管机构、协会、金融机构、事务所、函证单位、被函证单位之间的系统标准化集成功能，支撑业务线上协同。

（3）制定推广模板，完成推广目标。

完成40家事务所的推广，并实现原有2家试点事务所的功能提升及实施范围扩展。

3. 推广阶段主要建设内容和功能。

完善函证电子化行业核心平台的监管与分析功能，完善质量控制与安全控制，事务所段应用完善统计与查询功能，完善函证的AI和大数据的分析功能。

4. 本阶段主要计划。

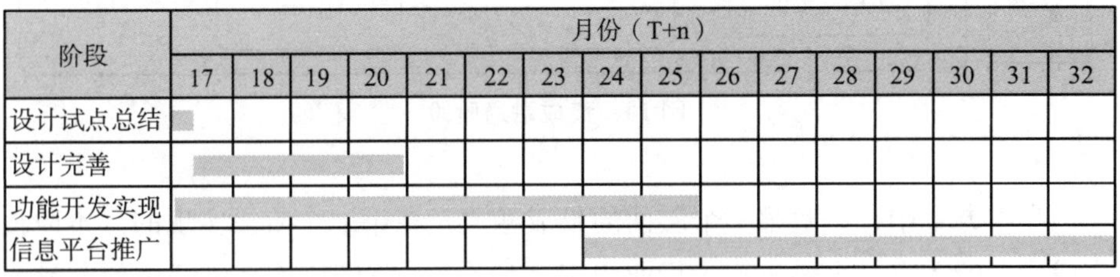

阶段	月份（T+n）															
	17	18	19	20	21	22	23	24	25	26	27	28	29	30	31	32
设计试点总结																
设计完善																
功能开发实现																
信息平台推广																

图9 实施计划（示例）

（四）集成融通阶段

1. 范围。

在前两个阶段，我们要求已经完成了事务所内部的信息系统集成融通，因此本阶段的重点是对接监管机构、协会、银行等金融机构的相关信息系统，实现互联互通，集成融通。本阶段的重点任务是对接集成和实施工作（见图10）。

2. 确定目标。

本阶段的目标是依据政府监管机构对审计中函证业务的合规监管要求，以及行业组织（协会）对函证业务的自律管理要求，实现电子化信息平台与监管机构、行业协会、各方企业的系统集成融通、函证自动对账、风险自动预警，并形成1~3项国家标准。

站在审计函证业务主体事务所的角度，有两个层面的系统集成，一个层面是事务所内部的系统集成，即函证电子化信息平台与事务所的CRM、OA等系统的集成；第二个层面是事务所外的系统集成，包括函证单位、被函证单位、金融机构、行业组织（协会）、政府监管机构的相关系统的集成。

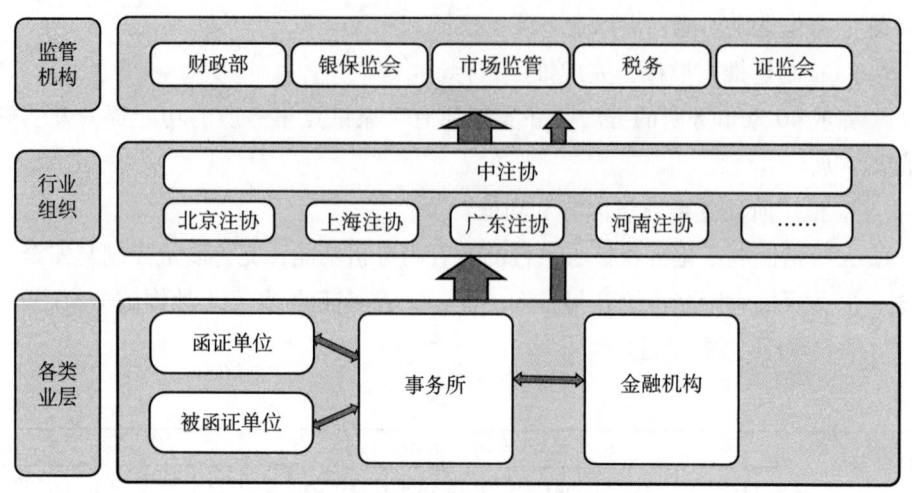

图 10　集成融通阶段

在本方案中，一般第一个层面的集成融通是在第二个阶段实现的。本阶段集成融通的重点是金融机构、行业组织（协会）、监管机构。函证单位与被函证单位，由于数量众多、规模不一，难以一一实现集成融通，因此通过在函证电子信息化平台中提供统一的开放接口（OpenAPI）的方式实现集成。

3. 集成融通策略。

要实现函证电子信息化平台与监管机构、行业组织等系统的有机集成融通，且要考虑与众多各方企业的集成，是一个庞大的工程。上文中提到的针对各方企业，可通过 OpenAPI 的方式提供集成能力外。此外与行业组织（协会）以及监管机构的相关系统的集成还有两种策略可供选择（见表8）。

表 8　策略比较

策略	主要内容	优点	缺点
以点带面	①首先与行业协会进行集成融合；②然后在行业协会的协调下，与各政府监管机构一个个的顺序对接、集成、调试，即一个点一个点的对接集成；③上述点均完成后，推向全行业	前期进度快，单点有序，质量可控	周期长，缺乏统一设计，单点滞后影响全局，统一性和标准化欠缺
以面带点	①首先与行业协会进行集成融合；先组织各方面专家开展函证电子化信息平台的集成融合集中设计，采用集成服务总线（ISB）的方式进行设计；②将 ISB 统一进行实施、统一优化	前期进度慢，整体有序，统一、标准	前期进度慢，规模实施时存在风险

根据表8的对比，我们推荐以面带点的方式。

4. 本阶段主要计划。

阶段	月份（T+n）															
	21	22	23	24	25	26	27	28	29	30	31	32	33	34	35	36
集中设计																
ISB开发实现																
对接实施																

图11　实施计划（示例）

五、函证电子化面临的挑战

（一）相关参与方意愿不统一

电子函证平台涉及的主体较多，包括会计师事务所、商业银行、企事业单位、监管部门、政府主管部门、证券交易所等，各方参与的愿望和意愿不同。对于函证各方参与者来说，如果有部分的函证参与方不参与，尤其是商业银行不参与，函证平台的价值是有限的。对于会计师事务所，在保证函证效果、提升函证工作效率方面受益。

无论是商业银行，还是企事业单位，将相关数据在函证电子平台上存储管理。都需要函证电子平台具备公信力。对于非银行机构的数据，平台的公信力如何获得？对于银行函证来说，因为银行涉及收费，只要满足数据安全和监管要求，银行方面的配合度应该是不低的。但是对于涉及的企事业单位来说，如果参与的作用仅仅是为会计师事务所的函证提供便利，则参与的积极性未必强烈，如果不存在外部的制度约束，仅仅是自愿为原则，还需要增加配合成本和信息被外泄的可能性，没有利益的效应，该等企事业单位仅仅基于配合审计参与，其参与意愿存在不确定性。

对于监管部门来说，需要在遵循监管要求的情况下，可能需要调整和改变监管方式，其自身的参与意愿及推动的动力将对平台建设存在重大影响。

（二）函证电子平台的建设方

无论是采取集中式中心化函证平台系统，还是和分布式区块链函证平台系统，首先要明确的是建设方及未来的运营方。

如果参照美国 Confirmation.com 平台的模式，由单独的商业机构去建设并实施，对于函证当中涉及较多的银行方来说，基于金融数据安全保障和满足监管要求，是否愿意将其数据放置于第三方的商业运作平台是个未知数，这必然要求第三方商业平台需要满足相关金融监管的要求。

如果采取会计师事务所自建，最大的益处就是解决函证信息数据与事务所业务运营平台数据的对接，利于提高审计过程中的工作效率，但是一家事务所自建，满足不了国内高达 8 000 家事务所的需求。基于独立性要求，一家事务所对于涉及到其他事务所函证数据进行管控亦是不合适的，同时以一家事务所的能力承担起函证系统的建设和运营亦是不现实的。

如果是由某家商业银行单方面建设，商业银行之间的客户商业机密的保护和隔离又形成一个新的问题，商业银行之间基于壁垒，亦不情愿将自家的数据交由其他商业银行的平台进行储存及管理。如果各家银行都自建自己的函证平台，不免造成社会资源的浪费，对于注册会计师来说，需要在多个平台上操作，即使函证的效果能得到保证，效率依然是个问题。

函证电子平台是涉及前期建设的巨额投入以及后期的运维成本，如果是以盈利为目的的第三方商业机构，即使愿意投入，公信力亦是不足够的。

因此，该函证平台必须要由具有公信力，且是制度层面能够得到发展保障的机构来组织。作为行业主管部门的财政部，主管全国 8 000 多家会计师事务所，可作为函证电子化平台建设的牵头人，人民银行、银保监会、证监会等政府部门参与协调，通过函证平台解决信息传输过程中的真实性和及时性。杜绝信息传递过程中的被篡改、被截留的弊端，营造信息诚信的营商环境和氛围，从这个意义上来看，函证电子化平台建设应属于营商环境诚信文化建设的一部分。

（三）数据资产权属保护和数据再利用的法律问题

函证电子化带来的数据的安全性、数据产权归属、数据的再利用问题，尤其是在目前电子化的相关法规尚不健全的情况下，在函证电子化平台建设过程中冒出来的诸多的截至目前我们尚无法想像到的一系列问题。由于缺乏政策的相关指导，技术标准的梳理和建设往往晚于电子化发展进程，因此，需要根据电子化进程来完善相关的法律法规，尤其是数据安全性、数据产权归属等敏感问题，需要通过法律予以明确界定。

（四）对审计准则的挑战

根据《中国注册会计师审计准则问题解答第 2 号》，对于第三方电子询证函平台，注册会计师需要考虑实施的评估程序包括但不限于：

第一，评估第三方电子询证函平台聘请的信息安全认证机构或专业人员的胜任能力、专业素质和独立性，并记录相关评估过程、取得的证据和得出的结论。

第二，取得第三方电子询证函平台聘请的信息安全认证机构颁发的信息系统安全测评证书或专业人员出具的鉴证报告等由电子询证函平台定期公开发布的信息，了解第三方电子询证函平台及其所有者和运营商的组织架构、是否存在被监管机构处罚、是否存在涉诉信息等与电子询证函平台的独立性、安全可靠性等方面相关的信息，评估通过第三方电子询证函平台收发电子询证函是否可靠。同时，记录其依据信息安全认证机构颁发的信息系统安全测评证书或专业人员出具的鉴证报告来合理评估第三方电子询证函平台可靠性的过程、获取的证据及得出的结论。

第三，了解第三方电子询证函平台聘请的信息安全认证机构或专业人员测试的范围、实施的程序、程序涵盖的期间以及自实施程序以来的时间间隔，评估信息安全认证机构或专业人员的工作是否支持通过第三方电子询证函平台实施函证程序的可靠性。

目前审计准则的规定主要是基于传统手工作业的规定要求，一旦涉及函证电子化，准则的相关标准和要求需要根据信息化工作框架进行重塑，需要将信息化技术在函证中运用的要求标准制定于审计准则中，建立审计准则对函证电子化的标准和要求。

（五）对监管的挑战

函证电子化将触发信息化框架下的新监管模式，监管部门需要关注函证平台的运用逻辑，评判函证平台自身的可靠性，监管好过程，才能监管好结果。同时，监管机构亦面临监管政策的梳理和重建。

（六）技术的挑战

集中式中心化函证平台系统背后的技术是类似行业管理系统采用的技术，技术相对较为成熟，容易实现；分布式区块链函证系统背后的技术是区块链，区块链技术的应用场景尚在探索中。

第四部分

国际动态篇

东门问答

鼠李使利国

国外联合审计制度的现状和趋势

> **导读** ● ● ●
>
> ◎ 联合审计是指两家会计师事务所共同执行集团的审计项目,并且共同承担审计责任,他们各自为集团的账目作出审计结论,但就整个集团的审计仅发表一个审计意见。
>
> ◎ 英国的竞争与市场管理局建议推行联合审计,引起市场辩论。支持者认为联合审计可以促进审计市场竞争。反对者则认为联合审计令审计成本增加,但并无证据显示审计质量会因而提升。
>
> ◎ 不同国家的监管者可能基于不同目标而引入联合审计。英国监管者的建议是基于市场竞争的考虑。法国推行联合审计也很可能是为了开放审计市场。
>
> ◎ 联合审计在具体实施上存在诸多挑战,例如审计工作分配、协调过程和审计意见分歧的解决等。

一、联合审计最新动向

(一)联合审计的内涵

联合审计是指两家会计师事务所共同执行一个集团的审计项目,即为母公司及其附属公司的财务报表进行审计,并共同承担审计责任。两家会计师事务所都需要各自为集团的账目作出审计结论,但就整个集团的审计则仅发表一个审计意见。由于联合审计需要两家会计师事务所共同承担审计责任,因而,彼此之间不会随便假设另一家事务所的工作质量是令人满意的。除了每家事务所对自己的工作执行审查和质量控制程序外,他们还会复核由另一家事务所完成的工作。此外,他们也会在另一家事务所所负责审核的范围内额外执行自己的审计测试,例如,对集团相对重要的子公司账户结余进行审计。

自从相关的审计准则经过修订之后,现时的审计报告已不再是几段只包含标准措辞的报告,而是篇幅可长达数页,并涵盖了所有遇到的关键审计事项和其他重要的观察事项。联合审计需要两家事务所就集团审计意见达成共识。为了令审计报告的措辞能达成一致,两家会计师事务所之间的高度合作是不可或缺的。此外,在执行联合审计过程中,需要对整个审计工作制定工作计划、进行交叉和联合复核以及讨论,而这些活动均需各个方面的协调,使得出具一份联合审计报告的时间长于一般审计报告。图1为联合审计运作模式的说明,详细介绍了A和B两家事务所针对所承接的业务如何进行联合审计。

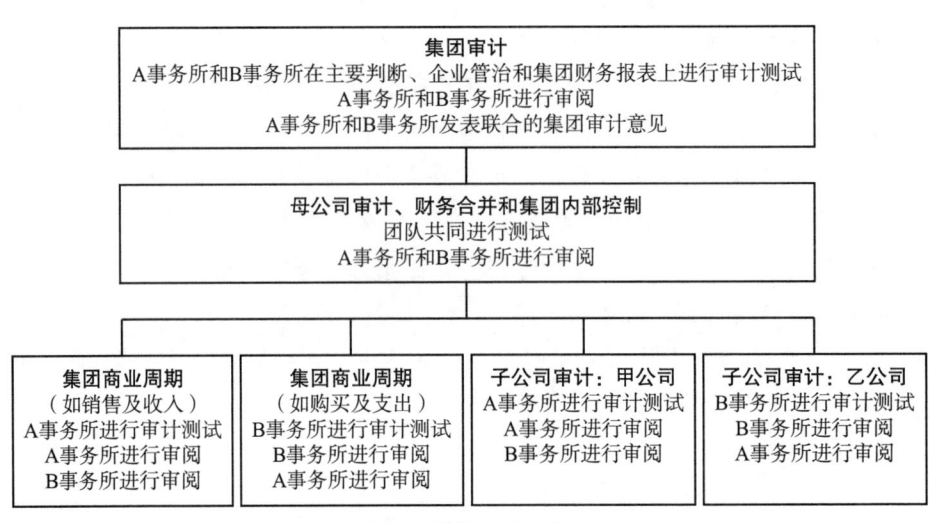

图1 联合审计示例

资料来源:课题组根据公开信息整理。

针对合并财务报表的联合审计是联合审计中最常见的形式,表1详细介绍了法国审计准则(以下简称"NEP-100")如何对法国上市集团公司进行合并财务报表的联合审计。NEP-100准则将联合审计依次分为六个步骤,分别是:第一,确定年度审计方法;第二,联合审计师之间的整体工作分配;第三,审计不同阶段的工作分配;第四,连带责任;第五,向被审计集团汇报审计结果的层级;第六,联合审计的集团审计意见。

表1 联合审计在实践中的操作过程

步骤	内容
第一步 确定年度审计方法	①年度审计方法是由双方共同确定的,并包含:基于风险的联合审计计划和一套联合审计指令。 ②这些文件由联合审计双方事务所分别编制各组成部分,并在联合批准总体审计方法之前进行合并。 ③联合审计师向被审计集团的审计委员会提交审计方法
第二步 联合审计师之间的整体工作分配	①NEP-100要求审计工作应该采用定性或定量为标准平衡地在联合审计师之间进行分配。 ②不论分配的依据是什么,都要在两家联合审计公司之间寻求平衡。如果采用定量标准,则可以参考预计完成审计所需的总工时数作为分配的基础;如果采用定性标准,则可以参考审计团队成员的资质和经验水平进行划分
第三步 审计不同阶段的工作分配	①可以基于业务、产品或地理位置标准将子公司分配给某一个或其他联合审计师。 ②当采用地理标准(国家、地区等)时,每个联合审计师是在一个或多个地区上部署审计工作的。 ③对于重要的集团审计,通常会在集团的每个业务条线中采用联合审计方法,以确保每个业务条线都受到"两双眼睛"的监督
第四步 连带责任	①每位联合审计师对提供的审计意见承担连带责任。 ②连带责任的存在意味着每个联合审计师须对另一方完成的工作进行审查,包括审计摘要备忘录和审计业务的工作底稿应接受相互的审查,分享和协调审计结论以及审计汇报材料
第五步 向被审计集团汇报审计结果的层级	①审计结果的层级分为四级,分别是独立实体、地理区域或业务条线(整合数家独立实体)、集团财务和管理层、集团治理层。 ②例如,对于独立实体,负责每个实体的审计师负责通过与当地管理层的审计总结会议报告审计结论,并向集团项目组汇报审计结果
第六步 联合审计的集团审计意见	①联合审计师编制一份致本集团股东的联合审计报告,并在年度股东大会上提交。 ②所表达的审计意见为单一联合意见。 ③有特殊规定用来解决参与联合审计的事务所对其审计意见的制定存在分歧的情况,在实践中很少应用

资料来源:课题组根据公开信息整理。

(二)最新情况:英国的辩论

近年来,英国审计市场出现一系列被曝光的审计失败案例。其中2018年初某大型建筑商的倒闭更是引发了改革的声音。2018年12月,英国的竞争与市场管理局(以下简称"CMA")发布了一份关于对英国审计市场研究的报告"Statutory audit services market study – update paper"。在这个报告中,CMA提出了一些引人注目的建议,其中有一项提案提出要求进行联合审计,且两家会计师事务所当中至少有一家应为四家大型会计师事务所以外的其他事务所。这一提议令市场感到震惊,因为一旦提议实施,将导致英国审计市场发生巨大变化。部分提议摘录如下:

"市场结构需要改变,以确保市场上存在足够强大的其他审计服务供应者可作为替代,以令每一位现任审计师都感到另一家公司正虎视眈眈,随时可为股东和公众提供更好的服务和利益。基于'四大'会计师事务所超过15年来根深蒂固的市场地位,要实现这一目标并非易事。但到目前为止还没有针对这个情况而作出任何尝试去实现这一目标。

我们建议富时350指数公司的审计应该由两家会计师事务所联合完成,其中至少有一家应该来自非'四大'会计师事务所。这将使新竞争的事务所能够接触到最大的客户群,同时允许对质量进行交叉检查,因为每个审计师都会复核对方的工作。"

针对上述提议,市场参与者包括会计师事务所、企业、内部审计师等均发表了各自看法。首先,非"四大"会计师事务所表示,他们看到了引入联合审计概念所带来的机遇,如:

"一家非'四大'国际会计师事务所的审计主管说:很明显,'四大'以外的会计师事务所不仅难以被任命为审计师,甚至往往根本不被考虑。强制性联合审计为非'四大'事务所提供了展示其能力和服务质量的机会。联合审计有助于消除公众对于'四大'会计师事务所与管理层之间存在亲密关系的观感,因为两位审计师都需要考虑审计中发现的重大问题,并且需要达成一致意见。"

另有意见提出,CMA的建议是"勇敢而稳健的",并表示,这些措施将"推动审计市场真正的改革,并因此带来实际的社会效益"。而英国引入联合审计将会带来深远的文化转变,他们仍然彻底地相信,联合审计将会提高质量,增强公众对审计报告的信心,并建立一个更加公平公正的市场。

在这个问题上,"四大"与非"四大"事务所的立场是显而易见的。因此，与其引用"四大"会计师事务所的意见，不如参考一些不存在审计业务利益的英国机构，包括企业、内部审计师、治理专业人士和投资经理的反应更有意义：

意见1："强制性联合审计将增加企业的成本和业务复杂性，但并不能保证会有更好的结果"。

意见2："我们不信服英国提出的联合审计的建议，因为联合审计可能会给企业带来负担，而且对于联合审计的工作方式，还有很多重大问题没有得到解答。联合审计如同'杀鸡用宰牛刀'，提高外部审计水平还有其他更好的办法"。

意见3："我们不支持强制性联合审计。强制性联合审计将大大增加法定审计的费用，但没有证据表明审计质量将得到改善。这显然是重复工作，因为一家会计师事务所无法依赖由另一家会计师事务所完成的工作。如果非'四大'会计师事务所能够展示出其可向企业提供优质服务的能力，我们相信他们也会被邀请参与法定审计服务投标。最近受到财务汇报局（FRC）行政处罚措施的并不局限于'四大'会计师事务所，因此，认为强制企业使用非'四大'事务所就可提高审计质量，这似乎是不合理的"。

意见4："我们仍然不能信服有关联合审计的存在价值，因为没有证据显示联合审计真的会为投资者带来更高质量的审计"。

同时，财务报表的编制者也普遍不赞成强制性联合审计，他们的观点主要如下：

"他们不支持强制性联合审计是因为他们担心这种审计所带来的影响，尤其是在短期内对于审计质量和效率的影响"。

"根据CMA所述，许多大型企业及其审计委员会主席告诉CMA，他们反对强制性联合审计是因为非'四大'会计师事务所没有足够的能力去承接这些企业一大部分的审计业务。他们还说，若要求他们任命两家'四大'会计师事务所为联合审计师，将会严重限制公司的选择，从而限制竞争（包括审计服务和非审计服务）"。

总而言之，关于联合审计在英国的辩论目前结果仍然是不确定的。如果英国政府最终决定引入强制性联合审计，因议会受英国退出欧盟事件的困扰，新法律的颁布可能需要花费数年时间。但就目前的信息来看，英国很有可能不会实施强制性联合审计。例如，2019年11月的报纸报道，执政党表示"如果能在大选中获胜，他们将放弃对大型公司实行强制性联合审计的提议"。此外，我们注意到有传媒于2019年11月25日曾报道过，英国商业、能源及产业策略部的政府官员在最近几周表示，强制性联合审计不太可能成为审计行业更广泛改革内容的其中一部分。

二、联合审计历史和现状

（一）联合审计在欧洲的发展和讨论

1. 实行强制性联合审计的欧洲国家。

如表2所示，目前只有少数国家对联合审计作出强制性要求，并且将实施对象限定为上市公司，或某些特定行业（例如银行），或超过特定规模门槛的公司。在欧洲范围内，联合审计开始于法国。自1966年以来，法国要求所有强制编制合并财务报表的公司（主要是大型上市公司和银行）都进行联合审计。继而，欧盟审计体制改革后，强制性的联合审计在另外两个欧盟成员国中引入，分别是保加利亚（2016年开始）和克罗地亚（2018年开始），而欧盟本身并未强制要求进行联合审计。在欧洲以外，目前仅有少数国家强制性要求联合审计的执行，而在这些少数的国家中，强制性联合审计的适用范围亦只局限于特定类型的公司。

表2　　　　　　　　　　实行强制性联合审计的国家

	国家/地区	行业
欧洲	法国	所有必须编制合并报表的公司（1966年）
	保加利亚	银行、保险公司、养老金机构（2016年）
	克罗地亚	雇员规模、总资产金额超过特定门槛的公众利益实体（2018年）

续表

	国家/地区	行业
欧洲以外	阿尔及利亚	银行或金融机构（2003年）
	摩洛哥	银行（1993年）、上市公司（1996年）
	突尼斯	上市银行、保险公司、须编制合并报表的公司等（2005年）
	非洲商法统一组织（西非法语国家）	上市公司（1997年）
	中非国家（如：刚果、科特迪瓦）	银行（1992年）
	沙特阿拉伯	银行（1966年）、再保险公司（2003年）

资料来源：课题组根据公开信息整理。

值得注意的是，尽管目前9个欧盟成员国允许该国公司选择进行联合审计，包括德国、西班牙、比利时、丹麦、芬兰、斯洛伐克、塞浦路斯（除银行外）和瑞典，但是就目前的实际情况来看，公司选择任命联合审计师的情况寥寥无几。

2. 欧盟辩论2010。

欧盟委员会曾在2010年发布了"Audit policy：Lessons from the Crisis"的绿皮书，并就提出的38个问题启动了公众意见调查程序，其中一条调查了是否支持强制性联合审计，图2列示了欧盟意见调查程序的结果。在所有受访者当中，有10%的受访者表示全面支持强制性联合审计，46%的受访者表示有保留地赞成，7%的受访者保持中立；而4%的受访者则表示有保留地反对，其余33%的受访者完全拒绝了强制性联合审计方案。然而，从统计数据中剔除所有会计师事务所的答复后，结果出现了非常明显的变化。如下面一栏所示，在剔除审计组别的回复之后，只有12%的受访者支持强制性联合审计，而76%的受访者均表示反对。

对于支持率和反对率出现大逆转的原因是显而易见的。在审计行业中，领导市场的大型会计师事务所在这次调查中只能占有三四票，但是因为联合审计显然能令其他会计师事务所受益，因此很多其他会计师事务所都是支持联合审计的。

就不同的受访者组别进行分析后可发现他们对强制性联合审计主要是持反对的态度。审计委员会（100%反对），财务报告编制者（9%支持，5%中立，86%反对），公共机构（12%支持，15%中立，73%反对），财务报告使用者

(17%支持，18%中立，65%反对）和学者（13%支持，31%中立，56%反对）似乎大都不赞成这个提议。不同的是，会计师事务所的表态则非常明显：81%表示支持，4%表示中立，15%表示反对。

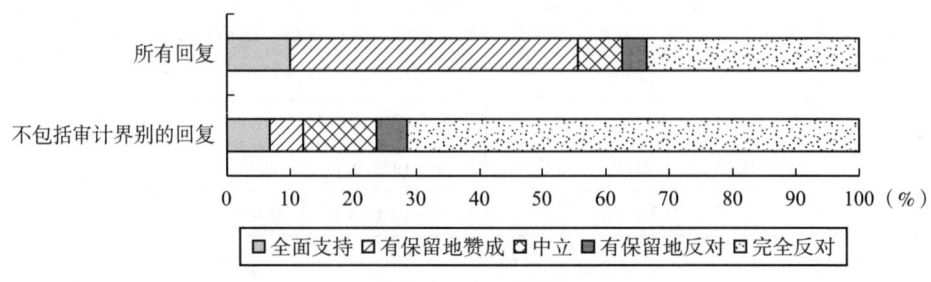

图 2　欧盟绿皮书调查意见结果

资料来源：课题组根据公开信息整理。

最终欧盟并没有实行强制性联合审计，仅有两个成员国在 2016 年和 2018 年对某些类型的公司推行联合审计（保加利亚和克罗地亚），而另外 9 个欧盟成员国选择将联合审计作为可选项。

（二）实行联合审计的典型国家：法国

1. 历史背景。

早在 1966 年法国就已开始实施强制性的联合审计，而当时的强制性联合审计仅限于所有符合特定标准的公司。1984 年，强制性联合审计的范围扩大到编制合并财务报表的所有公司。

为解决法国实施强制性联合审计中存在的一些操作问题，包括分配审计任务和商定审计方法等，法国颁布了若干审计标准。首先，法国要求两家共同执行联合审计的事务所就审计计划内需要执行的审计程序达成共识；其次，这两家事务所需要在性质上和数量上较为平衡地分担任务；最后，如果意见有分歧，两家事务所可以分别发表独自的审计意见。

2. 发展现状。

联合审计在法国已经实施了 50 年，但仅有 13 家除"四大"以外的其他事务所参与了法国前 100 强上市公司的审计。相比并未推行联合审计的英国，"四大"以外只有一家其他事务所参与了英国富时 100 指数上市公司的审计。2011 年，法国监管机构发布了审计标准"Norme d'exercice professionnelle – 100（NEP – 100）'Audit des comptes réalisés par plusieurs commissaires aux comptes'"，要求两家联合审计机构必须以"平衡"的方式参与审计工作并作出贡献,这意味着参与联合审计的其中一家会计师事务所不能独占最大份额。监管原意是一家"四大"会计师事务所与一家其他事务所共同执行一个联合审计项目时,确保该家其他事务所能够实现合理的参与程度。然而,根据一份英格兰及威尔士特许会计师协会(ICAEW)的报告"Shared and joint audits: are two auditors better than one?",法国只强制进行联合审计,却没有强制要求联合审计的两家事务所中至少一家为非"四大"事务所。法国的审计市场似乎并没有反映出如监管机构所期望的局面。尽管英国 CMA 在其报告中表示,根据对法国 120 家大型上市公司的调查,只有 44% 的公司是由两家"四大"会计师事务所进行联合审计。但在这些法国上市公司的联合审计中,很大部分涉及两家"四大"会计师事务所或一家"四大"会计师事务所和某一家大型的其他事务所。这可以说是一个"五大"的制度,很明显其他事务所的份额偏低。由此可见,实践中似乎只有极少数的其他会计师事务所可受惠于这个旨在为其他事务所开放更多市场机会的政策。

此外,英国研究机构 London Economics 在 2012 年的一份报告"Study on Joint Audits"中发现,除了上述提及的某家大型的其他事务所外,没有任何"四大"以外的其他会计师事务所在 2003~2010 年期间在法国增加了市场份额。相反,其他会计师事务所的集体市场份额实际上在此期间有所减少。

H3C 2019 年报告"Suivi du marché du contrôle légal des comptes – Rapport du Haut conseil du commissariat aux comptes"(《监督法定审计市场——法定审计师高级理事会的报告》)就法国联合审计制度对市场集中度的影响提供了清晰的结论。由于法国的联合审计并没有需要任命一家非"四大"会计师事务所的强制要求,因此,只有三家在 CAC 40(巴黎证券交易所市值前 40 大企业)中的公司和 19 家在 SBF 120(巴黎证券交易所 120 家交易最活跃企业)中的公司的其中一家联合审计师并非来自"法国五大会计师事务所"。这意味着,即使在强制实施联合审计后约 50 年,也只有大约 10% 的大型上市公司选择了非"五大"会计师事务所作为其中一家审计公司。此外,以 SBF 120 公司为例,他们任命两家其他会计师事务所作为联合审计师的比例非常低(仅为 3%),这表明很多 SBF 120 的公司对上述几家大型事务所以外的其他会计师事务所进行大型审计的能力仍然信心不足。

以上法国强制性联合审计的经验表明,即使联合审计已实施了 50 年,法国的大型公司仍然对使用上述四家大型会计师事务所以外的其他事务所缺乏信心。

(三) 其他曾经推行强制性联合审计的国家

1. 曾经实施但已废除强制性联合审计的国家。

在欧盟内，丹麦和瑞典曾经强制性推行联合审计，但因推行成本过高而被废除。在欧盟以外，加拿大和南非同样因为推行联合审计的好处不足以抵消审计成本的增加而被废除（见表3）。

表3　　　　　　　实施过但已废除强制性联合审计的国家

	国家/地区		废除原因
欧洲	丹麦	自1930年开始要求上市公司和国有公司进行联合审计，但已于2004年废除	不必要和昂贵的审计成本
	瑞典	一直要求银行进行联合审计，直至2006年废除	成本过高
欧洲以外	加拿大	自1923年开始要求银行进行联合审计，但已于1991年废除	好处不足以抵消审计成本的增加
	南非	自1990年开始要求银行进行联合审计，但已于2003年废除；自1973年开始要求特定大型公司进行联合审计，但已于2008年废除	成本过高

资料来源：课题组根据公开信息整理。

值得注意的是，当联合审计的强制性要求被取消后，大多数上市公司随后都转变为只找一家会计师事务所进行审计。例如，丹麦在2005年废除强制性联合审计后，仅有少数公司自愿选择保留联合审计。

2. 丹麦的经验。

丹麦也曾于1930年对上市公司实施联合审计，但与法国不同的是，丹麦未明确指明审计师之间应如何共同执行审核工作，这导致审计团队效率较低，审计收费更高（Holm and Thinggaard. Leaving a joint audit system: Conditional fee reductions, 2014）。因而, 2001年丹麦提议将强制性联合审计于2004年之后废除。这一提议的出现背后是有若干个原因的。丹麦议会指出，联合审计与"不必要和昂贵的审计成本"存在密切关系。此外，全球市场亦认为由单一会计师事务所为企业进行审计是正常的。因此，根据丹麦当局的说法，因联合审计而导致审计成本比单一审计有所增加是毫无必要的。此外，丹麦当局也认为若在单一审计的情况下，会计师事务所可以采用更全面的方式进行审计工作。2004年以后，丹麦废除了强制性的联合审计。然而，联合审计仍然是允许的，但只是自愿性地选用。

事实上，丹麦并不是唯一一个曾经实施强制性联合审计并随后予以废除的国家。在欧洲以外的发达国家中，加拿大也是一个很好的例子。在下面的章节中，我们将进一步探讨加拿大曾要求并随后取消联合审计的经验。

3. 加拿大的经验。

加拿大于1923年某银行倒闭以后实施了强制性联合审计，当时受该银行倒闭影响的客户超过6万人。强制性联合审计的目的是为市场提升有关银行贷款组合的可信度。1985年，加拿大另一家银行停止营业，这是60多年来首次有银行因倒闭而结业。随后，1991年《加拿大银行法》废除了强制性联合审计，并只允许进行单一审计。与丹麦当局论点相似的是，加拿大认为联合审计所带来的好处并不足以抵消审计成本的增加。但与丹麦不同的是，加拿大并不允许公司自愿性选择采用联合审计。

【案例1】 联合审计－裨益还是负担？

这篇由两位欧洲学者在2010年发表的研究论文检视了在使用两家事务所进行审计而不是一家事务所的情况下，是否存在可感知和观察到的净利益。丹麦在2005年废除了强制性联合审计的要求，因此为本文提供了一个独特的研究机会，检验联合审计制度转向单一审计师、自愿性联合审计制度的经济后果。本文所选择的研究样本为2005年废除强制性联合审计制度前后五年内，所有在哥本哈根证券交易所（CSE）上市的公司。作者发现，联合审计被大多数公司认为是一种净负担。此外，作者进一步发现，如果公司改为单一审计，审计费用会明显降低（约25%），这表明联合审计对公司而言是一项负担。其他的研究成果也发现，在联合审计和单一审计之间，审计师约束利润操纵的能力并没有差异。因此，单一审计中的审计费用下降似乎并不以降低审计质量为代价。

三、联合审计和单一审计的比较

在欧盟和英国就是否应强制性进行联合审计进行的辩论中，多方表达了对强制性联合审计支持和反对的意见。以下是2019年英国CMA最终报告"Statutory audit services market study – Final Report"的摘要,其中列出了各方的观点:

某会计师事务所向 CMA 表示,此补救措施"将在不损害审计质量的情况下增加竞争",特别是针对审计质量,另一家会计师事务所表示"不认为于联合审计制度下会存在两家事务所均误以为是由对方负责处理某些特定问题,而问题最终无人处理的所谓'落空'的风险"。

英国财务汇报局表示,联合审计"提供了一种机制以促使市场领导者以外的其他会计师事务所增加承接 FTSE 350 公司审计业务的能力",并且"严格的联合审计可以减轻影响审计质量的风险"。另一位评论员告诉 CMA,"这是一个非常有力的补救措施,因为它涵盖了审计质量的各个方面,并且是市场领导者以外的其他会计师事务所获取重要审计份额的最佳方式"。

一些投资者团体也表示支持强制性联合审计,认为"强制性联合审计具有重要意义,它可作为提高竞争和审计质量的一种方法"。

事务所 A 表示,"在联合审计制度中,审计质量存在重大风险",而且"这种制度本来就存在着责任制分化的问题"。

事务所 B 也表达了对质量风险的担忧,包括"引入经验不足、规模较小的会计师事务所",然而,有关联合质量影响的证据不一。但是,它也确实存在一些潜在的好处。

事务所 C 表示,从对学术研究的总结中,"很难得出强制性联合审计与审计质量显著提高具有相关性的结论",而且"联合审计的管理更为复杂"。

事务所 D 提出了多个"可能影响审计质量的因素",包括"存在机会和诱因促使管理层可以利用联合审计师之间的观点差异"。

从上述观点可以看出,部分人士支持联合审计,同时部分人士则对联合审计持保留态度。很多会计师事务所表示,引入联合审计制度将有必要同时改革英国的审计责任法律框架,为会计师事务所的民事赔偿责任设定上限。正如上文提及的 CMA 最终报告以及有关该议题的其他各种辩论中所述,从单一审计师转换为强制联合审计的优点和缺点大致可以分为四类:(1)对审计时间和费用的影响；（2）对审计质量的影响；（3）对审计师责任的影响；（4）对选择审计及非审计服务提供者的影响。以下是对这四类影响的进一步探讨。

（一）对审计时间、费用以及对审计质量的影响

1. 2010 年欧盟绿皮书调查结果。

2010 年的欧盟绿皮书也就此议题提出了一些问题，调查结果总结如表 4 所示。其中，反对强制性联合审计的观点主要是审计方法导致效率较低、审计质量可能下降、不清晰的责任问题等；支持强制性联合审计的观点则认为联合审计增加了竞争，减少了市场准入壁垒、可能提高审计质量等。总的来说，调查的结果显示受访者大多支持强制联合审计，但将会计师事务所的所有答复从统计数据中剔除后，结果出现了显著变化，反对强制性联合审计的回复增加了许多。

表 4 2010 年欧盟绿皮书调查结果

	占所有受访者	排除会计师事务所后
反对强制性联合审计的最常见论点：		
审计方法导致效率下降	31%	65%
审计质量可能下降	17%	35%
不清晰的责任问题	10%	17%
没有联合审计的需求	8%	15%
任命哪个（或多少名）审计师，应分别由审计委员会、公司或股东决定	7%	15%
支持强制性联合审计最常见的论点：		
增加竞争，从而减少了市场准入壁垒	55%	14%
预期的审计质量将会提高	5%	0%
更加独立和可靠的审计	4%	0%

资料来源：课题组根据公开信息整理。

2. 苏格兰特许会计师协会（ICAS）总览报告。

可以理解的是，支持联合审计的人总是强调他们认为的"优点"，而反对者则强调他们认为的"缺点"。双方通常提出的都是根据推理所得出的主观论点而不是实证证据。多年来，这一议题吸引了诸多学者的广泛研究，这些学者

试图通过对实际发生的情况进行实证研究来提供一些客观的结果。

由于学者们在研究时选择的样本期间、样本观测以及实证方法的不同，加上实证研究的一些局限性，目前针对联合审计的研究结果尚未统一。另外，为避免项目组在选择学术研究成果时存在的主观偏见，我们决定摘录较有代表性的 2012 年苏格兰特许会计师协会（以下简称"ICAS"）研究委员会发布的报告 "What do we know about joint audit"（以下简称"ICAS 总览报告"）。

ICAS 总览报告是由独立国际学者组成的团队完成，其目的是通过辨认、考虑和评估有关联合审计的现有证据，为将来的政策提供依据。报告引用了约 100 篇实证研究论文。以下是该报告的主要结论：

（1）对于联合审计支持者认为联合审计可提高审计质量观点的实证支持非常有限。当前可提供的证据之间是互相矛盾的。一方面，在强制性联合审计设置中，审计质量与联合审计之间没有建立任何关联。另一方面，一些实证证据却指出，在自愿性而并非强制性的联合审计环境设置下，联合审计可提高实际和感知的审计质量。

（2）有一些实证证据支持联合审计反对者的论点，即联合审计会导致额外费用的产生。有些论文得出的结论认为审计成本会较高。至于在自愿性的环境设置下，结果则好坏参半：联合审计的审计费用较高和审计费用较低的情况皆有发生。

（3）有一些实证证据表明，在联合审计的环境设置下（法国和丹麦），审计市场的集中度会比其他国家略低。在法国，中小型上市客户的审计市场集中度相对较低；然而，四家大型会计师事务所仍在大型上市客户市场中占据主导地位。

总体而言，ICAS 总览报告发现只有少数证据证明联合审计可以提高审计质量，相反，有些证据则表明联合审计将导致审计成本增加。

3. 一所瑞士大学的研究结果。

我们之前曾指出，为了避免在选择上有任何偏见，我们不讨论任何特定的研究。但是，瑞士某大学所做的研究非常具有代表性，因而，我们将进一步介绍与之相关的研究成果。该大学的附属商学院从成本和审计质量两方面对联合审计的影响进行研究，并于 2017 年公布了有关结果。这项研究分析了法国实施强制执行联合审计的情况，查阅了 210 家法国上市公司的数据，同时也与无须实施联合审计的意大利和英国的上市公司进行了对比，分别涵盖 142 家意大利上市公司以及 279 家英国上市公司。具体研究成果表现如下：

(1) 协调的成本与风险。

在其他条件相同的情况下，在审计监管制度更严格、法律责任风险更大的国家，为弥补风险，审计师收取的审计费用较高。因此，法国的审计费用（假设不考虑联合审计的强制要求）预计与意大利的审计费用相差无几（法国与意大利法律制度相似），但略低于法律制度更为严格的英国。然而，研究结果与预期大相径庭，原因正是法国公司需要接受联合审计，而意大利和英国公司则无须如此。

在其他可能影响审计费用的因素（包括客户属性、审计属性、审计师变更和提供非审计服务）已经得到充分考虑的情况下，该研究发现，相比于英国和意大利公司，法国公司支付的审计费用分别平均高出34.9%和61.3%（见表5）。若法国公司聘请的两家会计师事务所均非"四大"会计师事务所，相比于同样未聘请"四大"会计师事务所作为审计师的意大利和英国公司，其需要支付的费用略高出50%。若法国公司聘请的一家审计师隶属"四大"会计师事务所，则其支付的费用要高出同样聘请一家"四大"会计师事务所作为审计师的英国公司约25%、高出意大利公司约55%。若法国公司聘请两家"四大"会计师事务所作为审计师，则差异更加明显——相比于英国和意大利公司，支付的费用分别高出40%和80%左右。

表5　　　　　　　　　强制联合审计与审计收费

强制联合审计	非强制联合审计	
法国公司	比英国公司	比意大利公司
平均	高34.9%	高61.3%
两家非"四大"所	高50%	高50%
一家"四大"所、一家非"四大"所	高25%	高55%
两家"四大"所	高40%	高80%

资料来源：课题组根据公开信息整理。

研究结果表明，联合审计的成本较高，部分原因是协调两家审计师进行审计工作产生的额外费用。此外，还涉及风险补偿的费用，即可能存在审计师需要为可能发生的违规行为承担责任的风险。两家事务所可能均应承担同等风险，因此均应谨慎开展审计工作并因而收取较高的审计费用。

(2) 成本 vs 质量。

关于联合审计，最关键的问题是联合审计是否提供了更高质量的服务，并与成本的增加相匹配。由于这种情况下很难对"审计质量"作出评估，该研究将"利润操纵"，特别是异常计提准备作为替代指标。内含的逻辑是，管理层可以通过操纵报告的利润来实现自己的业绩指标，包括使自己的奖金最大化、维持自身地位或推高股价。审计的监督作用理论上可以降低管理层操纵利润的意图，如果用利润操纵来度量审计质量，则利润操纵情况越多，表示审计质量越低。然而，该研究对利润操纵数据的分析表明，观测到的法国较高的审计费用与审计质量的高低无关。当然，现有的研究表明，"审计质量"的定义具有多个维度，而且非常复杂，操纵计提准备项目只是其中一个方面。

(3) 结论。

前述瑞士大学的研究明确显示联合审计的成本要比单一事务所审计高得多。法国的审计费用要高于英国和意大利，这一结果并非如联合审计的支持者所预料的那样。鉴于许多其他因素已经得到充分考虑（并适当调整），总的来说，较高的审计费用与执行联合审计有直接关系。由此可见，联合审计本身并非如此理想，也许联合审计的支持者是时候需要重新考虑这一昂贵审计方式的成本与效益关系。

4. 国际会计师联合会（IFAC）审计费用调查。

审计成本数据是目前全球正在讨论有关审计质量及其增值服务作用至关重要的原素。国际会计师联合会（以下简称"IFAC"）调查的目的是量化2013~2018年欧洲和北美国家有关审计费用占公司收入的百分比。

近30家欧洲证券交易所的数据被纳入IFAC的调查，其中我们选择了法国、英国和德国的数据进行比较。这三个国家的上市公司在规模、复杂性和风险方面大致相当，只有法国有强制性的联合审计制度，而英国和德国则采用较为常见的单一事务所审计制度。另外，由于前述瑞士洛桑大学的研究包括了意大利上市公司，我们也列示意大利的相关数据。

如表6所示，就审计费用占公司收入的百分比而言，法国的6年平均值为0.19%，德国为0.09%，英国为0.13%，而意大利则为0.07%。虽然从百分比数值上看似乎没有太大的差异，但在绝对值上却有很大的差异。法国的平均收费实际上比英国高出约50%（0.19/0.13），比德国更高出约1倍（0.19/0.09），而与意大利的差距更大（0.19/0.07）。

表 6　　　　　　　　　　主要国家审计收费比较

国家	2013年	2014年	2015年	2016年	2017年	2018年	平均
法国	0.19%	0.19%	0.17%	0.20%	0.21%	0.19%	0.19%
德国	0.09%	0.08%	0.09%	0.09%	0.11%	0.09%	0.09%
英国	0.12%	0.13%	0.15%	0.13%	0.12%	0.15%	0.13%
意大利	0.02%	0.07%	0.08%	0.08%	0.07%	0.08%	0.07%

资料来源：课题组根据公开信息整理。

2010 年，一项于丹麦进行的学术研究发现，当公司的审计模式由联合审计转变为单一审计时，其所需支付的费用平均减少 25%。

单看收入审计费用比例可能并不是比较不同国家审计收费水平的完美指标，也未必能清楚地展现出其中有多少差异是由强制性联合审计所造成的。然而，它的大方向确实与其他实证研究一并证实了联合审计意味着较高的成本，亦在某种程度上印证了前述瑞士洛桑大学的研究结果。

（二）对审计师责任的影响

对于并非领导者事务所（以下简称"非领导者事务所"）而言，联合审计带来了获取额外的收费、经验和专业知识以及发展的机会。然而，这些机会也给这些事务所带来了显著的额外风险。

在许多国家的法律制度中，进行联合审计的两家事务所负有共同连带责任，这意味着每一家事务所都需要为另一家事务所的行为和疏漏负责。如果一家事务所不能支付因未能勤勉尽责地执行审计工作而造成的损失，另一家事务所将需要承担所有赔偿金额。这阻碍了许多非领导者事务所参与上市公司，特别是大型上市公司的审计工作意愿。因此，有提议建议对审计责任制度进行改革，例如，设立法定的民事赔偿上限，以使审计失败的责任不会是灾难性的，特别是对并非领导者事务所而言。可是，各国政府似乎不太愿意改变长期以来旨在保护投资者的审计责任制度。

这并不是无关重要的问题，特别是当保险公司非常不情愿（在大多数情况下拒绝）为会计师事务所提供审计上市公司所需的大额保险时。非领导者事务所可能需要以与市场领导者类似的方式考虑采用自我保险，以涵盖由更大型和更复杂业务的审计所带来的更高风险水平，以及由联合审计产生的共同连带责任所带来的额外风险。

（三）对选择审计及非审计服务提供者的影响

联合审计的一个潜在不利影响是可供选择的会计师事务所数量将会减少。在现实中，众所周知大型公司会避免选择与主要竞争对手相同的会计师事务所作为审计师。在联合审计环境下，这可能会对审计师的选择造成更为苛刻的限制。

例如，如果 A 公司打算任命两家"四大"会计师事务所作为联合审计师，而其主要直接竞争对手已经在使用两家"四大"会计师事务所，那么 A 公司很可能只任命其余两家"四大"事务所。此外，如果当地法规禁止公司雇佣其现任审计师从事各种非审计服务，那么 A 公司只可选择上述其余两家"四大"会计师事务所的其中一家和一家非"四大"会计师事务所，以便能够委托上述其余两家"四大"会计师事务所的另一家提供非审计服务。因此，联合审计制度对审计师的选择可能造成意料之外的限制，特别是在行业专业审计师数量较少的行业中发生（如各种金融服务业、电信业、石油天然气行业）。

通常当监管者想要引入强制性联合审计时，他们考虑的是降低市场集中度。这就引申出一个问题：联合审计制度导致审计师选择方面的限制是不是监管机构想要的？这些对选择的限制是否违背了原本引入强制性联合审计的目的？

四、相关审计准则、指引及实务问题

（一）联合审计尚无国际准则或指引

目前，还没有国际审计准则涵盖这一主题。联合审计实际上是被排除在集团审计准则 ISA 600 范围内的。国际审计与鉴证准则委员会（IAASB）最近正在更新和修订集团审计准则 ISA 600，其中并没有涵盖联合审计的计划。因此，在国际上尚无可等同于法国审计准则 NEP-100 的联合审计准则。

（二）法国联合审计准则和指引：核心内容、具体实务

法国审计准则 NEP-100 是一个特殊目的的审计准则，旨在规范审计师在进行联合审计时的特殊考虑，准则设立了一系列总体要求，包括工作分配平衡，每个审计师对审计风险和控制环境进行的评估，以及对另一家事务所的工

作进行关键审查。同时，还制定了与被审计实体进行沟通的联合方式。针对法国审计准则 NEP-100 的核心内容，具体如表 7 所示。

表 7　　法国联合审计准则 NEP-100 的核心内容

目录	核心内容
第一章	介绍本准则的依据和目的
第二章	开列在联合审计师之间分配工作的原则，主要内容包括： ①每家审计师执行的工作必须足以作为该审计师发表审计意见的依据。每家审计师应同时考虑本身以及其他联合审计师所取得的证据。 ②每家审计师均应了解被审计单位及其环境，评估整体账目中存在的重大错报风险，并与其他联合审计师共同确定审计重要性水平以及采用协调一致的方式制定其审计方法、审计计划以及审计程序。 ③审计程序应在各联合审计师之间定量或定性地均衡分配。 ④在联合审计师的任期内（通常为六年），各联合审计师之间应协调一致地对全部或部分已分配的工作进行轮换。 ⑤联合审计师在整个审计过程中根据所取得的证据共同评估他们之前识别的重大错报风险是否仍然恰当。必要时，修改审计程序的性质、时间或范围，并在需要时重新分配各自执行的审计程序。 ⑥每家审计师应复核其他联合审计师的工作，以评估确定其他联合审计师的工作，具体的复核内容包括：对应于在计划阶段分配予其的工作；是否足以取得充分、适当的审计证据，作为发表审计意见的依据；以及其他联合审计师得出的审计结论是相关且一致的。 ⑦每家审计师必须在其工作底稿中充分记录，作为其复核其他联合审计师工作的证据。 ⑧每家审计师根据对其他联合审计师所做工作的评估和得出的结论，各自确定是否应该追加其他审计程序，并与其他联合审计师进行讨论。必要时，以一致的方式确定追加程序的性质、时间和范围。 ⑨在临近审计结束时，每家审计师实施整体分析程序，以确定财务报表是否与其对被审计单位的了解一致
第三章	沟通，共两条规定，简要地要求联合审计师共同与被审计单位的管理层和治理层进行协调沟通
第四章	审计报告，共两条规定，简要地要求审计报告必须由每位联合审计师签署，并表明在审计师有不同意见时，应当在报告中提出该不同意见
第五章	联合审计师之间的争议，只有一条规定，要求联合审计师按照法国《职业道德守则》的相关规定解决专业纠纷
第六章	审计收费的分歧，只有一条规定，要求联合审计师按照《法国商法典》的相关规定与被审计单位解决对审计收费的分歧

资料来源：课题组根据公开信息整理。

（三）开展联合审计的现实挑战

联合审计在具体实施上存在诸多挑战，例如审计工作分配、协调过程和审计意见分歧的解决等，以下就可能存在的挑战进行详细阐述。

(1) 平衡联合审计工作量的挑战。

在联合审计环境中，平衡分担审计工作似乎是可取的，因为假如仅存在一个"主导"审计师将会形成不平衡的状况并会被视为无效的联合审计。在法国，审计准则已经过修订，并要求以平衡的方式（性质上和数量上）分担审计工作。

为降低审计市场集中度，欧盟委员会在其绿皮书中提出，鼓励采用联合审计，并提倡限制选择联合审计师的想法，即至少任命一家非"四大"会计师事务所与一家"四大"会计师事务所合作。这种限制性选择可能会导致负面效应，特别是对于大型、多样化和地理位置分散的公司。对于这些复杂的跨国客户，一家规模相对较小的会计师事务所将没有足够的资源来完成审计工作的重要部分，从而导致将工作留给了规模较大的会计师事务所。这样的配置会降低均衡分配工作量的可能性以及减少进行有效交叉复核的可能性。因此，强行将非"四大"会计师事务所纳入联合审计师配对的选择范围可能会导致不平衡的审计安排，以至于所谓的"联合审计"在实质上可能不是真正的"联合审计"。

(2) 会计师事务所的工作能力和负载能力。

包含一家非领导者事务所作为联合审计机构的要求，是为了提高非市场领导者的审计工作能力和负载能力而设置的。然而，在实施强制性联合审计之前，监管机构需要充分考虑到它们目前的工作能力和负载能力水平。这不仅将有助于更清楚地了解潜在的差距，以协助非市场领导者进一步发展，而且还将突出这些差距中可能对审计质量构成真正风险的地方。

例如，在英国，CMA 经常表达他们对非"四大"会计师事务所执行复杂审计的工作能力和负载能力存在的担忧。CMA 认为英国的非"四大"会计师事务所并没有足够的经验、人员、专业知识或能力对富时 350 指数（FTSE 350）中如此庞大复杂的公司进行审计。一种观点认为，若推行联合审计制度，另一家联合审计师（"四大"会计师事务所）必须对非"四大"会计师事务所的工作进行广泛复核，甚至重复做有关工作，否则可能形成审计质量的问题。

什么是"平衡"的联合审计？按照法国监管机构的设想，需要两家会计师事务所在数量和质量上的贡献或多或少是平等的，而这在其他国家监管机构希望推行的"四大"和非"四大"事务所的联合审计中则难以实现。这是一个"鸡和蛋"的问题。强制性联合审计的本意是为非领导者事务所提供机会发展它们的审计工作能力和负载能力,然而这些非市场领导者首先需要具有相应的审计工作能力和负载能力才能进入市场参与竞争。

(3) 审计质量风险。

联合审计模式给审计质量带来各种风险,其来自以下方面:①不同事务所之间以及事务所与被审计集团之间的沟通问题——沟通不畅可能导致重要的会计和审计问题无法得到充分处理甚至被完全忽视;②审计团队的经验、能力或资源水平参差不齐;③事务所的审计方法和策略存在差异;④事务所对重要性的判断存在差异,在其他需要作出专业判断的领域同样存在差异;⑤在解决专业判断或意见分歧方面未有一致的判断标准及解决方案。

五、总结

(一) 联合审计需要事务所投入时间、精力和风险

对于事务所而言,联合审计需要时间来实施,需要逐步进行,以使非领导者事务所有时间招聘新员工,适应其审计流程,制定和实施培训计划以及增强其质量控制和风险管理系统。联合审计的审计费用可能会较高。但是,如果会计师事务所相信可能会像发生在一些诸如丹麦、加拿大等国家那样,存在联合审计制度被废止的实际风险,那么他们将不会对做好联合审计作出必要性的投资。

(二) 联合审计对监管层和公司客户的要求

对于监管者而言,联合审计并不是一个快速解决的方案,它需要持续投入多年的监管时间和精力,以及针对非领导者事务所进行大量支持。对于投资者和审计委员会而言,需要适应与审计师合作的不同方式。强制性联合审计的全部影响可能需要至少10年才能看到,并且不能保证联合审计确实会提高审计质量。

(三) 提升审计质量的效果尚不明显

法国的实践经验显示,联合审计的审计质量未得到显著提高。同样地,前述的ICAS总览报告指出,只有很少的证据表明联合审计可以提高审计质量,而有些证据则表明联合审计会导致额外的费用。

(四) 未实现降低审计市场集中度的预期

虽然法国自 1966 年以来一直实行联合审计，但"四大"会计师事务所和在当地较具规模的一家事务所一直占据大型上市公司市场的主导地位。90% 的 SBF 120（在巴黎泛欧交易所上市的 120 只交易最活跃的股票）公司是由"四大"会计师事务所和该事务所审计。法国长达半个多世纪的实践经验足以证明，联合审计既不能降低市场集中度，也不能鼓励竞争。

综合而言，只有极少数国家要求强制性联合审计。由于联合审计并不普及，仅凭少数市场上的有限实践经验，不足以让我们了解联合审计产生的全面影响。我们认为，强制性联合审计并不会降低大型上市公司或金融服务行业的审计市场集中度，而是会大大减少市场选择，这种情况在比较复杂的行业尤为突出。

在联合审计是否优于单一事务所审计存在不确定性的情况下，以及法国是欧洲乃至全世界唯一大国实施强制性联合审计的情况下，更为恰当的做法是观望是否有更多其他国家实施强制性联合审计，以及在考虑是否引入联合审计之前，观察是否出现更多具体实证证据可以证明哪一种审计制度更佳。

实际上，这也是 ICAS 总览报告的结论和建议之一，即"从未有定论的证据显示，联合审计的全面影响尚不清楚，在实施任何联合审计政策之前，还需要作进一步研究"。

英国注册会计师行业发展现状研究

> **导读** • • •
>
> ◎ 英国拥有历史最悠久、最受尊敬的注册会计师行业，其职业资格广受国际认可，海外会员和本土学员占比分别达到近30%和70%。
>
> ◎ 英国注册会计师行业采取独立监管和行业自律相结合、"一业多会"的管理体制，公众利益实体和非公众利益实体分开监管。
>
> ◎ 近些年来，英国注册会计师行业重大审计质量问题频发，引发了对以财务报告理事会（FRC）为核心的监管体制的反思，FRC 的改革重组已被纳入行动计划。
>
> ◎ 英国各界近几年关注的焦点主要为英国"脱欧"、大型企业审计市场集中度偏高、会计师事务所过度依赖非审计服务收入。鉴于此，英国提出了强制性联合审计、大型会计师事务所对审计业务和非审计业务进行"运营性分拆"等较为激进的改革动议。

一、英国注册会计师行业的基本格局

（一）英国会计师职业团体与人才现状

英国是现代注册会计师职业的发源地，诞生了世界上最早的会计师职业团体。目前英国拥有的注册会计师无论从数量上来看，还是从整体实力上来看，均在世界上名列前茅。表1列示了英国[①]主要会计师职业团体的基本信息。

[①] 由于英国和爱尔兰会计师团体之间紧密的历史渊源，爱尔兰特许会计师公会（CAI）接受英国 FRC 的监管，并具备 RSB 和 RQB 资格。下文在提及英国会计师团体基本情况时，均包括 CAI，不再一一指明。

表1　英国主要会计师职业团体的基本信息

名称	是否为IFAC成员组织	是否拥有皇家特许状	是否为RSB	是否为RQB
AAT	√			
ACCA	√	√	√	√
AIA				√
AICPA–CIMA	√	√		
CIPFA	√	√		
ICAEW	√	√	√	√
CAI	√	√	√	√
ICAS	√	√	√	√
IFA	√			

注：(1) RSB、RQB的具体含义请参见本文下一节；(2) 美国注册会计师协会（AICPA）和英国特许管理会计师公会（CIMA）于2017年合并为国际专业会计师协会。

从2002年起，英国财务报告理事会（以下简称"FRC"）开始发布受其监管的主要会计职业团队的基本统计数据。根据FRC在2019年10月发布的《会计师行业关键事实与趋势》报告，七大会计师职业团体（以下简称"七大团体"）在全球范围和英国分别有会员547 490人和366 554人。表2提供了截至2018年12月31日英国七大团体的注册会员和注册学员人数信息。其中，ACCA是目前拥有全球注册会员和学员最多的会计职业团体。

表2　英国2019年度七大会计师职业团体注册会员和注册学员人数信息

单位：人

会计职业团体	全球		其中：英国	
	注册会员	注册学员	注册会员	注册学员
ACCA	214 319	431 821	98 049	81 902
CIMA	110 493	117 817	82 762	48 329
CIPFA	13 358	4 749	12 450	1 949
ICAEW	151 761	28 700	128 626	21 618
CAI	27 367	6 792	24 275	6 789

续表

会计职业团体	全球		其中：英国	
	注册会员	注册学员	注册会员	注册学员
ICAS	22 028	3 488	18 934	3 488
AIA	8 164	5 458	1 458	135
合计	547 490	598 825	366 554	164 210

资料来源：*Key Facts and Trends in the Accountancy Profession*（FRC，2019）。

在七大团体的全部注册会员中，有约33%来自海外。尤其是ACCA，来自海外的注册会员比例高达54%，占比超过一半。在2014～2018年，英国七大团体全球注册会员的年均复合增长率为3.1%。这些事实均表明英国主要的会计师职业团体及其授予的职业资格，在世界范围内有着良好的声誉和较高的认可度。此外，七大团体负责组织各自职业资格的考试和认证工作，是会计师教育和培训体系的重要参与者。2018年12月31日，七大团体全球注册学员近60万人，其中超过70%的注册学员来自英国以外。2014～2018年，七大团体全球注册学员年均复合增长率为2.4%。

有关七大团体全部会员的其他相关基本信息汇总如下：（1）七大团体全部会员中，有超过一半（约55%）的会员在工商业部门中就职，在会计师事务所中执业的会员仅占1/5左右。除此之外，约8%的会员任职于公共部门，约11%处于退休状态。在2018年底，拥有审计资格证书的会员总数为128 762人。（2）七大团体全部会员中，2018年底女性占比大约为37%，相对于2014年底上升了2个百分比点。在拥有公众利益实体（Public Interest Entities，PIE）客户的30家会计师事务所中，经理、总监和合伙人中的女性比例分别超过了45%（<50%）、30%（<35%）和15%（<20%）。（3）七大团体全部会员中，约75%的会员年龄在25～54岁，是一个以中青年为主的职业群体。在会计师事务所工作的会员中，年龄低于45岁的比例高达71%，显示出审计是一个工作强度较大、对年轻化程度要求较高的职业。

（二）英国各类会计师事务所的发展态势

在英国，执行法定审计的会计师事务所必须在"受认可监督机构"（以下简称"RSB"）那里注册并接受监督。目前，英国共有四家会计职业团体属于RSB，即ACCA、ICAEW、CAI和ICAS。表3提供了2018年底在四大RSB注册的会计师事务所的基本情况。

表3　在RSB注册的会计师事务所基本情况（2018年12月31日）　单位：家

合伙人人数	ACCA	ICAEW	ICAI	CAI	小计
1	1 064	1 058	388	48	2 558
2~6	549	1 513	367	105	2 534
7~10	10	135	13	11	169
11~50	4	90	12	6	112
50以上	0	16	3	2	21
合计	1 627	2 812	783	172	5 394

资料来源：*Key Facts and Trends in the Accountancy Profession*（FRC，2019）。

2018年底，英国在RSB注册的会计师事务所共有5 394家，其中个人独资事务所、小型事务所（合伙人或股东2~10人）、中型事务所（合伙人或股东11~50人）和大型事务所（合伙人或股东超过50人）分别占比47%、50%、2%和0.4%。拥有注册事务所最多的RSB是ICAEW，共占比52%，且规模越大的事务所，越倾向于在ICAEW注册。显然，这与ICAEW悠久的历史和卓著的声誉有关。

图1进一步展示了2014~2018年英国在RSB注册的事务所总数以及各类规模事务所的数量变化趋势。从2014年起，在RSB注册的事务所数量持续减少，从6 635家下降到5 394家，降幅高达18.7%，年均降幅近5%。区分事务所规模来看，注册事务所总数下降主要是因为独资事务所和小型事务所数量的下降，而中型和大型事务所的数量则变化不大，保持平稳。数据分析表明，英国注册会计师专业服务市场为独资和小型会计师事务所提供的生存空间呈缩小趋势。

表4列示2019年度英国前十大会计师事务所的基本信息。"四大"会计师事务所国际网络的英国成员所长期占据前4名的位置，其中规模最小的KPMG在收入总额上也是排名第5位的BDO的4倍。紧随其后的是其他会计师事务所国际网络在英国的成员所。"四大"与BDO、Grant Thornton、RSM的英国成员所并称"七大"。在英国，注册会计师专业服务市场仍是一个具有成长性的市场。2019年，英国的GDP增长率为1.4%，前10大事务所的收入总额增长率均超过当年GDP的增长率，其中有8家的收入增长率超过6%，有3家的收

入增长率超过10%。

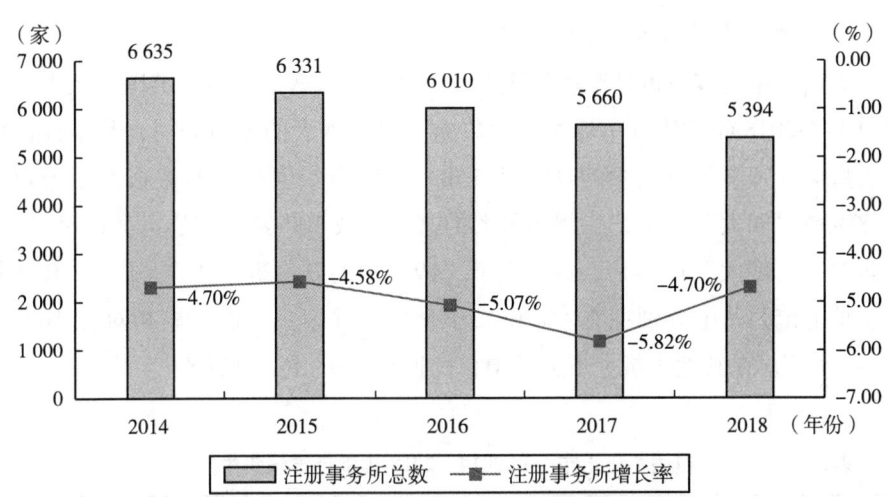

图 1　英国 2014～2018 年注册事务所变化趋势

资料来源：*Key Facts and Trends in the Accountancy Profession*（FRC，2019）。

表4　　　　英国 2019 年度前 10 大会计师事务所基本信息

排名	事务所名称	会计年度截止日	收入总额（百万英镑）	收入增长率（%）	合伙人数
1	PWC	2019/6/30	4 233	12	913
2	Deloitte	2019/5/31	3 970	10.9	1 059
3	EY	2018/6/30	2 410	2.7	702
4	KPMG	2018/9/30	2 321	7.8	635
5	BDO	2019/7/5	576	24.8	250
6	Grant Thornton	2018/6/30	491	6.5	188
7	RSM	2019/3/31	335	6	128
8	Smith&Williamson	2019/4/30	278	4.3	101
9	Marzars	2019/8/31	187	8.3	140
10	PKF	2019/5/31	140	8	158

注：（1）Accounting Age 提供的信息是基于调研的结果；（2）Smith & Williamson 为尼克夏国际（Nexia International）的英国成员所；（3）2019 年 BDO 的收入大幅增长是因为合并了 Moore Stephens 的原因。

资料来源：https：//www.accountancyage.com/rankings/top‑uk‑accounting‑firms‑2019。

（三）英国注册会计师专业服务市场及其竞争格局

1. 大客户审计市场集中度居高不下。

英国近年大客户审计市场的集中度居高不下。表5提供了英国主板上市公司2014~2018年的审计市场集中度数据。规模越大的上市公司，其审计市场向大型会计师事务所集中的现象越突出。2018年，英国所有主板上市公司有81.8%是"四大"的客户，规模最大的富时指数100家上市公司（FTSE 100）则全部是"四大"的客户；规模次于"四大"的五大事务所在FTSE 250和其他主板上市公司中分别拥有4%和15.3%的审计客户，而规模相对较小的21家事务所①，在其他主板上市公司中合计拥有6.9%的市场份额。

表5　　　英国主板上市公司2014~2018年审计市场集中度

Panel A："四大"的市场份额（%）					
年份	2014年	2015年	2016年	2017年	2018年
FTSE 100	98.0	98.0	99.0	99.0	100.0
FTSE 250	96.8	96.8	96.4	96.8	96.0
其他主板	69.7	71.1	74.8	74.2	77.8
所有主板	79.9	83.2	81.1	80.0	81.8
Panel B："四大"之后五家大事务所的市场份额（%）					
年份	2014年	2015年	2016年	2017年	2018年
FTSE 100	2.0	2.0	1.0	1.0	0.0
FTSE 250	3.2	3.2	3.6	3.2	4.0
其他主板	21.4	21.5	18.4	16.0	15.3
所有主板	14.5	11.0	13.3	12.6	12.7
Panel C：其他事务所的市场份额（%）					
年份	2014年	2015年	2016年	2017年	2018年
FTSE 100	0.0	0.0	0.0	0.0	0.0
FTSE 250	0.0	0.0	0.0	0.0	0.0
其他主板	8.9	7.4	6.8	9.8	6.9
所有主板	5.6	5.8	5.7	7.4	5.5

资料来源：*Key Facts and Trends in the Accountancy Profession*（FRC，2019）。

---

① 英国2019年有公众利益实体（简称"PIEs"，包括所有上市公司、信贷机构和保险机构等）审计客户的会计师事务所共有30家。

在 AIM（相当于中小板）上市的公司规模较小，审计市场集中度问题相对较轻。截至 2019 年 8 月 30 日，"四大"在 AIM 上市公司中的审计客户占比仅为 32.6%，审计收费占比则为 56.3%。因此，"四大"的 AIM 审计客户虽然数量较少，但却是其中规模相对较大、审计收费较高的那一部分企业。

2. 会计师事务所积极拓展非审计服务市场。

从图 2 和图 3 中可以看出，无论是"四大"还是非"四大"，审计业务收费都已不是英国会计师事务所的主要收入来源。对于"四大"而言，审计业务收入占比已低于 20%，而非"四大"来自审计业务的收入比例也已不足 30%[①]。相对而言，"四大"对于审计业务收入的依赖性更低。不仅如此，不管是"四大"还是非"四大"，来自非审计业务的收入占比在 2016～2018 年呈持续上升趋势。

在审计服务市场成长空间有限的情况下，英国会计师事务所主要依靠税务、咨询等业务拉动收入的增长。例如，普华永道英国成员所 2019 财年审计业务收入相对于上一财年增长 5.94%，但来自税务和咨询业务的收入分别增长 13.50% 和 22.11%。

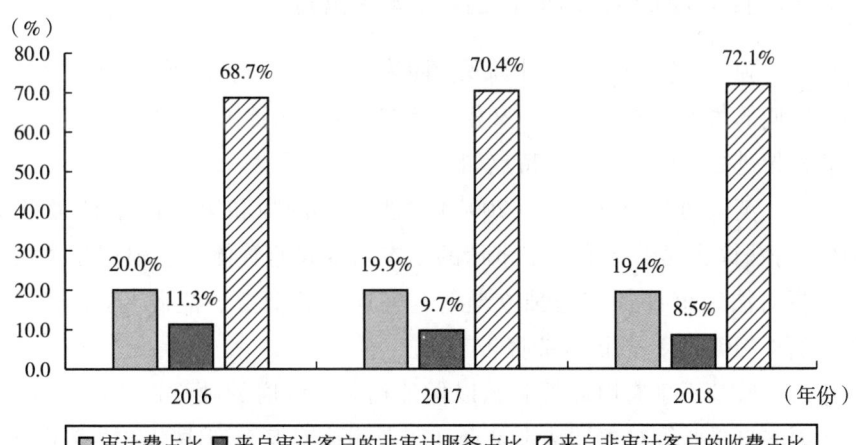

图 2 "四大"的服务费收入构成

资料来源：*Key Facts and Trends in the Accountancy Profession*（FRC，2019）。

---

① 非"四大"仅包括有公众利益实体审计客户的 26 家会计师事务所。

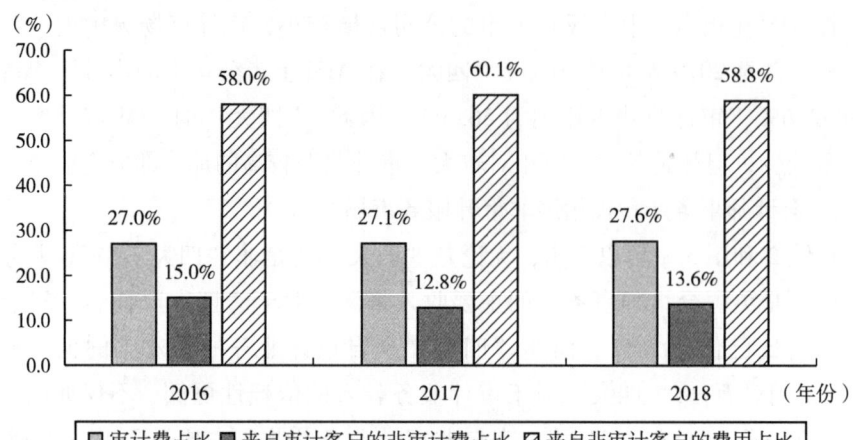

图 3 非"四大"的服务收费占比

资料来源：Key Facts and Trends in the Accountancy Profession（FRC，2019）。

二、英国注册会计师行业监管体系与监管动向

（一）英国注册会计师行业监管体系概览

政府、独立监管机构、会计师职业团体是英国注册会计师行业的主要监管主体，它们的角色既相互区别，又相互补充。图4对英国当前的注册会计师行业监管框架进行了展示，主要特点如下：

第一，英国的《公司法》（2006）《法定审计师和第三国审计师条例》（2016）等法律法规确立了法定审计的基本制度和监管体系。根据相关法律，FRC负责对法定审计师实施独立监管，并向主管商务、能源与产业政策部（以下简称"BEIS"）的国务卿报告工作。

第二，FRC不享有财政拨款，以保证相对于政府的独立性。FRC的运作经费主要来自受监管对象，特别是会计职业团体，但受到法律和协议的保障。在拥有皇家特许状的六大会计职业团体中，ACCA、ICAEW、ICAI、ICAS和ICPFA通过其协调机构——会计团体咨询委员会（CCAB）向FRC支付经费，而CIMA则按照单独的协议规定向FRC提供资金。

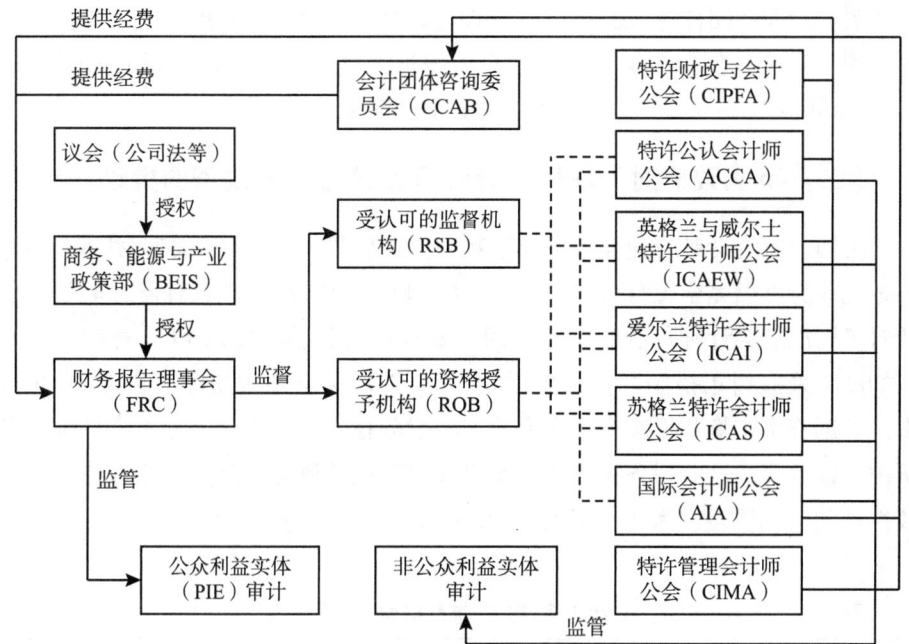

图 4 英国注册会计师行业监管框架

第三，英国的注册会计师行业监管是一个独立监管与行业自律相结合的体系。FRC 通过"授权协议"（delegation agreement），将其对于法定审计师的监管权力授予若干"受认可的监督机构"（以下简称"RSBs"）和"受认可的资格授予机构"（以下简称"RQBs"）。其中，RSBs 目前包括四家，即 ACCA、ICAEW、ICAI 和 ICAS，负责会计师事务所的注册、监督和惩戒；RQB 则包括五家，即 ACCA、ICAEW、ICAI、ICAS 和 AIA，负责法定审计师个人的职业资格授予和管理（含考试、教育、培训等相关工作）。目前，FRC 对于法定审计师的监管包括直接和间接两条途径。一方面，FRC 对公众利益实体（PIE）和第三国审计师的审计工作质量直接加以监督和检查，这一职责不能授予给 RSB。另一方面，FRC 对 RSB、RQB 接受授权行使监管职责的情况进行监督，间接地对非公众利益实体的审计工作质量进行监管。具体而言，FRC 对于 RSB 和 RQB 的监管主要包括以下内容：（1）授予或取消会计职业团体的 RSB 或 RQB 资格；（2）对 RQB 的教育活动和职业资格证书管理进行监督；（3）对 RSB 建立的调查和惩戒系统进行监督；（4）对未能达到法定审计要求的 RSB 和 RQB 签发执行令（enforcement orders）；（5）对未能履行法定义务的 RSB 和 RQB 施以财务处罚。根据相关法律，FRC 的监管职责只限于法定审计，通过与相关会计职业团体达成的协议，FRC 可以将其监管范围扩展到法定审计以外的事项，例如对会计职业团体的教育、培训、持续专业发展（continuing professional development）、职业道德等事项进行监督。

（二）英国政府对于注册会计师行业监管体系改革的推动

英国注册会计师行业监管主要依赖独立监管机构和会计师职业团体，但并不是说政府可以完全置身事外。BEIS 对于 FRC 的监管工作负有监督职责，包括对英国注册会计师行业监管体系的有效性进行评估、要求 FRC 对监管体系中的缺陷采取纠正措施、在必要时对 FRC 进行调整和重组等。自 2016 年以来，英国资本市场相继曝光了多家公司的财务报告舞弊案例，相关会计师事务所被处以重罚。这些财务报告舞弊案例导致英国注册会计师行业监管体系的有效性遭到广泛质疑。为此，英国 BEIS 采取的应对措施如表 6 所示。

表 6　　　　　　　　　2018 年 BEIS 发起的研究项目

发起时间	负责人	发布时间	报告名称	报告内容
2018 年 4 月	约翰·金曼爵士（Sir John Kingman）	2018 年 12 月	《对于财务报告理事会的独立评价》	对 FRC 的监管有效性进行全面的独立评价，提出改进对于公司报告和审计工作加强监管的 83 条建议
2018 年 10 月	竞争与市场管理局（CMA）	2019 年 4 月	《法定审计服务市场研究：最终报告》	提出了加强审计委员会对于外部审计师的监督、强制实施联合审计（joint audit）和同业复核（peer review）、分拆"四大"的审计和非审计业务等政策建议
2018 年 12 月	专职委员会（Select Committee）	2019 年 4 月	《审计的未来》	支持约翰·金曼爵士和 CMA 研究报告的主要结论，建议加快 FRC 的改革重组，充分披露审计质量评价结果，加强内部控制工作等
2018 年 12 月	唐纳德·布莱顿爵士（Sir Donald Brydon）	2019 年 12 月	《评价、鉴证与洞察：提高审计质量和有效性》	提出了旨在提高审计质量和有效性的一系列建议，包括对审计的内涵和目标进行重新定义、扩大审计师的职责范围、建立与会计职业分立的公司审计（corporate auditing）职业、改变审计意见的表达方式等

BEIS 在不到一年的时间内，发起了四个重大项目，从不同角度全方位地探讨审计职业的改革方案，体现了近些年审计失败案例所形成的巨大变革压力。为了广泛听取各界意见，提高政策措施的合理性和接受度，BEIS 组织开

展了社会各界参与程度高、影响广泛的研究项目,特别是聘请有名望的人士领衔开展独立研究,形成共识之后再出台相关的政策措施或立法动议。这也是英国公共政策制定的一般模式。

(三) 英国财务报告理事会（FRC）的监管动向与改革方案

由于FRC肩负着对审计质量进行监督的法定职责,英国近些年频频发生的审计失败案例表明FRC的监管有效性存在不足。2014/2015财年至2018/2019财年,FRC抽查的审计项目数量持续上升,2018/2019财年达到160项,相对于2014/2015财年增加了近27%（见图5）。

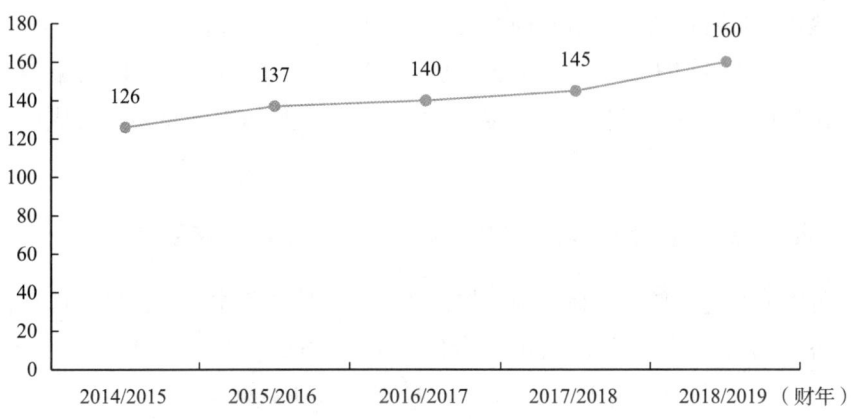

图5　英国FRC审计质量检查每年抽取的审计项目数量

然而,FRC针对近期审计失败案例所采取的行动不足以平息社会各界对于英国审计质量监管体系的质疑与批评。约翰·金曼爵士2018年12月发布的《对于财务报告理事会的独立评价》指出,FRC成立于与现在不同的旧时代,根基薄弱、摇摇欲坠,已经不能通过修修补补来维系其运作。具体而言：(1) FRC作为一个监管机构没有强有力的法定基础,它只是一个"理事会",而不是"监管局"；只是一个私人部门,而不是公共机构。(2) FRC的监管活动依赖于会计职业团队,对于最大的会计师事务所,不是直接监管,而是授权会计职业团队来监管。(3) FRC的部分运作经费源自于自愿性捐助,尤其是来自被监管者的自愿性捐助,弱化了它对会计职业团体实施严格调查与惩戒措施的动机。(4) FRC自身的治理水平与其承担的重要角色是不相称的,其董事会成员的招聘不够市场化,在重要职责领域的运作不够透明,管理利益冲突的措施不完整、不一致等。

为此,约翰·金曼爵士建议成立一个全新的监管机构——审计、报告与治理监管局(以下简称"ARGA")来取代 FRC。ARGA 旨在克服 FRC 的局限,并成为一个更加强有力的监管机构,其成立将会是英国近 20 年以来注册会计师行业监管制度的最大变革。具体而言:(1)ARGA 应该是一个负有清晰法定职责的机构,可以进行更为全面、能见度更高的审查,以提升其透明度。(2)ARGA 应通过制定高标准的法定审计准则、公司报告准则和公司治理准则,以及对公司和专业顾问问责,来实现其保护客户和公众利益的战略导向和职责。(3)ARGA 应直接对最大的会计师事务所进行监管,而不是授权给会计职业团体。(4)ARGA 应拥有新的、多样化的董事会和强大的领导力,改变其文化,重塑被监管者对它的尊重。

约翰·金曼爵士有关改组 FRC,成立 ARGA 的建议已被 BEIS 所采纳,相关工作正在积极推进,包括启动相关立法工作、选聘 ARGA 的董事会成员和领导层等。

(四)英国会计师职业团体的行业自律及其发展变化

英国的会计师职业团体是独具特色的"一业多会"格局[①],目前具有官方认可行业自律职责的会计职业团体包括五家 RQB(ACCA、ICAEW、ICAI、ICAS 和 AIA)和四家 RSB(ACCA、ICAEW、ICAI 和 ICAS)。

目前来看,"一业多会"是一种符合英国社会文化特点和会计师行业发展水平的自律体制。这一体制形成了促进各大会计师职业团体提高服务质量和专业声誉、采取国际化策略以开拓海外市场、寻求独特市场定位并聚焦细分市场的竞争压力。同时,"一业多会"也为法定监管机构通过 RQB、RSB 资格的授予和解除,对会计师职业团体施加有效的外部监督提供了条件。2016 年 10 月和 2017 年 12 月,FRC 分别撤销了授权公共会计师协会(AAPA)的 RSB 资格和特许公共财政与会计公会(CIPFA)的 RQB 资格。可以说,"一业多会"对于英国注册会计师行业在专业水准和职业声誉上取得世界领先地位功不可没。

然而,"一业多会"的局限性也是不可忽视的。英国各大会计师职业团体在考试、职业资格授予、质量分级、惩戒等方面采取的标准是不一致的,容易造成市场上执业会计师的水平参差不齐。例如,ACCA 将会计师事务所的质量

---

① 本部分内容参考了中国注册会计师协会编:《对注册会计师行业"一行多会"的思考——以英国注册会计师行业为例》,行业发展研究资料(No. 2016 - 6),http://www.cicpa.org.cn。

检查结果分为 A、B、C+、C 和 D 五个等级,而 ICAEW 则将会计师事务所的质量检查结果分为 A、B、C、D 四个等级①。除此之外,会计师职业团体的分立在一定程度上造成了"重复建设",增大了行业自律体制的整体运行成本。另外,随着 FRC 改组为 ARGA 进程的启动,ARGA 作为独立监管机构的权力将增强,某些关键的监管权力,例如"四大"会计师事务所的监管,将由会计师职业团体转移至 ARGA。这意味着各大会计师职业团体的自律权力将削弱,而其面临的外部监督则将增强。

三、英国注册会计师行业改革发展的前沿课题

(一)"脱欧"对于英国注册会计师行业的影响

2016 年 6 月 23 日,英国全民公投,决定脱离欧盟。然而,由于英国与欧盟国家之间经济融合已达到相当高的程度,相互之间的关系盘根错节,英国的"脱欧"之路并不平坦,退出欧盟的截止日期一拖再拖。2020 年 1 月 31 日,英国终于完成相关法律程序,正式退出欧盟,并开启了为期 11 个月的过渡期。

英国"脱欧"对注册会计师行业造成的直接影响是法定审计师的资格认可与监管问题。在"脱欧"之前,英国与欧洲经济区(以下简称"EEA")国家相互承认对方"胜任监管机构"(Competent Authority)所授予的法定审计师资格,默认对方审计监管体系的有效性与己方等效(equivalent)。英国法定审计师签署的审计报告,无论是对英国公司,还是对 EEA 国家的公司,均会被 EEA 国家的监管机构所认可和接受;EEA 国家法定审计师签署的审计报告,在英国也有同等的效力。

在英国"脱欧"之后,EEA 国家与第三国(third countries)的审计师将受同等对待。如果第三国审计师审计的公司在英国受管制的资本市场(regulated markets)上市,则其必须在英国 FRC 注册并接受监管。如果第三国审计师所在国的审计监管体系(system of audit assurance)被英国监管机构评估为与己方等效,则这些审计师不会受到来自英国的额外监管。同样的,"脱欧"之后,英国的法定审计师在 EEA 国家也会被作为第三国审计师,其职业资格有

---

① ACCA 的 A、B、C+、C 和 D 五个等级,分别表示良好、满意、不满意且需要改进、不满意且需要重大改进、需要采取监管行动。ICAEW 的 A、B、C、D 四个等级则分别表示无违规行为且无须采取后续行动、存在某些违规行为但无须采取后续行动、存在违规行为且需要采取后续行动、存在严重违规行为且需要采取后续行动并详细报告。

待重新确认,未来面临的监管方式也依赖于英国和 EEA 国家正在开展的谈判。

英国政府正在与欧盟进行紧张的谈判,希望能够在 2021 年 1 月 1 日过渡期满前达成一揽子的自由贸易协定,有关法定审计师在英国和 EEA 国家之间跨境执业的安排,将会是双方谈判的重要内容。相关谈判涉及的内容广泛而复杂,不仅涉及资格的互认、审计报告的签字权和效力认可、审计监管体系的等效性,还涉及适用的会计、审计和职业道德准则,会计师事务所的所有者身份和信息披露要求[①],跨国集团公司的审计安排,公众利益实体(PIEs)的界定等。

英国的政府机关(BEIS)、独立监管机构(FRC)和主要的会计职业团体,不仅积极参与到英国政府与欧盟之间的谈判过程中,为英国注册会计师行业争取利益,而且积极与会计师事务所和注册会计师及时沟通谈判的结果,发布与"脱欧"有关的介绍、说明和指南。例如,2018 年 10 月 12 日,BEIS 发布了《没有"脱欧"协议下的会计与审计》指南(以下简称"指南");2020 年 1 月 14 日,BEIS 和 FRC 又公布两份指导信函,分别对"过渡期"(2020 年 1 月 31 日至 2020 年 12 月 31 日)之内的会计与公司报告问题、审计师和会计师事务所相关问题作出规定和说明。无论是从法律与政策层面,还是从实施方案、行动步骤来看,英国注册会计师行业已做好了"脱欧"的充分准备。

(二)近期英国大型会计师事务所审计质量问题频发的原因分析

英国近年来爆发了多起引起广泛关注的财务报告舞弊案例,注册会计师行业的审计质量受到空前质疑,这引发了对独立审计体系进行激进改革的巨大压力。在 2018~2019 财年,FRC 公布了 9 起案件的调查和处理结果,对 6 家会计师事务所给予严厉谴责或谴责处分,共处罚金 4 057.5 万英镑,约合人民币 3.7 亿元(根据 2019 年 12 月 31 日英镑对人民币汇率中间价,下同);对相关的 13 名注册会计师给予严厉谴责、谴责和暂停公众利益实体审计资格 18 个月的处分,共处罚金 158 万英镑,约合人民币 1 446 万元。其中,FRC 对审计某公司的会计师事务所创纪录地处以 1 000 万英镑、约合人民币 9 150 万元的重罚。

英国近些年注册会计师行业审计质量的严峻形势也可以从 FRC 对"四大"

[①] 英国和欧盟均要求会计师事务所的所有权结构中,有资质的合伙人和经理必须占据多数。英国监管机构已明确在计算多数所有权时,EEA 国家的法定审计师可以计算在内,但 EEA 国家尚未明确,来自英国的法定审计师是否可以包括在多数所有权的统计口径之内。

会计师事务所近些年的质量检查结果中反映出来。图6列示了"四大"被抽查的公众利益实体审计项目质量为优良的比例。在过去五个财年,"四大"的优良率平均为76%,最高值为81%,最低值69%。这意味着"四大"的公众利益实体审计项目,有约1/5在审计质量上有明显的改进空间。FRC对审计质量检查结果的分析表明,英国会计师事务所的审计质量问题集中表现在以下两点:一是审计师的职业怀疑态度不足,二是审计师不愿或不能对管理层有问题的判断或估计提出不同意见。

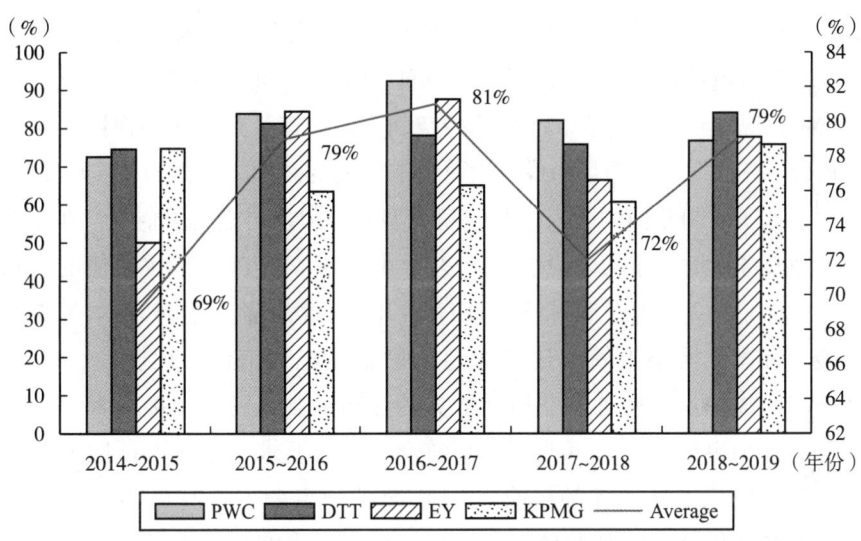

图6 近五个财年"四大"英国成员所公众利益实体审计项目质量的优良率

审计质量的影响因素复杂,有较为宏观的监管、市场等方面的因素,也有较为微观的审计师任期、非审计服务、合伙人激励机制等方面的因素。试图建立不同影响因素与审计质量之间的因果关系,并将影响的大小予以量化和比较,是非常困难的。从英国各界对于审计质量问题的讨论结果来看,以下因素得到了最多的关注:(1)审计监管。在过去时代诞生的FRC,被认为缺乏明确的法律授权和足够的监管权威,在履行监管职责时过于依赖会计职业团体的行业自律,且与被监管者的关系过于密切。(2)审计市场的集中度。英国竞争与市场管理局(以下简称"CMA")认为英国的公众利益实体审计市场,尤其是FTSE 350大型上市公司审计市场的集中度偏高,规模排在"四大"之后的"挑战者"事务所面临进入壁垒,而大型上市公司也缺乏更多的审计师选择机会。(3)非审计服务。虽然英国监管机构早已禁止或限制会计师事务所同时向审计客户提供大部分非审计服务,但这并没有阻止会计师事务所的非审计服务(特别是咨询服务)保持比审计服务更快的增速,并成为其主要的收入来源。审计服务在会计师事务所收入来源中重要性的下降,有可能导致它们将主要的资源投入非审计服务领域,影响其专注于提供高质量审计服务的动机和能力。

(三)英国监管机构对于审计市场集中度的关注及其改革动议

英国监管机构对于审计集中度的关注开始于21世纪初,并且受到安达信(Arthur Andersen)国际会计师事务所倒闭、"五大"减少为"四大"对于大型企业审计师选择的影响。近些年来,英国大型企业审计市场的集中度居高不下。这一状况导致大型企业审计师选择空间不足,审计市场缺乏弹性,"四大"一旦减为"三大"将对市场形成巨大而无法缓冲的风险。具体而言:(1)由于会计师事务所强制轮换的引入,某些超大型的跨国公司或集团企业,在招标选聘会计师事务所时,事实上只有"四大"中的三家可以选择(现任的一家不能参与投标)。(2)规模仅次于"四大"的"挑战者"事务所,在专业资源、能力和国际网络上尚未达到让超大型企业充分信任的程度。(3)由于向客户同时提供审计服务和非审计服务的法律限制,已经承接了客户非审计服务的会计师事务所,有可能因为不符合独立性要求,或非审计服务获益更大,而放弃投标审计业务的机会。(4)会计师事务所还有可能因为其他原因而放弃参与机会,包括避免在同一行业拥有过多客户、中标概率过低而不愿意投入成本等。

同时,BEIS也十分关注大型企业审计市场集中度问题,其专职委员会公布的《审计的未来》研究报告,以及下属竞争与市场管理局(CMA)发布的《法定审计市场研究》最终报告,均将审计市场集中度作为重点课题。为应对大型企业审计市场集中度风险,BEIS专职委员会和CMA提出了两大解决方案。一是市场份额上限(market share caps),即要求"四大"会计师事务所在FTSE 350审计市场上,其市场份额不得超过一定比例。例如,可要求"四大"中每一家的FTSE 350大客户不得超过75家,这样就能保证至少有50家FTSE 350大客户是由"挑战者"事务所审计。BEIS建议分行业为"四大"中的每一家制定不同的市场份额上限。二是强制性联合审计(mandatory joint audit),即要求FTSE 350的审计工作必须由两家或两家以上的会计师事务所合作完成,签署一份审计报告,共同对发表的审计意见承担责任。不仅如此,CMA建议联合审计中必须有一家是非"四大"会计师事务所,而且任何一家联合审计师收取的审计费用都不得低于费用总额的30%。

BEIS的专职委员会倾向于采用市场份额上限的做法,而CMA则主张推动强制性联合审计。虽然具体的政策主张存在区别,但它们对于如何扩大企业的审计师选择空间、提高审计市场的弹性和有效竞争程度,基本思路却是一致的,即支持"挑战者"事务所,使其具备和"四大"直接竞争的能力。

然而,无论是市场份额上限,还是强制性联合审计,都不是完美的解决方案。首先,对于市场份额上限而言,可能会造成"四大"采用"摘樱桃"(cherry picking)的客户选择方式,即只保留最为优质的客户,而将风险高的"困难户"留给"挑战者"事务所。这一做法虽然为"挑战者"事务所提供了审计FTSE 350大客户的机会,但不能明显缩小它们与"四大"在专业能力上差距。其次,强制性联合审计也是有利有弊。从优势上看,它为"挑战者"事务所提供了审计规模最大、业务最复杂的超大型企业,并通过与"四大"合作完成审计项目,迅速缩小与"四大"在专业能力和经验上的差距。从弊端上看,联合审计在审计工作的计划与实施,以及质量控制方面较为复杂,带来的有可能不是"1+1>2",而是"1+1<2"的结果。

基于上述两种方案的优缺点,BEIS的专职委员会试图协调和平衡两种解决方案,即建议针对所有FTSE 350上市公司实施市场份额上限,对最大的FTSE 100家公司则试点强制性联合审计方案。英国政府究竟会采纳何种方案,方案实施后对于审计师选择、审计质量和审计费用将会产生何种影响,还有待于进一步观察。

(四) 英国会计师事务所强制轮换和审计招标改革的实施效果

2014年4月16日,欧洲议会和欧盟理事会发布的监管规则第537号正式确立了公众利益实体的会计师事务所强制轮换制度,在采用公开招标方式选聘审计师的情形下,会计师事务所任期满10年,必须重新组织招标,现任会计师事务所可以连选连任,但最长任期不得超过20年[1]。

"脱欧"之前,英国作为欧盟成员国,在实施会计师事务所强制轮换制度上行动积极。2014年以后,英国的会计师事务所选聘招标活动竞争激烈,会计师事务所更换频率加大,会计师事务所任期明显缩短。根据CMA的统计,

---

[1] 如果公众利益实体一直采用联合审计方式,则会计师事务所的最长任期为24年。

在 2007~2011 年，FTSE 350 家上市公司总共只发生 52 次审计招标，而在 2013~2018 年，这一数字增长了将近 5 倍，超过 250 次。2015 年和 2016 年是招标选聘审计师的高峰年份，每一年的招标次数均超过了 60 次。

  FTSE 350 家上市公司的会计师事务所更换率也有了显著变化。2013 年，会计师事务所的更换率约为 6%，2015 年上升到峰值 14% 左右，随后逐步回落至 2018 年的 3%。更换频率的加大导致会计师事务所平均任期的缩短。如图 7 和图 8 所示，在 FTSE 350 家上市公司中，2012 年会计师事务所任期低于 5 年的公司占比仅有 22%，但在 2019 年，会计师事务所任期低于 5 年的公司占比上升到 54%，会计师事务所的平均任期，则由 2012 年的 14 年下降至 2019 年的 9 年。

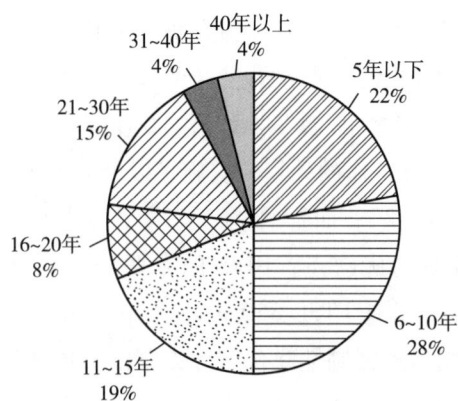

图 7　2012 年英国 FTSE 350 家上市公司会计师事务所任期分布

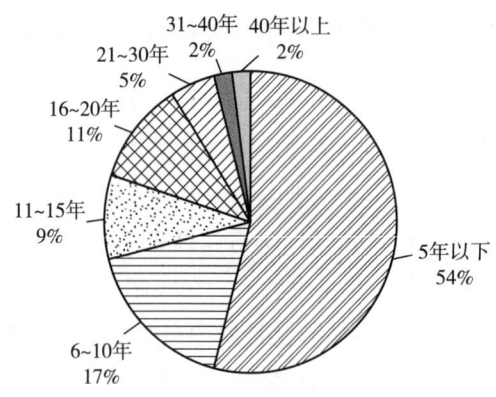

图 8　2019 年英国 FTSE 350 家上市公司会计师事务所任期分布

CMA 在分析了 2013~2018 年 FTSE 350 上市公司发生的会计师事务所变更之后，发现有 92% 的变更是从一家"四大"所变更为另一家"四大"所，有 5% 是从一家"挑战者"事务所变更为一家"四大"所，仅有 3% 是从一家"四大"所变更为一家"挑战者"事务所。这一分析表明，会计师事务所选聘的公开招标和强制轮换，虽然在审计市场中引入了更多的竞争，但它并不足以改变相对固化的市场格局，即并没有改变"四大"所在英国大型上市公司审计市场上的主导地位。

公开招标选聘会计师事务所所导致的竞争压力，被认为具有压降审计服务报价的效果，而这至少在短期内不利于审计质量的提高。英国的经验表明，公开招标更换会计师事务所，并没有导致审计服务报价下降的明显效果。在公开招标次数最多的 2015 年和 2016 年，FTSE 350 上市公司招标之后的审计收费有升有降，而 FTSE 100 和 FTSE 250 上市公司支付的审计费用分别上涨了 4.21% 和 1.37%，而且发生会计师事务所变更的公司，与没有发生变更的控制组公司相比，平均审计费用并没有涨得更慢或降得更多。这均表明英国的资本市场较为成熟，对于审计服务的价值有较为充分的理解，会计师事务所也基本不采用低价竞争的策略和手段。

会计师事务所轮换对于审计质量的影响是不确定的，既有可能引入新的视角、经验和专长，发现以前审计师没有发现的问题，也有可能因为"学习曲线"效应导致新任审计师由于对客户缺乏深入的了解而出现疏漏。引入会计师事务所强制轮换之后，英国资本市场上曝光的财务报告舞弊案例显著增多，审计质量问题引发广泛关注。虽然很难证明会计师事务所强制轮换与审计质量下降之间的因果关系，但有必要对会计师事务所强制轮换的政策效应进行更为全面的评估。

（五）对于强制要求会计师事务所分拆审计与非审计业务的讨论

由于审计服务市场成长较为缓慢、竞争较为激烈的现状，英国的会计师事务所将更多的精力和资源用于开拓非审计服务市场，这一局面已维持了相当长的时间。近些年来，英国"四大"成员所来自非审计服务的收入占比已超过 80%，而非"四大"所的非审计服务收入占比也达到近 70%。

会计师事务所向审计客户同时提供非审计服务，被认为会增加对于审计客户的经济依赖性，从而损害审计独立性。欧洲议会和欧盟理事会 2014 年发布的监管规则第 537 号，明确禁止公众利益实体的审计师向客户提供大部分非审计服务,并且为可以提供的非审计服务设置了金额上限,即向公众利益实体审计客户提供的非审计服务收费金额不得超过过去三年平均审计收费金额的70%。在此监管规则之下,英国会计师事务所来自审计客户的非审计服务收入占比已下降到15%以下,其非审计服务收入主要来自于非审计客户。

向非审计客户提供非审计服务,理论上看并不会损害审计独立性。然而,CMA仍然提出了要求"四大"分拆其审计与非审计业务的动议。CMA的主要理由是,如果"四大"高达80%的收入来自非审计业务,就很难专注于提供对社会公众利益有重大影响的审计业务,审计业务在重要性上将让位于非审计服务,变成一种从属于、受制于非审计服务的业务,这将从根本上侵蚀会计师事务所提供高质量审计服务的基础。

CMA一开始提出的是"结构性分拆"(structural split)方案,即会计师事务所将拆分成两个不同的法律实体,一个提供审计业务,另一个提供非审计业务①。这一方案受到了来自相关会计师事务所的强烈质疑。一方面,结构性分拆之后,提供审计服务的实体将只有原来20%左右的规模,既没有足够的风险抵御能力,又难以利用非审计服务领域的专家来解决复杂的会计专业问题。另一方面,由于"四大"均为全球性网络,英国单方面要求其实施"结构性分拆",将对"四大"实施全球一致的治理和管理带来极大的挑战。

作为一种让步,CMA最终提出的方案是"运营性分拆"(operational split),即不改变"四大"英国成员所原来的法律结构,但要求审计服务和非审计服务分开管理,组建不同的管理委员会,任命不同的首席执行官,单独核算收入、利润和薪酬。这一"分灶吃饭"的改革模式,能够保留"四大"多元专业服务的原有优势,在一定程度上克服"结构性分拆"给"四大"运营、管理、吸引和留用人才形成的冲击。然而,"运营性分拆"仍然是一个存在较大争议的改革方案,它是否会被英国政府采纳,还有待观察。

四、英国注册会计师行业改革与发展的启示和借鉴

(一)对于中国注册会计师行业监管者的启示和借鉴

英国注册会计师行业在世界上长期保持领先位置,中国相关政府部门和注

---

① "四大"中国成员所的审计业务和咨询业务一般由独立的法人实体分别执行,但实施一体化管理。

册会计师行业一直关注其发展变化，学习和借鉴其经验。近些年英国各界对影响审计服务价值和质量的深层制度性因素进行了深入的探讨，提出了诸多力度大、甚至是激进的改革措施。英国注册会计师行业在以下几个方面的改革和发展值得总结和借鉴。

1. 关于审计监管体系的有效性。

有效的外部监管对于维护审计质量至关重要，英国政府组织了对以 FRC 为中心的审计监管体系的全面独立评估，提出了将其改组为 ARGA，明确并增强其法定监管权限的改革措施。中国相关政府部门亦有必要评估现行注册会计师行业监管体系的有效性，采取积极措施改变目前行业监管力量较为分散、监管力度不足的局面。

2. 关于审计市场集中度。

英国相关政府部门和监管机构十分关注由于大型企业审计市场集中度偏高而带来的审计师选择、审计市场弹性和系统性风险问题，提出了审计市场份额上限、联合审计等解决方案。整体而言，中国审计市场集中度问题并不突出，但在某些特定行业，特别是大型金融企业审计市场上，也存在一家或两家会计师事务所的市场份额偏高的现象，需要评估其对审计质量和系统性风险的影响，引导形成分布相对均衡、有弹性的审计市场结构。

3. 关于会计师事务所强制轮换。

英国相关机构对于会计师事务所强制轮换的统计数据表明，强制轮换导致了公开招标选聘审计师案例的显著增加，审计师平均任期的明显缩短，但并没有引起审计费用水平的明显下降。中国引入会计师事务所强制轮换制度的时间比英国更早，会计师事务所轮换周期更短（一般为五年），有必要深入研究强制轮换政策的实施效果，考虑适度延长轮换周期、优化会计师事务所的招标选聘程序的必要性。

4. 关于联合审计。

英国政府相关部门正在探讨引入强制性联合审计的必要性，试图通过强制性联合审计，为"挑战者"事务所提供参与大型企业审计的更多机会，帮助它们获得与"四大"直接竞争的资源和经验。英国各界对于强制性联合审计的讨论有助于中国政府主管部门、监管机构了解强制性联合审计作为一项政策举措的必要性和可行性。财政部金融司在《国有金融企业选聘会计师事务所管理办法》（财金〔2020〕6号）中引入了国有金融企业的自愿性联合审计制度，可以借鉴英国的有关经验，形成更加科学合理和具有操作性的实施方案。

（二）对于中国会计师事务所和注册会计师的启示和借鉴

英国注册会计师行业在历史上长期受到尊敬和信任，拥有久远的行业自治传统。然而，由于近些年来频频发生的审计质量问题，英国的会计师事务所和注册会计师正面临越来越强的外部监管。英国的经验表明，如果会计师事务所和注册会计师不能积极主动地了解社会各界的期望，及时恰当地回应他们的要求，就会面临越来越不利的生存和发展环境。

英国政府相关部门已经采纳或正在考虑的一些改革措施，例如联合审计、会计师事务所审计业务和非审计业务的"经营性分拆"等，代表了对注册会计师行业加强监管的最新动向。这些改革措施已经得到中国政府相关部门和注册会计师行业协会的关注，这些改革措施的"中国版"正在酝酿之中。中国的会计师事务所和注册会计师应关注有关审计市场集中度、联合审计、非审计服务、会计师事务所强制轮换等方面的监管动向，未雨绸缪，提前制定应对计划。

中国的会计师事务所和注册会计师应该认真思考和积极应对的问题包括但不限于：（1）如何建立和维护质量至上的会计师事务所文化，以及以质量为生命线的管理和控制系统；（2）考虑强制轮换对会计师事务所业务均衡平稳发展的影响，实施着眼长远的市场开拓和客户组合管理；（3）如何巩固和加强审计服务在事务所业务结构中的核心地位，协调和处理好审计业务与非审计业务之间的平衡关系；（4）如何应对联合审计对于客户获取、业务开展和质量控制的挑战等。

附录　　　　　　　　　　中英文关键词汇对照表

英文缩写	中文（英文）
AAT	会计技术员公会（Association of Accounting Technicians）
AAPA	授权公共会计师协会（Association of Authorised Public Accountants）
ACCA	特许公认会计师公会（Association of Chartered Certified Accountants）
AIA	国际会计师公会（Association of International Accountants）
AICPA	美国注册会计师协会（American Institute of Certified Public Accountants）
AICPA–CIMA	国际注册专业会计师协会–特许管理会计师公会（Association of International Certified Professional Accountants – Chartered Institute of Management Accountants）
ARGA	审计、报告与治理管理局（Audit, Reporting and Governance Authority）

续表

英文缩写	中文（英文）
BEIS	商务、能源与产业政策部（Department for Business, Energy and Industrial Strategy）
CAI	爱尔兰特许会计师公会（Chartered Accountants Ireland）
CCAB	会计团体咨询委员会（Consultative Committee of Accountancy Bodies）
CIPFA	特许财政与会计公会（Chartered Institute of Public Finance and Accountancy）
CMA	竞争与市场管理局（Competition & Markets Authority）
EEA	欧洲经济区（European Economic Area）
FRC	英国财务报告理事会（Financial Reporting Council）
ICAEW	英格兰与威尔士特许会计师公会（Institute of Chartered Accountants in England and Wales）
ICAS	苏格兰特许会计师公会（Institute of Chartered Accountants of Scotland）
IFA	财务会计师公会（Institute of Financial Accountants）
IFAC	国际会计师联合会（International Federation of Accountants）
PIE	公众利益实体（Public Interest Entities）
RQB	受认可的资格授予机构（Recognised Qualifying Bodies）
RSB	受认可的监督机构（Recognised Supervisory Bodies）

美国注册会计师行业发展现状研究

> **导读** • • •
>
> ◎ 从注册会计师行业发展现状来看，美国的审计市场集中度较高，不论是在收入、审计客户数量以及人数方面，前列的几家事务所与其他事务所的差距较大。即使在前列几家事务所之间，也有一定的差距。
>
> ◎ 美国审计市场集中度较高。2019年度，前十大会计师事务所的上市公司客户数占63%。其中，"四大"美国所的客户数占比47%，且拥有89%的上市公司大客户（大型快速申报者）。非审计服务是美国注册会计师行业收入的主要来源，约占70%左右。
>
> ◎ 2019~2020年受处罚案例涉及：审计师独立性；诚信问题，如事后更改审计工作底稿；同时针对发行人与审计师；重点追究违法人员个人责任；追究审计项目质量复核人的责任。
>
> ◎ 上市公司会计监督委员会（PCAOB）2020年监管重点包括：加大对事务所质量控制系统的关注；再次将调查重大审计失败作为重点工作；优先处理在审计师独立性、质量控制系统、审计项目质量复核等方面的违规行为；全面修订质量控制准则，使之与相关国际准则保持一致。

一、美国注册会计师行业的法律及监管框架

（一）会计及审计专业团体

美国的会计及审计专业团体主要为美国注册会计师协会（以下简称"AICPA"）和管理会计师协会（以下简称"IMA"），二者均是国际会计师联

合会（IFAC）的成员。AICPA 和 IMA 均为自愿会员协会，符合会员资格的会计师可以按照自身需要加入其中一个或同时加入这两个协会。

1. 美国注册会计师协会（AICPA）。

AICPA 是一个代表整个美国会计行业的自愿会员协会。AICPA 于 1887 年成立，目前大概有超过 40 万名会员。AICPA 的职能主要包括：（1）制定非上市实体审计准则；（2）为其成员制定初始职业发展（IPD）、持续职业发展（CPD）及职业道德要求；（3）向会员提供教育指导材料；（4）组织注册会计师统一考试并为其评分；（5）对为非上市实体执行审计的会员进行审计质量检查；（6）建立调查和纪律制度，以监督其会员遵守专业技术和职业道德准则。

从审计执业的角度，AICPA 是美国执业会计师的唯一专业团体。然而，如下文所述，虽然成为执业会计师必须首先通过 AICPA 的统一专业考试，但是美国对所有执业会计师的发牌是由州会计理事会执行，并未强制要求执业会计师加入成为 AICPA 会员。除了个人会员之外，AICPA 还设有事务所会员（即私人公司执业部"PCPS"）。事务所和个人自愿加入 AICPA 以享受其所提供的有利于执业的各种支援服务。

2. 管理会计师协会（IMA）。

IMA 是一个自愿会员协会，其合格会员为注册管理会计师（以下简称"CMA"）。IMA 成立于 1919 年，目前的会员人数超过 12 万人。IMA 的目标是为研究、业务发展、教育、知识共享以及倡导管理会计和财务领域的职业道德和业务实践提供一个论坛。IMA 为 CMAs 制定职业道德、初始职业发展（IPD）和持续职业发展（CPD）要求，并设置调查和纪律制度体系以执行职业道德要求。

（二）准则制定机构

1. 会计准则——财务会计准则委员会（FASB）。

1934 年，美国《证券交易法》授权美国证券交易委员会（以下简称"SEC"）制定适用于上市公司的会计准则。但是，实务上 SEC 将此权力给予财务会计准则委员会（以下简称"FASB"），并曾正式确定 FASB 发布的美国公认会计准则的权威性。而 FASB 成立于 1973 年，是一个独立的私营非营利性组织，负责制定财务会计和报告准则（即 US GAAP）。FASB 准则的权威性受到许多其他组织的认可，包括美国各州的会计理事会和 AICPA。

FASB 委员会成员由财务会计基金会（以下简称"FAF"）任命，任期一般为 5 年，最多可任职 10 年。目前，FASB 由 7 名成员组成，其背景各不相同，包括公共会计、上市公司财务报表编制者、财务报表使用者、学术界、监管机构等。FASB 委员会的 7 名成员是全职的，为了保证他们的独立性，他们必须在加入委员会之前终止与其所在公司或机构的联系。虽然他们各自有着不同的背景，整体上他们拥有会计、财务、商务、会计教育和研究方面的知识。

FAF 支持并监督 FASB。FAF 成立于 1972 年，是一个独立的私营非营利组织，负责监督、管理、为 FASB 提供资金及任命其委员。FASB 和 FAF 的任务是建立和完善财务会计和报告准则，从而向投资者和财务报告的其他使用者提供有用的信息，并指导股份持有者（Stakeholders，或称"利益相关者"，下同）如何有效地理解和执行这些准则。

2. 上市公司审计准则——上市公司会计监督委员会（PCAOB）。

根据 2002 年《萨班斯—奥克斯利法案》，上市公司的审计准则由上市公司会计监督委员会（以下简称"PCAOB"）制定，并经 SEC 批准。SEC 对 PCAOB 有监督权，包括批准委员会的规定、准则和预算。PCAOB 是一家由美国国会设立的非营利性机构，旨在监督上市公司的审计工作，保护投资者和公众的利益。所有为在美国上市的公司提供审计服务的会计师事务所必须在 PCAOB 注册。PCAOB 为这类会计师事务所制定审计、质量控制、职业道德和独立性以及认证业务的相关准则。

PCAOB 委员会的 5 名成员，包括主席，须经美联储主席和财政部长协商后，并由 SEC 任命，一般任期为 5 年，并要求任期各自错开，每名成员的工作不能超过 2 个任期。所有委员都是全职的，其中 2 名（不能多亦不能少）必须是注册会计师。如果 PCAOB 主席是注册会计师，其必须在被任命为委员会成员之前的至少 5 年之内从未执业。

PCAOB 的营运费用由上市公司支付。所有在美国上市的公司按照其相对平均市值计缴 PCAOB 征费。此外，审计准则的负责部门为 PCAOB 总审计长办公室。总审计长办公室与其他 PCAOB 办公室和部门合作，制定和维护审计准则。PCAOB 除了制定审计和其他准则外，还具有监督上市公司审计的职能（见表 1）。

表 1　　　　　　　　　　上市公司会计监督委员会（PCAOB）

目的	监督上市公司的审计工作，保护投资者和公众利益
成员	5 名（其中 2 名为注册会计师）
职能	向对美国上市公司、经纪人或交易商提供审计服务的会计师事务所实行注册制度；对已注册的会计师事务所进行质量检查；为已注册的会计师事务所制定审计、质量控制、职业道德、独立性和认证准则；查处已注册会计师事务所及其所属人员违反法律或职业准则的行为
经费	由上市公司按照市值比例计缴

资料来源：课题组根据公开信息整理。

（三）监管机构、政策及最新动向

1. 有监管权的机构。

（1）美国证券交易委员会（SEC）。

SEC 对整个美国资本市场实施监管。因此，上市公司的审计人员属于 SEC 的监管范围。SEC 的执法部门对市场违规行为进行调查。其执法部门通过以下方式协助委员会履行其执法职能：①建议启动针对违反证券法行为的调查；②建议委员会向联邦法院或行政法法官提起民事诉讼；③代表委员会对案件进行起诉。其中，除民事执法外，该部门还与美国国内以及世界各地的执法机构密切合作，酌情对刑事案件提起诉讼。

此外，该部门可以从多种渠道获得可能存在违反证券法情况的证据，包括市场监督活动、投资者举报和投诉、SEC 其他部门和办事处、自律组织和其他证券业来源以及媒体报道。值得注意的是，SEC 的所有调查均在保密的情况下进行，通过非正式询问、访谈证人、审查经纪记录、审查交易数据和其他方法获取证据。根据正式的调查令，该部门工作人员可以传唤证人作证，并要求出示账簿、记录和其他有关文件。在调查结束后，SEC 的工作人员将他们的调查结果提交给委员会审查。委员会可以授权工作人员向联邦法院提起诉讼或提起行政诉讼。在许多情况下，委员会和被指控方双方同意不经审判而以和解方式解决有关涉嫌违法事项。

对于上市公司欺诈案件，调查对象主要是上市公司。尽管如此，由于审计人员曾经对上市公司进行审计，因而掌握了大量有关上市公司财务的信息。SEC 执法部门经常要求审计人员提供审计工作底稿，或接受采访，或回答 SEC 执法部门的提问。在某些情况下，审计师本身可能成为 SEC 调查的目标。

当 SEC 对资本市场违规行为决定提起诉讼时，可能是民事诉讼，也可能是行政诉讼，或者两者同时进行。民事诉讼由美国联邦地区法院审理。行政诉讼不同于民事诉讼，因为它们由 SEC 行政法法官办公室的行政法法官（以下简称"ALJ"）负责审理。ALJ 隶属于 SEC 的组织机构，但独立于 SEC。ALJ 以类似于联邦法庭审判的方式在美国各地举行公开听证会。行政法法官主持听证会，审议 SEC 执法部以及被告提出的证据。听证会结束后，ALJ 发布一份初步决定，其中包括对涉案事实的确定和法律结论。最初的决定还包括建议的处罚方式。执法部及被告均可就初步决定的全部或任何部分向 SEC 提出上诉。SEC 可确认行政法官的决定，推翻该决定，或发回重审。

SEC 通过民事诉讼及行政诉讼可以对违规行为进行各种形式的处罚。具体而言，当 SEC 向美国地区法院提出民事诉讼时，可以要求法院以包括以下一项或多项措施对被告给予制裁或要求整改：①禁止被告继续作出任何违反法律或 SEC 规定的行为的禁令；②民事经济处罚，或返还违法所得；③禁止或暂停个人担任公司高管或董事；④违反法院命令的人可能被判蔑视法庭罪，并被处以额外罚款或监禁。如果 SEC 通过行政诉讼程序寻求各种形式的处罚，则行政处罚包括：①暂停及停止命令（Cease and desist orders）；②暂停或撤销经纪交易商和投资顾问的注册；③谴责；④证券市场禁入；⑤民事经济处罚；⑥返还违法所得。这两种途径取得的处罚形式，有些部分非常类似但亦存在不同。

SEC 作出将案件提交联邦法院还是在 SEC 内部提交行政法法官审理的决定可能取决于很多因素。当不当行为足够严重时，SEC 甚至会同时提起这两项诉讼。SEC 通常在其官方网站发布"会计和审计执法公告"，这份清单中包括由 SEC 在联邦法院提起民事诉讼的与财务报告相关的案件，以及关于提起和（或）解决行政诉讼的通知和命令。从发布情况看，SEC 在 2019 年完成约 100 起与会计和审计有关的案件，其中约 20 起是针对审计师（同时包括美国和其他国家）的。处罚方式包括整改行动、暂停及停止命令、谴责、罚款和暂停执业等。其他案件或是针对公司，或是针对在公司工作的会计师。

（2）上市公司会计监督委员会（PCAOB）。

如上文所述，2002 年《萨班斯—奥克斯利法案》要求，美国上市公司的审计师必须接受 PCAOB 的外部和独立监督。PCAOB 任务包括：①向对在美国证券市场交易的上市公司、经纪人或交易商提供审计服务的会计师事务所实行注册制度；②对已注册的会计师事务所进行质量检查；③为已注册的会计师事务所制定审计、质量控制、职业道德、独立性和认证准则；④查处已注册的会计师事务所及其所属业务人员违反法律或职业准则的行为。

审计美国上市公司的会计师事务所不仅必须在 PCAOB 注册，还须在这些审计中遵守 PCAOB 的所有规定和准则。PCAOB 是独立审计监管机构国际论坛（IFIAR）的成员，通过检查和调查行使其监管权力。审计超过 100 家发行人的会计师事务所须每年接受 PCAOB 的检查，而审计不超过 100 家发行人的会计师事务所则每 3 年接受一次检查即可。按照这一规定，约有 10 家事务所按规定必须每年接受 PCAOB 的检查，而接受每 3 年轮换检查的事务所总数每年有所波动。

除了审计质量检查之外，PCAOB 还对涉嫌违规的事务所执行调查及惩处程序。PCAOB 进行执法和调查工作时，优先处理其认为对投资者构成最大风险的问题，务求在最大限度内阻止不当行为。以下是 3 个核心优先事项：①重大审计违规行为，包括涉及未尽勤勉责任和未保持职业怀疑的情况；②与审计的独立性和正当性有关的事项；③妨碍委员会执行监管程序的事项（例如，不配合 PCAOB 的检查或调查工作）。

根据 PCAOB 官方网站披露的信息，2019 年共有 30 起与审计有关的案件结案，涉及 17 家美国会计师事务所和 13 家非美国会计师事务所。共有 27 名个人和 19 家会计师事务所受到处罚。在这 30 起案件中，13 起涉及 6 家全球最大的会计师事务所网络，17 起涉及较小的事务所。4 家事务所被撤销注册，12 家事务所被要求改进质量控制程序。就个人而言，23 名注册会计师被禁止或暂停从事美国上市公司审计工作，6 名被限制担任审计工作中的某些岗位（如审计业务合伙人或审计业务质量控制审查员）。

（3）其他有监管权的机构。

①州会计理事会（State Boards of Accountancy）。

美国对所有专业会计师的发牌及监管主要由州会计理事会（State Boards of Accountancy）执行，并由国家会计理事会协会（以下简称"NASBA"）对全国各州的州会计理事会进行协调工作。各州理事会有权在其各自的管辖范围内管理所有持牌会计专业人员以及这些专业人员被授权提供的服务。州理事会还负责制定初始职业发展（IPD）和持续职业发展（CPD）要求、职业道德要求、开展调查和纪律程序，并要求对审计师进行审计质量检查。这些检查分别由 PCAOB 为向上市公司提供服务的审计师和 AICPA 为向非上市实体提供审计服务的审计师实行。

②美国注册会计师协会（AICPA）。

如前一节所述，AICPA 作为一个专业机构，对其为非上市实体提供审计服务的成员进行审计质量检查。该协会还设有调查和纪律制度，以监督和促使其成员遵守其制定的行业技术和职业道德准则。

AICPA 的质量检查是采用"同行评审"（Peer Review）的方式进行。事务所可以通过 AICPA 的专门平台自行登记参加同行评审计划。每 3 年必须进行一次评审，每次评审期间为 1 年。而事务所可以自行选聘一名外部独立评审人员，评审工作包括事务所的质量控制制度以及个别审计项目。AICPA 的评审人员资料库提供各评审人员的履历供事务所挑选，费用由事务所自行负责。此外，AICPA 的同行评审计划原本只是开放予拥有 AICPA 会员的事务所参加。然而，从 2017 年起，AICPA 容许并无 AICPA 会员的事务所也能参与本计划。当评审工作完成后，评审人员需要出具评审报告，列举在评审过程中发现的问题以及整改措施（作为教育及改正而并非一种惩罚）。最后，评审报告按 AICPA 要求上载至指定网站。

2. 政策及最新动向。

2019~2020 年，美国注册会计师行业有以下政策变动和监管动向值得关注。

（1）关于合并 PCAOB 和 SEC 的提案。

2020 年，美国政府提出一项议案，在 2021 年财政预算中包含一项准备金，用于从 2022 年开始将 PCAOB 的职责整合到 SEC 之下，使 PCAOB 从一个独立机构变更成为 SEC 的一个部门。美国白宫表示，将 PCAOB 纳入 SEC 将减少重复监管以及厘清两者的监管权限。美国政府估计，取消 PCAOB 将在 9 年内节省约 5.8 亿美元。若不进行整合，美国白宫预计到 2025 年时单是 PCAOB 的一年支出就将会超过 3 亿美元。

这项提案面临着一些重大的政治障碍（例如，一些国会议员以及社会大众的反对），因此很少有人预期这项提案能够获得通过。但如果现任政府在 2020 年后继续执政，将其纳入预算提案则可能预示着潜在的变化。批评该提案的人士说，这将削弱对会计师事务所的监督。据 PCAOB 前官员称，虽然 SEC 和 PCAOB 对审计机构同时拥有监管执行权，但二者会协调执行以避免重复工作的情况出现。将 PCAOB 的职能转移到 SEC 的职权范围内可能会导致 PCAOB 的 5 人委员会失去功效。而另外一位评论员提醒说，任何成本效益分析都必须包括投资者的潜在损失或当审计失败而导致的实际损失。前监管机构人员担心,这一提议将减少审计监督方面投入的资源总量,因为 SEC 将只能获得部分 PCAOB 的原有预算开支。

除了美国政府之外,美国的立法者对 PCAOB 的作用也越来越感兴趣。在 2020 年 1 月,美国众议院金融服务委员会投资者保护、创业精神和资本市场小组委员会就 PCAOB 的业务,包括其与 SEC 的关系,进行听证会,并传召了 PCAOB 主席即场答问。委员会的问题围绕 PCAOB 的监管工作、其作出的改善措施、与 SEC 在功能上的重叠、审计成本和质量等方面展开。就此,PCAOB 主席回应道,PCAOB 与 SEC 之间确实存在一些共同以至重叠之处,但 PCAOB 的主要功能为检查和执法。此外,他还指出 PCAOB 希望执法检查不导致公司出现审计成本超标的情况。最后,他重申 PCAOB 正在逐渐改进之中。

(2) SEC 的执法优先事项。

SEC 执法部在其 2019 年度报告中列举了一些在执法上特别关注的领域,主要包括两项。其一,追究个人责任——SEC 执法部门强调,SEC 涉及对个人指控的行动比例很高。这反映了 SEC 的信念,即追究个人责任是实现威慑的最有效方法。其二,对财务报告的审查——执法部门非常关注并会追究在财务和经营业绩披露方面存在问题的公司。这些问题包括从财务报告内部控制到发行人不当使用基于非公认会计原则的指标和关键绩效指标等各个领域。

(3) 更有效的披露。

SEC 表示,将在 2020 年继续努力,使披露要求更加与时并进,务求在不减少对投资者的保护之余,同时减轻公司的披露压力。预期 SEC 将修改部分相关规定,如降低与发行人重大收购和处置相关的披露成本和复杂性;为了照顾投资者的需要而加强某些披露要求;降低对发行特定注册债务的公司的财务披露要求。

(4) 2020 年 PCAOB 检查工作重点。

PCAOB 注册和检查总监在 2019 年 12 月的 AICPA 会议上表示,PCAOB 在 2020 年对会计师事务所的检查重点将继续集中在近年来对事务所具有挑战性的领域,并且更加倾重于检查市值较高的大型发行人的审计项目。重点领域包括:会计师事务所的质量控制系统,审计师独立性,新准则的实施,事务所对于重复出现的审计缺陷的处理,其他领域,如数字资产、网络安全等。

(5) PCAOB 准则制定。

提高审计质量是 PCAOB 一贯的重点策略。为此,PCAOB 的其中一个优先项目是全面修订其质量控制准则,该准则最初由 AICPA 于 1997 年制定和发布,并于 2003 年被 PCAOB 采用。PCAOB 表示,它认为强而有效的会计师事务所内部质量控制措施对于促进持续的高质量审计至关重要。PCAOB 发布了关于修订该准则的一个可行方法的概念公告,其目标是与国际审计与鉴证准则理事会(IAASB)最近提出的国际质量管理准则 ISQM 1 保持一致。

(6)预估和应对不断变化的环境。

PCAOB 主席在 2019 年 12 月的一次演讲中指出,PCAOB 准则没有明确的鼓励使用信息技术,也没有说明如何使用信息技术及其带来的潜在风险。关于市场上现有的审计技术,强调 PCAOB 将"持续积极地监测这一领域"。此外,委员会已经注意到最大的会计师事务所和中小型事务所在采用新技术方面存在差异,后者倾向于更多地依赖于传统的审计技术。从某些内省的角度看,PCAOB 已聘请了第一位首席数据官带头努力来定义和执行 PCAOB 在数据和技术战略领域的工作。

二、行业统计资料[①]

(一)概述

美国头部会计师事务所是指通称为"四大"事务所的德勤、普华永道、安永和毕马威。2018 年,"四大"网络成员所的全球审计及非审计业务(如税务和咨询业务)总收入达到 1 500 亿美元,在全球范围内的就业人数刚刚超过 100 万。其总收入中约 600 亿美元来自美国市场,即仅美国市场即占"四大"的全球市场约 40%。2019 年,美国"四大"的审计及非审计业务总收入增至 640 亿美元,即增长 8%,远高于美国 4% 的 GDP 增长率。此外,2018 年,美国共有 126 万名会计师和审计师,其中约 65 万名(即一半)是美国注册会计师。另有 153 万名簿记、会计、审计方面的辅助人员。

---

① 与中国及英国等国家不同,美国的监管机构并未公布会计师事务所的收入及人员等会计行业相关统计数据。本部分资料来源于一些从不同渠道搜集并经由课题组整理的美国会计行业相关统计数据,仅作为浅略了解美国会计行业的背景资料。这些统计数据未经课题组核实,亦不了解其编制方法及各项统计的口径是否一致,只供初步参考,不宜过分解读。为此,各事务所仅以数字代码标示,亦未披露原始资料来源。原始数据多由课题组按需要加以整合和运算,再以图表方式列示,图表因而并无出处。

(二) 美国会计师事务所的收入

1. 大型会计师事务所的收入①。

除了审计美国上市公司外,美国的会计师事务所还提供其他非审计服务(如税务和咨询业务)。表2列出了美国大型会计师事务所2019年的审计及非审计业务收入。排名前四的事务所为国际"四大"网络的成员所。如表2所示,这四家与其他各家事务所的收入差距相当大。排名第5的事务所的收入约为排名第1事务所的10%,也仅为排名第4事务所的25%。实际上,排名第5~10的事务所的收入汇总之后大致上等同于排名第4的事务所一家的收入。然而,在前四家事务所之间的差距也相当大。例如,排名第1事务所的收入比排名第4的事务所的翻倍还多。即使是在前四之后的事务所之间,收入规模的差距也很大。排名第10事务所的收入仅为排名第5事务所的30%,并且不及排名第1事务所的4%。

2. 收入增长。

表2列出了粗略估计的2019年按总收入排名前十大会计师事务所的年度收入增长率,增长率因事务所而异。虽然事务所#5的增长率为14%,但事务所#4和事务所#5的绝对收入之间有很大的差距,因此事务所#5在不久的将来不太可能超过事务所#4,除非通过合并或收购。同样,事务所#8也有21%的巨大增长,但在未来一段时间内不会超过事务所#7。

表2 2019年度美国主要会计师事务所的总收入(含审计与非审计业务)

2019年总收入(美元)	按总收入排名前十大事务所家数	2019年收入增长率
200亿以上	1家	10%
101亿~200亿	2家	13%、7%
51亿~100亿	1家	5%
26亿~50亿	0家	—
10亿~25亿	4家	4%、12%、14%、21%
10亿以下	2家	4%、4%

资料来源:课题组根据公开信息整理。

---

① 注意:以下各图表中标示的"事务所#1"、"事务所#2"等,或是文中提及的"排名第1"、"排名第2"等均是以各该图表内的排名而定。不同的事务所在各图表中可能有不同的排名,因此,各图表内的"事务所#[?]"或文中的"排名第[?]"事务所不一定是指同一家事务所。

3. 前十大会计师事务所的收入构成。

图 1 显示了按总收入排名前十大会计师事务所的审计收入与非审计收入份额。非审计业务包括税务及其他咨询业务。值得注意的是，前十大事务所中有 9 家的审计服务收入占这些事务所总收入的比例不到 40%（大多是在 30% 左右）。对于事务所#1，即总收入最高的事务所，审计收入占总收入的百分比在前十大会计师事务所中是较低的。

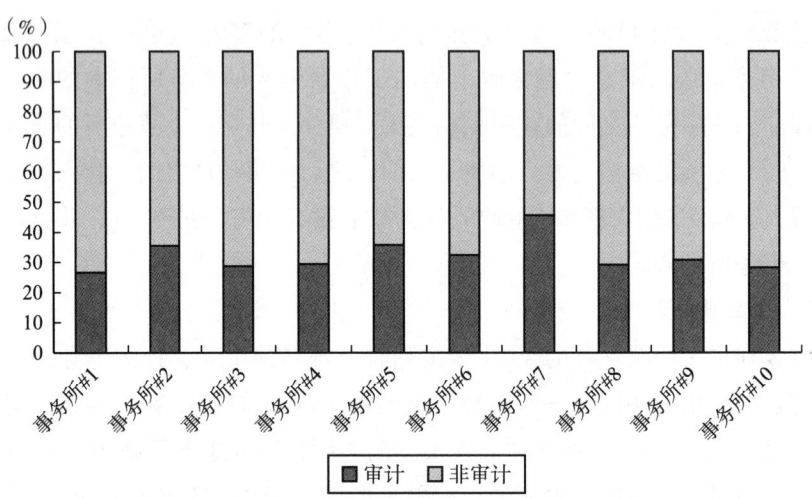

图 1　2019 年度美国主要会计师事务所按业务类别划分的收入份额

资料来源：课题组根据公开信息整理。

（三）在 PCAOB 注册的美国会计师事务所

从 PCAOB 官方网站的资料估算，截至 2020 年 6 月，全球约有 1 750 家会计师事务所在 PCAOB 注册，其中约 890 家来自美国。并非所有在 PCAOB 注册的会计师事务所都为发行人出具了审计报告。事实上，890 家美国会计师事务所中，有 360 家没有发布任何此类审计报告。每年，每家已注册的会计师事务所必须向 PCAOB 提交一份表格 2（年度报告表），其中包括关于审计客户和审计报告，以及注册会计师和非注册会计师专业人员的人数等信息。

1. 2019 年美国被审计的发行人数量统计：审计市场集中度高。

表 3 列出了美国最大的会计师事务所根据其 2019 年按照 PCAOB 规定提交的表格 2 中上报经其审计的发行人数量。"发行人"一词一般包括上市公司、投

资公司和特定的雇员福利计划。共有 10 家美国会计师事务所审计了超过 100 家发行人。排第 11 名的事务所审计了 100 家上市公司。审计超过 100 家发行人的事务所须每年接受 PCAOB 检查,而审计不超过 100 家发行人的公司每 3 年接受一次检查。

表 3　　　　　　　　2019 年度为发行人进行审计的数量

审计的发行人数量	按发行人数量排名前十大事务所家数
1 501 ~ 2 000 家	2 家
1 001 ~ 1 500 家	3 家
501 ~ 1 000 家	0 家
101 ~ 500 家	5 家

资料来源:课题组根据公开信息整理。

从图表可见,前五名和其他事务所之间有很大的差距。实际上,前十名以外的与前十名的差距是越拉越远的:排第 20 名的事务所审计了 48 家发行人,排第 40 名的审计了 25 家,而第 77 名的审计了 10 家。也就是说,只有 77 家美国会计师事务所单家审计超过 10 家发行人。排在它们之后的,另有 40 家会计师事务所分别审计了 5 ~ 10 家发行人。

这意味着尽管美国约有 500 家会计师事务所在 2019 年对发行人进行了审计,但其中许多事务所只审计了一两家发行人(而且如前文所述,发行人不一定是上市公司)。具体来说,大约有 40 家事务所和 300 家事务所分别只审计了两个和一个发行人。

2. 美国上市公司审计业务份额。

(1) 总体市场份额:按客户数量。

截至 2019 年底,纽交所和纳斯达克共有 5 900 多家公司上市,较 2018 年减少约 3%。表 4 按被审计上市公司数量排名的前十名美国会计师事务所列示,表中经审计的上市公司数量明显低于 PCAOB 表 3 中报告的相应经审计发行人数量。这是因为发行人的范围大于上市公司。

美国前十大会计师事务所共审计了 5 900 多家上市公司中的 3 800 家左右,合计占上市公司市场的 63%。单看"四大"的美国成员所,按客户数量计算,它们在市场上的总份额是 47%。美国以外的"四大"网络成员所也对其中一些在美国上市公司进行了审计,他们的数字并未包括在美国成员所的数字中。值得注意的是,按上市公司数量排名的首四位仍然是"四大",但在这方面排名第 1 的事务所与表 2 内总收入排名第 1 的事务所并不相同。事实上,这家在美国上市公司审计数量最多的事务所在总收入部分是排名第 3。

表 4　　　　　　　　　　　上市公司审计份额

上市公司家数	按审计的上市公司数量排名前十大事务所家数
751~1 000 家	1 家
501~750 家	3 家
251~500 家	0 家
201~250 家	2 家
101~200 家	3 家
100 家以下	1 家

资料来源:课题组根据公开信息整理。

(2)按上市公司规模划分的市场份额。

美国本土上市公司被划分为三类,大型快速申报者、快速申报者和非快速申报者(见表 5)。各类公司的提交年度报告期限不同。这一分类主要是根据公司公开发行股票的规模即公众持股的市值进行的,这个指标很好地反映了公司的规模。另外,按上述类别分析,美国前六大会计师事务所的市场份额如表 6 所示。

表 5　　　　　　　　　　　美国本土上市公司分类

美国本土上市公司	公众持股量	年度报告提交截止日
大型快速申报者	大于 7 亿美元	年末日期后 60 天
快速申报者	小于 7 亿大于 7 千万美元	年末日期后 75 天
非快速申报者	小于 7 千万美元	年末日期后 90 天

资料来源:课题组根据公开信息整理。

表6　　　　　　　上市公司审计份额（按上市公司规模划分）

按审计的上市公司数量排名的前六大事务所	整个市场	大型快速申报者	快速申报者	非快速申报者
	5 900多家公司	约2 000家公司	1 100多家公司	2 700多家公司
1	15%	28%	18%	4%
2	11%	22%	8%	4%
3	11%	20%	13%	4%
4	10%	19%	11%	3%
5	4%	2%	9%	4%
6	4%	4%	7%	2%
1~6总数	55%	95%	66%	21%
1~4总数	47%	89%	50%	15%

资料来源：课题组根据公开信息整理。

值得注意的是，89%的大型快速申报公司（即大型公司）由排名头四位事务所审计，如果将排名第5和第6的事务所计算在内，占大型快速申报公司份额的95%。前四名事务所的市场份额对于快速申报公司（即中型公司）降至50%，而对于非快速申报公司（即小型公司）则降至15%。这一情况与美国以外的其他主要证券交易市场非常相似。股票市场排名与第一小节的总收入（其中包括非上市公司审计和非审计业务收入）排名略有不同。

3. 2019年经美国会计师事务所审计的IPO。

在2015~2019年五个年度中，除2016年外，IPO的数量在每年200~250家，每年募集资金总额从380亿美元到660亿美元不等，并且是按年递增。2016年是非常糟糕的一年，只有约130家IPO，募集资金总额约200亿美元。业内人士分析，IPO市场不景气主要是由围绕在美国总统选举和利率上升导致的不确定性引起的。

表7显示，6家会计师事务所合计占2019年IPO数量近80%，占2019年融资总额的88%。事务所#1、#3、#4和#5是审计上市公司总数排名前四大的事务所，事务所#2和事务所#6分别为排名第7和第17家事务所（就审计的上市公司总数而言）。与之前一样，尽管事务所#2共有34次IPO，但IPO规模相对较小，平均每次IPO募集1.75亿美元。而事务所#6的平均金额为2.1亿美

元。相比之下，审计上市公司数量排名前四大的事务所的整体平均每次 IPO 募资额约为 3.5 亿美元。

表 7　　　　　　　　　　　IPO 审计份额

会计师事务所	IPO 数量占总数量	筹集金额占总额
事务所#1	19%	15.5%
事务所#2	15%	9.5%
事务所#3	13%	16%
事务所#4	13%	25%
事务所#5	9.5%	14%
事务所#6	9.5%	8%
其他事务所	21%	12%
总数	231 家	630 亿美元

资料来源：课题组根据公开信息整理。

（四）美国事务所的合伙人和员工

1. 合伙人数量。

表 8 按合伙人数量排名列出了 2019 年美国前十名会计师事务所的合伙人数量。前四名事务所与其他事务所在合伙人数量上存在相当大的差距。实际上，排名第 5 的事务所合伙人数量约为排首位的事务所的 15%，亦只为排名第 4 的事务所的 40%。即使在前四家事务所中，这一差距也相当大，排首位的事务所的合伙人数量是排名第 4 的事务所的一倍有多。

表 8　　　　　2019 年度美国主要会计师事务所的合伙人数目

合伙人人数	按合伙人数目排名的前十大事务所
5 000 人以上	1 家
4 001~5 000 人	0 家
3 001~4 000 人	2 家
2 001~3 000 人	1 家

续表

合伙人人数	按合伙人数目排名的前十大事务所
1 001~2 000 人	0 家
501~1 000 人	4 家
500 人以下	2 家

资料来源：课题组根据公开信息整理。

即使是在中层事务所之间，差距也很大。排名第 10 的事务所的合伙人人数（实际人数约 300 多人）只为排名第 5 的事务所的 40%（而只有排首位的事务所的 6%）。然而，低于第 10 名的事务所之间差距缩小了。例如，排名第 20 的事务所的合伙人人数（实际人数约 200 多人）为排名第 10 的事务所的 65%。

2. 专业人员的数量。

表 9 是按专业人员数量排名的前十大事务所的专业人员数目。就美国主要会计师事务所中的专业人员数量而言，它再次遵循事务所收入和合伙人数量的模式，即排名头四位的事务所与其他事务所在专业人员数量上也存在同样的巨大差距。排名第 5 的事务所的专业人员数目不到排首位事务所的 10%，亦只有排名第 4 的事务所的 30%。然而，人员数量在排名第 2~4 位的事务所中更为接近。排名第 2、3 位的事务所几乎是相同的，而排名第 4 位的事务所大约是前者规模的 80%。与收入和合伙人数量的情况不同，就专业人员数目而言，排首位的事务所与其他事务所的差距较大，即使与排名第 2~4 位事务所相比，排首位事务所的专业人员大约是排名第 2 位和第 3 位事务所的 2.5 倍，更是排名第 4 位事务所的 3 倍。

表 9　2019 年度美国主要会计师事务所的专业人员数目

专业人员数目	按专业人员数目排名的前十大事务所
80 000 人以上	1 家
40 001~80 000 人	0 家
20 001~40 000 人	3 家

续表

专业人员数目	按专业人员数目排名的前十大事务所
10 001~20 000 人	0 家
5 001~10 000 人	3 家
5 000 人以下	3 家

资料来源：课题组根据公开信息整理。

即使是在中层事务所之间，差距也很大。排名第 10 位的事务所的专业人员只占排名第 5 位事务所的 30%（只有排首位事务所的 10%）。然而，低于第 10 名的事务所之间的差距缩小了。例如，排名第 20 的事务所的合伙人人数仅占排名第 10 位事务所的 55%。

3. 美国专业人员的增长。

美国的注册会计师的数量是相对静态的。根据 2016 年进行的一项调查，美国有 664 532 名注册会计师，这些数据来自 NASBA 的州际数据库，该数据库保存了几乎所有 55 个州理事会和执照颁发机构的记录。在 10 年前的 2006 年，一项类似的调查数字是 646 520 名。整个 10 年的增长率只有 2.8% 左右。在 2020 年 5 月，NASBA 网站显示的注册会计师人数为 654 375 人，比 2016 年时减少了 1.5%。

值得一提的是，美国的注册会计师执业牌照是由各州理事会颁发，而注册会计师并未被强制要求加入 AICPA。因此，AICPA 的会员人数与上述注册会计师人数并无可比性。在过去的 10~20 年，随着会计师事务所收入的大幅增长，注册会计师的这种静态增长率看来有点不合理。然而，从前面几个小节可以看出，美国会计师事务所的收入增长主要是在非审计服务领域。这加上信息技术日渐广泛的应用以及会计和审计过程的自动化可能有助于解释收入增长与注册会计师数量增长之间的差距。

三、审计质量：2019~2020 年资本市场主要案例

（一）2019 年资本市场主要案例

对于最近发生或仍在调查中的涉嫌违规行为，由于没有公布全部事实，亦未有监管机构或法院最后定案，因此很难客观评估发行人、审计师的角色和这

些项目的审计质量。反之，探讨已经完成调查并且定案的项目更能作出较有意义的分析。

SEC 和 PCAOB 都在各自的网站上公布了一小部分执法案例。这些案例是 SEC 和 PCAOB 在众多已结案的案例中挑选出来的，从监管者的角度来看，这些案件必然具有特别的重要性和代表性。探讨这些案例可以对美国监管者执法重点以及常见的违规行为的类型有进一步的了解。

1. SEC 案例。

SEC 每年发布执法报告。在 2019 年的报告中分别列举了对（1）会计师事务所和执行审计的会计师；（2）发行人和金融机构；（3）追究个人责任。以下内容直接摘自 SEC 2019 年的执法报告，是原文的翻译本。文中的"委员会"即"SEC"。

（1）会计师事务所和执行审计的会计师。

"看门人"在我们的市场中扮演着重要的角色，监管他们的不当行为是我们使命的重要部分。审计人员尤其发挥着关键作用，因此必须有力地解决他们的独立性和诚信缺失问题。

在 2019 年度，委员会对某"四大"事务所提起了一项诉讼（现已结案），该诉讼针对的是违反 PCAOB 规定 3 500T，该规定要求从事审计工作的会计师事务所在履行专业服务时保持诚信。该事务所被要求支付 5 000 万美元的罚款，并遵守一系列旨在确保进行整改的详细承诺，包括要求其聘用一名独立的合规顾问。在对事务所采取以上行动之前，委员会去年已对涉案的六名事务所和 PCAOB 人员采取了执法行动。

2019 年度还出现了针对违反审计师独立性、审计失败和其他严重审计师不当行为的执法行动。例如，委员会对美国的另一家"四大"事务所提起了一项诉讼（现已结案），指控该事务所违反审计师独立性规定，在为一家上市发行人提供审计业务的同时为其提供了被禁止的非审计服务，以及由于事务所未能向相关发行人的审计委员会适当披露为发行人提供的非审计服务而被指控在 19 个服务项目中出现了不正当的专业行为。该事务所被勒令支付超过 790 万美元作为经济处罚，并执行旨在加强质量控制的承诺。

我们的会计调查工作经常导致同时针对发行人和审计师的执法行动。例如，在 2018 年 12 月针对一家公司的已结案诉讼中，委员会发现该公司夸大了近 7 700 万美元的资产价值。公司被勒令支付 300 万美元的罚款。8 个月后，委员会对该公司审计项目的两名资深审计合伙人提出了诉讼（现已结案），委员会发现他们在知道或本应知道审计工作执行不符合 PCAOB 准则的情况下，各自批准发布所在会计师事务所的无保留意见审计报告。委员会的命令禁止该两名合伙人执业，但容许他们有权分别在一年和三年后重新申请恢复执业资格。

（2）发行人和金融机构。

在 2019 年度，委员会对上市公司提起的诉讼中涉及了各种类型的不当行为指控，包括欺诈、不完善的与信息披露有关的内部控制、误导性的风险因素披露和误导性的非公认会计原则指标陈述。以下列举部分案件作为范例：

A 公司——在一项针对该公司的已结案诉讼中，委员会称，A 公司的风险因素披露将滥用用户数据的情况列为一种假设情况，而实际上 A 公司知道用户数据已出现被滥用情况。A 公司被勒令支付 1 亿美元的民事罚款。

B 公司——在对 B 公司的一项已结案诉讼中，委员会指控它未能及时计提并披露其因司法部对其产生最大收入和利润的产品分类进行调查而产生的或有负债，以及对政府当局可能不同意这一分类的风险进行误导性披露。B 公司被勒令支付 3 000 万美元的罚款。

C 汽车公司和 D 公司——在一项已和解诉讼中，D 公司的子公司 E 公司向汽车经销商支付金钱以促使他们报告虚假的车辆销售数据，E 公司更维持一个实际发生但未上报的销售额作为"饼干罐"来夸大未来月度销售业绩。在某些月度，当 E 公司本来达不到特定业绩目标时，就会从"饼干罐"中提取，将其中过往的销售额当作新发生的销售额进行上报。E 公司和 D 公司被勒令支付 4 000 万美元的罚款。

F 汽车公司——委员会对 F 汽车公司前首席执行官和一名前董事提起了诉讼（现已结案），指控其发布的虚假财务披露遗漏了超过 1.4 亿美元的首席执行官退休薪酬。F 汽车公司被勒令支付 1 500 万美元的民事罚款，对这位前首席执行官和前董事采取的措施包括禁制令、民事罚款以及禁止出任高管和董事。

G 公司和 H 公司——在一项针对它们的已结案诉讼中，委员会发现，由于多个报告期内多个业务部门的会计错误，G 公司和 H 公司提交的公开文件严重错报了税前收入，被勒令支付 1 600 万美元的罚款。

I 公司——在一项针对 I 公司的已结案诉讼中，委员会发现它未能正确记录各种应计费用，并对特定收入进行了错误会计分类，这导致 I 公司在其公布的两年财务业绩中提供了虚增的收入数据。基于 I 公司对委员会调查的充分合作，包括自我报告和补救，委员会没有对其处以罚款。

总体而言，这些案例表明了执法部门和委员会的关注重点在于财务报表完整性、发行人披露的准确性以及惩罚公司重大不法行为的意愿。

（3）追究个人责任。

我们的工作程序中一个核心的支柱是追究个人违法分子的责任。通过这种方式，委员会实现了多个目标，包括具体和全面的威慑，以及采用禁制令和罚款以外的其他补救措施，以保护市场和投资者免受这些坏人今后的不当行为之害。委员会的上述许多行动体现了我们对个人责任的关注，包括对F汽车公司前首席执行官和前董事的行动。2019年度的其他重要案例包括：

J房地产集团——在与刑事当局同时提起的诉讼中，委员会指控，一家公开交易的房地产投资信托公司的首席执行官、首席财务官、首席行政官和高级会计副总裁欺诈性地操纵了一个关键的非公认会计原则指标，分析师和投资者依赖该指标来评估公司的财务业绩。委员会对该房地产集团提起了一项诉讼（现已结案），并与四名被告中的两名达成了部分和解。

K汽车公司——在一次诉讼中，欧盟委员会指控，该汽车公司和另一家汽车公司的两家子公司以及前首席执行官欺骗投资者，在通过发行公司债券和固定收益产品筹集数十亿美元资金的同时，对K汽车公司"清洁柴油"车队的环境影响提出了一系列具有欺骗性的说明。

2. PCAOB案例。

PCAOB将在其网站上披露的2019年完成的几起案件标识为"重大案件"。其中一些案件与美国会计师事务所有关，另一些则是在PCAOB注册的外国会计师事务所。以下案件是作为示例直接从PCAOB网站摘录的：

【案例1】

某有限责任公司和两名合伙人：委员会对该韩国事务所进行处罚，理由是其违反了委员会的质量控制准则，且两位前合伙人在PCAOB检查前违规修改审计文件。在接到PCAOB将于2014年对该事务所进行检查的通知后，事务所工作人员改动工作文件，将其制作日期向前推移（以下简称为"回溯"）以掩盖其在审计报告发布后才开展相关工作的事实，并修改工作文件以增加对某些程序的说明。审计主管合伙人参与了回溯，并且未向检查人员披露该等不当行为。

【案例2】

委员会对墨西哥某会计师事务所和其6名合伙人进行处罚，理由是其违反了PCAOB审计和质量控制准则，在多次审计业务中有不当行为，包括不适当地修改审计文件。从2015年开始，该事务所及其工作人员未能及时归档发行人的审计文件，对工作底稿进行不当修改及回溯。在2017年PCAOB的一次检查中，该事务所及其工作人员向检查人员提供了经过不当修改的工作底稿和其他误导性信息。

【案例3】

委员会对审计业务质量复核人进行处罚，因其未能充分评估审计项目组在重大风险领域的审计工作，例如，公司的贷款损失准备金。这代表了我们第一次针对一家大型美国会计师事务所的审计业务质量复核人未进行充分的项目质量复核而发出的处罚命令。

【案例4】

委员会处罚了一家每年接受一次检查的会计师事务所，因其在事务所的年度投资者大会上倡导其审计客户作为投资机会，违反了审计师独立性要求，而且事务所的质量控制体系失效。委员会还处罚了事务所当时的独立性负责人，因其对独立性违规行为应负主要责任。

【案例5】

委员会处罚了一家总部位于墨西哥的会计师事务所，该事务所违反了独立性要求，因为该事务所的6名合伙人在一家银行客户处存在被禁止的贷款或经纪账户。该事务所也未能及时以书面形式将这些违反独立性的行为告知客户的审计委员会，并且未能建立和监控与审计师独立性以及与审计委员会沟通相关的适当质量控制政策和程序。

四、美国行业趋势

本文参考了美国当地有关会计行业趋势的各类评论文章，选取了以下几个经常被讨论的议题，并将其要点辑录如下。篇幅有限，议题众多，难免出现遗漏。

（一）监管机构对质量控制的关注

关注审计质量是 PCAOB 的一个重要举措。PCAOB 主席在 2019 年 12 月 3 日举行的第 14 届年度审计大会上的主旨演讲简要总结了这一举措。PCAOB 主席表示，其中一项重要举措是"推动审计服务质量的提高"。PCAOB 计划通过开展检查、执法和准则制定工作，来进一步推动审计质量的持续改进：

第一，检查。PCAOB 采取了一系列举措，以提高其检查报告的有用性。值得注意的是，将于 2020 年发布的 2018 年对大型会计师事务所的检查报告将采用一种更容易理解的格式，PCAOB 预计将在未来几年对该格式进行完善。同样的，在过去的一年中，PCAOB 已经开始更全面地传达其检查意见，PCAOB 主席表示，PCAOB 计划继续这样做，并在检查意见中强调能够促进或提高审计质量的"良好做法"，而不仅仅将关注点局限在观察到的"失败"上。至于检查的重点领域，PCAOB 正逐渐加大对质量控制系统的关注。这一举措导致 PCAOB 需要进行内部资源重组，PCAOB "投入了大量资源，以了解美国最大的会计师事务所如何定义其质量控制目标以及管理与实现这些目标相关的风险"。

第二，执法。从执法的角度来看，PCAOB 主席强调 PCAOB "再次将调查重大审计失败作为其调查工作的重点"，并指出 PCAOB 将与下列事项有关的违规行为作为优先处理事项：审计师独立性、质量控制系统、审计项目质量复核以及审计工作的其他重要领域。他还指出，会计师事务所及其关联人士未能配合 PCAOB 检查和执法活动的情况将持续受到关注，并指出 2019 年 PCAOB 对一系列此类情况进行了处罚。

第三，准则制定。与提高审计质量的重点相一致的，准则制定的最优先事项之一是全面修订 PCAOB 的质量控制准则，该准则最初由 AICPA 于 1997 年制定和发布，并于 2003 年被 PCAOB 采用。PCAOB 主席表示，PCAOB 认为会计师事务所严格的内部质量控制是"促进持续高质量审计的关键"。PCAOB 计划发布一份关于修订这些准则的可行方法的概念报告，其目标是与国际审计和鉴证准则理事会（IAASB）最近提出的准则——ISQM 1 保持一致。

（二）企业对服务的需求

如上所述，许多美国会计师事务所的审计服务占其整体业务的比重越来越小。在大型事务所（不仅是前四大所）中，审计业务收入占事务所总收入的比例不超过30%的情况并不少见。在美国这样一个成熟市场，审计收入的预期增长明显低于咨询类的非鉴证服务。然而，鉴证服务不仅包含审计，还有其他一些鉴证服务可能未获得充分开发，其增长潜力远大于审计。这些鉴证服务的实际增长取决于报告使用者对由独立第三方为这些非财务报告提供保证的需求程度（也取决于上市公司是否愿意委托和支付此类鉴证报告的费用），以及从事审计业务的会计师事务所是否愿意走出自己一贯的"舒适区"，为某些特定的非财务报告提供鉴证服务。

多年来，上市公司发布的非财务报告种类繁多。其中一些报告已经使用了多年，并逐渐得到了股东，特别是投资者群体一定程度的接受和认可。其他一些报告是新推出的，尚未被股东广泛接受。投资者和其他人越来越关注公司如何衡量其为股东和其他股东创造的价值。虽然其中一些计量包含在财务报表中，但其他的价值计量则存在于财务报表之外，包含在公司编制的其他关于价值创造的非财务信息之中。根据一家大型会计师事务所网络在2018年对220家机构投资者的全球调查，97%的机构投资者表示，他们会对目标公司的非财务披露进行评估，而这种评估经常会影响其投资决策。非财务信息类型如表10所示。

表10　　　　　　　　　　　　非财务信息类型

公司编制的非财务信息类型	审计师目前的角色（未来可能进一步扩大）
非公认会计原则财务指标——以某种方式调整公认会计原则金额的公司过往或未来财务业绩、财务状况或现金流量的数值指标。常见的非公认会计原则财务指标包括但不限于息税折旧及摊销前利润（EBITDA）；经某些调整的EBITDA；经某些调整的每股收益	审计准则要求审计师阅读含有已审计财务报表的文件中的其他信息，并考虑这些信息或其列报方式是否与已审计财务报表中的信息存在重大不一致或是否包含重大事实错报。 然而，值得注意的是，即使非公认会计原则财务计量或KPI与财务报表含有在同一份文件中，阅读和考虑这些信息所涉及的工作远少于审计工作。此外，这些指标不少是包含在不含有已审计财务报表的文档中，例如公司收益发布或分析师演示文本。在这些情况下，审计师对这些信息不承担任何责任
关键绩效指标（KPI）——不符合SEC对非公认会计原则财务指标定义的财务和非财务绩效指标。KPI可以是一些数据，如门店数量、客户数量，也可以是使用公认会计原则金额结合某些数据计算的指标（如每平方英尺销售额）	

续表

公司编制的非财务信息类型	审计师目前的角色（未来可能进一步扩大）
已审计财务报表或含有已审计财务报表的文件之外的网络安全报告——为股东提供有关公司的网络安全风险管理程序的信息	在这一领域不需要审计师的参与，但审计师的参与可以增加投资者和其他股东对这些信息的信任。AICPA 已经为网络安全信息的披露开发了一个名叫 SOC 的网络安全风险管理报告框架。上市公司可以使用该框架来传达有关其网络安全风险管理工作的相关信息，让股东了解公司为了检测、预防和响应违规行为而建立的系统、流程和控制。审计师亦能够按照该报告框架审阅和报告管理层编制的网络安全信息

资料来源：课题组根据公开信息整理。

当股东评估上市公司所披露的关于价值创造的信息时，对于股东来说，重要的是要清楚公司在衡量什么，这些衡量指标的质量如何，以及其编制流程是否受到良好的监督。若然这些非财务信息已由独立第三方审阅，投资者和其他股东将会更为信任这些信息。审计师的参与可以为管理层编制非财务信息的流程带来一定的规律，并有助于减低出现误解和错误的情况。

上文讨论的 ESG 报告是股东已经逐渐习惯使用并要求由独立第三方进行鉴证的一个很好的例子，会计师事务所已经开始提供这种鉴证服务。以下是一些逐渐为人认识及使用的非财务信息。

（三）高新科技的影响

技术和创新从根本上改变了企业的经营方式。为了跟上客户需求的变化，审计行业正在利用突破性技术以期能够持续提供高质量的审计服务。对于企业和审计师来说，高新科技的影响包括以下五种趋势：自动化、人工智能、大数据、区块链和云技术。

事实上，大型会计师事务所已经长时间地在采用不断推陈出新的资讯科技，并持续地更新其审计程序和工具，务求尽量走在科技的前沿。然而，面对快速发展的高新科技，美国以至全球各地的会计师事务所在将其应用于审计工作方面还是处于相对的初步阶段，仍然存在极大的发展空间和机遇。大型会计师事务所并不是唯一有资源开始利用高新科技的机构。尽管大型事务所可能站在开拓高新科技的最前沿，但即使是小型事务所也可以接触到这些优化业务的机会。审计技术领域的许多解决方案提供商正迅速进入这一领域。随着时间的推移，规模较小的事务所获得技术和创新的机会将会增加。

由于这些高新科技的进步，不断发展的审计行业需要一种新型的审计人员，这种审计人员技术熟练、分析能力强，并在具有深厚技术知识的基础上对业务风险和内部控制有更深入的了解，并更能行使专业判断。会计师事务所需要招募和发展这种新型的审计师，以便在不断变化的商业模式和审计专业人员供求的变化中取得成功。

（四）环保意识的影响：可持续报告

很多有环保和社会意识的投资者和股东都会使用环境、社会和治理（ESG）标准来筛选投资和评估公司对世界的影响。这些股东通过可持续性报告和 ESG 信息获得有关公司活动对 ESG 事项的影响以及公司如何应对这种影响的信息。

尽管目前美国公司发布可持续性报告仅是自愿性而并非强制性的，但很多公司已经增加了在这些方面的披露。一间治理与问责研究所的报告称，2015 年约 80% 的标准普尔 500 指数成份股公司发布了可持续发展报告，而 2011 年这一比例不到 20%。可持续性投资越来越受到欢迎，但由于可持续性报告并未达至标准化，这对希望最大限度地履行其投资的社会责任并尽量减少其社会损害的投资者构成了挑战。

虽然财务信息报告必须依循美国公认会计原则的规定，但在可持续性信息的报告方面却没有类似的标准。2019 年 3 月，欧洲议会宣布已与欧盟成员国就 ESG 报告披露规则达成协议。同年晚些时候，美国国会众议院否决了将本国 ESG 报告要求与欧洲正在实施的更严格的标准保持一致的提议。如果这项提议被通过并成为法律，它将要求 SEC 为 ESG 的披露制定规则。

为不同受众设计的相互竞争的框架和标准给投资者和公司带来了挑战。例如，GRI 报告框架（由全球报告倡议的独立组织发布）侧重于广泛的受众，而美国永续会计准则委员会（SASB）则侧重于行业，其准则按不同行业编制。大多数公司一直在使用 GRI 框架，使其成为可持续性报告的传统标准。

这一领域不一定需要审计师的参与。可持续性报告和 ESG 指标通常包含在不涉及已审计财务报表的公司报告中。在此类情况下，审计师对信息不承担任何责任。虽然有部分公司聘请审计师为某些特定指标进行鉴证，审计师在这方面还有很大的发展空间。

有机遇就会有风险。在支持者鼓励审计师更多地参与可持续性报告的同时，其他人则告诫审计师不要提供与可持续性相关的服务。审计人员不论立场都必须认识到，可持续性报告对行业的重要性正与日俱增。

　　鉴证报告的形式往往不具有一致性。为此，AICPA 于 2017 年发布了一份名为"可持续性信息认证业务"的指南，以协助受聘的审计师对公司的可持续性信息进行检查或审阅。AICPA 指南为注册会计师进行与可持续性信息相关的检查和审阅提供了详细的指导。该指南的附录提供了几种不同类型的可持续性报告审阅报告示例。AICPA 指南促使注册会计师执行更为一致的检查和审阅服务，从而进一步厘清外部审计师在提供这类鉴证服务方面的角色。

阅读须知

本书由财政部组织的注册会计师行业研究报告编写组专家撰写。本书中的信息、见解、观点和结论不代表财政部、编写组专家所在单位或其他单位的立场。本书中的信息或所表达的意见不构成对投资的建议。财政部和编写组专家不对因使用书中信息而引发或可能引发的损失承担责任。

如引用本书，需注明资料来源，且不得对本书进行有悖原意的引用、删节和修改。如翻译本书，需在注明资料来源的同时增加下述免责声明："本译本不是财政部或编写组的成果，不视为官方译本。财政部和编写组对译文的内容或错误不承担责任"。